PRIX 1.25

ŒUVRES COMPLÈTES
DE VOLTAIRE

TOME QUARANTE-CINQUIÈME

PARIS
LIBRAIRIE HACHETTE ET Cⁱᵉ
79, BOULEVARD SAINT-GERMAIN, 79

A LA MÊME LIBRAIRIE

ŒUVRES
DES PRINCIPAUX ÉCRIVAINS FRANÇAIS

VOLUMES IN-18 JÉSUS

On peut se procurer chaque volume de cette série relié en percaline gaufrée, sans être rogné, moyennant 50 cent.; en demi-reliure, dos en chagrin, tranches jaspées, moyennant 1 fr. 50 cent.; et avec tranches dorées, moyennant 2 fr. en sus du prix marqué.

1re Série à 1 franc 25 c. le volume.

Barthélemy : *Voyage du jeune Anacharsis en Grèce dans le milieu du IVe siècle avant l'ère chrétienne.* 3 volumes.

Atlas pour le Voyage du jeune Anacharsis, dressé par J.-D. Barbié du Bocage, revu par A.-D. Barbié du Bocage. In-8, 1 fr. 50 c.

Boileau : *Œuvres complètes.* 2 vol.

Bossuet : *Œuvres choisies.* 5 vol.

Corneille : *Œuvres complètes.* 7 vol.

Fénelon : *Œuvres choisies.* 4 vol.

La Fontaine : *Œuvres complètes.* 3 volumes.

Marivaux : *Œuvres choisies.* 2 vol.

Molière : *Œuvres complètes.* 3 vol.

Montaigne : *Essais*, précédés d'une lettre à M. Villemain sur l'éloge de Montaigne, par P. Christian. 2 vol.

Montesquieu : *Œuvres complètes.* 3 volumes.

Pascal : *Œuvres complètes.* 3 vol.

Racine : *Œuvres complètes.* 5 vol.

Rousseau (J.-J.) : *Œuvres complètes.* 13 volumes.

Saint-Simon (le duc de) : *Mémoires complets et authentiques sur le siècle de Louis XIV et la Régence*, collationnés sur le manuscrit original par M. Chéruel, et précédés d'une notice de M. Sainte-Beuve, de l'Académie française. 13 vol.

Sedaine : *Œuvres choisies.* 1 vol.

Voltaire : *Œuvres complètes.* 40 vol.

2e Série à 3 francs 50 cent. le volume.

Chateaubriand : *Le Génie du Christianisme.* 1 vol.

— *Les Martyrs*; — *le Dernier des Abencerrages.* 1 vol.

— *Atala*; — *René*; — *les Natchez.* 1 vol.

Fléchier : *Mémoires sur les Grands-Jours d'Auvergne en 1665*, annotés par M. Chéruel et précédés d'une notice par M. Sainte-Beuve. 1 vol.

Malherbe : *Œuvres poétiques*, réimprimées pour le texte sur la nouvelle édition des *Œuvres complètes de Malherbe*, publiées par M. Lud. Lalanne dans la Collection des GRANDS ÉCRIVAINS DE LA FRANCE. 1 vol.

Sévigné (Mme de) : *Lettres de Mme de Sévigné, de sa famille et de ses amis*, réimprimées pour le texte sur la nouvelle édition publiée par M. Monmerqué dans la Collection des GRANDS ÉCRIVAINS DE LA FRANCE. 8 vol.

COULOMMIERS. — TYPOGRAPHIE PAUL BRODARD.

ŒUVRES COMPLÈTES

DE VOLTAIRE

COULOMMIERS
Imprimerie PAUL BRODARD.

ŒUVRES COMPLÈTES

DE VOLTAIRE

TOME QUARANTE-CINQUIÈME

PARIS
LIBRAIRIE HACHETTE ET Cⁱᵉ
79, BOULEVARD SAINT-GERMAIN, 79

1892

CORRESPONDANCE.

(SUITE.)

MMMMMMDCCCLI. — A M. LE DUC DE LA ROCHEFOUCAULD.

Février.

Monseigneur, je vous conjure, sans préambule, de vous joindre à Mme la duchesse votre mère pour une très-bonne action. Je ne connais pas de meilleur moyen de vous plaire. Vous verrez, par un petit papier que j'ai l'honneur de lui envoyer, qu'il n'est question que de rendre l'honneur, la fortune, et la vie, par cinq ou six mots, à un jeune gentilhomme plein de mérite. La chose dépend de M. de Vergennes, qui ne refusera rien à M. le comte de Maurepas, et M. de Maurepas vous refusera encore moins.

Si l'aventure du chevalier de La Barre vous a fait frémir d'horreur, la protection que vous et Mme la duchesse d'Enville donnerez à son ami infortuné nous fera verser des larmes de joie.

J'ai l'honneur d'être avec un profond respect, monseigneur, etc.

MMMMMMDCCCLII. — A M. LE BARON D'ESPAGNAC.

De Ferney, le 1ᵉʳ février.

Je vous fais mille remercîments, monsieur, d'avoir bien voulu écouter ma prière de permettre qu'on imprimât votre excellente *Histoire du maréchal de Saxe* avec des plans de batailles et de marches.

Vous poussez la bonté jusqu'à daigner enrichir ma bibliothèque de cet ouvrage, qui sera éternellement cher à tous les Français, et qui est l'instruction de tous les gens de guerre.

Je ne suis pas du métier, mais je le respecte infiniment, quand c'est un officier général tel que vous qui en donne des leçons.

J'ai l'honneur d'être, avec respect et reconnaissance, votre dévoué serviteur, DE VOLTAIRE.

MMMMMMDCCCLIII. — A MADAME DE SAINT-JULIEN.

1ᵉʳ février.

C'est bien vous, madame, qui êtes ma patronne et ma véritable protectrice. Ma dernière volonté est de me jeter à vos pieds; mais ce ne peut être que de mon lit à la bride de votre cheval; et il y a cent vingt-cinq lieues entre lui et moi.

J'ai l'honneur de vous envoyer, par la voie que vous m'avez indiquée, le dernier radotage de ma vieillesse, et je vous supplie de ne le pas lire; car, vivant ou mourant, je ne veux pas vous ennuyer. Je ne pense plus guère; mais mes dernières pensées seront pour vous, avec la plus respectueuse et la plus tendre reconnaissance.

      LE VIEUX MALADE ET RADOTEUR DE FERNEY.

MMMMMMDCCCLIV. — A FRÉDÉRIC II, ROI DE PRUSSE.

      A Ferney, 4 février.

Sire, pendant que d'Étallonde Morival vous construit des citadelles sur le papier et les assiége, pendant qu'il dessine des montagnes, des vallées, des lacs, le vieux malade de Ferney s'est avisé de faire une tragédie qu'il prend la liberté de mettre aux pieds de Votre Majesté. Il vous supplie de ne la pas lire, parce qu'elle n'en vaut pas la peine; mais daignez du moins jeter un petit coup d'œil sur un petit *Voyage de la Raison et de la Vérité*, et sur une note de *la Tactique*, dans laquelle l'éditeur a mis je ne sais quoi qui vous regarde.

Pardonnez-lui sa hardiesse, car il faut bien que Julien-Marc-Aurèle permette de dire ce qu'on pense.

Nous touchons au temps où il faut que l'affaire d'Étallonde Morival s'éclaircisse; il compte écrire dans quelque temps ou au chancelier de France, ou au roi de France lui-même. Votre Majesté lui permettra-t-elle de prendre le titre de votre ingénieur? J'ose vous assurer qu'il est digne de l'être.

Permettriez-vous aussi qu'il fût lieutenant, au lieu d'être sous-lieutenant? l'honneur de vous appartenir n'est pas une vanité; c'est une gloire qui en impose, et qui peut le faire respecter des Welches.

Il ne fera partir sa lettre qu'après que je l'aurai mise sous vos yeux, et que vous l'aurez approuvée. Vous serez étonné de cette affaire, qui est, comme je vous l'ai déjà dit, cent fois pire que celle des Calas. Vous y verrez un jeune gentilhomme innocent, condamné au supplice des parricides par trois juges de province, dont l'un était un ennemi déclaré, et l'autre un cabaretier, marchand de cochons, autrefois procureur, et qui n'avait jamais fait le métier d'avocat; j'ignore le troisième. Cette épouvantable et absurde welcherie sera démontrée; et si cet écrit simple[1], modeste et vrai, est approuvé de Votre Majesté il tiendra lieu de tout ce que nous pourrions demander.

J'attends vos ordres sur cet objet, comme la plus grande faveur qui puisse consoler ma vieillesse et me faire attendre gaiement la mort.

Agréez, sire, mon respect, mon admiration, mon dévouement, mon regret de finir ma carrière hors de vos États.

MMMMMMDCCCLV. — A M. DE LALANDE.

      A Ferney, 6 février.

 En tibi norma poli et divæ libramina molis;
 Computus en Jovis, etc.

Voilà, monsieur, ce que Halley disait à Newton, et ce que je vous dis.

1. *Le Cri du sang innocent*. (ED.)

Je reçus hier le plus beau présent[1] qu'on m'ait jamais fait. J'ai passé tout un jour et presque toute une nuit à lire le premier volume, et j'ai entamé le second.

C'est, je crois, la première fois qu'on a lu tout de suite un livre d'astronomie. Vous avez trouvé le secret de rendre la vérité aussi intéressante qu'un roman.

Je vous demanderais pourtant grâce pour Alexandre, à qui vous reprochez d'avoir été effrayé d'une éclipse de lune, avant la bataille d'Arbelles. Plutarque ne lui impute pas tant de faiblesse et tant d'ignorance.

Quinte-Curce dit au contraire que l'armée (qui n'était pas composée de philosophes) fut prête à se soulever contre Alexandre : *Jam pro seditione res erat*[2]. Le roi fit rassurer ses soldats par les mages égyptiens qu'il avait auprès de lui, et marcha aux ennemis immédiatement après l'éclipse.

Comment en effet le disciple d'Aristote aurait-il ignoré la cause de ce phénomène si ordinaire, et comment Alexandre aurait-il connu la terreur?

Après avoir demandé grâce pour ce prince, je ne vous la demanderai pas pour les Pères de l'Église, qui ont nié les antipodes; je ne la demanderai pas pour l'ami Pluche, qui va toujours chercher dans la langue hébraïque (qu'il ne savait pas) les raisons des choses qui n'ont jamais existé.

J'aimerai surtout bien mieux me confirmer avec vous dans le système démontré par Newton, que d'attribuer aux anciens, quels qu'ils soient, des connaissances astronomiques, dont ils n'ont jamais eu que des soupçons très-vagues.

Enfin, monsieur, je trouve dans votre livre de quoi m'instruire et me plaire à tout moment. J'ai presque oublié, en le lisant, tous les maux dont je suis accablé. Je serai bientôt privé pour jamais de ce grand spectacle du ciel, qui est actuellement couvert de brouillards, du moins dans notre pays. Il fait plus beau sans doute sur les bords du Nil et sur ceux de l'Euphrate que dans le voisinage du lac de Genève. Il y a trois mois que je suis dans mon lit; et, sans vous, je n'aurais renouvelé connaissance avec aucune planète.

Vous aviez daigné me promettre que vous honoreriez Ferney d'un obélisque et d'une méridienne. Je ne crois pas vivre assez pour entreprendre cet ouvrage; je me bornerai, cette année, à bâtir des granges de ce que vous appelez *pizai*[3] (si je ne me trompe).

Si vous aviez un moment à vous, je vous supplierais de me dire à qui je dois m'adresser pour avoir un bon ouvrier avec lequel je ferais mon marché.

Je vous demande bien pardon de cette importunité.

---

1. La seconde édition de l'*Astronomie* de Lalande. (ÉD.)
2. Quinte-Curce, liv. IV, chap. x. (ÉD.)
3. Le pizai (pisé) est une terre argileuse, battue entre des planches, et dont on fait des maisons dans la Bresse. (*Éd. de Kehl.*)

Je ne sais pas comment j'ose vous parler des choses terrestres, après tout ce que je viens de lire.

Agréez, je vous prie, monsieur, la reconnaissance et la respectueuse estime de votre, etc.

LE VIEUX MALADE DE FERNEY.

Permettez-moi de présenter mes respects à M. et à Mme de Maron[1].

MMMMMMDCCCLVI. — A M. DALEMBERT.

8 février.

Un secrétaire de l'Académie devrait bien avoir ses ports francs. Je suis persuadé, mon cher et vrai philosophe, qu'il vous en coûte, par an, en lettres inutiles, beaucoup plus que votre secrétariat ne vous rapporte. Cependant il faut que je vous mande, par la poste, que je suis très-en peine d'un ministre à qui j'ai adressé quatre paquets de rogatons pour vous, parmi lesquels rogatons il y a quelques marrons de Raton pour les Bertrands.

Je m'aperçois, par une lettre de M. de Condorcet, que ni vous ni lui n'avez reçu aucun de ces rogatons académiques. Cependant la première chose qu'avait faite le ministre était de me dire : « Envoyez-moi tous les marrons pour les Bertrands, et je les leur ferai tenir. » Je vois que vous ne tenez rien, et que vous n'avez pas perdu grand'chose.

Dites donc à M. de Condorcet qu'il aille à l'office, et qu'il se fasse rendre son plat et le vôtre ; car, lorsque je brûle mes pattes pour vous, je veux du moins que vous mangiez un peu de mon plat.

Je ne doute pas que vous n'ayez écrit à Luc[2] beaucoup de bien de mon jeune homme, que vous ne connaissez pas, et que vous aimeriez si vous le connaissiez ; car il est devenu un très-bon géomètre praticien ; et c'est assurément tout ce qu'il faut dans son métier. On n'ouvre point une tranchée, on ne bat point en brèche avec des *x x*. Le maréchal de Vauban n'aurait point résolu le problème des trois corps ; mais Euler conduirait peut-être fort mal un siége.

Ut ut est, je ne quitte pas prise : j'écris lettre sur lettre à son maître Luc. Je ne démordrai de mon entreprise qu'en mourant. Vous me direz que je mourrai bientôt ; cela est vrai : donc il faut se hâter ; cela est conséquent.

Raton vous embrasse bien vivement, bien tendrement, du fond de son trou et du milieu de ses neiges.

MMMMMMDCCCLVII. — A FRÉDÉRIC II, ROI DE PRUSSE.

11 février.

Sire, vous m'accablez des bienfaits les plus flatteurs : Votre Majesté change en beaux jours les dernières misères de ma vie. Elle daigne me

---

1. Mme de Maron, baronne de Meillonnaz, qui demeure à Bourg-en-Bresse, a fait huit tragédies de quinze à dix-huit cents vers chacune, et deux comédies en vers. M. de Voltaire, qui en a vu quelques-unes, leur a donné des applaudissements. La modestie de l'auteur l'a empêchée de les publier, ainsi qu'un grand nombre de lettres que M. de Voltaire lui avait adressées, et qu'elle n'a point voulu communiquer par le même motif. (*Note de M. de Lalande*.)
2. Le roi de Prusse. (ÉD.)

promettre son portrait; elle orne une de ses lettres des meilleurs vers qu'elle ait jamais faits depuis le temps où elle disait :

Et, quoique admirateur d'Alexandre et d'Alcide,
J'eusse aimé mieux pourtant les vertus d'Aristide[1].

Enfin elle accorde sa protection à l'innocence opprimée de Morival : ajoutez à tout cela que Voiture n'écrivait pas si bien que vous, à beaucoup près; et cependant vous faites faire tous les jours la parade à deux cent mille hommes.

Quel est cet étonnant Protée?
On disait qu'il tenait la lyre d'Apollon;
On accourt pour l'entendre, on s'en flatte; mais non;
Il porte du dieu Mars l'armure ensanglantée.
Voyons donc ce héros. Point du tout : c'est Platon,
C'est Lucien, c'est Cicéron;
Et, s'il avait voulu, ce serait Épicure.
Dites-moi donc votre secret;
On veut faire votre portrait :
Qu'on peigne toute la nature.

Je viens enfin de recevoir des instructions très-sûres sur la singulière catastrophe de votre protégé. Ce serait en vérité une scène d'Arlequin, si ce n'était pas une scène de cannibales : c'est le comble du ridicule et de l'horreur. Rien n'est plus welche.

Non, sire, je ne sortirai point de mon lit à l'âge de quatre-vingt-deux ans pour aller à Versailles. Je jurai de n'y aller jamais, le jour que je reçus à Potsdam la lettre du ministre, M. de Puisieux, qui me manda que je ne pouvais garder ni ma place d'historiographe ni ma pension. Je mourrai au pied des Alpes ; j'aurais mieux aimé mourir aux vôtres.

A l'égard de votre protégé, je ne comprends pas la rage qu'il a de s'avilir par une grâce : le mot infâme de *grâce* n'est fait que pour les criminels. Le bien dont il peut hériter sera peu de chose, et certainement ses talents et sa sagesse suffiront dans votre service. Croyez, sire, que Votre Majesté n'aura guère un officier plus attaché à ses devoirs, ni d'ingénieur plus intelligent. Il a trouvé parmi mes paperasses quelques indications sur une de vos victoires ; il en a fait un plan régulier : vous verrez par là, sire, si ce jeune homme entend son métier, et s'il mérite votre protection.

Je le garderai, puisque Votre Majesté le permet, jusqu'à ce qu'il soit entièrement perfectionné dans son art. Je ne l'oublierai point à ma mort; mais à l'égard de la *grâce*, je n'en veux pas plus que de la grâce de Molina et de Jansénius. Je n'avilirai jamais ainsi un de vos

---

1. Dans l'*Épître à mon Esprit*, Frédéric dit :

Mais, quoique admirateur de César et d'Alcide,
J'aurais suivi par goût les vertus d'Aristide. (ÉD.)

officiers, digne de vous servir. Si on veut lui signer une justification honorable, à la bonne heure. Tout le reste me paraît honteux.

Je mourrai avec ces sentiments, et surtout avec le regret de n'avoir pas achevé ma vie auprès du plus grand homme de l'Europe, que j'ose aimer autant qu'admirer.

MMMMMMDCCCLVIII. — DE FRÉDÉRIC II, ROI DE PRUSSE.

A Potsdam, le 12 février.

Votre muse est dans son printemps,
Elle en a la fraîcheur, les grâces;
Et les hivers, les froides glaces,
N'ont point fané les fleurs qui font ses ornements.

Ma muse sent le poids des ans;
Apollon me dédaigne; une lourde Minerve,
A force d'animer ma verve,
En tire des accords faibles et languissants.

Pour vous le dieu du jour, Apollon votre père,
Vous obombra de ses rayons,
De ce feu pur, élémentaire,
Dont l'ardeur vous soutient en toutes les saisons.

Le feu que jadis Prométhée
Ravit au souverain des dieux,
Ce mobile divin dont l'âme est excitée,
M'abandonne, et s'élance aux cieux.

Le génie éleva votre vol au Parnasse :
Au chantre de Henri le Grand,
Au-dessus d'Homère et d'Horace
Les muses et les dieux assignèrent le rang.

Mars, auquel je vouai ma jeunesse imprudente,
M'éblouit par l'éclat de ses brillants héros;
Mais, usé par ses durs travaux,
Je vieillis avant mon attente.

Quand nos foudres d'airain répandent la terreur,
Quand la mort suit de près le tonnerre qui gronde,
Héros de la Raison, vous écrasez l'Erreur,
Et vos chants consolent le monde.

Un guerrier vieillissant, fût-il même Annibal,
En paix voit sa gloire éclipsée :
Ainsi qu'une lame cassée,
On le laisse rouiller au fond d'un arsenal.

Si le Destin jaloux n'eût terminé son rôle,
On aurait vu le Tasse, en dépit des censeurs,

Triompher dans ce Capitole
Où jadis les Romains couronnaient les vainqueurs.

Mais quel spectacle, ô ciel ! je vois pâlir l'Envie ;
Furieuse, elle entend, chez les Sybaritains,
Que la voix de votre patrie
Vous rappelle à grands cris des monts helvétiens.

Hâtez vos pas, volez au Louvre :
Je vois d'ici la pompe et le jour solennel
Où la main de Louis vous couvre,
Aux vœux de ses sujets, d'un laurier immortel.

Je compte de recevoir bientôt de vos lettres datées de Paris. Croyez-moi, il vaut mieux faire le voyage de Versailles que celui de la vallée de Josaphat. Mais voici une seconde lettre qui me survient ; on me demande de quel officier elle est : « C'est, dis-je, du lieutenant général Voltaire, qui m'envoie quelque plan de son invention. » Vous passerez pour l'émule de Vauban ; dans la suite on construira des bastions, des ravelins, et des contre-gardes *à la Voltaire*, et l'on attaquera les places selon votre méthode.

Pour le pauvre d'Étallonde, je n'augure pas bien de son affaire, à moins que votre séjour à Paris, et le talent de persuader, que vous possédez si supérieurement, n'encouragent quelques âmes vertueuses à vous assister. Mais le parlement ne voudra pas *obtempérer* : revêche à l'égard de son réinstituteur Maurepas, que ne sera-t-il pas envers vous !

Je viens de lire votre traduction du Tasse[1], qu'un heureux hasard a fait tomber en mes mains. Si Boileau avait vu cette traduction, il aurait adouci la sentence rigoureuse qu'il prononça contre le Tasse. Vous avez même conservé les paragraphes qui répondent aux stances de l'original. A présent l'Europe ne produit rien ; il semble qu'elle se repose, après avoir fourni de si abondantes moissons les siècles passés. Il paraît une tragédie de Dorat[2] : le sujet m'a paru fort embrouillé. L'intérêt partagé entre trois personnes, et les passions n'étant qu'ébauchées, m'ont laissé froid à la lecture. Peut-être l'art des comédiens supplée-t-il à ces défauts, et que l'impression en est différente au spectacle. Pepin, votre maire du palais, en est le héros ; il y a des situations susceptibles de pathétique ; elles ne sont pas naturellement amenées, et il me semble que le poëte manque de chaleur. Vous nous avez gâtés ; quand on est accoutumé à vos ouvrages, on se révolte contre ceux qui n'ont ni les mêmes beautés, ni les mêmes agréments. Après cet aveu, que je fais au nom de l'Europe, jugez combien je m'intéresse à votre conservation, et combien le philosophe de Sans-Souci souhaite de bénédictions à l'Épictète de Ferney. *Vale*. FRÉDÉRIC.

1. La traduction du Tasse, dont parle Frédéric, n'est point de Voltaire. C'est probablement celle de Lebrun, depuis duc de Plaisance. (ED.)
2. *Adélaïde de Hongrie*. (ED.)

MMMMMMDCCCLIX. — A Frédéric II, roi de Prusse.

A Ferney, 15 février.

Sire, je ne suis point étonné que le grand baron de Poellnitz se porte bien à l'âge de quatre-vingt-huit ans; il est grand, bien fait, bien constitué. Alexandre, qui était très-bien constitué aussi, et très-bien pris dans sa taille, mourut à trente ans, après avoir seulement remporté trois victoires; mais c'est qu'il n'était pas sobre, et qu'il s'était mis à être ivrogne.

Quand je le loue d'avoir gagné des batailles en jouant de la flûte, comme Achille, ce n'est pas que je n'aie toujours la guerre en horreur; et certainement j'irais vivre chez les quakers en Pensylvanie, si la guerre était partout ailleurs.

Je ne sais si Votre Majesté a vu un petit livre qu'on débite publiquement à Paris, intitulé *le Partage de la Pologne*, en sept très-bien dialogues, entre le roi de Prusse, l'impératrice-reine et l'impératrice russe. On le dit traduit de l'anglais; il n'a pourtant point l'air d'une traduction. Le fond de cet ouvrage est sûrement composé par un de ces Polonais qui sont à Paris. Il y a beaucoup d'esprit, quelquefois de la finesse, et souvent des injures atroces. Ce serait bien le cas de faire paraître certain poëme épique que vous eûtes la bonté de m'envoyer il y a deux ans[1]. Si vous savez vaincre et vous arrondir, vous savez aussi vous moquer des gens mieux que personne. Le neveu de Constantin, qui a ri et qui a fait rire aux dépens des Césars, n'entendait pas la raillerie aussi bien que vous.

Je suis très-maltraité dans les sept dialogues; je n'ai pas cent soixante mille hommes pour répondre; et Votre Majesté me dira que je veux me mettre à l'abri sous votre égide. Mais, en vérité, je me tiens tout glorieux de souffrir pour votre cause.

Je fus attrapé comme un sot quand je crus bonnement, avant la guerre des Turcs, que l'impératrice de Russie s'entendait avec le roi de Pologne pour faire rendre justice aux dissidents, et pour établir seulement la liberté de conscience. Vous autres rois, vous nous en donnez bien à garder; vous êtes comme les dieux d'Homère, qui font servir les hommes à leurs desseins, sans que ces pauvres gens s'en doutent.

Quoi qu'il en soit, il y a des choses horribles dans ces sept dialogues qui courent le monde.

A l'égard de d'Etallonde Morival, qui ne s'occupe à présent que de contrescarpes et de tranchées, je remercie Votre Majesté de vouloir bien me le laisser encore quelque temps. Il n'en deviendra que meilleur meurtrier, meilleur canonnier, meilleur ingénieur, et il vous servira avec un zèle inaltérable dans toutes les journées de Rosbach qui se présenteront.

J'espère envoyer à Votre Majesté, dans quelques mois, un petit précis[2] de son aventure welche; vous en serez bien étonné. Je souhaite-

---

1. *La Pologniade.* (Éd.) — 2. *Le Cri du sang innocent.* (Éd.)

rais qu'il ne plaidât que devant votre tribunal. C'est une chose bien extraordinaire que la nation welche! Peut-on réunir tant de superstition et tant de philosophie, tant d'atrocité et tant de gaieté, tant de crimes et tant de vertus, tant d'esprit et tant de bêtise? Et cependant cela joue encore un rôle dans l'Europe! Il ne faudrait qu'un Louvois et qu'un Colbert pour rendre ce rôle passable; mais Colbert, Louvois, et Turenne, ne valent pas celui dont le nom commence par une F, et qui n'aime pas qu'on lui donne de l'encens par le nez.

En toute humilité, et avec les mêmes sentiments que j'avais il y a environ quarante ans, LE VIEUX MALADE DE FERNEY.

MMMMMMDCCCLX. — A M. HENNIN.

A Ferney, dimanche au soir, 19 février.

Monsieur, deux frères, nommés Bertholet, qui exercent la profession d'horlogers à Ferney, et qui sont de très-honnêtes gens, se plaignent d'avoir été insultés à Genève, et outrageusement battus aujourd'hui, à la porte de Cornevin, par plusieurs Génevois, parmi lesquels ils en connaissent quelques-uns. Votre cocher était présent à ce guet-apens. Ils réclament votre bonté, en cas qu'ils puissent obtenir quelque justice. Ils me demandent ma recommandation auprès de vous. Je ne crois pas qu'ils en aient besoin, mais je saisis cette occasion pour vous renouveler tous les sentiments avec lesquels j'ai l'honneur d'être, monsieur, votre très-humble et très-obéissant serviteur, VOLTAIRE.

MMMMMMDCCCLXI. — DE FRÉDÉRIC II, ROI DE PRUSSE.

Le 23 février.

Aucun monarque de l'Europe n'est en état de me faire un don comme celui que je viens de recevoir de votre part. Que de choses charmantes contenues dans ce volume! Et quel vieillard, quel esprit pour les composer! Vous êtes immortel, j'en conviens; moi qui ne crois pas trop à un être distinct du corps, qu'on appelle *âme*, vous me forceriez d'y croire : toutefois serez-vous le seul des êtres pensants qui ait conservé à quatre-vingts ans cette force, cette vigueur d'esprit, cet enjouement, et ces grâces qui ne respirent plus que dans vos ouvrages. Je vous en félicite; et j'implore la nature universelle qu'elle daigne conserver longtemps ce réservoir de pensées heureuses dans lequel elle s'est complu.

Je trouve d'Étallonde bien heureux de se trouver à la source d'où nous viennent tant de chefs-d'œuvre; il peut prendre hardiment quel titre il trouvera le plus convenable pour l'aider à sauver les débris de sa fortune. Dalembert me mande que la robe ne marche qu'à pas comptés, et qu'il faut des années pour réparer des injustices d'un moment : si cela est, il faudra se munir de patience, à moins que vous n'alliez à Paris, comme tout le monde le dit, et qu'à force d'employer les grands talents que la nature vous a octroyés, vous ne parveniez à sauver l'innocence opprimée. Cela fournira le sujet d'une tragédie larmoyante; la scène sera à Ferney. Un malheureux qui manque de protecteurs, y sera appelé par un sage : il sera étonné de trouver plus de secours chez un étranger que chez ses parents. Le philosophe de Ferney, par humanité, travaillera si efficacement pour lui, que Louis XVI dira : « Puisqu'un sage le protége, il faut qu'il soit innocent; » et il lui enverra sa grâce. Une arrière-cousine, dont Etallonde était amoureux, sera chargée de la lui apporter; elle arrivera au dernier acte. Le philosophe humain célébrera les noces, et tous les conviés feront l'éloge de la bienfaisance de cet homme divin, auquel d'Etallonde érigera un autel, comme à son dieu secourable.

Ce sujet entre des mains habiles pourrait produire beaucoup d'intérêt, et fournir des scènes touchantes et attendrissantes. Mais ce n'est pas à moi d'envoyer des sujets à celui qui possède un trésor d'imagination, et qui, comme Jupiter, accouche par la tête de déesses armées de toutes pièces. Enfin, quelque part que vous soyez, soit à Ferney, soit à Versailles, n'oubliez pas le solitaire de Sans-Souci, qui vous sera toujours redevable du beau don que vous lui avez fait. *Vale.* FÉDÉRIC.

MMMMMMDCCCLXII. — A M. D'ALEMBERT.

26 février.

Cher seigneur et maître, cher Bertrand, il y a longtemps que je n'ai pu vous dire combien je vous aime, combien je vous suis obligé d'avoir écrit en faveur de mon jeune homme. J'ai été très-malade, je le suis encore, et je crois que je pourrai bientôt laisser une place vacante dans l'Académie, que vous rendez si respectable. On dit que vous avez *élogié* l'abbé de Saint-Pierre : c'est l'expression des gazettes de Berne, ma voisine. On dit que le prédicateur est fort audessus de son saint, et que votre discours est charmant. Vraiment je le crois bien. Vraiment vous avez ressuscité notre Académie; elle était morte sans vous. Voilà bientôt, ce me semble, le temps de se passer des docteurs de Sorbonne, qui ne sont pas faits pour juger de la prose et des vers.

Croyez-vous que ce fût aussi le temps de donner pour sujet des prix, non des éloges, dans lesquels il y a toujours de la déclamation, de l'exagération, et qui par là ne passeront jamais à la postérité, mais des discours tels que vous en savez faire, des jugements sur les grands hommes, à la manière de Plutarque? Rien ne serait, ce me semble, plus instructif; rien ne formerait plus le jugement et le goût de nos jeunes écrivains.

Je vous envoie la seconde édition de *Don Pèdre*, que je reçois dans le moment. Je vous prie de jeter un coup d'œil sur la note qui est à la fin de *la Tactique*. Elle ne corrigera personne sur la rage de faire la guerre; mais pourrons-nous corriger les monstres qui assassinent gravement l'innocence en temps de paix?

Le pauvre Raton vous embrasse comme il peut avec ses misérables pattes.

ANNÉE 1775.

MMMMMMDCCCLXIII. — A M. DE MALESHERBES.

Ferney, 26 février.

Monsieur, un vieillard qui n'en peut plus a repris un peu de vie en recevant votre excellent discours [1]. J'admire la générosité de votre cœur, autant que votre éloquence; car je suppose que c'est de vos bontés que je tiens ce chef-d'œuvre. Je vois que vous m'avez pardonné d'avoir été d'une opinion qui n'était pas la vôtre [2]; vous avez senti combien je devais être affligé autrefois, et combien même je le suis encore (et je le serai jusqu'au dernier moment de ma vie), d'une cruauté inutile dont on ne peut se souvenir qu'avec horreur. Vous avez été plus sage que moi; vous avez séparé cette barbarie des services rendus par ceux qui l'ont commise, et moi j'ai tout confondu. Voilà comme les passions sont faites. Mes plus grandes passions aujourd'hui sont la reconnaissance que je vous dois, monsieur, et le regret de n'avoir pu vous entendre.

Je mets à vos pieds l'ouvrage d'un jeune homme [3] qui m'avait d'abord donné quelques espérances; mais il n'a pas tenu ce qu'il promettait.

J'ai l'honneur d'être, etc.

MMMMMMDCCCLXIV. — A MADAME LA MARQUISE DU DEFFAND.

27 février.

J'ai été très-mal, madame, depuis près d'un mois. Je le suis encore, et je ne sais pas trop comment je suis en vie. Je crois qu'il est arrivé la même chose à *Don Pèdre* qu'à moi; cependant je vous en envoie une seconde édition, parce que j'apprends, dans mon lit, qu'il n'y a plus d'exemplaires de la première à Genève. Tout est allé, je crois, à Paris. Vous recevrez probablement l'exemplaire de l'édition nouvelle par M. d'Ogni.

Je vous conseille de ne vous jamais faire lire de vers; car, outre qu'on en est fort las, ils sont trop difficiles à lire. Vous trouverez mieux votre compte avec de la prose. Je vous prie même de lire une note qui se trouve à la fin de *la Tactique*, dans le même recueil. Elle est assez intéressante pour ceux qui n'aiment pas qu'on égorge le genre humain pour de l'argent.

Le nombre infini de maladies qui nous tuent est assez grand, et notre vie est assez courte pour qu'on puisse se passer du fléau de la guerre.

Je finirai bientôt ma carrière au coin de mon feu. Étendez la vôtre, madame, aussi loin que vous le pourrez; jouissez de tous les plaisirs que votre triste état vous permet. Le mot de plaisir est bien fort, j'aurais dû dire consolations, et même consolations passagères; car il n'en reste rien, lorsqu'au sortir d'un grand souper on se retrouve avec soi-même, et qu'on passe la nuit à se rappeler en vain ses premiers beaux

---

1. De réception à l'Académie française. (ÉD.)
2. Dans l'affaire du parlement Meaupeou. (ÉD.)
3. Voltaire donnait sa tragédie de *Don Pèdre* pour l'ouvrage d'un écolier. (ÉD.)

jours. Tout est vanité, disait l'autre. Eh! plût à Dieu que tout ne fût que vanité! mais la plupart du temps tout est souffrance. J'en suis bien fâché; mais rien n'est plus vrai.

Ma lettre est un peu de Jérémie; j'aimerais mieux être Anacréon. Je vous prie de me pardonner mes lamentations, et de croire que le bonhomme Jérémie, au milieu de ses montagnes, vous est aussi tendrement attaché que s'il avait le bonheur de vous voir tous les jours.

LE VIEUX MALADE DE FERNEY.

MMMMMMDCCCLXV. — A M. DE VAINES.

A Ferney, par Lyon, 27 février.

Monsieur, M. le marquis de Condorcet m'a mandé que vous êtes, comme M. Turgot, l'ami des lettres, ainsi que de l'ordre dans les finances, et que je pouvais vous présenter ce petit recueil d'un jeune homme, et joindre ce paquet, sans craindre d'abuser de vos bontés. Il ajoute que je peux vous demander la permission de vous adresser deux ou trois paquets semblables.

Je suis accoutumé à faire tout ce que M. de Condorcet me prescrit. Ainsi j'espère que vous ne désapprouverez pas mon importunité.

J'ai l'honneur d'être, avec tous les sentiments que je vous dois, monsieur, votre très-humble et très-obéissant serviteur,

VOLTAIRE, gentilhomme ordinaire de la chambre du roi.

MMMMMMDCCCLXVI. — DE FRÉDÉRIC II, ROI DE PRUSSE.

A Potsdam, le 28 février.

L'esprit républicain, l'esprit d'égalité,
Respire dans les cœurs des grands et du vulgaire;
Le mérite éclatant blesse leur vanité :
    Sa splendeur, qui les désespère,
    Redouble leur obscurité :
Aussi l'Envie usa des lois du despotisme.
Athènes, le berceau des sciences, des arts,
    Bannit du ban de l'ostracisme
Les plus chers nourrissons de Mercure et de Mars.
Le besoin qu'on eut d'eux, leurs revers, leur absence,
    Les firent bientôt regretter.
    Le peuple, plein de bienveillance,
Pour hâter leur rappel eût voulu tout tenter.
Quiconque fièrement sur son siècle s'élève
Peut s'encenser lui-même et jouir d'un beau rêve.
Mais bientôt les vapeurs des malins envieux,
Les sucs empoisonnés, obscurcissent les cieux,
    Et sur lui le nuage crève.

Condé fut à Vincenne, au Havre, détenu;
Eugène fut chassé; des Français méconnu,
Bayle chez le Batave enfin trouve un asile;
L'émule généreux d'Homère et de Virgile,

Dont le nom illustra tous ses concitoyens,
Transporta ses foyers chez les Helvétiens.
Ame de demi-dieu, de la gloire enflammée,
Si vous voulez jouir de votre renommée,
Passez, si vous pouvez, du vieux Nestor les ans ;
  Les mâles efforts du génie
  Vous serviront peu, si le temps
  Ne vous fait survivre à l'Envie.
  Ainsi l'univers enchanté
De Voltaire à Berlin court acheter le buste ;
Et, s'il jouit vivant de l'immortalité,
  Disons que le public est juste.

Ce n'est point un conte ; on se déchire à la fabrique de porcelaine pour avoir votre buste : on en achève moins qu'on n'en demande. Le bon sens de nos Germains veut des impressions fortes ; mais, quand ils les ont reçues, elles sont durables.

L'ouvrage dont vous me parlez[1], du maréchal de Saxe, m'est connu ; et j'ai écrit pour en avoir un exemplaire. Les faits sont récents et connus ; il n'y a que les cartes qui intéressent, parce que le terrain est l'échiquier de nous autres anthropophages, et que c'est lui qui décide de l'habileté ou de l'ignorance de ceux qui l'ont occupé.

Cette partie de ma lettre est pour le lieutenant général Voltaire, qui m'entendra bien : le reste est pour le patriarche de Ferney, pour le philosophe humain qui protége d'Étallonde, et qui veut à toute force casser l'arrêt de l'*inf....* Je ne refuserai aucun titre à d'Étallonde, si, par cette voie, je peux le sauver : ainsi, qu'il s'en donne tel qu'il jugera le plus propre pour son avantage.

Vous me croyez plus vain que je ne le suis. Depuis la guerre, je n'ai pensé ni à plan, ni à batailles, ni à toutes les choses qui se sont passées. Il faut penser à l'avenir, et oublier le passé, car celui-là reste tel qu'il est ; mais il y a bien des mesures à prendre pour l'avenir.

Ce discours sent un peu le jeune homme : songez pourtant que les États sont immortels, et que ceux qui sont à leur tête ne doivent pas vieillir, tant qu'ils les gouvernent.

Si vous allez à Versailles, d'Étallonde est sauvé : si votre santé ne vous permet pas d'entreprendre ce voyage, je n'augure aucune issue heureuse de son procès. Vous avez, à la vérité, quelques philosophes en France, mais les superstitieux font le grand nombre, ils étouffent les autres. Nos prêtres allemands, catholiques, et huguenots, ne connaissent que l'intérêt ; chez les Français, c'est le fanatisme qui les domine. On ne ramène pas ces têtes chaudes : ils mettent de l'honneur à délirer, et l'innocence demeure opprimée. Le vieux parlement, rebelle à celui qui l'a réintégré, sera-t-il souple à la raison pure, agissant d'ailleurs d'une manière si opposée à ses devoirs et à ses véritables intérêts ?

Mais qui pensera à d'Étallonde quand il s'agit de remettre en vogue

1. *L'Histoire de Maurice, comte de Saxe*, par le baron d'Espagnac. (ÉD.)

le pourpoint de Henri IV ! Il faut changer sa garde-robe, faire emplette d'étoffes, et employer l'habileté des tailleurs pour être à la mode. Cet objet est bien plus important que celui d'un procès jugé. Hors quelques parents, toute la France ignore qu'un citoyen nommé d'Étallonde s'est échappé aux punitions injustes et cruelles qu'on lui avait infligées, et qui n'étaient point proportionnées au délit, qui n'était proprement qu'une polissonnerie.

Je salue le patriarche de Ferney; je lui souhaite longue vie. J'ai lu sa nouvelle tragédie, qui n'est point mauvaise du tout. Je hasarderais quelques petites remarques d'un ignorant; mais ne pouvant pas dire comme le Corrège : *Son pittor anche io!* je garde le silence, en vous riant de ne point oublier le philosophe de Sans-Souci. *Vale.*

FÉDÉRIC.

MMMMMMDCCCLXVII. — AU MÊME.
A Potsdam, le 2 mars.

Le baron de Poellnitz n'est pas le seul octogénaire qui vive ici, et qui se porte bien : il y a le vieux Lecointe, dont peut-être vous vous ressouviendrez, qui a dix ans de plus que Poellnitz; le bon milord Maréchal approche du même âge, et l'on trouve encore de la gaieté et du sel attique dans sa conversation. Vous avez plus de ce feu élémentaire ou céleste que tous ceux que je viens de nommer : c'est ce feu, cet esprit que les Grecs appelaient πνεῦμα, qui fait durer notre frêle machine.

Vos derniers ouvrages, dont je vous remercie encore, ne se ressentent point de la décrépitude : tant que votre esprit conservera cette force et cette gaieté, votre corps ne périclitera point.

Vous me parlez de dialogues polonais qui me sont inconnus; tout ce qu'il y a d'injures dans ces dialogues sera des Sarmates; le très-*fin*, des Welches qui les protègent. Je pense sur ces satires comme Épictète : « Si l'on dit du mal de toi et qu'il soit véritable, corrige-toi; si ce sont des mensonges, ris-en. » J'ai appris, avec l'âge, à devenir bon cheval de poste; je fais ma station, et ne m'embarrasse pas des roquets qui aboient en chemin. Je me garde encore davantage de faire imprimer mes bilevesées; je ne fais des vers que pour m'amuser. Il faut être ou Boileau, ou Racine, ou Voltaire, pour transmettre ses ouvrages à la postérité; et je n'ai pas leurs talents. Ce qu'on a imprimé de mes balivernes n'aurait jamais paru de mon consentement. Dans le temps où c'était la mode de s'acharner sur moi, on m'a volé ces manuscrits, et on les a fait imprimer le moment même où ils auraient pu me nuire. Il est permis de se délasser et de s'amuser avec la littérature, mais il ne faut pas accabler le public de ses fadaises.

Ce poëme des *Confédérés*[1], dont vous me parlez, je l'ai fait pour me désennuyer. J'étais alité de la goutte, et c'était pour moi une agréable distraction. Mais dans cet ouvrage il est question de bien des personnes qui vivent encore, et je ne dois ni ne veux choquer personne.

1. *La Pologniade.* (ÉD.)

La diète de Pologne tire vers sa fin : on termine actuellement l'affaire des dissidents. L'impératrice de Russie ne vous a point trompé; ils auront pleine satisfaction, et l'impératrice en aura tout l'honneur. Cette princesse trouvera plus de facilité à rendre les Polonais tolérants, que vous et moi à rendre votre parlement juste et humain.

Vous me faites l'énumération des contradictions que vous trouvez dans le caractère de vos compatriotes : je conviens qu'elles y sont. Cependant, pour être équitable, il faut avouer que les mêmes contradictions se rencontrent chez tous les peuples. Chez nos bons Germains elles ne sont pas si saillantes, parce que leur tempérament est plus flegmatique; mais chez les Français, plus vifs et plus fougueux, ces contradictions sont plus marquées : d'autant plus respectables sont pour eux ces précepteurs du genre humain, qui tâchent de tourner ce feu vers la bienveillance, l'humanité, la tolérance, et toutes les vertus. Je connais un de ces sages qui, bien loin d'ici, habite, dit-on, Ferney; je ne cesse de lui souhaiter mille bénédictions, et toutes les prospérités dont notre espèce est susceptible. *Vale.*   FÉDÉRIC.

MMMMMMDCCCLXVIII. — A M. LE COMTE D'ARGENTAL.

8 mars.

Pardon, mon cher ange; ce n'est pas ma faute si j'ai tâté un peu de l'agonie aux approches de l'équinoxe, selon ma louable coutume. J'ai été bien sot quand j'ai cru être au moment où je ne vous reverrais plus. Je ne veux pas perdre l'espérance, qui est toujours au fond de ma boîte de Pandore.

J'avais fait relier une nouvelle édition de *Don Pèdre* et compagnie pour M. de Thibouville; je ne sais plus comment faire pour la lui envoyer. Il y a longtemps qu'elle est toute prête. Est-il possible qu'il n'ait pas un contre-seing de quelque intendant des postes à son service? Ces pauvres Parisiens ne s'avisent jamais de rien. Je prends le parti de la lui envoyer par la diligence de Lyon, empaillée comme un pâté.

Lekain a mandé qu'il avait une vieille *Ériphyle* de moi; c'est une esquisse assez mauvaise de la *Sémiramis*. Il serait ridicule que ce croquis parût, et il n'est pas moins à craindre qu'il ne paraisse.

Je me flatte que mon cher ange me sauvera de cette petite honte.

Il faut que je vous conte que j'avais envoyé un vaisseau dans l'Inde, avec quelques associés; le tonnerre est tombé sur notre vaisseau, et a tout fracassé. J'ai, Dieu merci, un antitonnerre[1] à Ferney dans mon jardin. Vous savez que cela s'appelle un conducteur : avec cette précaution on n'a rien à craindre sur terre. C'en serait trop d'avoir à la fois affaire au tonnerre sur la mer des Indes et dans mon parterre : les dévots se moqueraient trop de moi.

Je conseille à Beaumarchais de faire jouer ses *Factums*, si son *Barbier* ne réussit pas.

Adieu, mon cher ange; je n'en peux plus : permettez que je vous embrasse bien tendrement, avec le peu de force qui me reste.

1. Un paratonnerre. (ÉD.)

MMMMMMDCCCLXIX. — A M. LE CHEVALIER DE CHASTELLUX.

10 mars.

J'apprends, monsieur, que vous faites à M. de Châteaubrun[1] l'honneur de lui succéder. S'il ne s'était pas pressé de vous céder sa place, je vous aurais demandé la préférence. J'ai été si malade depuis près de deux mois, que j'ai cru que je le gagnerais de vitesse, et alors je me serais recommandé à vos bontés. L'Académie me devient plus chère que jamais.

Je ne sais si vous avez reçu, monsieur, une petite édition de cette esquisse de *Don Pèdre*, qu'un Génevois devait mettre de ma part à vos pieds. S'il ne vous l'a pas remise, voudriez-vous avoir la bonté de me dire comment je pourrais m'y prendre pour vous rendre cet hommage, que mon état très-douloureux m'empêche de vous présenter moi-même? Pardonnez à ma terre épuisée si elle ne porte pas de meilleurs fruits. Rien ne serait plus propre à me rajeunir que de venir vous faire ma cour, de vous entendre à votre réception, et de partager l'honneur que vous nous faites.

S'il est vrai que *la Raison* ait passé par Paris[2], dans ses petits voyages, elle doit y rester pour vivre avec l'auteur de *la Félicité publique*[3]. Ce n'est pas une médiocre consolation pour moi de voir mon opinion sur cet ouvrage si bien confirmée. M. de Malesherbes a dit que ce livre était digne de votre grand-père[4]; et moi j'ai l'insolence de vous dire que votre grand-père, tout votre grand-père qu'il est, en était incapable, malgré son génie et son éloquence. Je pensai ainsi, lorsque j'ignorais que *la Félicité* venait de vous. Je n'ai jamais changé d'avis, et certainement je n'en changerai pas.

La Raison et *la Vérité*[5] sa fille se recommandent à vos bontés; et moi chétif, qui voudrais bien être de la famille, je me mets à vos pieds.

LE VIEUX MALADE DE FERNEY.

MMMMMMDCCCLXX. — A M. LE BARON D'ESPAGNAC.

Ferney, le 10 mars.

Tous les plans dont vous avez gratifié le public sont d'une exactitude dont personne n'avait encore approché : vous représentez les positions des armées, avant et après, comme dans l'action même. Votre livre sera à jamais l'instruction des officiers, et c'est assurément un des plus beaux monuments du siècle.

Pardonnez-moi ces éloges, puisque c'est la vérité qui les dicte.

J'ai l'honneur d'être, avec la reconnaissance et l'estime la plus respectueuse, votre dévoué serviteur,

DE VOLTAIRE.

---

1. Auteur des *Troyennes* et d'*Astyanax*, reçu à l'Académie en 1755. (ÉD.)
2. Dans son *Éloge historique de la Raison*, Voltaire la fait passer par Paris. (ÉD.)
3. Ouvrage du chevalier de Chastellux. (ÉD.)
4. Le chancelier Daguesseau. (ÉD.)
5. Personnage dans l'*Éloge historique de la Raison*. (ÉD.)

MMMMMMDCCCLXXI. — A M. LE PRÉSIDENT D'ALCO.

À Ferney, 10 mars.

Une longue maladie que j'ai crue mortelle, jointe à quatre-vingt et un ans, qui sont encore plus mortels, ne m'a pas permis de vous remercier plus tôt des vers charmants et de la prose très-intéressante que j'ai reçus de vous. Je vois par votre style combien vous avez de mérite, et je ne suis point étonné que ce mérite vous ait fait des jaloux. On dit que l'envie est bonne à quelque chose; on met sa force à l'écraser, et cela même fait croître les talents. Je vous souhaite toujours beaucoup de mieux. Le premier qui dit, il y a dix ou douze mille ans, qu'il valait mieux faire envie que pitié était un très-bon philosophe. Vous ne m'inspirez, monsieur, d'autre sentiment que celui de la respectueuse estime avec laquelle j'ai l'honneur d'être, etc.

MMMMMMDCCCLXXII. — A M. BOURGELAT.

À Ferney, 18 mars.

Mes maladies continuelles, monsieur, m'ont empêché de vous remercier plus tôt du mémoire utile et digne de vous, que vous avez eu la bonté de m'envoyer. Il y a quatre-vingt et un ans que je souffre, et que je vois tout souffrir et mourir autour de moi. Tout faible que je suis, l'agriculture est toujours mon occupation. J'étais étonné qu'avant vous les bêtes à cornes ne fussent que du ressort des bouchers, et que les chevaux n'eussent pour leurs Hippocrates que des maréchaux ferrants. Les vrais secours manquent dans les pays les plus policés. Vous avez seul mis fin à cet opprobre si pernicieux.

Les animaux, nos confrères, méritaient un peu plus de soin, surtout depuis que le Seigneur fit un pacte avec eux¹, immédiatement après le déluge. Nous les traitons, malgré ce pacte, avec presque autant d'inhumanité que les Russes, les Polonais, et les moines de Franche-Comté, traitent leurs paysans, et que les commis des fermes traitent ceux qui vont acheter une poignée de sel ailleurs que chez eux.

Je voudrais qu'on cherchât des préservatifs contre les maladies contagieuses de nos bestiaux, dans le temps qu'ils sont en bonne santé, afin de les essayer quand ils sont malades. On pourrait alors, sur une centaine de bœufs attaqués, éprouver une douzaine de remèdes différents, et on pourrait raisonnablement espérer que de ces remèdes il y en aurait quelques-uns qui réussiraient.

Il y a, dans le moment présent, une maladie contagieuse en Savoie, à une lieue de chez moi. Mon préservatif est de n'avoir aucune communication avec les pestiférés, de tenir mes bœufs dans la plus grande propreté, dans de vastes écuries bien aérées, et de leur donner des nourritures saines.

La dureté du climat que j'habite, entre quarante lieues de montagnes glacées d'un côté et le mont Jura de l'autre, m'a obligé de prendre pour moi-même des précautions qu'on n'a point en Sibérie. Je me prive

---

Genèse, IX, 10. (ÉD.)

de la communication avec l'air extérieur pendant six mois de l'année. Je brûle des parfums dans ma maison et dans mes écuries; je me fais un climat particulier, et c'est par là que je suis parvenu à une assez grande vieillesse, malgré le tempérament le plus faible et les assauts réitérés de la nature.

Le grand malheur des paysans est d'être imbéciles, et un autre malheur est d'être trop négligés : on ne songe à eux que quand la peste les dévaste eux et leurs troupeaux; mais, pourvu qu'il y ait de jolies filles d'Opéra à Paris, tout va bien. Je vous serai très-obligé, monsieur, de vouloir bien me continuer vos bontés quand vous communiquerez au public des connaissances dont il pourra profiter.

MMMMMMDCCCLXXIII. — A M. LE COMTE D'ARGENTAL.

18 mars.

Mon cher ange, le vieux malade avertit qu'il y a un paquet d'une nouvelle édition[1], arrivé depuis longtemps par la diligence, ou par la poste, à l'adresse de M. de Thibouville. Il doit l'avoir reçu ou l'envoyer chercher.

Je suis bien vieux, je l'avoue; mais j'ai plus tôt fait une tragédie que des arrangements pour la faire parvenir à Paris. Il y a quatre éditions de *Don Pèdre*, dont deux que je ne connais pas. Cela pourrait prouver qu'il y a encore des gens qui aiment les vers passablement faits, et que l'univers entier n'est pas uniquement asservi aux doubles croches.

Le rôle de Léonore plaît à toutes les dames de province; mais ces dames ne disposent pas des suffrages de Paris. Linguet, dans une de ses feuilles, a eu la témérité de comparer la scène de don Pèdre et de Guesclin à celle de Sertorius et de Pompée; mais on ferait très-mal de jouer cette pièce au *tripot* de Paris, qu'on appelait autrefois le Théâtre-Français. Il faudrait un Baron et une Lecouvreur avec Lekain. Ce n'est pas là une pièce de spectacle et d'attitude; et vous n'avez précisément que Lekain dans Paris.

L'affaire de mon jeune homme me tient bien davantage au cœur. Je suis très-content de la manière dont le roi son maître en use. J'ai découvert des choses affreuses, infâmes, exécrables, qui feront dresser les cheveux à la tête de tous ceux qui ont encore des cheveux. L'aventure des Calas est une légère injustice et une petite méprise pardonnable, en comparaison des manœuvres infernales dont j'ai la preuve en main, et que nous ne produirons qu'avec la discrétion la plus convenable, et une simplicité qui n'offensera aucun magistrat, mais qui touchera tous les cœurs, et surtout ceux comme le vôtre. Je crois que je ne finirai que par prendre le public pour juge. Le jeune homme, qui est une des plus sages têtes que j'aie jamais connues, fera son mémoire lui-même. Il ne parlera point comme les avocats éloquents, qui *incoquent* une loi et un témoignage, qui apportent des raisons *victorieuses*,

---

1. De *Don Pèdre*. (ÉD.)

qui parlent de l'ordre moral et politique, et de *l'ordre des avocats*, et qui l'emportent de beaucoup sur maître Petit-Jean : mais il convaincra tous les esprits par le récit simple de la vérité, qui a été jusqu'ici entièrement ignorée.

Adieu, mon cher ange ; mon triste état m'empêche de relire ma lettre.

MMMMMMDCCCLXXIV. — A M. DE VAINES, PREMIER COMMIS DES FINANCES.

A Ferney, par Lyon, 15 mars.

Vous me faites, monsieur, un présent qui m'est bien cher. J'avais déjà le portrait de M. Turgot ; mais j'ai fait encadrer celui que je tiens de vos bontés, et je l'ai mis au chevet de mon lit, à cause des vers de M. de La Harpe. Non-seulement ces vers sont bons, mais ils sont vrais, ce qui arrive fort rarement à MM. les contrôleurs généraux. J'ai placé cette estampe vis-à-vis de celle de Jean Causeur. Ce n'est pas que Jean Causeur vaille M. Turgot ; mais c'est qu'on l'a gravé à l'âge de cent trente ans. Quoique je me sois confiné au pied des Alpes, entre la Savoie et la Suisse, j'aime encore assez la France pour souhaiter que M. Turgot vive autant que Jean Causeur.

Je vous sais bien bon gré, monsieur, de cultiver les belles-lettres, qui sont d'ordinaire l'opposé de votre administration. L'agriculture, dont je fais profession, n'y est pas si contraire ; mais l'aridité des calculs est presque toujours l'ennemie mortelle de la littérature. Heureux les esprits bien faits, qui touchent à la fois à ces deux bouts !

Je vous remercie de vos bontés. J'ai l'honneur d'être, avec l'estime la plus respectueuse, monsieur, votre, etc.

MMMMMMDCCCLXXV. — A M. LE MARQUIS DE THIBOUVILLE.

20 mars.

Je ne vous dirai pas ce que j'ai dit à M. d'Argental. Il y a quatre éditions de *Don Pèdre*, de ce jeune homme, en quinze jours ; mais Dieu me préserve qu'il y eût une seule représentation ! Je vous répète que, si le seul Lekain peut jouer le rôle de Guesclin, il n'y a jamais eu que Mlle Lecouvreur qui pût faire valoir Léonore, et que le seul Baron était fait pour don Pèdre. Vous n'avez au Théâtre-Français que des marionnettes, et dans Paris, que des cabales. Mes anges, mes pauvres anges ! le bon temps est passé : vous avez quarante journaux, et pas un bon ouvrage ; la barbarie est venue à force d'esprit. Que Dieu ait pitié des Welches ! mais aimez toujours le vieux malade, qui vous aime, et plaignez un siècle où l'Opéra-Comique l'emporte sur *Armide* et sur *Phèdre*. Vous vivez au milieu d'une nation égarée, qui est à table, depuis quatre-vingts ans, et qui demande sur la fin du repas de mauvaises liqueurs, après avoir bu au premier service d'excellent vin de Bourgogne.

Pour le vieux malade, il ne boit plus que de la tisane.

MMMMMMDCCCXXVI. — A M. LE COMTE DE TRESSAN, LIEUTENANT
GÉNÉRAL DES ARMÉES DU ROI.

22 mars.

Je viens de recevoir, monsieur, l'épître de votre prétendu chevalier de Morton[1], qui est aussi inconnu de moi et de Genève que ses vers, quoique le titre porte, *imprimé à Genève*. Je vois bien que cette brochure est de quelqu'un qui me fait l'honneur de vouloir imiter mon style, et qui se cache sous ma chétive bannière. C'est un homme cependant qui a beaucoup d'esprit, et même de talent.

Mais comment avez-vous pu imaginer un moment que cette épître fût de moi? Comment aurais-je pu vous parler des soupers de l'Épicure-Stanislas, qui ne soupait jamais, et qui laissa longtemps sa petite cour sans souper? Personne, vous le savez, ne ressemblait moins à Épicure. M. le chevalier vous dit que ces soupers *pullulaient* dans les cours de l'Europe; car *ils pullulaient* ne peut se rapporter qu'aux soupers prétendus, à moins que ce mot ne se rapporte à vos vers, dont l'auteur parle plus haut. Si jamais vous rencontrez le chevalier de Morton, dites-lui qu'il faut écrire avec netteté, et bien savoir le français avant de faire des vers dans notre langue. Avertissez-le que ni ses vers ni ses soupers ne pullulent. Persuadez-le bien que *des feux follets d'un instinct perverti dont on est fier* forment le galimatias le plus absurde.

Que veut dire *déchirer l'enveloppe des infiniment petits?* Comment *dissèque*-t-on un *amas de fourmis?* qu'est-ce qu'un *critique à la toise?* qu'est-ce qu'un homme qui *monte* un microscope, et qui, le vers suivant, *monte* sur des tréteaux? Pouvez-vous supporter ces vers:

> En vain au Capitole un pontife ennemi
> Sonnerait le tocsin de Saint-Barthélemi.
> Louis voulut régner, il ne se trompa guères
> Un prince avec les arts mène un peuple en lisières.

N'avez-vous pas senti l'incorrection qui défigure continuellement cet ouvrage? Ce n'est qu'un tissu d'idées incohérentes et mal digérées, exprimées souvent en solécismes, ou en termes obscurs pires que des solécismes.

Il y a de beaux vers détachés. On ne peut qu'applaudir à ceux-ci:

> Le philosophe est seul, et l'imposteur fait secte.
> Il prouva, quoi qu'en dit la Sorbonne offensée,
> Que le burin des sens grave en nous la pensée.

---

1. Il avait paru une *Épître au comte de Tress...*, *sur ces gens publiques qu'on appelle philosophes*, par le chevalier de Morton. L'*Avis aux Parisiens*, qui est en tête, est rédigé de manière à faire croire que Voltaire en était l'auteur. Tout le monde y fut pris un instant. Tressan lui-même fit imprimer une *Réponse du comte de T****** à l'épître du chevalier de Morton*, qui commence ainsi:

> O Voltaire! ô mon maître! ô mon illustre ami!

ce qui ne pouvait que prolonger l'erreur publique. Toutes les expressions que Voltaire relève dans sa lettre sont dans l'*Épître au comte de Tress...*, dont on croit que Cubières est l'auteur. (Éd.)

je vois là de l'esprit, de la raison, de l'imagination dans l'expression, et de la clarté, sans laquelle on ne peut jamais bien écrire. Mais, monsieur, quelques vers bien frappés ne suffisent pas. Si Boileau n'avait que de ces beautés isolées, il ne serait pas le premier de nos auteurs classiques. Il faut que le fil d'une logique secrète conduise l'auteur à chaque pas; que toutes les idées soient liées naturellement, et naissent les unes des autres; qu'il n'y ait pas une seule phrase obscure; que le mot propre soit toujours employé; que la rime ne coûte jamais rien au sens, ni le sens à la rime. Et quand on a observé toutes ces règles indispensables, on n'a encore rien fait, si le poëme n'a pas cette facilité et cet agrément qui ne se définissent point, et qui frappent le lecteur le plus ignorant, sans qu'il sache pourquoi.

J'ai dit souvent que la meilleure manière de juger des vers, c'est de les tourner en prose en les débarrassant seulement de la rime; alors on les voit dans toute leur turpitude.

Les hommes, cher Tressan, sont des machines étranges,
Lorsque, fiers des feux follets d'un instinct perverti,
Ils vont persécutant l'écrivain sans partisans,
Et qui veut réparer les ruines de leur raison.
Sans doute tu les connais, et leurs travers
Ont souvent égayé tes vers du sel d'Aristophane.

Vous découvrez d'un coup d'œil toutes les impropriétés de ces expressions, et l'incohérence des idées; la rime ne vous fait plus illusion.

Scribendi recte sapere est et principium et fons[1].

Examinez, je vous en prie, avec attention ces vers-ci :

Le philosophe est seul, et l'imposteur fait secte.
Aisément à ce trait chacun peut distinguer
Le vrai roi du tyran qui veut nous subjuguer.
« Non, ne distinguons rien, nous dira la Sorbonne :
Nous sommes dans l'État le seul corps qui raisonne. »

Quel rapport, s'il vous plaît, ces vers peuvent-ils avoir les uns aux autres? quel sens peuvent-ils renfermer? est-ce le philosophe qui est roi, parce qu'il est seul? est-ce l'imposteur qui est tyran? Pourquoi la Sorbonne dit-elle : « Ne distinguons rien? » cela est-il clair? cela est-il net? Tout vers, toute phrase qui a besoin d'explication, ne mérite pas qu'on l'explique. Un auteur est plein de sa pensée; il la rime comme il peut; il s'entend, et il croit se faire entendre. Il ne songe pas qu'un mot hors de sa place, ou un mot impropre, peut rendre son discours impertinent, quelque ingénieux qu'il puisse être.

Je réussirais peut-être plus mal que l'auteur, si je vous écrivais une épître en vers; mais du moins je ne souffrirai pas qu'on m'attribue celle-ci; et je vous prierai très-instamment de publier mon sentiment toutes

---

1. Horace, *Art poétique*, vers 309. (Éd.)

les fois qu'on vous parlera de cette pièce, supposé qu'on vous en parle jamais.

Enfin, voudriez-vous qu'ayant fait cette satire d'écolier, où tant de gens sont insultés, et où l'Alexandre, le Solon de Berlin est mis à côté de Vanini, j'eusse été assez bête pour la faire imprimer sous le titre de *Genève ?* c'eût été la signer, et m'exposer de gaieté de cœur, à mon âge de quatre-vingt et un ans. L'auteur m'expose en effet; et sa manœuvre est bien imprudente, ou bien cruelle.

Passe encore que l'avocat Marchand se soit avisé de faire imprimer mon testament. Je pardonne même aux imbéciles qui ont publié ma profession de foi, et qui m'ont fait dire élégamment que je crois *en Père, Fils, et Saint-Esprit ;* mais je ne puis pardonner à votre Morton, qui nous compromet si mal à propos.

Je pourrais insister sur l'indécence d'imprimer sans votre consentement un ouvrage qui vous est adressé. C'est manquer aux premiers devoirs de la société; et permettez-moi de vous dire que vous vous êtes manqué à vous-même en répondant à une telle lettre.

L'amitié dont vous voulez m'honorer depuis si longtemps me met en droit de vous dire toutes ces vérités. Mais celle dont je suis le plus certain, c'est que je vous serai attaché pour le reste de ma languissante et trop longue vie avec la tendresse la plus respectueuse.

MMMMMMDCCCLXXVII. — A M. LE MARÉCHAL DUC DE RICHELIEU.

25 mars.

Vous êtes pair du royaume, monseigneur le maréchal; et, quoique vous ayez fait le métier de Mars plus que celui de Barthole, vous devez savoir les lois mieux que moi, supposé qu'il y ait des lois en France, et que tout ne soit pas livré à la chicane et à la fantaisie du moment.

Je conviens que votre affaire est désagréable et importune; mais elle n'est que cela. Il faut être enragé pour feindre de n'être pas convaincu de la vérité de tout ce que votre avocat allègue. Il est vrai qu'il faut trop de contention d'esprit pour démêler ces preuves. La clarté dans les affaires est le premier devoir auquel il faut s'attacher, en quelque genre que ce puisse être.

Au reste, quelque avocat que vous eussiez choisi, il me paraît impossible qu'on rende jamais votre affaire douteuse. Il est démontré qu'on vous a volé, et que, pour vous voler, on a été faussaire.

Je ne vois dans tout cela qu'un seul petit désagrément, c'est la bonté dont Mme de Saint-Vincent se vante que vous l'avez honorée en passant, quoiqu'elle ne soit ni assez jeune ni assez jolie pour mériter tant de politesse; mais cette condescendance que vous avez eue pour elle ne mérite qu'une chanson, et des faussaires voleurs méritent un peu mieux.

Je vous avouerai que tout ce procès me fait moins de peine que votre situation présente; mais vous avez de la sagesse et de la fermeté, vous connaissez les hommes, vous avez de grandes dignités, de très-beaux établissements, et surtout de la gloire, que rien ne pourra vous ôter.

Je suis forcé de m'occuper à présent d'une affaire mille fois plus cruelle et plus affreuse, qui n'a pas la même célébrité que la vôtre, parce qu'elle ne concerne pas des gentilshommes d'un rang aussi élevé que vous; mais elle est par elle-même ce que je connais de plus flétrissant pour la France, et de plus abominable après la boucherie des chevaliers du Temple, et après la Saint-Barthélemy. Il y a des horreurs qui sont ignorées dans Paris, où l'on ne s'occupe que de frivolités, de mensonges, de calomnies, de tracasseries, et d'opéras-comiques; tout le reste est étranger aux Parisiens. Si on apprenait à dix heures du matin que la moitié du globe a péri, on irait à cinq heures au spectacle, et on arrangerait un souper.

Vous savez très-bien que les hommes ne méritent pas qu'on recherche leur suffrage; cependant on a la faiblesse de le désirer ce suffrage, qui n'est que du vent. L'essentiel est d'être bien avec soi-même, et de regarder le public comme des chiens qui tantôt nous mordent et tantôt nous lèchent.

Je vous écris toute cette vaine morale de mon lit, où je suis confiné depuis longtemps. Jouissez du bonheur inestimable d'avoir conservé votre santé à soixante-dix-huit ans. Songez à tout ce que vous avez vu mourir autour de vous; vous êtes en tous sens supérieur aux autres hommes.

Conservez-moi vos bontés pour les deux ou trois minutes que j'ai encore à vivre, c'est-à-dire à souffrir.

MMMMMMDCCCLXXVIII. — A M. LE CHEVALIER DE LISLE.

25 mars.

Vous m'avez écrit, monsieur, des choses bien plaisantes. Je reçois souvent de gros paquets de livres nouveaux; je les jette dans le feu, et je lis vos lettres pour me consoler. Il me paraît que vous voyez le monde, et que vous le peignez tel qu'il est, c'est-à-dire en ridicule. Je suis bien malade; mais, si vous voulez que je meure gaiement, faites-moi la grâce de m'écrire lorsque vous trouverez le genre humain bien impertinent, et que vous aurez du loisir pour vous en moquer.

J'ai été sur le point d'aller trouver mes deux confrères, Dupré de Saint-Maur et Châteaubrun. Les préparatifs de ce voyage, qui n'a pas eu lieu, ne m'ont pas permis de vous écrire. J'imagine que je dois à votre lettre le petit répit que j'ai obtenu. Vous avez adouci tous mes maux. J'ai beaucoup d'obligation à M. l'abbé, qui porte votre nom, d'avoir dit :

Choiseul est agricole, et Voltaire est fermier.

Il semble, par ce vers, que je sois le fermier de M. le duc de Choiseul. Plût à Dieu que je le fusse! je lui rendrais bon compte; je ne le tromperais pas comme quelques-uns peut-être l'ont pu tromper. J'aurais le bonheur de le voir et de l'entendre. Je tiens la condition de son fermier pour une des meilleures de ce monde, et je l'aimerais beaucoup mieux que celle de fermier général. Vous avez un sort bien supérieur à ces deux fermes : vous êtes son ami, et vous méritez de l'être.

Je vous remercie bien, monsieur, de m'avoir envoyé le dernier mémoire de M. le comte de Guines[1]. Il semble que les mémoires signés Tort soient des armes parlantes. Jamais aucun tort ne m'a paru plus évident. J'ai la vanité de croire que Dieu m'avait fait pour être avocat. Je vois que, dans toutes les affaires, il y a un centre, un point principal contre lequel toutes les chicanes doivent échouer. C'est sur ce principe que j'osai me mêler des procès criminels, affreux et absurdes, intentés contre les Calas, les Sirven, Montbailli, contre M. de Morangiés.

Je tiens la cause de M. le maréchal de Richelieu pour infaillible, par le même principe. Je crois même qu'il est impossible à ses ennemis de penser autrement. Je suis persuadé que, si les juges se trompent si souvent, c'est que les formes ne leur permettent guère de peser les probabilités. Ils opposent une loi équivoque à une autre loi équivoque, tandis qu'il faudrait opposer raison à raison, et vraisemblance à vraisemblance. Tout procès est un problème ; il faut avoir l'esprit un peu géométrique pour le résoudre.

La mort est un problème aussi ; je le résoudrai bientôt ; mais il m'est démontré qu'en attendant je vous serai attaché, monsieur, avec la plus vive reconnaissance.

Vous m'en avez écrit de bonnes ; mais vous, qui parlez, avez-vous lu le livre de Necker[2] ? et si vous l'avez lu, l'avez-vous entendu tout courant ?

MMMMMMDCCCLXXIX. — DE FRÉDÉRIC II, ROI DE PRUSSE.

A Potsdam, le 26 mars.

Non, vous n'entendrez plus les aigres sifflements
    Des monstres que nourrit l'Envie :
    J'étouffe leurs cris discordants
    Par l'éloge de votre vie.
    J'irai vous cueillir de ma main
    Des fleurs dans les bosquets de Flore,
    Pour en parsemer le chemin
    Que l'aveugle arrêt du Destin
    Veut bien vous réserver encore.
    Vous avez charmé mon loisir ;
    J'ai pu vous voir et vous entendre :
Tous vos vers sont à moi, car j'ai su les apprendre.
    D'un cœur reconnaissant le plus ardent désir
    Est qu'ayant par vos soins reçu tant de plaisir,
    Je puisse à mon tour vous en rendre.

Le pauvre Protée[3], dont vous faites l'éloge, n'est qu'un *dilettante*, espèce de gens qu'on appelle ainsi en Italie, amateurs des arts et des

---

1. Le comte de Guines, ambassadeur de France à Londres, était en procès avec Tort, qui avait été son secrétaire, et d'autres personnes. (ÉD.)
2. Contre la liberté du commerce des blés. (ÉD.)
3. C'est le roi de Prusse lui-même. (ÉD.)

sciences, n'en possédant que la superficie; mais qui pourtant sont rangés dans une classe supérieure à ceux qui sont totalement ignorants.

Je me suis enfin procuré les sept dialogues[1], et j'en ai approfondi toute l'histoire. L'auteur de cet ouvrage est un Anglais, nommé Lindsey, théologien de profession, et précepteur du jeune prince Poniatowski, neveu du roi de Pologne. C'est à l'instigation des Czartorinski, oncles du roi, qu'il a composé sa satire en anglais.

L'ouvrage achevé, on s'est aperçu que personne ne l'entendrait en Pologne, s'il n'était traduit en français; ce qui fut exécuté tout de suite. Mais comme le traducteur n'était pas habile, on envoya les dialogues à un certain Gérard à Dantzick, qui pour lors y était consul de France, et qui à présent est commis de bureau aux affaires étrangères, auprès de M. de Vergennes. Ce Gérard, qui a de l'esprit, mais qui me fait l'honneur de me haïr cordialement, a retouché ces dialogues, et les a mis dans l'état où on les a vus paraître. J'en ai beaucoup ri; il y a par-ci par-là des grossièretés et des platitudes insipides, mais il y a des traits de bonne plaisanterie. Je n'irai point ferrailler à coups de plume contre ce sycophante. Il faut s'en tenir à ce que disait le cardinal Mazarin : « Laissons chanter les Français, pourvu qu'ils nous laissent faire. »

Je reviens au pauvre d'Étallonde, dont l'affaire ne m'a pas l'air de tourner avantageusement : comme je lui ai procuré son premier asile, je serai sa dernière ressource. Un ingénieur formé sous les yeux de Voltaire est un phénix à mes yeux. Pour cette bataille dont il a tracé le plan, il y a si longtemps qu'elle s'est donnée qu'à peine je m'en ressouviens. D'Étallonde pourra vous servir à conduire les travaux au siége de l'*inf*..., à former les batteries, des balistes et des catapultes, pour faire écrouler entièrement la tour de la superstition, dernier asile des vieilles femmes et des tonsurés.

Je vois que vous préférez le séjour de Ferney à celui de Versailles : vous le pouvez faire sans risque. Les distinctions que vous pourriez recevoir de votre ingrate patrie tourneraient plus à son honneur qu'au vôtre. Vous ne recevrez pas l'immortalité comme un don; vous vous l'êtes donnée vous-même.

Les bonnes intentions de la reine de France font cependant son éloge : il est beau qu'une jeune princesse pense à réparer les torts d'une nation dont elle occupe le trône, surtout qu'elle rende justice au mérite éclatant.

Ce portrait que vous avez voulu avoir, et qui est plus propre à déparer qu'à orner un appartement, vous le recevrez par Michelet. Je voulais qu'on lui mît un habit d'anachorète; cela n'a pas été exécuté. Si ce portrait pouvait parler, il vous dirait que personne ne vous souhaite plus de bénédictions ni ne s'intéresse plus à votre conservation que le philosophe de Sans-Souci. *Vale*.   FÉDÉRIC.

1. Intitulés *le Partage de la Pologne*. (ÉD.)

MMMMMMDCCCLXXX. — A M. LE PRINCE DE BELOWSELKI.

A Ferney, 27 mars.

Monsieur, un vieillard de quatre-vingt et un ans, accablé de maladies cruelles, a senti quelques adoucissements à ses maux, en recevant la lettre charmante en prose et en vers dont vous l'avez honoré, dans une langue qui n'est point la vôtre, et dans laquelle vous écrivez mieux que tous les jeunes gens de notre cour. Je viendrais vous en remercier à Genève si mes souffrances me le permettaient, et si elles ne me privaient pas de toute société.

J'ai dit tout bas, en lisant vos vers :

Dans des climats glacés Ovide vit un jour
    Une fille du tendre Orphée;
D'un beau feu leur âme échauffée
Fit des chansons, des vers, et surtout fit l'amour.
    Les dieux bénirent leur tendresse,
Il en naquit un fils orné de leurs talents;
Vous en êtes issu ; connaissez vos parents,
    Et tous vos titres de noblesse.

Agréez, monsieur le prince, le respect du vieillard de Ferney.

MMMMMMDCCCLXXXI. — A FRÉDÉRIC II, ROI DE PRUSSE.

A Ferney, le 28 mars.

Sire, toutes les fois que j'écris à Votre Majesté sur des affaires un peu sérieuses, je tremble comme nos régiments à Rosbach. Mais votre bonté et votre magnanimité me rassurent.

Je vous supplie de daigner lire dans un de vos moments de loisir, si vous en avez, le mémoire de d'Étallonde : il est entièrement fondé sur les pièces originales qu'on nous cachait, et qui nous sont enfin parvenues. Vous verrez dans cette affaire, pire que celle des Calas et des Sirven, à quel point les Welches sont quelquefois frivoles et atroces : vous y verrez à la fois l'imbécillité du Pierrot de la foire, et la barbarie de la Saint-Barthélemy. Ce n'est pas que la bonne compagnie de Paris ne soit infiniment estimable; mais souvent ceux qu'on appelle magistrats sont l'opposé de la bonne compagnie.

J'ose croire que la lecture de ce mémoire vous fera frémir d'horreur. Nous avons résolu d'envoyer ce mémoire, non-seulement aux avocats de Paris, mais à tous les jurisconsultes de l'Europe. Notre dessein est de nous en tenir à leur décision. D'Étallonde ayant pris, avec votre permission, le titre de votre aide de camp et de votre ingénieur, ne doit ni demander grâce à un garde des sceaux, ni s'avilir jusqu'à se mettre en prison pour faire casser son arrêt.

Si vous daignez seulement nous faire avoir l'avis de votre chancelier, ou celui d'un de vos premiers juges, cette décision, jointe à celle que nous espérons avoir à Naples, à Milan et à Londres, sera assez authentique pour ne faire retomber l'opprobre de l'horrible jugement contre d'Étallonde et le chevalier de La Barre que sur les assassins qui les ont condamnés. C'est une nouvelle manière de demander justice; mais si Votre Majesté l'approuve, je la crois très-bonne et très-efficace. Elle pourra mettre un frein à nos Welches cannibales, qui se font un jeu de la vie des hommes. Peut-être n'y a-t-il point actuellement d'affaires en Europe plus digne de votre protection. C'est à Marc Aurèle de donner des leçons à des barbares.

Dès que nous aurons la décision des avocats de Paris, jointe au jugement des premiers jurisconsultes d'Allemagne et d'Italie, et peut-être de Rome même, je rendrai d'Étallonde à Votre Majesté. Il est digne de la servir, et il n'attend que ce moment pour se remettre à un devoir qui lui est cher.

Pour moi, j'attendrai la mort sans aucune peine, si je peux réussir dans cette juste entreprise; et je mourrai heureux, si Votre Majesté me conserve ses bontés.

MMMMMMDCCCLXXXII. — A M. LE COMTE DE SCHOWALOW.

Ferney, par Genève, le 28 mars.

Dessillez donc, monsieur, les yeux de quelques-uns de nos Français, qui ne veulent pas croire qu'un jeune homme du royaume de Russie ait fait l'*Épître à Ninon* : les charmes de votre conversation ont dû leur apprendre que l'esprit, le goût, et les grâces, ne sont point du tout étrangers dans ce pays; monsieur votre neveu est accoutumé à plaire en vers, comme vous faites en prose. Nous devons lui être bien obligés de l'extrême honneur qu'il fait à notre langue. Son épître sera un des plus précieux monuments de notre littérature. J'avoue qu'il est bien rare qu'on fasse de tels vers en Russie; cela n'est pas plus commun à Paris. Le bon est rare partout. Il y a peu de dames en France qui écrivent comme l'impératrice. Elle m'a honoré, il y a peu de temps, d'une lettre charmante, où elle se moque plaisamment de M. Pougatschef. J'espère que ce Pougatschef est fort loin de faire des vers français. L'empereur de la Chine passe pour être un très grand poëte; mais il n'écrit qu'en chinois. Le roi de Prusse est bien plus honnête; il fait des vers en notre langue plus que jamais. Il en a fait sur la Pologne qui sont pleins d'esprit et de gaieté. Le temps de nos anciens troubadours reparaît au fond de l'Europe et de l'Asie. Je voudrais que nos monarques d'Occident se piquassent un peu d'émulation; que le pape, par exemple, fît de jolies chansons sur les jésuites, ou quelque opéra-comique sur les jansénistes : on y courrait comme au *Barbier de Séville*. Nous vous regrettons, monsieur, tous les jours à Ferney; nous ne savons point, ni vous non plus peut-être, quand vous retournerez dans votre pays des prodiges. Si j'avais un peu de santé, je viendrais assurément vous faire ma cour sur la route; mais ma vie n'est qu'un tissu de maux et qu'une agonie continuelle : ma consolation est de songer à vos bontés. Mme Denis vous assure de tous les sentiments que vous êtes accoutumé d'inspirer. La jeune religieuse[1]

---

1. Mlle de Varicourt, depuis Mme de Villette. (ÉD.)

ne parle que de vous, elle vous idolâtre, elle croit que le climat de Russie est plus doux que celui de Naples.

J'ai l'honneur d'être avec le plus tendre respect, monsieur, de Votre Excellence, le très-humble, etc. LE VIEUX MALADE DE FERNEY.

MMMMMMDCCCLXXXIII. — A MADAME LA MARQUISE DU DEFFAND.

30 mars.

J'ai pu vous dire, madame : *J'ai été très-mal, je le suis encore*,
1° Parce que la chose est vraie;
2° Parce que l'expression est très-conforme, autant qu'il m'en souvient, à nos décisions académiques. Ce *le* signifie évidemment : « Je suis très-mal encore. » Ce *le* signifie toujours la chose dont on vient de parler. C'est comme quand on vous dit : « Êtes-vous enrhumées, mesdames ? » elles doivent répondre : « Nous le sommes, » ou : « Nous ne le sommes pas. » Il serait ridicule qu'elles répondissent : « Nous les sommes, » ou : « Nous ne les sommes pas. »

Ce *le* est un neutre en cette occasion, comme disent les doctes. Il n'en est pas de même quand on vous demande : « Êtes-vous les personnes que je vis hier à la comédie du *Barbier de Séville*, dans la première loge ? » Vous devez répondre alors : « Nous les sommes, » parce que vous devez indiquer ces personnes dont on vous parle.

Êtes-vous chrétienne ? Je le suis. Êtes-vous la juive qui fut menée hier à l'inquisition ? Je la suis. La raison en est évidente. Êtes-vous chrétienne ? Je suis cela. Êtes-vous la juive d'hier, etc. ? Je suis elle.

Voilà bien du pédantisme, madame; mais vous me l'avez demandé; et vous ferez de moi tout ce que vous voudrez, excepté de me faire venir à Paris. Mon imagination m'y promène quelquefois, parce que vous y êtes; mais la raison me dit que je dois achever ma vie à Ferney. Il faut se cacher au monde, quand on a perdu la moitié de son corps et de son âme, et laisser la place à la jeunesse. Il y a et il y aura toujours à Paris beaucoup de jeunes gens qui font et qui feront très-joliment des vers; mais ce n'est pas assez de les faire bons, il leur faut un je ne sais quoi qui force à les retenir par cœur, ou à les relire malgré qu'on en ait, sans quoi cent mille bons vers sont de la peine perdue.

Je suis indigné, depuis quelques années, de la prose de Paris, et surtout de la prose des avocats, qui parlent presque tous comme maître Petit-Jean. Les factums contre M. de Guines et contre M. de Richelieu m'ont paru le comble de l'absurdité. Celui de M. de Richelieu était un peu ennuyeux, mais au moins il était fort raisonnable.

J'espère que quand mon jeune homme¹ sera obligé d'en faire un, il pourra être assez intéressant; mais probablement cette pièce de théâtre ne se jouera pas sitôt

Adieu, madame; dissipez-vous, soupez, mais surtout digérez, dormez, vivez avec le monde, dont vous ferez toujours le charme. Daignez me conserver toujours un peu d'amitié; cela console à cent lieues.

1. Morival d'Étallonde. (ÉD.)

MMMMMMDCCCLXXXIV. — A M. DE LA HARPE.
31 mars.

Je ne croyais pas, mon cher successeur, que de Belloy fût mourant, lorsque je l'ai presque associé avec vous; mais je crois avoir bien fait sentir la prodigieuse différence que je mets entre vous et lui. C'est l'impératrice de Russie qui me mandait que, de tous les auteurs français de ce temps-ci, vous étiez presque le seul qu'elle entendît couramment; et qu'il y avait deux langues en France, dont l'une était la vôtre, et l'autre était celle du galimatias. Vous voyez bien qu'à la longue le vrai mérite perce, et que le galimatias tombe.

Vous voilà, à la fin, à votre place, malgré la canaille des Fréron, des Clément, et des Sabatier. Vous avez de la gloire et un commencement de fortune. On dira de vous comme de Tibulle :

Gratia, fama, valetudo contingit abunde,
Et mundus victus, non deficiente crumena[1].

Connaissez-vous M. de Vaines, premier commis ou chef des bureaux de celui qui pense et qui permet qu'on pense? Pourriez-vous m'envoyer par lui *Menzicof*, afin que je ne meure pas sans avoir eu cette consolation? Je vous avertis que mon heure arrive, et que, quand même je serais à l'agonie, je sentirai le mérite de la pièce tout aussi bien que la famille royale. Soyez très-sûr que vous ne risquez rien, qu'on vous la renverra sans tarder, et sans abuser de la confiance. C'est une bonne action que vous devez faire; il faut avoir pitié des mourants.

Je sais bien qu'il n'y a d'acteurs à la Comédie que Lekain; mais je sais bien aussi que, si vous faites des vers comme Racine, vous déclamez comme lui. Je me souviendrai toujours du *le voici*, et de la façon dont vous récitâtes tout le reste.

Pour Corneille, il récitait ses vers comme il les faisait : tantôt ampoulé, tantôt à faire rire.

Vous formerez des acteurs et des actrices; c'est un point important pour le parterre : cela subjugue.

Le chiffon dont vous me parlez, intitulé *Don Pèdre*, n'a jamais été fait pour être joué. Il était fait pour une centaine de vers qu'on a retranchés, et pour certaines gens un peu dangereux dont on parlait avec une liberté helvétique. Ce changement gâte tout, énerve tout, et il n'y a pas grand mal. Il y en aurait eu beaucoup si on n'avait pas été obligé, à quatre-vingt et un ans, de sacrifier à cette sotte vertu qu'on appelle prudence : le vieillard a mis un bâillon à l'homme de vingt ans.

Allons, courage, mon cher ami; vous êtes dans la force de votre génie. Je vous dirai toujours :

Macte animo, generose puer; sic itur ad astra[2].

Je n'en peux plus, mais vous me ranimez.

1. Horace, liv. I, épître IV, vers 10, 11. (ÉD.)
2. Virgile, Æn., IX, 84. (ÉD.)

MMMMMMDCCCLXXXV. — A M. PARMENTIER.

A Ferney, 1er avril.

J'ai reçu, monsieur, les deux excellents mémoires que vous avez bien voulu m'envoyer, l'un sur les pommes de terre, désiré du gouvernement; l'autre sur les végétaux nourrissants, couronné par l'Académie de Besançon. Si j'ai tardé un peu à vous remercier, c'est que je ne mangerai plus de pommes de terre, dont j'ai fait du pain très-savoureux, mêlé avec moitié de farine de froment, et dont j'ai fait manger à mes agriculteurs dans un temps de disette, avec le plus grand succès. Mes quatre-vingt et un ans, surchargés de maladies, ne me permettent pas d'être bien exact à répondre; je n'en suis pas moins sensible à votre mérite, à l'utilité de vos recherches, et au plaisir que vous m'avez fait.

J'ai l'honneur d'être, avec tous les sentiments que je vous dois, monsieur, etc.

MMMMMDCCCLXXXVI. — A M. LE COMTE D'ARGENTAL.

3 avril.

Mon cher ange, je commence par vous envoyer une lettre de Mme de Luchet, qui vous mettra bien mieux au fait de vos dix mille livres, que je ne pourrais faire.

Vous verrez ensuite comme la calomnie me poursuit jusqu'au dernier de mes jours.

Il y a donc des gens assez barbares pour avoir dit que je me porte bien ! Je suis à peu près comme cette Mme de Moncu, qui écrivait : « Moncu est un assez vilain trou, mais on se divertit quelquefois dans le voisinage. »

Il est vrai que M. de Florian, qui a une charmante petite maison dans Ferney, donna, il y a quelque temps, un grand souper à Mme de Luchet, où elle joua une ou deux scènes de proverbes; mais assurément je n'y étais pas. Je ne mange plus avec personne; je ne sors de ma chambre que quand il y a un rayon de soleil. J'attends doucement la mort, et je remercie, comme Épictète, l'Être des êtres de m'avoir fait jouir pendant quatre-vingt et un ans du beau spectacle de la nature. J'ai abandonné totalement *Don Pèdre* et *Du Guesclin*. Je n'avais jamais fait cette tragédie pour être jouée, mais seulement pour y fourrer soixante ou quatre-vingts vers que j'ai ensuite très-prudemment retranchés. Il me suffit que ce petit ouvrage ne soit pas méprisé par les gens qui pensent.

A l'égard de notre jeune homme, pour qui vous avez tant de bonté, je voudrais seulement que vous pussiez aller lire, chez M. de Beaumont, la consultation que M. d'Hornoy a dû lui remettre. Il n'y a pas pour une demi-heure de lecture. Vous y verrez des horreurs et des bêtises des prétendus juges d'Abbeville, toutes prouvées légalement, papier sur table; toutes pires que les abominations du jugement des Calas et des Sirven, et dont on s'est bien donné de garde de laisser échapper un mot dans la procédure, qui non-seulement est nulle, mais qui est très-punissable. Nous ne voulons sur cela que le sentiment des avocats de Paris, auquel nous joindrons celui des jurisconsultes de l'Europe, depuis Moscou jusqu'à Milan : cela nous suffira. Nous ne voulons ni ester à droit, ni demander grâce. Nous avons obtenu la dignité d'aide de camp d'un roi qui est le premier général de l'Europe, et le poste de son ingénieur. Il ne convient pas à un homme de cet état de s'avilir pour obtenir en France le droit de jouir un jour d'une légitime de cadet de Normandie, qui ne vaut pas la peine qu'on y pense. Je vous réponds qu'il ne manquera point; mais la consultation des avocats nous est absolument nécessaire.

Échauffez sur cela, je vous en prie, M. d'Hornoy et M. de Beaumont; qu'ils écrivent seulement au bas de notre mémoire que les choses supposées comme nous les avançons, la procédure est nulle, et que nous sommes en droit de demander la révision. Je vais écrire à mon petit gros neveu.

Je vous embrasse, mon cher ange, avec l'amitié la plus respectueuse, la plus tendre, et la plus vieille.

MMMMMMDCCCLXXXVII. — A M. DALEMBERT.

8 avril.

Raton à MM. Bertrands.

Raton a reçu la petite histoire de Jean-Vincent-Antoine, et remercie messieurs Bertrands.

Mais Raton est désespéré qu'on lui impute pour la troisième fois, depuis si peu de temps, des marrons qu'il n'a jamais tirés du feu, et qui peuvent causer de terribles indigestions.

La dernière aventure du chevalier de Morton et du comte de Tressan est aussi ridicule que dangereuse. Il est bien indécent que ce chevalier de Morton veuille se cacher visiblement sous la fourrure du vieux Raton. Il est bien mal informé, quand il parle des petits soupers d'Épicure-Stanislas, qui ne soupa jamais, et qui empêcha longtemps ses commensaux de souper.

Il est bien extraordinaire que le comte de Tressan ait attribué cette pièce à Raton, et lui ait répondu en conséquence avec des notes.

Le grand référendaire, dont Raton a un besoin extrême dans le moment présent, doit réprouver cette brochure, et être très-piqué contre l'auteur indiscret. Les pastophores vont s'assembler, et tout est à craindre. Cette saillie, très-mal placée dans le temps où nous sommes, peut surtout faire un tort irréparable au jeune homme à qui messieurs Bertrands s'intéressent. Raton est très-affligé, et a grande raison de l'être.

On aurait bien dû empêcher M. de Tressan de faire une si dangereuse équipée. On est obligé de suspendre tout dans l'affaire de notre jeune ingénieur, devenu aide de camp du roi son maître. Il faut se taire pendant quelque temps; mais surtout il est absolument nécessaire de rendre justice à Raton, et de ne lui point imputer un ouvrage si mal conçu, si mal rimé, dans lequel il y a quelques beaux vers, à la vérité, mais qui sont absolument hors de saison, et qui ne peuvent que gâter des affaires très-sérieuses.

Raton prie instamment messieurs Bertrands de détourner de lui un calice si amer; ses vieilles pattes sont assez brûlées. Ils sont conjurés de ne pas faire brûler le reste de son maigre corps. Sa nièce est très-mal, et lui aussi ; il faut qu'il meure en paix.

MMMMMDCCCLXXXVIII. — A M. LAUS DE BOISSY [1].

A Ferney, 14 avril.

Je vous dois, monsieur, des éloges et des remercîments, et je me serais acquitté de ces deux devoirs plus tôt que je ne fais, si une maladie très-dangereuse que ma nièce a essuyée pendant un mois entier dans notre ermitage n'avait pas demandé tous mes soins et tout mon temps. Je sens vivement tout ce que je vous dois. La vieillesse peut ôter les talents, mais elle laisse au cœur la sensibilité.

Je crois que vous avez rendu service à tous les honnêtes gens, en faisant connaître un malhonnête homme qui s'est fait secrétaire d'une cabale infâme d'hypocrites, et qui, après avoir commenté Spinosa, est devenu valet de prêtre pour de l'argent. Votre ouvrage est celui de la vertu qui écrase la friponnerie.

MMMMMDCCCLXXXIX. — A M. L'ABBÉ BAUDEAU.

Le....

Je ne puis assez vous remercier, monsieur, de la bonté que vous avez de me faire envoyer vos *Éphémérides*. Les vérités utiles y sont si clairement énoncées, que j'y apprends toujours quelque chose, quoique à mon âge on soit d'ordinaire incapable d'apprendre. La liberté du commerce des grains y est traitée comme elle doit l'être; et cet avantage inestimable serait encore plus grand, si l'État avait pu dépenser en canaux de province à province la vingtième partie de ce qu'il nous en a coûté pour deux guerres [2], dont la première fut entièrement inutile, et l'autre funeste. S'il y a jamais eu quelque chose de prouvé, c'est la nécessité d'abolir pour jamais les corvées. Voilà deux services essentiels que M. Turgot veut rendre à la France; et, en cela, son administration sera très-supérieure à celle du grand Colbert. J'ai toujours admiré cet habile ministre de Louis XIV, bien moins pour ce qu'il fit que pour ce qu'il voulut faire; car vous savez que son plan était d'écarter pour jamais les traitants. La guerre plus brillante que sage de 1672 détruisit toute son économie. Il fallut servir la gloire de Louis XIV, au lieu de servir la France; il fallut recourir aux emprunts onéreux, au lieu d'imposer un tribut égal et proportionné, comme celui du dixième.

Que la France soit administrée comme l'a été la province de Limoges [3], et alors cette France, sortant de ses ruines, sera le modèle du plus heureux gouvernement.

1. Laus de Boissy avait envoyé à Voltaire une seconde édition de son *Addition à l'ouvrage intitulé : les Trois siècles*. (ÉD.)
2. Les guerres de 1741 et de 1756. (ÉD.)
3. Avant d'être contrôleur général des finances, Turgot avait été intendant de Limoges. (ÉD.)

Je suis bien content, monsieur, de tout ce que vous dites sur les entraves des artistes, sur les maîtrises, sur les jurandes. J'ai sous mes yeux un grand exemple de ce que peut une liberté honnête et modérée en fait de commerce, aussi bien qu'en fait d'agriculture. Il y avait dans le plus bel aspect de l'Europe après Constantinople, mais dans le sol le plus ingrat et le plus malsain, un petit hameau habité par quarante malheureux dévorés d'écrouelles et de pauvreté. Un homme, avec un bien honnête, acheta ce territoire affreux, exprès pour le changer. Il commença par faire dessécher des marais empestés; il défricha; il fit venir des artistes étrangers de toute espèce, et surtout des horlogers, qui ne connurent ni maîtrise, ni jurande, ni compagnonnage, mais qui travaillèrent avec une industrie merveilleuse, et qui furent en état de donner des ouvrages finis à un tiers meilleur marché qu'on ne les vend à Paris.

M. le duc de Choiseul les protégea avec cette noblesse et cette grandeur qui ont donné tant d'éclat à toute sa conduite.

M. d'Ogny les soutint par des bontés sans lesquelles ils étaient perdus.

M. Turgot, voyant en eux des étrangers devenus Français, et des gens de bien devenus utiles, leur a donné toutes les facilités qui se concilient avec les lois.

Enfin, en peu d'années, un repaire de quarante sauvages est devenu une petite ville opulente, habitée par douze cents personnes utiles, par des physiciens de pratique, par des sages dont l'esprit occupe les mains. Si on les avait assujettis aux lois ridicules inventées pour opprimer les arts, ce lieu serait encore un désert infect, habité par les ours des Alpes et du mont Jura.

Continuez, monsieur, à nous éclairer, à nous encourager, à préparer les matériaux avec lesquels nos ministres élèveront le temple de la félicité publique.

J'ai l'honneur d'être, avec une reconnaissance respectueuse, monsieur, etc.

MMMMMMDCCCXC. — A M. LE COMTE D'ARGENTAL.

16 avril.

Mon cher ange, je reçois votre lettre du 10 d'avril. Mme de Luchet n'est plus que garde-malade : vous l'avez vue marquise très-plaisante et très-amusante; mais les mines [1] de son mari ont un peu allongé la sienne. Ce mari est, à la vérité, un homme de condition, plus marquis que le marquis de.... [2]; mais il a bien plus mal fait ses affaires que.... Il est actuellement à Chambéry, et ni lui ni sa femme ne m'ont pleinement instruit de leur désastre. Il y a dans toutes les confessions un péché qu'on n'avoue pas.

J'avais cru longtemps que la maladie de Mme Denis n'était qu'un rhume ordinaire; nous n'avons été détrompés que depuis le premier

1. Le marquis de Luchet s'était mis à la tête d'une exploitation de mines, et cette entreprise n'avait pas réussi. (ÉD.)
2. Peut-être le marquis de Pezay, à qui est adressée la lettre MMMMMMDCCL. (Note de M. Beuchot.)

jour d'avril. La maladie a été depuis ce temps-là très-sérieuse et très-inquiétante jusqu'au 16. Je ne commence à être un peu rassuré que d'aujourd'hui ; nous avons été dans des transes continuelles. Malheureusement je ne suis bon à rien avec mes quatre-vingt et un ans et ma constitution déplorable; je ne suis qu'un vieux malade qui en garde un autre, et qui s'acquitte fort mal de cette fonction. Jugez si je suis en état de courir après une soixantaine de vers épars dans une vieille copie mise dès longtemps au rebut, et à moitié brûlée; *altri tempi, altre cure.* La tête me tourne, mon cher ange, de l'affaire de notre jeune homme¹ : il est plus sage que moi; il est tranquille sur son sort, et moi je m'en meurs.

Il y a peut-être quelque légère différence entre son mémoire et l'extrait de M. d'Hornoy. Je lui mande qu'il peut aisément corriger ces petites erreurs en deux traits de plume : mais nous ne fondons point du tout notre consultation sur des interrogatoires faits par des scélérats à des enfants intimidés. Nous la fondons principalement sur l'illégalité punissable, avec laquelle un procureur marchand de cochons, soi-disant avocat, et déclaré non admissible en cette qualité par un acte juridique de tous les avocats du siège, a osé se porter pour juge dans une affaire criminelle, et verser le sang innocent de la manière la plus barbare. Voilà notre grief, ou plutôt le crime que nous dénonçons, et dont nous n'avons que trop de preuves. Pourquoi s'attacher à des minuties, quand il s'agit d'un objet aussi important?

Ce fait ne se trouve certainement pas dans l'énorme procédure dont M. d'Hornoy a bien voulu faire l'extrait. Il a lu cet extrait à M. le garde des sceaux; mais il ne lui a point parlé du seul objet principal dont il s'agit; et voilà ce qui arrive dans presque toutes les affaires.

Nous venons de découvrir un mémoire fait en 1766, pour trois co-accusés dans cet infâme procès criminel; mémoire qui ne fut malheureusement imprimé avec la consultation des avocats que quelque temps après l'arrêt du parlement². La consultation est signée par huit avocats, Cellier, d'Outremont, Muyart de Vouglans, Gerbier, Timbergue, Benoît, Turpin, Linguet.

Les moyens de nullité sont très-bien discutés dans le mémoire et dans la consultation. C'est dans ce mémoire, pages 16 et 17, qu'il est dit expressément *que la compagnie des avocats d'Abbeville s'est opposée, par un acte juridique, à la réception* de notre prétendu avocat, prétendu juge, réellement procureur, et marchand de cochons et de bœufs.

C'est là qu'il est dit que des sentences des consuls d'Abbeville enjoignent à ce procureur marchand, à ce juge aussi infâme que barbare, de produire ses livres de comptes.

É a-t-il rien de plus monstrueux, mon cher ange? y a t il rien qui doive plus exciter l'indignation du roi et de son garde des sceaux? faut-il chercher d'autres preuves de l'injustice la plus horrible, et d'un as-

---

1. D'Étallonde. (ÉD.)
2. La consultation est du 27 juin; l'arrêt du 4 juin 1766. (ÉD.)

sassinat plus prémédité? pourquoi n'en a-t-on pas parlé à M. de Miromesnil? hélas ! c'était là la seule chose qu'il lui fallait dire. N'est-il pas palpable que ce misérable marchand de bestiaux n'avait été choisi pour assassiner juridiquement d'Étallonde et La Barre que par la vengeance du conseiller nommé Saucourt, qui voulait perdre, à quelque prix que ce fût, des enfants innocents, et se venger sur eux de trois procès que les pères de ces enfants, et Mme Feydeau de Brou, lui avaient fait perdre?

Ce sang innocent crie, mon cher ange; et moi, je crie aussi, et je crierai jusqu'à ma mort. Je crie à vous; je vous dis : « Vous êtes ami de MM. Target et de Beaumont: parlez-leur, je vous en conjure. » Je suis outré, je suis désespéré. Quoi ! le sage et brave d'Étallonde ne pourra pas trouver en 1775 un avocat, tandis que des enfants accusés des mêmes choses que lui en ont trouvé huit en 1766? Cela est affreux, cela est incompréhensible. Il n'y a donc plus ni raison ni humanité dans le monde?

Au nom de cette humanité, qui est dans votre cœur, parlez à M. Target, dites-lui tout ce que je vous dis. Je vous répète que nous ne voulons point de lettres de grâce; que grâce, de quelque manière qu'elle soit tournée, suppose crime, et que nous n'en avons point commis. De plus, grâce exige qu'on la fasse entériner à genoux, et c'est ce que nous ne ferons jamais. Il n'y a ni l'ombre de la justice, ni de la pitié, ni de la raison, dans tout ce qu'on m'a écrit sur cette aventure exécrable.

Comment voulez-vous, mon cher ange, que, dans l'effervescence où est l'intérieur de ma pauvre vieille machine, je vous parle à présent de l'édition in-quarto du *Corneille?* Il y a sans doute beaucoup de choses nouvelles dans les notes; mais ces choses-là, vous les savez mieux que moi. Vous savez combien les froids raisonnements alambiqués, écrits en style bourgeois, sont impertinents dans une tragédie; que le boursouflé est encore plus condamnable; que l'impropriété continuelle des expressions est ridicule, etc. J'ai fait sentir tous ces défauts dans la nouvelle édition, et j'ai dû le faire; j'ai dû n'avoir aucune condescendance pour le mauvais goût et pour la mauvaise foi de ceux qui m'avaient fait des reproches trop injustes. J'ai dit enfin la vérité dans toute son étendue, comme elle doit toujours être dite. De Tournes et Panckoucke, qui ont fait cette édition, ne m'en ont donné qu'un seul exemplaire; si j'en avais deux, il y a longtemps que vous auriez le vôtre.

Je ne puis, mon cher ange, finir ma lettre sans vous dire un mot sur l'homme dont j'avais pris le parti [1], et dont vous me parlez. M. de Malesherbes, qui est assurément une belle âme, m'a mandé que c'était ce même homme qui avait déterminé l'arrêt funeste dont l'Europe a eu tant d'horreur; que sans lui les voix auraient été partagées. Je me tais et je me tairai sur cet homme; mais cette nouvelle a achevé de m'accabler. Je me jette entre vos bras.

1. M. Pasquier. (ÉD.)

MMMMMMDCCCXCI. — A MADAME LA MARQUISE DU DEFFAND.

19 avril.

Vous me donnez donc, madame, une charge de médecin consultant dans votre maison. J'en suis bien indigne : je ne suis que le compagnon de vos misères, et compagnon d'ignorance de tous les autres médecins. Si vous aviez un livre difficile à trouver, qui est intitulé *Questions sur l'Encyclopédie*, je vous prierais de vous faire lire l'article *Médecine*, qui est assez drôle, mais qui paraît bien approchant de la vérité.

Je suis de l'avis d'un médecin anglais qui disait à la duchesse de Marlborough : « Madame, ou soyez bien sobre, ou faites beaucoup d'exercice, ou prenez souvent de petites purges domestiques, ou vous serez bien malade. »

J'ai suivi les principes de ce médecin, et je ne m'en suis pas mieux porté; cependant vous et moi nous avons vécu assez honnêtement, en prévenant les maladies par un peu de casse. Je fais monder la mienne, et je la fais un peu cuire. Elle fait beaucoup plus d'effet lorsqu'elle n'est pas cuite, et qu'elle est fraîchement mondée. Ma dose est d'ordinaire de deux ou trois petites cuillerées à café; et on peut en prendre deux fois par semaine sans trop accoutumer son estomac à cette purge domestique.

Quelquefois aussi je fais des infidélités à la casse en faveur de la rhubarbe : car je fais grand cas de tous ces petits remèdes qu'on nomme minoratifs, dont nous sommes redevables aux Arabes, de qui nous tenons notre médecine et nos almanachs. Vous savez peut-être que, pendant plus de cinq cents ans, nos souverains n'eurent que des médecins arabes ou juifs; mais il fallait que le fou du roi fût chrétien.

Je reviens à la purge domestique, tantôt casse, tantôt rhubarbe; et je dis hardiment que ce sont des fruits dont la terre n'est pas couverte en vain, qu'ils servent à la fois de nourriture et de remèdes, et qu'il faut bénir Dieu de nous avoir donné ces secours dans le plus détestable des mondes possibles.

Je vous dis encore que nous ne devons pas tant nous dépiter d'être un peu constipés, que c'est ce qui m'a fait vivre quatre-vingt et un ans, et que c'est ce qui vous fera vivre beaucoup plus longtemps. On souffre un peu quelquefois, je l'avoue; mais, en général, c'est notre loi de souffrir de manière ou d'autre. Je m'acquitte parfaitement de ce devoir; et, tout résigné que je suis, je me donne actuellement au diable dans mon lit, pendant que Mme Denis est dans le sien depuis quarante jours, avec la fièvre et une fluxion de poitrine. Je suis prêt d'ailleurs à vous signer tout ce que vous me dites, excepté la trop bonne opinion que vous voulez bien avoir de votre vieux confrère en maladie.

Il y a longtemps que j'ai eu le bonheur de passer quinze jours avec M. Turgot. Je ne sais ce qu'on lui permettra de faire; mais je sais que je fais plus de cas de son esprit que de celui de Jean-Baptiste Colbert et de Maximilien de Rosny. Je ne crains pour lui que deux choses : les financiers et la goutte. Ce sont deux terribles sortes d'ennemis; il n'y a que les moines qui soient plus dangereux.

Je vous quitte pour aller au chevet du lit de ma malade.
Supportez la vie, madame, et conservez-moi vos bontés.

A propos, madame, ou hors de propos, auriez-vous entendu parler d'une lettre en vers d'un prétendu chevalier de Morton à M. le comte de Tressan, qu'il a eu la faiblesse de faire imprimer avec sa réponse, le tout orné de notes instructives? Ce Morton dit que les hommes

..........Sont d'étranges machines,
Quand, fiers des feux follets d'un instinct perverti,
Ils vont persécutant l'écrivain sans parti,
Qui veut de leur raison réparer les ruines.

Ensuite il dit que M. de Tressan rendait plus piquants les soupers d'Épicure-Stanislas, père de la feue reine : Stanislas serait certainement bien étonné de s'entendre nommer Épicure, lui qui ne donna jamais à souper. Presque tous les vers de cette belle épître sont dans ce goût. Et voilà ce que M. de Tressan, de plusieurs académies, a cru être de moi ; voilà à quoi il a répondu par une épître en vers ; voilà ce qu'il dit avoir été extrêmement approuvé par MM. Da..., C..., et M...[1].

J'ai eu beau lui écrire que M. le chevalier de Morton était un détestable poëte, il n'en démord point. Il me dit que je suis trop modeste. Il fait courir dans Paris cet imprimé, d'ailleurs très-dangereux, dans lequel on met sur la même ligne Numa et le roi de Prusse, Montaigne et Vanini, Socrate et l'Arétin.

Il y a quelques vers heureux, jetés au hasard dans ce mauvais ouvrage fait aux Petites-Maisons, et surtout des vers très-hardis, qui passent à la faveur de leur témérité. M. de Tressan distribue à ses amis la demande et la réponse. Que voulez-vous que je dise? La rage d'imprimer ses vers est une étrange chose, mais ce n'est pas à moi de la condamner. J'ai passé ma vie à tomber dans cette faute, et je suis puni par où je suis coupable.

Mais, bon Dieu! que le bon goût est rare!

MMMMMMDCCCXCII. — A M. DE VAINES.

A Ferney, 19 avril.

Monsieur, M. de Trudaine était après vous l'homme de France que j'aurais le plus souhaité pour arbitre des intérêts de ce petit pays de Gex, dont j'ai fait ma patrie.

Quoique je me pique d'être bon citoyen, cependant je vous avoue que j'aurais autant aimé lire le *Menzicof* de mon cher M. de La Harpe, qu'un arrêt du conseil favorable à nos demandes. Je n'ai point reçu cet ouvrage que vous m'annoncez; ce sera apparemment par le premier courrier. Je vous en remercie. J'aime M. de La Harpe autant que j'estime ses grands talents; et je l'aime d'autant plus que je sais combien il vous est attaché. Je commence à vous l'être autant que lui.

J'ai l'honneur d'être, avec la plus respectueuse reconnaissance, etc.

1. Dalembert Condorcet et Marmontel. (ÉD.

MMMMMMDCCCXCIII. — AU MÊME.

Ferney, 20 avril.

Je vous renvoie, monsieur, le meilleur ouvrage de M. de La Harpe. Son *Menzicof* n'arriva qu'hier dans ma Sibérie. Les postes de notre Tobolskoi sont arrangées de façon que les gros paquets m'arrivent presque toujours un jour trop tard. Je suis exact et fidèle en vers et en prose. J'ai résisté à la tentation de faire copier l'ouvrage; j'en ai retenu seulement quelques vers malgré moi, et surtout ceux qui conviennent au climat que j'habite. Permettez-moi de mettre dans ce paquet ma lettre de remerciments pour M. de La Harpe. Je voudrais bien en écrire une à M. Turgot et à M. de Trudaine pour notre pays de Tobolsk et de l'Irtisch.

M. de Condorcet m'a mandé que vous êtes, comme M. Turgot, l'ami des lettres ainsi que de l'ordre dans les finances, et que je pouvais vous présenter ce petit recueil d'un jeune homme, et joindre ce paquet sans crainte d'abuser de vos bontés. Il ajoute que je peux vous demander la permission de vous adresser deux ou trois paquets semblables. Je suis accoutumé à faire tout ce que M. de Condorcet me prescrit ; ainsi j'espère que vous ne désapprouverez pas mon importunité.

LE VIEUX MALADE DE FERNEY.

Si, par un hasard malheureux, M. de Condorcet n'était point à Paris, je vous supplie de vouloir bien faire rendre à M. Élie de Beaumont le paquet qui contient cette pièce tragique, avec la lettre de M. d'Étallonde et la mienne, que vous trouverez enveloppée avec celle que j'écris à M. de Condorcet.

MMMMMMDCCCXCIV. — DU CARDINAL DE BERNIS.

Rome, le 24 avril.

Je ne saurais refuser cette lettre, mon cher et illustre confrère, à deux jeunes officiers suédois qui ont fait le voyage d'Italie avec beaucoup d'application et d'intelligence, mais qui croiraient n'avoir rien vu, si en retournant dans leur patrie, ils n'avaient pu, au moins un moment, voir et entendre le grand homme de notre siècle. Ils ont cru qu'une lettre de moi serait un passe-port pour arriver jusqu'à vous. Je vous prie donc de ne pas vous refuser à leur curiosité, et au désir qu'ils ont de vous présenter un hommage qui n'est pas celui de la flatterie. Il y a bien longtemps que je n'ai reçu de vos nouvelles : je n'en sais que par la renommée; ce n'est pas assez pour mon cœur. Ne doutez jamais, mon cher confrère, de l'intérêt que je prends à votre santé, à votre conservation, à votre bonheur. Je n'ai plus de vœux à faire pour votre gloire. Mon attachement pour vous durera autant que ma vie.

MMMMMMDCCCXCV. — A M. DE VAINES.

24 avril.

Vous m'avez envoyé, monsieur, une tragédie en vers ; permettez que je vous en adresse une en prose [1]. Si vous avez le temps de la lire

---

1. *Le Cri du sang innocent.* (ÉD.)

avant de la remettre entre les mains de M. de Condorcet, votre ami, vous trouverez le sujet bien intéressant, et bien terrible. C'est une pièce qui ne peut encore être représentée, et qui le sera peut-être au sacre du roi.

Je crois qu'il y a une grosse cabale contre cet ouvrage; mais j'espère que les honnêtes gens le favoriseront, et que vous serez à leur tête. Pour moi, je ne puis faire que des vœux secrets. Je ne peux paraître, et c'est là ma douleur. Cette pièce m'a fait verser bien des larmes. Puissent-elles ne pas être inutiles!

Vous trouverez, monsieur, dans ce paquet, une lettre à M. de Condorcet, avec des papiers pour M. de Beaumont, l'avocat. Vous verrez que ma triste destinée est depuis longtemps d'oser élever ma voix contre les barbares oppresseurs de l'innocence. Vous frémirez peut-être; mais votre suffrage pourra faire réussir la pièce. Que ne puis-je être auprès de vous avec M. le marquis de Condorcet et M. de La Harpe!

J'ai l'honneur d'être, avec tous les sentiments que je vous dois, monsieur, votre très-humble et très-obéissant serviteur,

Le vieux malade de Ferney, V.

Si, par un hasard malheureux, M. de Condorcet n'était point à Paris, je vous supplie de vouloir bien faire rendre à M. Élie de Beaumont le paquet qui contient cette pièce tragique, avec la lettre de M. d'Étallonde et la mienne, que vous trouverez enveloppée dans celle que j'écris à M. le marquis de Condorcet.

MMMMMMDCCCXCVI. — A M. LE CHEVALIER DE CUBIÈRES-PALMÉZEAUX.

Au château de Ferney, le 26 avril.

Je n'ai pu, monsieur, vous remercier plus tôt des choses agréables que vous avez eu la bonté de m'envoyer. J'ai gardé pendant six semaines ma nièce, qui a été entre la vie et la mort. Ce n'est que d'aujourd'hui que je puis vous témoigner ma reconnaissance.

Je dois vous dire que je ne suis point le chevalier de Morton. J'ignore quel est l'auteur de la pièce très-indiscrète et très-inégale que ce prétendu chevalier a écrite à M. de Tressan. J'ai été très-affligé que M. de Tressan me l'ait attribuée, et qu'il ait eu la faiblesse d'y répondre. Il devait bien sentir qu'il était impossible que je lui eusse parlé des petits soupers d'Épicure-Stanislas, qui n'a jamais soupé, et qui ne ressemblait point du tout à Épicure. Il devait sentir, par beaucoup d'autres raisons, le tort qu'il a eu de se donner ainsi en spectacle au public. Je lui en fais des reproches d'autant plus vifs que je lui suis attaché depuis longtemps.

Quand on fait imprimer de pareilles pièces de poésie, il faut que tous les vers soient bons; et quand on les fait sur de pareils sujets, il ne faut pas les faire imprimer. Le chagrin que cette méprise ridicule me cause ne me permet pas de vous en dire davantage.

J'ai l'honneur, etc. VOLTAIRE.

MMMMMMDCCCXCVII. — A M. LE MARÉCHAL DUC DE RICHELIEU.

27 avril.

Quoique depuis longtemps, monseigneur, je n'aie pas pris la liberté de vous demander des nouvelles de votre étonnant procès, je ne m'y suis pas moins intéressé. Mme Denis, qui a été entre la vie et la mort pendant plus d'un mois, a occupé tous mes soins : c'était un moribond qui en gardait un autre.

Pendant que j'étais dans cette triste situation, vous savez quelle a été l'étrange méprise de M. le comte de Tressan. Il m'a mandé qu'il vous en avait parlé, et qu'il était un peu honteux de m'avoir pris pour le chevalier de Morton. Je lui pardonne de m'avoir attribué d'assez mauvais vers; mais je ne sais si on lui pardonnera les choses très-hardies et très-indiscrètes qu'il a mises dans sa réponse. Je ne sais point comme on pense actuellement. J'ignore si on penche vers la sévérité ou vers l'indulgence; mais je m'imagine que jamais un lieutenant général ne sera fait maréchal de France pour m'avoir écrit des vers contre les prêtres. Si M. de Tressan avait su de quelles affaires je suis chargé aujourd'hui, il se serait bien donné de garde de faire imprimer toutes ces fariboles dangereuses qu'il dit vous avoir fait lire.

Je vous avais déjà dit, et je vous redis encore, que j'étais obligé, par une fatalité singulière, de conduire un procès plus cruel que le vôtre, un procès aussi affreux que celui des Calas et des Sirven, et dans lequel j'échouerai peut-être; mais il n'y a pas moyen d'abandonner des personnes très-estimables, très-innocentes, et très-infortunées : c'est mon destin depuis longtemps de combattre contre l'injustice, et je remplis encore ce devoir dans les derniers jours de ma vie.

Dès qu'il y aura quelque chose d'entamé sur la douloureuse affaire dont on m'a chargé, je ne manquerai pas de la soumettre à votre jugement. Vous devez connaître actuellement plus que personne de quoi la méchanceté humaine est capable, et vous en serez plus disposé à compatir aux malheureux.

Si j'osais vous supplier de daigner m'instruire à présent de l'état où est votre affaire, et si vous vouliez bien me faire parvenir la dernière requête des coupables, ce serait une faveur que mon tendre et ancien attachement mérite. Ce procès tiendra une place bien distinguée dans le recueil des *Causes célèbres*[1]. Il me semble que ce serait une occasion bien naturelle de vous rendre toute la justice qui vous est due, et de n'oublier aucun des services signalés que vous avez rendus à l'État; cela serait assurément plus honnête et plus à sa place que le commerce de M. de Tressan avec son prétendu chevalier de Morton, qui est un très-mauvais poëte, quoiqu'il y ait dans son épître quelques vers insolents assez bien frappés.

Le pauvre vieillard malade vous est attaché en vers et en prose avec le plus tendre respect.

1. Par Guyot de Pitaval. (ÉD.)

MMMMMMDCCCXCVIII. — A Frédéric II, roi de Prusse.

A Ferney, 27 avril.

Sire, j'ai reçu aujourd'hui, par les bontés de Votre Majesté, le portrait d'un très-grand homme; je vais mettre au bas deux vers de lui, en n'y changeant qu'un mot :

> Imitateur heureux d'Alexandre et d'Alcide,
> Il aimait mieux pourtant les vertus d'Aristide.

J'avoue que le peintre vous a moins donné la figure d'Aristide que celle d'Hercule. Il n'y a point de Welche qui ne tremble en voyant ce portrait-là; c'est précisément ce que je voulais.

> Tout Welche qui vous examine
> De terreur panique est atteint;
> Et chacun dit, à votre mine,
> Que dans Rosbach on vous a peint.

Ce qui me plaît davantage, c'est que vous avez l'air de la santé la plus brillante.

Nous nous jetons Morival et moi aux pieds de ce héros. Le dessein de ce jeune homme est de ne point s'avilir jusqu'à demander une grâce dont il n'aura certainement pas besoin aux yeux de l'Europe : il veut et il doit se borner à faire voir la turpitude et l'horreur des jugements welches. Cette affaire est plus abominable encore que celle des Calas; car les juges des Calas n'avaient été que trompés, et ceux du chevalier de La Barre ont été des monstres sanguinaires de gaieté de cœur.

Je m'en rapporte à votre jugement, sire, et j'attends votre décision, qui réglera notre conduite. Nos lois sont atroces et ridicules; mais Morival ne connaît que les vôtres. Il se soucie fort peu de la petite part qui lui reviendrait dans le partage avec sa famille; il ne veut plus connaître d'autre famille que son régiment, et n'aura jamais d'autre roi et d'autre maître que vous.

J'ai été quelque temps sans écrire à Votre Majesté. Il a régné dans nos cantons une maladie épidémique affreuse, dont ma nièce a pensé mourir, et dont je suis encore attaqué.

Vivez longtemps, sire, non pas pour votre gloire, car vous n'avez plus rien à y faire, mais pour le bonheur de vos États. Conservez-moi des bontés qui me consolent de toutes mes misères.

MMMMMMDCCCXCIX. — Au même.

1er mai.

Sire, votre dernière lettre est un chef-d'œuvre de raison, d'esprit, de goût, et de bonté.

> C'est un sage qui nous instruit.
> C'est un héros qui s'humanise :
> Rien de si beau ne fut produit

Sur le Parnasse et dans l'Église.
Mon cœur s'émeut quand je vous lis.
Tout près de mon heure suprême,
Grâces à vous je rajeunis;
J'admire votre gloire extrême,
Comme ont fait tous vos ennemis :
Mais je fais bien mieux, je vous aime
Comme je vous aimai jadis.

Je sens une joie mêlée d'attendrissement quand les étrangers qui viennent chez moi s'inclinent devant votre portrait, et disent : « Voilà donc ce grand homme ! »

Chaque peuple à son tour a régné sur la terre
Par les lois, par les arts, et surtout par la guerre :
Le *siècle de la Prusse* est à la fin venu[1].

Il est vrai qu'on peut à présent observer parmi presque tous les souverains de l'Europe une émulation de se signaler par de grands et d'utiles établissements. Il semble même que la superstition diminue dans quelques cours. Mais quel est le prince qui approche de votre philosophie? Par ma foi, il est très-vrai que vous pensez en Marc Aurèle, et que vous écrivez en Cicéron, et cela dans une langue qui n'était pas la vôtre. Les lettres familières de Cicéron ne valent pas celles de Frédéric le Grand. Vous êtes plus gai que lui, comme vous êtes meilleur général, quoiqu'il ait combattu une fois au même endroit qu'Alexandre.

Je remercie bien Votre Majesté de ses bonnes intentions pour *divus d'Etallundus*, martyr de la philosophie. Il y a autant de grandeur et de vertu à protéger de tels martyrs qu'il y a d'infamie et de barbarie à les faire.

On me dit que Votre Majesté fait le voyage de Silésie, suivie de MM. les princes de Wurtemberg. J'ignore si c'est le duc régnant, ou le prince Louis, ou le prince Eugène, ou quelqu'un de ses enfants; si c'était le duc régnant, j'oserais vous demander votre protection auprès de lui. J'aime à ne point mourir sans avoir de nouvelles preuves de votre bonté; je m'endormirai dans la paix du Seigneur. Je finis ma vie par l'établissement d'une colonie à Ferney. Votre Majesté peut se souvenir que mon premier dessein était de l'établir à Clèves. J'aurais été alors d'être assez heureux pour me jeter encore une fois à vos pieds. C'est une consolation dont il ne m'est plus permis de me flatter. Daignez me conserver un souvenir qui est envié par tous les princes qui vous ont approché.

MMMMMMCM. — A M. LE COMTE D'ARGENTAL.

1ᵉʳ mai.

Mon cher ange, vous avez raison, et vous êtes très-aimable dans tout ce que vous me dites le 22 d'avril 1775; *contra sic argumentor*.

1. *Mahomet*, acte II, scène v. (ÉD.)

Mme Denis est aussi sensible qu'elle doit l'être à vos bontés. Elle se porte mieux ; mais la convalescence sera difficile et longue : ce n'est pas un grand malheur, quand on a été si dangereusement malade.

Mme de Luchet ne peut rien vous écrire touchant ses affaires et les vôtres, par la raison qu'elle n'y entend rien. Elle n'a jamais songé et ne songera qu'à rire. Son pauvre mari cherche de l'or. Mais toujours rire comme le veut sa femme, ou s'enrichir dans des mines, comme le croit le mari, c'est la pierre philosophale, et cela ne se trouve point.

Il me paraît aussi difficile d'arranger les affaires de notre jeune officier que d'enrichir M. de Luchet. Personne ne s'entend, personne n'agit de concert dans cette cruelle affaire. Tout ce que je puis vous dire, c'est que le jeune homme ne peut rien accepter, rien faire, sans les ordres précis de son maître. Il nous paraît qu'on veut nous servir malgré nous, et d'une manière qui ne peut nous convenir. On ne veut pas nous entendre, et nous ne pouvons pas tout dire. Pour moi, je ne dois point paraître : vous connaissez ma position, et vous sentez bien que je ne dois agir à découvert qu'auprès de celui qui peut seul bien réparer les malheurs de notre jeune homme, et qui devrait déjà l'avoir fait, quand ce ne serait que pour couvrir d'opprobre les scélérats sur lesquels il pense comme vous et moi. Enfin je ne vous dis rien sur cette affaire, parce que j'aurais trop à vous dire.

En voici une autre très-désagréable qui seule suffirait pour m'empêcher de me montrer dans l'affaire du jeune homme. Un de nos philosophes, excessivement imprudent, quoiqu'il n'en ait pas l'air, et qui fait des vers, quoique ce ne soit pas son métier, s'avise d'écrire à M. de Tressan une épître sous le nom du chevalier de Morton, et me fait parler dans cette épître comme si c'était moi qui l'écrivais. Il me fait dire les choses les plus hardies, les plus déplacées, et les plus dangereuses. M. de Tressan a la simplicité de me croire l'auteur de cette rapsodie, dans laquelle il est très-ridiculement loué. Il me répond du même style; il fait imprimer ces sottises. C'est une étrange conduite pour un lieutenant général des armées, âgé de soixante-douze ans. L'auteur de la lettre du chevalier de Morton est certainement le plus coupable. C'est un homme très-bien intentionné pour la bonne cause; mais il la sert bien mal en croyant lui faire du bien.

J'ignore si cette sottise a fait quelque bruit à Paris. M. de Tressan, à qui j'ai lavé la tête d'importance, m'a mandé qu'il en a fait parler à M. le garde des sceaux; mais en faisant parler, on aura fait dire encore quelques nouvelles impertinences.

Je ne sais plus que faire ni que dire à tout cela; il faudrait que j'vinsse prendre de vos leçons huit ou dix jours à Paris; mais ni l'état de Mme Denis, ni le mien, ni mes forces, ni mes chagrins, ne me permettent cette consolation. Je ne goûte que celle d'être encore aimé de vous à cent lieues; mais faudra-t-il donc que je meure sans vous avoir embrassé?

MMMMMMCMI. — A M. DALEMBERT.

1ᵉʳ mai.

A MM. les deux secrétaires.

Je comptais envoyer aujourd'hui à l'un des Bertrands l'ouvrage très-utile[1] sur le commerce des blés. Je ne conçois pas pourquoi on ne m'a pas envoyé encore l'imprimé.

L'un des Bertrands me mande qu'on ne sait point ce que c'est que ce Jean-Vincent-Antoine. Cependant j'ai reçu un mémoire concernant Jean-Vincent-Antoine Ganganelli, écrit de la même main, et envoyé sous le même contre-seing que l'écrit sur la liberté du commerce des blés. Mais certainement on ne fera nul usage de l'histoire de Jean-Vincent-Antoine.

On se confie entièrement au zèle généreux des Bertrands, au sujet de l'officier prussien. D'Hornoy s'obstine, pour disculper sa compagnie, à vouloir des lettres de grâce, que ce brave officier rejette avec horreur. Il manquerait d'ailleurs essentiellement au roi son maître, et il se déshonorerait, s'il allait faire entériner à genoux ces lettres de grâce par ses bourreaux, en portant l'habit uniforme des vainqueurs de Rosbach. La seule idée d'une telle infamie fait bondir le cœur. Il ne veut absolument qu'un mot de consultation. Trois avocats de Paris ne peuvent refuser ce mot en 1775, après que huit avocats ont signé, en 1766, la même chose que nous demandons.

Voilà l'unique point sur lequel nous insistons. Il ne s'agit que d'un oui ou d'un non de la part de ces avocats. S'ils refusent, il n'y aura autre chose à faire qu'à nous renvoyer le mémoire à consulter. On pourra en adresser un autre au roi très-chrétien en personne, ou s'en tenir uniquement à ce qu'on doit espérer du roi son maître.

Voilà tout ce qu'on peut dire sur cette exécrable affaire.

A l'égard de celle du chevalier de Morton et du comte de Tressan, elle est très-ridicule et très-dangereuse dans les circonstances présentes. M. de Condorcet est très-instamment supplié d'imposer silence, s'il le peut, à ceux qui exposent ainsi les fidèles à la persécution. On met Raton dans la cruelle nécessité de montrer publiquement que ce Morton est absurde, et ne sait pas la langue française. Il en faudra venir nécessairement à ce scandale, pour peu que la malheureuse épître de ce Morton soit connue. En vérité, cette disparate est la chose la plus désespérante. Il serait affreux d'immoler son ami à la démangeaison d'imprimer des vers.

M. de Tressan n'a-t-il pas dû sentir que cet imprimé ne pouvait faire qu'un effet affreux?

Voici la lettre qu'on écrit au maître de ce malheureux officier, persécuté par les bœufs-tigres.

L'article *Monopole* sera envoyé le 3 de mai.

1. La *Diatribe à l'auteur des Éphémérides*. (ÉD.)

ANNÉE 1775.   45

MMMMMMCMII. — A M. DE VAINES.

A Ferney, 1er mai.

Je fais usage de vos bontés, monsieur, et je partage mes importunités entre M. Turgot et vous.

J'ai mis dernièrement dans votre paquet une lettre pour M. de Condorcet. Permettez-moi de vous en adresser une aujourd'hui pour M. Dalembert : ce sont deux secrétaires d'Académie, que je préfère aux secrétaires d'État.

J'ai bien peur qu'on ne joue pas de sitôt la Sibérie de M. de La Harpe. Nos comédiens sont devenus, dit-on, plus barbares que les Tartares et les Samoïèdes. Nous avons grand besoin de réformes en tout genre.

J'ai l'honneur d'être, avec une reconnaissance infinie, monsieur, votre très-humble et très-obéissant serviteur.   V.

MMMMMMCMIII. — A MADAME DE SAINT-JULIEN.

5 mai.

Racle arrive, madame : c'est à vous qu'il doit tout. Vous n'avez jamais eu qu'une passion véritable, celle de faire du bien ; tout le reste n'a été que passades. Si vous aviez été à Dijon, vous auriez prévenu l'émeute criminelle qui a été excitée sous main par les ennemis de M. Turgot.

Si vous venez sur les lisières de notre Bourgogne, vous rendrez la vie à Mme Denis et à moi. Elle est encore bien malade ; mais pour moi, je suis incurable, et je n'attends que la mort, après quatre-vingts ans de souffrance, et soixante ans de persécution. Vous trouveriez l'oncle et la nièce chacun dans un coin de son hôpital ; père Adam dans son grenier, uniquement occupé de son déjeuner, de son dîner, et de son souper ; ce brave jeune homme pour qui vous avez daigné vous intéresser, soutenant son malheur avec une patience héroïque ; Mme de Luchet, qui était venue ici pour deux jours, et qui est établie intendante de l'hôpital depuis deux mois ; son mari, qu'elle fait venir, et qui ne trouvera pas plus d'or dans Ferney qu'il n'en a trouvé dans toutes les mines qu'il a fouillées. Notre maison est un lazaret. Il n'y a que vous qui puissiez la rendre supportable ; mais nous n'osons nous flatter que vous veniez embellir le séjour de la souffrance et de la tristesse. J'éprouve toutes les calamités attachées à la décrépitude. Je ne puis ni manger avec personne, ni même parler. Si vous me ressuscitiez, ce serait le plus grand de vos miracles.

Vous avez vu bien des changements dans votre capitale ; ils se sont étendus jusqu'à nos déserts.

Notre héros, dont vous me parlez, doit être plus affligé de quelques-uns de ces changements que de la friponnerie insolente et absurde d'une Provençale[1]. Elle aurait mieux fait de contrefaire le style de sa bisaïeule, Mme de Sévigné, que de contrefaire l'écriture de celui qu'elle appelle toujours son cousin. Je ne connais ni la Provençale, ni la Bor-

1. Mme de Saint-Vincent. (ÉD.)

delaise. On dit que cette Bordelaise est despotique. Vous aimez à l'être, mesdames; et ce n'est pas pour rien que le conte de *Ce qui plaît aux dames* a fourni un opéra-comique. Je crois que votre ami aurait mieux fait de s'en tenir à être tout doucement le maître chez lui; mais, puisque Hercule a été subjugué, pourquoi les gens délicats ne le seraient-ils point? Il y a peu de personnes qui sachent se procurer une vieillesse heureuse et respectée. On se traîne comme on peut au bout de sa carrière : tout cela est bien triste. Il n'y a que vous, madame, dont les bontés adoucissent un peu les chagrins dont je suis environné. Je serai pénétré jusqu'au dernier moment de tout ce que vous valez, et de la reconnaissance que je vous dois.

MMMMMMCMIV. — A M. DE VAINES.

8 mai.

Il est digne des Welches de s'opposer aux grands desseins de M. Turgot; et vous, monsieur, qui êtes un vrai Français, vous êtes aussi indigné que moi de la sottise du peuple. Les Parisiens ressemblent aux Dijonnais, qui, en criant qu'ils manquaient de pain, ont jeté deux cents setiers de blé dans la rivière. Les mêmes Dijonnais ont écrit que le style du Bourguignon Crébillon était plus coulant que celui de Racine, et qu'Alexis Piron était au-dessus de Molière : tout cela est digne du siècle.

Nous n'avons point encore à Genève le fatras[1] du Génevois Necker, contre le meilleur ministre que la France ait jamais eu. Necker se donnera bien de garde de m'envoyer sa petite drôlerie. Il sait assez que je ne suis pas de son avis. Il y a dix-sept ans que j'eus le bonheur de posséder, pendant quelques jours, M. Turgot dans ma caverne. J'aimais son cœur et j'admirai son esprit. Je vois qu'il a rempli toutes mes vues et toutes mes espérances. L'édit du 13 de septembre me paraît un chef-d'œuvre de la véritable sagesse et de la véritable éloquence. Si Necker pense mieux et écrit mieux, je crois, dès ce moment, Necker le premier homme du monde; mais, jusqu'à présent, je pense comme vous.

Je suis pénétré de vos bontés, monsieur, et de votre manière de penser, de sentir, et de vous exprimer.

MMMMMMCMV. — A FRÉDÉRIC II, ROI DE PRUSSE.

Mai.

Sire, c'est à Aristide que j'écris aujourd'hui, et je laisse là Alexandre et Alcide jusqu'à la première occasion.

Je me jette à vos pieds avec Morival. Voici où il en est. Les gens qui sont aujourd'hui les maîtres du royaume des Welches lui donneront sa grâce; et cette grâce pourra le mettre dans quinze ou vingt ans en possession d'une légitime de cadet de Normandie. Mais nos belles lois exigent que pour être en état de recueillir un jour cette portion d'héritage si mince, on se mette à genoux devant le parlement, qui est le maître d'enregistrer la grâce ou de la rejeter.

1. *De la législation et du commerce des grains.* (ÉD.)

Morival est un garçon pétri d'honneur. Il trouve qu'il y aurait de l'infamie à paraître à genoux avec l'uniforme d'un officier prussien devant ces robins. Il dit que cet uniforme ne doit servir qu'à faire mettre à genoux les Welches.

C'est à peu près ce qu'il mande à votre ministre à Paris. J'approuve un tel sentiment, tout Welche que je suis; et je me flatte qu'il ne déplaira pas à Votre Majesté.

Vous avez eu la bonté de nous écrire que vous seriez notre dernière ressource. Vous avez toujours été la seule; car j'ai toujours mandé à la famille et à nos amis de Paris que nous ne voulions point de grâce. Nous n'attendons rien que de vos bontés. Vous avez permis que d'Étallonde Morival s'intitulât ingénieur et adjudant de Votre Majesté. Ces titres, qui, ce me semble, ne donnent aucun grade militaire, peuvent s'accorder dans vos armées sans faire aucun passe-droit à personne.

Pour peu que Votre Majesté daigne lui donner de légers appointements, il subsistera très-honorablement avec les petits secours de sa famille et de ses amis. Il viendra recevoir vos ordres au moment où vous l'ordonnerez. Faites voir à l'Europe, je vous en conjure, combien votre protection est au-dessus de celle de nos parlements. Vous avez daigné secourir les Calas; d'Étallonde est opprimé bien plus injustement; il est la victime d'une superstition et d'un fanatisme que vous haïssez autant que je les abhorre. Il n'appartient qu'à votre grandeur d'âme et à votre génie d'honorer hautement de votre bienveillance un officier très-sage, très-brave, et très-utile, indignement persécuté par les plus lâches et les plus barbares de tous les hommes. Vous êtes fait pour donner des exemples, non-seulement aux Welches, mais à l'Europe entière.

J'attends les ordres de Votre Majesté : j'ose espérer qu'ils consoleront ma décrépitude, et que mes cheveux blancs ne descendront point avec amertume dans le tombeau, comme dit l'autre [1].

MMMMMMCMVI. — DE FRÉDÉRIC II, ROI DE PRUSSE.

Le 10 mai.

Vous ne m'accuserez pas de lenteur à vous envoyer la consultation de nos jurisconsultes : c'est eux qui m'ont lanterné jusqu'à ce moment, que je reçois enfin leur docte décision. Si notre justice est si lente, à quoi ne faudra-t-il pas s'attendre du parlement de Paris? Ni vous, ni moi, ni Morival, ne vivrons assez longtemps pour voir la fin de cette affaire.

Le parti le plus sûr sera d'y renoncer, faute de pouvoir amollir les cœurs de roche de ces juges iniques. Je crois que le fanatisme et la superstition ont eu moins de part à cette boucherie d'Abbeville que l'opiniâtreté. Il y a des gens qui veulent toujours avoir raison, et qui se laisseraient plutôt lapider que de reconnaître l'excès où leur précipitation les a fait tomber.

A présent on ne pense à Paris qu'au sacre de Reims : y eût-il mille d'Étallonde, on ne les écouterait pas. On a les yeux sur les otages de la

---

1. *Genèse*, chap. XLII, verset 38. (ÉD.)

sainte ampoule; on veut savoir qui portera la couronne, qui le sceptre, qui le globe, et qui le soir le bougeoir du roi : ce sont des choses bien plus attrayantes que de justifier un innocent. Vos conseillers de grand'-chambre penseront ainsi; et Voltaire, le protecteur de l'innocence sans pouvoir la sauver, muni des consultations les plus intègres, n'aura de ressource que de flétrir dans ses écrits, lus de l'Europe entière, les bourreaux de La Barre et de ses compagnons.

J'écarte de ma mémoire ces horreurs et ces atrocités, qui inspirent une mélancolie sombre, pour vous parler d'une matière plus agréable. Lekain va venir ici cet été, et je lui verrai représenter vos tragédies. C'est une fête pour moi. Nous avons eu l'année passée Aufresne, dont le jeu noble, simple, et vrai, m'a fort contenté. Il faudra voir si les efforts de l'art surpassent dans Lekain ce que la nature a produit dans l'autre. Mais, avant d'en venir là, j'aurai trois cents lieues à faire en parcourant différentes provinces. A mon retour j'aurai le plaisir de vous écrire pour savoir des nouvelles du patriarche de Ferney, pour lequel le solitaire de Sans-Souci ne cesse de faire des vœux. *Vale.* FÉDÉRIC.

MMMMMMCMVII. — A M. CHRISTIN.

14 mai.

Mon cher ami, c'est dommage que vous ne soyez point à Ferney; vous partageriez la fête qu'on donne jeudi, 18 du mois, pour la convalescence de Mme Denis. Nous avons des compagnies d'infanterie, de cavalerie, des cocardes, des timbales, des violons, et trois cents couverts en plein air; mais on vous donnera une plus belle fête en Franche-Comté, quand vous aurez brisé pour jamais les fers des citoyens enchaînés par des moines.

M. Necker, agent de Genève à Paris, vient de publier un gros volume contre la liberté du commerce des grains, et cela tout juste dans le temps de la sédition ambulante qui est allée de Pontoise à Paris et à Versailles, jetant dans la rivière tout ce qu'elle trouvait de blé et de farine, pour avoir de quoi manger.

Je vous embrasse de tout mon cœur, mon cher Cicéron du mont Jura.

MMMMMMCMVIII. — A MADAME LA MARQUISE DU DEFFAND.

Ferney, 17 mai.

Vous êtes la plus heureuse femme de votre triste sort, madame, puisque les confitures du roi de Maroc vous font du bien; car sachez que l'on sert de la casse sur la table du roi de Maroc, comme chez nous de la gelée de pomme ou de groseille. Soyez sûre que les tempéraments chez qui la digestion est un peu lente et l'esprit prompt, et à qui la casse fait un bon effet, durent d'ordinaire plus longtemps que les corps frais et dodus : cela est si vrai, que je vis encore, après avoir souffert quatre-vingt et un ans presque sans relâche.

Donnez la préférence à la casse, puisque Molière a décidé que *de bonne casse est bonne*[1]; mais, en la louant comme elle le mérite, per-

---

1. *Malade imaginaire*, acte III, scène I. (ÉD.)

mettez-moi de vous dire qu'il ne faut pas absolument mépriser la rhubarbe.

Tous les médecins de la Faculté, mes confrères, s'ils sont un peu philosophes, conviendront que les mêmes principes agissent dans la casse et dans la rhubarbe. Ce sont les parties les plus volatiles et les plus piquantes qui purgent. J'avoue (car il faut être juste) que la casse, outre ses sels volatils, a quelque chose d'onctueux dont la rhubarbe est privée; et c'est en quoi cette casse mérite la préférence : mais le sublime de la médecine domestique est, à mon gré, d'avoir un jour dans le mois consacré à la rhubarbe.

Je quitte ma robe de médecin, pour vous parler des *Filles de Minée*[1]. Je vous jure que je n'ai envoyé ces trois bavards à personne. C'est une indiscrétion de Cramer dont je suis très-fâché. J'en essuie bien d'autres; c'est ma destinée.

J'envoie pour vous cette mauvaise plaisanterie de feu La Visclède à M. de Lisle. Elle ne lui coûtera rien. Elle vous coûterait un écu, et elle ne le vaut pas.

Je voudrais savoir si vous avez lu le livre de M. Necker sur les blés. Bien des gens disent qu'il faut une grande application pour l'entendre, et de profondes connaissances pour lui répondre.

Il paraît un écrit sur l'agriculture[2] qui est beaucoup plus court et quelquefois plus plaisant : il y a même quelques vérités. Je pourrai vous le procurer dans quelques jours. Je tâche de vous amuser de loin, ne pouvant m'approcher de vous. Ma colonie demande continuellement ma présence réelle. C'est un fardeau qu'il faut porter ; il est pénible. Ne soyez jamais fondatrice, si vous voulez avoir du temps à vous.

Encore une fois, madame, avalons la lie de nos derniers jours aussi doucement que les premiers verres du tonneau. Il n'y a point pour nous d'autre philosophie. La patience et la casse, voilà donc nos seules ressources ! j'en suis fâché.

Mme Denis vous remercie de vos bontés : elle l'a échappé belle.

MMMMMMCMIX. — A M. DE VAINES.

17 mai.

Si ce petit écrit[3] qu'on m'a confié, monsieur, peut vous amuser un moment, je me fais un devoir de vous l'envoyer : il n'est pas si gros que celui de M. Necker, mais il est peut-être plus aisé à entendre.

J'ai l'honneur d'être, avec tous les sentiments que je vous dois, et j'ose dire avec un véritable attachement, monsieur, votre très-humble et très-obéissant serviteur, *Le vieux malade*, V.

Voulez-vous bien permettre que je mette ce paquet pour M. Dalembert dans le vôtre ?

1. Conte de Voltaire publié sous le nom de M. de La Visclède. (ÉD.)
2. *Diatribe à l'auteur des Éphémérides.* (ÉD.) — 3. *Id.*

MMMMMMCMX. — DE FRÉDÉRIC II, ROI DE PRUSSE.

17 mai.

Cinq cents milles de France que j'ai parcourus en quatre semaines me serviront d'excuse de vous devoir réponse à trois lettres, dont deux arrivèrent le moment avant mon départ, et la dernière à mon retour. Je vous réponds selon les dates.

Le portrait que vous avez reçu est l'ouvrage de Mme Terbusch, qui, pour ne point avilir son pinceau, a rajusté des grâces de la jeunesse ma figure éraillée. Vous savez qu'il suffit d'être quelque chose pour ne pas manquer de flatteurs; les peintres entendent ce métier tout comme les courtisans les plus raffinés.

L'artiste qu'Apollon inspire,
S'il veut par ses talents orner votre château,
Doit, en imitant l'art dont vous savez écrire,
Ennoblir les objets, et peindre tout en beau.

Certainement ni le portrait ni l'original ne méritent qu'on se jette à leurs pieds. Si cependant l'affaire de Morival dépendait de moi seul, il y a longtemps qu'elle serait terminée à sa satisfaction. J'ai douté, vous le savez, que l'on parvînt à fléchir des juges qui, pour qu'on les croie infaillibles, ne réforment jamais leur jugement. Les formalités du parlement, et les bigots, dont le nombre est plus considérable en France qu'en Allemagne, m'ont paru des obstacles invincibles pour réhabiliter Morival dans sa patrie. Je vous ai promis d'être sa dernière ressource, et je vous tiendrai parole; il n'a qu'à venir ici, il aura brevet et pension de capitaine ingénieur, métier dans lequel il trouvera occasion de se perfectionner ici, et le fanatisme frémira vainement de dépit, en voyant que Voltaire, et moi, pauvre individu, nous sauvons de ses griffes un jeune garçon qui n'a pas observé le *puntiglio* et le cérémonial ecclésiastique.

Vous me faites trembler en m'annonçant vos maladies. Je crains pour votre nièce, que je ne connais point, mais que je regarde comme un secours indispensable pour vous dans votre retraite. Je suis encore accablé d'affaires; dans une couple de jours je serai au courant, et pourrai m'entretenir plus librement avec vous. Votre Impératrice se signale à Moscou par ses bienfaits, et par la douceur dont elle traite le reste des adhérents de Pugatschew; c'est un bel exemple pour les souverains; j'espère, plus que je ne le crois, qu'il sera imité. Adieu, mon cher Voltaire; conservez un homme que toute l'Europe trouverait à dire, moi surtout; s'il n'existait plus; et n'oubliez pas le solitaire de Sans-Souci.

MMMMMMCMXI. — A M. FABRY.

23 mai.

Le vieux malade, monsieur, très-mauvais mais zélé serviteur des états du pays de Gex, va obéir à vos ordres avec bien de l'empressement, et voudrait bien être en état de présenter lui-même votre excellent projet au digne ministre qui préfère le bien de la France au profit des commis des fermes.

Agréez le respectueux et tendre attachement du pauvre malade. V.

MMMMMCMXII. — A M. L'ABBÉ DU VERNET.

A Ferney, juin.

Je ne vous enverrai point, monsieur l'abbé, les pièces de vers faites en mon honneur et gloire. Soyez très-persuadé, monsieur, qu'on aimera mieux une épigramme contre moi, bonne ou mauvaise, que cent éloges. La louange endort, la satire réveille; et le monde est si rassasié de vers, que la satire même a cessé d'être amusante. On a trop de tout dans le siècle où nous sommes, et trop peu de personnes qui pensent comme vous.

Je ne manquerai pas de présenter ma requête aux souverains du théâtre de la Comédie-Française[1]. Je ne connais que Lekain; mais je tenterai tout auprès des autres, supposé qu'ils jouent un ouvrage nouveau dont je leur ai fait présent, et supposé surtout que cet ouvrage, dont ils n'ont pas grande opinion, ne soit pas sifflé du public, comme on me le fait craindre; car il n'y a pas moyen d'imposer une taxe, quelque légère qu'elle soit, sur ses propres troupes, quand elles ont été battues.

Soyez bien persuadé, monsieur le philosophe, de tous les sentiments dont est pénétré pour vous le vieux malade.

MMMMMCMXIII. — A MADAME NECKER.

Ferney, 13 juin.

Je ne puis attendre, madame, le retour de Mme Suard à Paris, pour vous remercier de vos bontés, et pour vous présenter les hommages de Mme Denis et les miens. Elle a été à la mort pendant un mois entier, et est encore très-languissante. Pour moi, madame, qui ai appris à souffrir depuis quatre-vingt et un ans, j'achève ma carrière avec une grande consolation, et je l'égaye même quelquefois, puisque vous daignez me conserver votre souvenir et vos bontés.

Mme Suard m'a appris que vous-même n'êtes pas exempte des maux auxquels cette faible nature humaine est sujette, et que vous êtes réduite au lait d'ânesse. Je suis affligé de votre état, beaucoup plus que du mien. Je me résigne aisément pour moi-même, mais non pas pour vous, madame; car il me semble que de la manière dont la nature s'est complu à vous faire, vous n'étiez point destinée à souffrir comme nous, et à tâter de nos misères.

Je m'intéresse à votre santé autant que ceux qui sont assez heureux pour vous faire une cour assidue, et pour se partager entre M. Necker et vous; il permettra que je le remercie ici de la bonté dont il m'a honoré. Vous jouissez tous deux dans Paris de l'extrême considération que vous méritez. Je suis condamné à mourir loin de vous. Je serai

1. Pour obtenir à du Vernet ses entrées au théâtre. (ÉD.)

du moins pénétré, jusqu'au dernier moment de ma vie, des sentiments que je vous ai voués, de la reconnaissance que je vous dois, et de la respectueuse estime que vous inspirez à quiconque a eu le bonheur de vous connaître.   Le vieux malade de Ferney.

MMMMMMCMXIV. — A M. LE COMTE DE ROCHEFORT.

Ferney, 14 juin.

Je vous ai envoyé, monsieur, par monsieur votre frère, le petit paquet de rubans d'une nouvelle espèce pour madame votre femme. Je me flatte qu'il vous l'aura rendu. Ce que vous me mandez des ennemis qu'il a dans un autre régiment ne m'étonne pas. On sait assez que la jalousie se glisse parmi les militaires comme parmi les prêtres; mais je suis bien sûr que les services de monsieur votre frère, son mérite et son application, le feront toujours triompher.

Nous commençons à avoir quelques beaux jours; mais il n'en est plus pour moi à mon âge; il me reste des moments consolants : ce sont ceux où je reçois de vos lettres.

J'ai l'honneur d'être, etc.   V.

MMMMMMCMXV. — A Frédéric II, roi de Prusse.

21 juin.

Sire, tandis que Votre Majesté fait probablement manœuvrer trente ou quarante mille guerriers, je crois ne pouvoir mieux prendre mon temps pour lui présenter la bataille de Rosbach, dessinée par d'Étallonde.

Il brûle d'envie de se trouver à une pareille bataille. La bonté extrême que vous avez eue de nous envoyer la consultation de vos premiers magistrats ne lui laisse d'autre idée que de verser son sang pour votre service : la reconnaissance qu'il vous doit, et l'honneur d'être au nombre de vos officiers, l'emportent sur tous les autres projets : il ne veut plus aucune grâce en France; il en était déjà bien dégoûté, vos dernières bontés farment son cœur à tout autre objet que celui de mourir Prussien; il voudrait au moins paraître parmi les braves gens dont Votre Majesté fait des revues. On lui a dit que son régiment pourrait bien faire l'exercice en votre présence cette année : à cette nouvelle, je crois voir un amant à qui sa maîtresse a donné un rendez-vous; i. ne me parle que de son départ, je ne puis le retenir. J'ai beau lui dire qu'il n'a point reçu d'ordre, et qu'il faut attendre; il dit qu'il n'attendra rien. Je ne suis pas fait pour contredire les grandes passions, et surtout une passion si belle. S'il retourne à Vesel dans quelques jours, il ne me reste, sire, qu'à me jeter à vos pieds du fond de ma retraite et du bord de mon tombeau, à remercier Votre Majesté de ce qu'elle a daigné faire pour lui, et à me flatter qu'elle voudra bien l'honorer des emplois dont elle le croira capable; il n'y a qu'un héros philosophe qui puisse être servi par un tel officier.

Ma lettre arrivera peut-être mal à propos au milieu de vos immenses occupations; mais les plus petites affaires vous sont présentes comme les grandes. M. de Catinat disait que son héros était celui qui jouerait une partie de quilles au sortir d'une bataille gagnée ou perdue. Vous ne jouez point aux quilles; vous faites des vers un jour de bataille; vous prenez votre flûte, lorsque vos tambours battent aux champs; vous daignez m'écrire des choses charmantes, en faisant une promotion d'officiers généraux. Je vous admire de toutes les façons, et, en vous admirant, j'attends tout de votre grand cœur.

On mande que le sacre du roi très-chrétien n'a pas été aussi brillant que l'espéraient les Français, accoutumés à la magie de Servandoni et à la musique de Gluck. C'est un spectacle bien étrange que ce sacre. On fait coucher tout de son long un pauvre roi en chemise devant des prêtres, qui lui font jurer de maintenir tous les droits de l'Église, et on ne lui permet d'être vêtu que lorsqu'il a fait son serment. Il y a des gens qui prétendent que c'est aux rois à se faire prêter serment par les prêtres; il me semble que Frédéric le Grand en use ainsi en Silésie et dans la Prusse occidentale.

Je fais serment, sire, devant votre portrait, que mon cœur sera votre sujet tant que j'aurai un reste de vie.

MMMMMCMXVI. — A CATHERINE II.
Ferney, 28 juin.

Madame, pardonnez; voici le fait :

Un très-bon peintre, nommé Barrat, arrive chez moi; il me trouve écrivant devant votre portrait; il me peint dans cette attitude, et il a l'audace de vouloir mettre cette fantaisie aux pieds de Votre Majesté Impériale; il l'encadre, et la fait partir. Je ne puis que vous supplier de pardonner à la témérité de ce peintre. C'est un homme qui d'ailleurs a le talent de faire en un quart d'heure ce que les autres ne feraient qu'en huit jours. Il peindrait une galerie en moins de temps qu'on y donnerait le bal; il a surtout l'art de faire parfaitement ressembler. Je ne lui connais de défaut que sa témérité de prendre Votre Majesté Impériale pour juge de ses talents. Peut-être aurez-vous l'indulgence de faire placer ce tableau dans quelque coin, et vous direz en passant : « Voilà celui qui m'adore pour moi-même, comme les quiétistes adorent Dieu. » Vos sujets sont plus heureux que moi; ils vous adorent et vous voient.

J'apprends dans le moment, madame, que Votre Majesté, qui s'est fait si bien connaître dans la Méditerranée, avait un vice-consul à Cadix, et que ce vice-consul, qui était Allemand, est mort. Il y a un autre Allemand, nommé Jean-Louis Pettremann, demeurant à Cadix, qui servirait très-bien Votre Majesté, si elle n'avait pas disposé de cette place. Il ne m'appartient pas d'oser vous proposer un vice-consul ni un proconsul; je crois que s'il y avait encore des consuls romains, ils ne tiendraient pas plus devant vous que les grands vizirs.

Daignez, madame, du pinacle de votre gloire, agréer le profond et inutile respect, l'attachement inviolable, et la reconnaissance du vieux malade de Ferney.

MMMMMMCMXVII. — A MADAME SUARD.

Juin.

Madame, j'ai écrit à monsieur votre mari que j'étais amoureux de vous. Ma passion a bien augmenté à la lecture de votre lettre. Vous m'oublierez au milieu de Paris; et moi, dans mon désert, où l'on va jouer *Orphée*, je vous regretterai comme il regrettait Eurydice; avec cette différence que c'est moi le premier qui descendrai dans les enfers, et que vous ne viendrez pas m'y chercher. Parlez de moi avec vos amis, conservez-moi vos bontés. Ce cœur est trop touché pour vous dire qu'il est votre très-humble serviteur.

MMMMMMCMXVIII. — A M. LE COMTE D'ARGENTAL.

1ᵉʳ juillet.

Quoi! mon cher ange, je ne vous avais point envoyé de *Diatribe*! Pardonnez à un malade octogénaire qui ne sait plus ce qu'il fait. M. de Chabanon me console et me fait un plaisir extrême, car il me parle toujours de vous. Il dit que vous avez marié un très-estimable neveu à une femme charmante, et que vous êtes aussi heureux que vous pouvez l'être. Pour moi, je suis heureux de votre bonheur; c'est la seule façon dont je puisse l'être avec ma détestable santé.

Au reste, cette *Diatribe* n'est qu'une plaisanterie; et je suis bien honteux de m'être égayé sur une chose aussi sérieuse, depuis que j'ai lu des *Lettres*[1] de M. Turgot sur le même sujet. Ah! mon cher ange, ce M. Turgot-là est un homme bien supérieur; et, s'il ne fait pas de la France le royaume le plus florissant de la terre, je serai bien attrapé. J'ai la plus grande envie de vivre pour voir les fruits de son ministère. Je suis encore tout ému de ces lettres que j'ai lues. Je ne connais rien de si profond, ni de si fin, de si sage, et de si éloigné des idées communes.

Vous avez dû recevoir une lettre d'un goût différent que M. de Luchet vous a écrite. Son génie ne me paraît pas de la trempe de celui de M. Turgot, et je plaindrais un royaume s'il était gouverné par un Luchet; sa femme même ne pourrait lui servir de premier ministre. La folie de l'une est gaie, la folie de l'autre est sérieuse. Leurs créanciers ne tireront pas un sou de ces deux folies-là. Tous deux ont quitté Ferney. Je suis actuellement entre Chabanon et l'abbé Morellet, deux hommes également faits pour vous plaire. Figurez-vous que nous attendons Le Gros[2], qui vient jouer *Orphée* dans notre *tripot* auprès de Genève. J'ai bien peur de n'être pas en état de voir cet opéra; mais je ne regretterai jamais *Orphée* autant que je vous regrette.

Il faut encore que je vous dise un petit mot sur la grâce que vous prétendez que je dois absolument obtenir pour mon jeune étranger. Non, mon cher ange, non, jamais je ne souffrirai qu'on fasse grâce

---

1. *Lettres sur les grains*, écrites à M. l'abbé Terray, par Turgot. (ÉD.)
2. Acteur de l'Opéra. (ÉD.)

à qui n'est point coupable. Tout ce qu'on peut demander, c'est qu'on fasse grâce aux juges.

Que je voudrais vous embrasser, vous parler de tout cela, vous consulter, vous contredire! mais je ne puis que vous aimer avec une passion malheureuse qui ne finira qu'avec ma vie.

MMMMMMCMXIX. — A M. FABRY.
1er juillet.

Monsieur, votre place et votre caractère vous mettent à portée de secourir les opprimés. Je servirai autant que je le pourrai sous votre bannière.

Je ne sais s'il convient que j'ose écrire à M. le contrôleur général sur l'affaire d'un particulier, après l'avoir pressé hier d'accorder à notre province tout ce que nous lui avons demandé. J'ai écrit aussi à M. de Trudaine, que sa mauvaise santé empêche quelquefois d'accélérer les affaires. Je suis d'ailleurs entièrement à vos ordres, et j'ai l'honneur d'être, etc.
VOLTAIRE.

MMMMMMCMXX. — A M. LE CARDINAL DE BERNIS.
Ferney, 3 juillet.

J'étais dans un bien triste état, monseigneur, lorsque j'ai reçu vos deux jeunes gentilshommes suédois; mais j'ai oublié tous mes maux en les entendant parler de vous.

> Ils disent que Votre Éminence,
> Au pays des processions,
> Fait à toutes les nations
> Aimer et respecter la France:
> Ils disent que votre entretien,
> Cher aux beaux esprits comme aux belles,
> Enchante le Norvégien
> Et le voisin des Dardanelles,
> Tout autant que l'Italien;
> Comme, en sa première harangue,
> Le chef du collége chrétien
> Plaisait à chacun dans sa langue.

Voilà comme vous étiez à Paris, et en Languedoc, et partout. Vous n'avez point changé au milieu des changements qui sont arrivés en France. Je suis extasié, en mon particulier, des bontés que vous conservez pour moi; elles me consolent et m'encouragent, *per l'estreme giornate di mia vita*, comme dit Pétrarque, l'un de vos prédécesseurs en talents et en grâces. Hélas! vous êtes aujourd'hui le seul Pétrarque qui soit à Rome. Nous avons du moins des opéras-comiques, et même encore de la gaieté; mais on prétend qu'il n'y a plus, dans la patrie de Cicéron et d'Horace, que des cérémonies. Je me trouve, depuis plus de vingt ans, à moitié chemin de Rome et de Paris, sans avoir succombé à la tentation de voir l'une ou l'autre. Si, à mon âge, je pouvais avoir une passion, ce serait de pouvoir vous faire ma cour dans votre gloire; mais

Vejanius, armis
Herculis ad postem fixis, latet abditus agro[1].

Il vient un temps où il ne faut plus se montrer. Il me reste encore le goût et le sentiment; mais qu'est-ce que cela? et comment s'aller mêler dans un beau concert, quand on ne peut plus chanter sa partie? Les bontés que Votre Éminence me témoigne font ma consolation et mes regrets. Daignez conserver ces bontés pour un cœur aussi sensible que celui du vieux malade de Ferney, qui vous sera attaché avec le respect le plus tendre, jusqu'à ce qu'il cesse d'exister.

MMMMMMCMXXI. — A M. D'ALEMBERT.

7 juillet.

Vous n'avez probablement point reçu, mon cher philosophe, une lettre que je vous avais écrite, il y a près d'un mois, sous l'enveloppe de M. de Vaines. Je vous priais de dire un petit mot au roi de Prusse au sujet de M. d'Étallonde de Morival. Ce monarque vient de combler nos vœux et de surpasser nos espérances. Il appelle M. de Morival auprès de lui, il le fait son ingénieur et capitaine, il lui donne une pension. Cela vaut mieux, ce me semble, que d'aller se mettre à genoux à Paris devant *Messieurs*[2], et de leur avouer qu'on est un impie qui vient faire entériner sa grâce.

Le roi de Prusse, en faisant cette belle action, m'écrit la lettre la plus touchante et la plus philosophique.

Je vous envoie la requête *au roi très-chrétien*, par laquelle M. de Morival ne lui demande rien.

MMMMMMCMXXII. — A FRÉDÉRIC II, ROI DE PRUSSE.

A Ferney, 7 juillet.

Sire, Morival s'occupait à mesurer le lac de Genève, et à construire sur ses bords une citadelle imaginaire, lorsque je lui ai appris qu'il pourrait en tracer de réelles dans la Prusse occidentale ou dans vos autres États. Il a senti vos bienfaits avec une respectueuse reconnaissance égale à sa modestie. Vous êtes son seul roi, son seul bienfaiteur. Puisque vous permettez qu'il vienne se jeter à vos pieds dans Potsdam, voudriez-vous bien avoir la bonté de me dire à qui il faudra qu'il s'adresse pour être présenté à Votre Majesté?

Permettez que je me joigne à lui dans la reconnaissance dont il ne cessera d'être pénétré; je ne peux pas aspirer, comme lui, à l'honneur d'être tué sur un bastion ou sur une courtine; je ne suis qu'un vieux poltron fait pour mourir dans mon lit. Je n'ai que de la sensibilité, et je la mets tout entière à vous admirer et à vous aimer.

Votre alliée l'impératrice Catherine fait, comme vous, de grandes

---

1. Horace, liv. I, épître 1, vers 4-5. (ÉD.)
2. C'est ainsi qu'on appelait les conseillers au parlement. (ÉD.)

choses. Elle fait surtout du bien à ses sujets ; mais le roi de France l'emporte sur tous les rois, puisqu'il fait des miracles. Il a touché à son sacre deux mille quatre cents malades d'écrouelles, et il les a sans doute guéris. Il est vrai qu'il y eut une des maîtresses de Louis XIV qui mourut de cette maladie, quoiqu'elle eût été très-bien touchée; mais un tel cas est très-rare.

Votre Majesté avait eu la bonté de me mander qu'après ses revues elle se délasserait un moment à entendre Lekain et Aufresne; mais je vois bien que vos héros guerriers, qui marchent sous vos drapeaux, l'emportent sur vos héros de théâtre. Votre Majesté les passe en revue dans quatre cents lieues de pays pendant un mois. C'était à peu près avec cette rapidité qu'un de vos prédécesseurs, nommé Jules César, parcourait notre petit pays des Welches. Il faisait des vers aussi, ce Jules ou Julius, car les véritablement grands hommes font de tout.

Je suis, plus que jamais, l'adorateur et l'admirateur des gens de ce caractère, qui sont en si petit nombre.

Agréez, sire, avec bonté, le profond respect, la reconnaissance, et l'attachement inviolable de ce vieux malade du mont Jura.

MMMMMMCMXXIII. — A M. BERTILLOT, OFFICIER DU GÉNIE,
A VERSOIX.

M. de Voltaire et Mme Denis sont très-sensibles à tous les soins que M. Bertillot a bien voulu prendre de diriger les études et les travaux de M. de Morival. Il vient d'être nommé capitaine et ingénieur par le roi son maître. Il compte profiter pendant deux mois des bontés de M. Bertillot, à qui nous aurons, Mme Denis et moi, une obligation infinie Je pense qu'il ne s'agit, pour M. de Morival, que de se perfectionner dans la simple géométrie pratique qui a rapport à la guerre ; tout le reste n'est qu'une curiosité inutile.

Je fais aussi mes compliments et remercîments à M. et à Mme Racle. Très-humble et très-obéissant serviteur, VOLTAIRE.

MMMMMMCMXXIV. — A CATHERINE II.
A Ferney, 7 juillet.

Madame, je suis bien plus téméraire que je ne croyais avec la bienfaitrice de cinquante ou soixante provinces, victorieuse des Moustapha. Elle pardonnera mon impertinence quand elle verra de quoi il s'agit.

Marc Le Fort, petit-neveu de ce François Le Fort, qui rendit quelques services assez importants à la Russie sous les yeux de l'empereur Pierre le Grand, représente à l'impératrice Catherine II la très-grande, qu'il peut la servir dans le commerce de sa nation à Marseille. Il a séjourné plus de vingt ans dans ce port, et il y a été très-utile à tous les négociants du Levant.

Si l'intention de Sa Majesté Impériale est que les Russes aient un traité de commerce avec la France, et particulièrement vers la Méditerranée, Marc Le Fort lui offre ses très-humbles services.

Il dit que les vaisseaux russes peuvent apporter à Marseille, avec un grand avantage, chanvre, fer, bois, potasse, huile de baleine, et rapporter toutes les denrées de Provence.

Il dit que les Suédois et les Danois font ce commerce, et ont des consuls à Marseille ; ces consuls sont Génevois.

Le petit-neveu du général Le Fort serait un très-digne consul de Sa Majesté Impériale.

Voilà donc, madame, en très-peu de temps, un vice-consul et un consul que je mets à vos pieds. Cette proposition a je ne sais quel air de l'empire romain; mais, dans le fond de mon cœur, je donne la préférence à l'empire russe.

J'ignore absolument en quels termes est actuellement votre empire avec le petit pays des Welches, qui prétendent toujours être Français; pour moi, j'ai l'honneur d'être un vieux Suisse que vous avez naturalisé votre sujet. Marc Le Fort est un meilleur sujet que moi ; nous attendons vos ordres. Le vieux malade de Ferney se met aux pieds de Votre Majesté Impériale : il mourra en invoquant votre nom.

MMMMMMCMXXV. — A M. DE VAINES.
7 juillet.

Voici, monsieur, une requête qui n'est pas pour un conseil des finances, mais bien pour un conseil de philosophie et d'humanité. Vous êtes dans tous ces ministères.

Permettez que je vous adresse deux paquets, l'un pour M. de Condorcet, l'autre pour M. Dalembert, et que je vous renouvelle tous les sentiments qui m'attachent bien fortement à vous.

Que Dieu nous conserve M. Turgot et M. de Vaines!

MMMMMMCMXXVI. — A M. LE COMTE D'ARGENTAL.
10 juillet.

Je vous ai rendu compte, mon cher ange, le 7 de ce mois, des lettres que j'avais adressées à M. de La Reynière pour vous et pour M. le maréchal de Duras. Je vous ai dit et je vous redis combien j'ai été affligé que ces lettres ne vous soient pas parvenues.

Je vous ai de plus envoyé des *Filles de Minée* par le même M. de La Reynière, et je vous adresse aujourd'hui par la même voie un mémoire assez intéressant, qui m'est tombé entre les mains, et qui ne me paraît pas fait pour tout le monde.

Vous saurez que le roi de Prusse appelle l'auteur de ce mémoire auprès de sa personne, qu'il le nomme son ingénieur, le fait capitaine, et assure sa fortune. Il a accompagné ces grâces singulières d'une lettre également tendre et philosophique, dans laquelle il se propose de réparer par l'humanité toutes les horreurs du fanatisme.

Il faut vous dire qu'il répare aussi tous les jours par de petites attentions flatteuses le moment de mauvaise humeur qu'il eut autrefois avec moi.

Vous conclurez de tout ce que je vous dis que mon jeune homme ne doit ni ne peut chercher ailleurs sa justification et son bien-être. Sa requête est la première qu'on ait jamais présentée pour ne rien demander du tout. Elle n'est faite que pour inspirer l'horreur de la persécution, et pour fortifier les bons sentiments des esprits raisonnables.

J'ai vu des gens qu'on croyait peu sensibles s'attendrir à cette lecture,

Et dans le même instant, par un effet contraire,
Leur front pâlir d'horreur, et rougir de colère [1].

L'homme en question n'envoie qu'à M. Turgot une de ces requêtes. Il ne sait s'il en doit faire présenter à M. le comte de Maurepas et à M. de Miromesnil. Ne montrez la vôtre à personne, surtout si vous jugez qu'il y ait quelques mots qui puissent déplaire. Nous attendons votre jugement avec impatience.

Je vous embrasse de mes faibles bras, mon cher ange, avec plus de tendresse et plus de confiance en vos bontés que jamais.

MMMMMMCMXXVII. — A M. DODIN, AVOCAT A PARIS.

A Ferney, 12 juillet.

Je ne puis trop vous remercier, monsieur, du mémoire intéressant et plein d'une éloquence solide que vous avez bien voulu m'envoyer [2]. Je présume que M. Mazière, à la seule lecture de votre mémoire, s'empressera de donner généreusement un dédommagement convenable à votre client.

M. de Servan, avocat général de Grenoble, a démontré, dans une grande cause, que « la loi naturelle crie dans tous les cœurs : « Tu es « homme, répare le mal que tu as fait à un homme. » L'erreur ne dispense point de cette loi. Parce qu'un homme s'est trompé, un autre en doit-il souffrir?

M. Mazière doit payer votre client, et l'embrasser.

Je crois d'ailleurs, monsieur, que vous rendez un vrai service à la nation, en vous élevant contre le secret des procédures. Vous savez que tous les procès s'instruisaient publiquement chez les Romains, nos premiers législateurs; cette noble jurisprudence est en usage en Angleterre.

Le secret en matière criminelle n'a été reçu en France que par une méprise. On s'imagina, en lisant le Code, à l'article *de Testibus*, que *testes intrare judicii secretum* signifiait *les témoins doivent déposer secrètement*; et il signifie *les témoins doivent entrer dans le cabinet du juge*. Un solécisme a établi cette cruelle partie de notre jurisprudence, dans laquelle il y a tant de choses à réformer.

Je me flatte que vous serez un jour la gloire du barreau, et que vous contribuerez plus que personne à cette réforme tant désirée.

J'ai l'honneur d'être, avec toute l'estime que vous inspirez, monsieur, votre, etc.

1. *Cinna*, acte I, scène III. (ÉD.)
2. Ce mémoire était pour Garnier, officier d'office du comte d'Artois, qui réclamait des dommages-intérêts pour une détention injuste qu'il avait subie sur la plainte de Mazière, fermier général. (ÉD.)

MMMMMMCMXXVIII. — DE FRÉDÉRIC II, ROI DE PRUSSE.

A Potsdam, le 12 juillet.

Vous croyez donc, mon cher patriarche, que j'ai toujours l'épée au vent? Cependant votre lettre m'a trouvé la plume à la main, occupé à corriger d'anciens mémoires que vous vous ressouviendrez peut-être d'avoir vus autrefois peu corrects et peu soignés. Je lèche mes petits; je tâche de les polir. Trente années de différence rendent plus difficile à se satisfaire; et quoique cet ouvrage soit destiné à demeurer enfoui pour toujours dans quelque archive poudreuse, je ne veux pourtant pas qu'il soit mal fait. En voilà assez pour mes occupations.

Quant à Morival d'Étallonde, je vois bien que vos bonnes intentions n'ont pas été suffisantes pour déraciner les préjugés du fanatisme des têtes de vos présidents à mortier. Il est plus difficile de faire entendre raison à un docteur en droit que de composer *la Henriade*. Si Morival ne veut pas faire amende honorable, le cierge au poing, il peut venir ici; je le placerai dans le génie, à votre recommandation. Il vaut mieux étudier Vauban et Cohorn[1] que de s'avilir, surtout lorsqu'on est innocent. Il me semble que les progrès de la raison se font sentir plus rapidement en Allemagne qu'en France. La raison en est que beaucoup d'ecclésiastiques et d'évêques catholiques en Allemagne commencent à avoir honte de leurs superstitieux usages, au lieu qu'en France le clergé fait corps de l'État; et toute grande compagnie reste attachée aux anciens usages, quand même elle en connaît l'abus.

On n'a parlé ici que du sacre de Reims, des cérémonies bizarres qui s'y observent, et de la sainte ampoule, dont l'histoire est digne des Lapons. Un prince sage et éclairé pourrait abolir et la sainte ampoule et le sacre même.

J'ai vu ici deux jeunes Français bien aimables: l'un est un M. de Laval-Montmorency, et l'autre un Clermont-Gallerande. Ce dernier surtout a de la vivacité d'esprit, à laquelle est jointe une conduite mesurée et sage. Au lieu d'assister au sacre, ils voyagent. Ils ont été avec moi en Prusse, d'où ils se sont rendus à Varsovie, dans le dessein d'aller à Vienne.

Lekain est venu ici: il jouera Œdipe, Orosmane, et Mahomet. Je sais qu'il a été à Ferney; il sera obligé de me conter tout ce qu'il sait et ne sait pas de celui qui rend ce bourg si célèbre. J'ai vu jouer Aufresne l'année passée. Je vous dirai auquel des deux je donne la préférence, quand j'aurai vu jouer celui-ci.

J'ai toute la maison pleine de nièces, de neveux, et de petits-neveux: il faut leur donner des spectacles qui les dédommagent de l'ennui qu'ils peuvent gagner en la compagnie d'un vieillard. Il faut se rendre justice, et se rendre supportable à la jeunesse. Ceci me regarde. Vous aurez le privilège exclusif de ne jamais vieillir; et quand même quelques infirmités attaquent votre corps, votre esprit triomphe de leurs atteintes, et semble acquérir tous les jours des forces nouvelles.

1. Ingénieur hollandais, contemporain et rival de Vauban. (ÉD.)

Que Minerve et Apollon, que les Muses et les Grâces veillent sur leur plus bel ouvrage, et qu'ils conservent encore longtemps celui dont des siècles ne pourraient réparer la perte! Voilà les vœux que l'ermite de Sans-Souci fait pour le patriarche de Ferney. *Vale.* FÉDÉRIC.

MMMMMMCMXXIX. — A M. DALEMBERT.

17 juillet.

Mon cher ami, mon cher philosophe, je suis bien affligé. Votre lettre du 11 juillet me pétrifie. Vous me dites qu'il y a longtemps que vous n'avez reçu de mes nouvelles. Je vois que mes paquets envoyés à M. de Vaines n'ont point été rendus à leurs adresses. Il y en avait un pour vous, et un autre pour M. de Condorcet.

Vous avez bien voulu vous intéresser tous deux au jeune homme qui a été si longtemps victime. Je vous mandais que son maître l'appelait auprès de lui, l'honorait d'une place distinguée, et lui donnait une pension. Le paquet contenait surtout une espèce de requête à un autre maître, dans laquelle il ne demandait rien. Il se contentait de démontrer la vérité, et d'essayer de faire rougir ses persécuteurs.

Il vaut mieux, sans doute, ne rien demander que de solliciter sa grâce quand on n'est point coupable; mais peut-être que cette requête un peu fière ne serait pas bien reçue dans le moment présent. Elle est plus faite pour être lue par des hommes éclairés et justes que par des gens de robe; et peut-être même ne faudrait-il pas qu'elle fût connue des gens d'Église: c'est un petit monument secret qui doit rester dans vos archives, ou je suis bien trompé.

M. Turgot est le seul homme d'État à qui on ait osé en envoyer un exemplaire. Il n'aura pas le temps de le lire; les édits qu'il prépare pour le bonheur de la nation ne doivent pas lui laisser de temps pour les affaires particulières.

Je vous demande en grâce de vous informer chez M. de Vaines des paquets que je lui ai envoyés pour vous depuis plus d'un mois. Vous ne sauriez croire combien j'en suis inquiet; cela tire à conséquence.

J'ignore si M. de Condorcet est à Paris ou en Picardie. Probablement mes lettres ne lui sont pas parvenues plus qu'à vous. Je me trouve dans le même cas avec M. d'Argental. Me voilà comme un pestiféré à qui toute communication est interdite.

Luc me paraît changé en bien. Mme Denis est condamnée à un triste régime, et moi à mourir bientôt.

Deo consecratori est de la basse latinité. On dit que Jérôme s'est servi le premier de ce mot. Vous pourriez charger M. Melon de ce jeton. Nous ferons bien mal les honneurs de Ferney à M. Melon et à son Anglais, mais ce sera de bon cœur. Le nom de Melon m'est cher[1], c'est une race de philosophes.

Je vous embrasse tendrement, mon illustre ami. Tirez-moi d'inquiétude. Je ne sais plus où est Mord-les.

1. J. F. Melon avait pris la défense du *Mondain*. (ÉD.)

MMMMMMCMXXX. — A M. DE MALESHERBES.

Ferney, 18 juillet.

Monseigneur, je me joins à la France : elle se réjouit que votre philosophie vous ait enfin permis d'accepter une place[1] où vous ferez du bien. Il ne m'appartient pas de vous demander une grâce. J'ai été malheureusement un peu coupable envers vous, et assez mal à propos : aussi je ne vous demande que justice. M. de Crassy, mon ami, mon voisin, très-ancien gentilhomme, très-ancien officier, couvert de blessures, a, je crois, une affaire par-devant vous ; je vous expliquerais fort mal cette affaire, que son placet vous fera connaître ; et puisqu'il se borne à demander la plus exacte justice, il n'a certainement aucun besoin d'une sollicitation aussi vaine que la mienne. Je me borne à féliciter tous les bons citoyens d'avoir un protecteur tel que vous, et à vous présenter du fond de mon cœur le profond respect avec lequel je suis, monseigneur, etc.

MMMMMMCMXXXI. — DE FRÉDÉRIC II, ROI DE PRUSSE.

A Potsdam, le 24 juillet.

Je viens de voir Lekain. Il a été obligé de me dire comme il vous a trouvé, et j'ai été bien aise d'apprendre de lui que vous vous promenez dans votre jardin, que votre santé est assez bonne, et que vous avez encore plus de gaieté dans votre conversation que dans vos ouvrages. Cette gaieté, que vous conservez, est la marque la plus sûre que nous vous posséderons encore longtemps. Ce feu élémentaire, ce principe vital, est le premier qui s'affaiblit lorsque les années minent et sapent la mécanique de notre existence. Je ne crains donc plus maintenant que le trône du Parnasse devienne sitôt vacant ; je vous nommerai hardiment mon exécuteur testamentaire : ce qui me fait grand plaisir.

Lekain a joué les rôles d'Œdipe, de Mahomet, et d'Orosmane : pour l'Œdipe, nous l'avons entendu deux fois. Ce comédien est très-habile ; il a un bel organe, il se présente avec dignité, il a le geste noble, et il est impossible d'avoir plus d'attention pour la pantomime qu'il en a. Mais vous dirai-je naïvement l'impression qu'il a faite sur moi ? Je le voudrais un peu moins outré, et alors je le croirais parfait.

L'année passée, j'ai entendu Aufresne : peut-être lui faudrait-il un peu du feu que l'autre a de trop. Je ne consulte en ceci que la nature, et non ce qui peut être en usage en France. Cependant je n'ai pu retenir mes larmes ni dans *Œdipe*, ni dans *Zaïre*; c'est qu'il y a des morceaux si touchants dans la dernière de ces pièces, et d'autres si terribles dans la première, qu'on s'attendrit dans l'une, et qu'on frémit dans l'autre. Quel bonheur pour le patriarche de Ferney d'avoir produit ces chefs-d'œuvre, et d'avoir formé celui dont l'organe les rend si supérieurement sur la scène !

Il y a eu beaucoup de spectateurs à ces représentations : ma sœur Amélie, la princesse Ferdinand, la landgrave de Hesse, et la princesse

---

1. Malesherbes venait d'être nommé ministre de la maison du roi. (ÉD.)

de Wurtemberg votre voisine, qui est venue ici de Montbéliard pour entendre Lekain. Ma nièce de Montbéliard m'a dit qu'elle pourrait bien entreprendre un jour le voyage de Ferney pour voir l'auteur dont les ouvrages font les délices de l'Europe. Je l'ai fort encouragée à satisfaire cette digne curiosité. Oh! que les belles-lettres sont utiles à la société! Elles délassent de l'ouvrage de la journée, elles dissipent agréablement les vapeurs politiques qui entêtent, elles adoucissent l'esprit, elles amusent jusqu'aux femmes; elles consolent les affligés, et sont enfin l'unique plaisir qui reste à ceux que l'âge a courbés sous son faix, et qui se trouvent heureux d'avoir contracté ce goût dès leur jeunesse.

Nos Allemands ont l'ambition de jouir à leur tour des avantages des beaux-arts : ils s'efforcent d'égaler Athènes, Rome, Florence, et Paris. Quelque amour que j'aie pour ma patrie, je ne saurais dire qu'ils réussissent jusqu'ici : deux choses leur manquent, la langue et le goût. La langue est trop verbeuse : la bonne compagnie parle français, et quelques cuistres de l'école et quelques professeurs ne peuvent lui donner la politesse et les tours aisés qu'elle ne peut acquérir que dans la société du grand monde. Ajoutez à cela la diversité des idiomes; chaque province soutient le sien, et jusqu'à présent rien n'est décidé sur la préférence. Pour le goût, les Allemands en manquent sur tout; ils n'ont pas encore pu imiter les auteurs du siècle d'Auguste : ils font un mélange vicieux du goût romain, anglais, français et tudesque; ils manquent encore de ce discernement fin qui saisit les beautés où il les trouve, et sait distinguer le médiocre du parfait, le noble du sublime, et les appliquer chacun à leurs endroits convenables. Pourvu qu'il y ait beaucoup d'r dans les mots de leur poésie, ils croient que leurs vers sont harmonieux, et pour l'ordinaire ce n'est qu'un galimatias de termes ampoulés. Dans l'histoire, ils n'omettraient pas la moindre circonstance, quand même elle serait inutile.

Leurs meilleurs ouvrages sont sur le droit public. Quant à la philosophie, depuis le génie de Leibnitz et la grosse monade de Wolf, personne ne s'en mêle plus. Ils croient réussir au théâtre; mais jusqu'ici rien de parfait n'a paru. L'Allemagne est actuellement comme était la France du temps de François I*r. Le goût des lettres commence à se répandre : il faut attendre que la nature fasse naître de vrais génies, comme sous les ministères des Richelieu et des Mazarin. Le sol qui a produit un Leibnitz en peut produire d'autres.

Je ne verrai pas ces beaux jours de ma patrie, mais j'en prévois la possibilité. Vous me direz que cela peut vous être très-indifférent, et que je fais le prophète tout à mon aise en étendant, le plus que je le peux, le terme de ma prédiction. C'est ma façon de prophétiser, et la plus sûre de toutes, puisque personne ne me donnera le démenti.

Pour moi, je me console d'avoir vécu dans le siècle de Voltaire : cela me suffit. Qu'il vive, qu'il digère, qu'il soit de bonne humeur, et surtout qu'il n'oublie pas le solitaire de Sans-Souci. *Vale.*   Fédéric.

MMMMMMCMXXXII. — A M. AUDIBERT, CHEZ MM. PHILIPPE-HENRY
GAILLARD ET COMPAGNIE, A LYON.

A Ferney, 26 juillet.

Je suis très-affligé, monsieur, que la santé de madame votre femme ne lui permette pas d'embellir notre colonie. Vous auriez augmenté notre bonheur. Nous sommes engagés à bâtir six maisons nouvelles depuis que vous êtes parti; mais ces six maisons ne sont pas la monnaie de la vôtre. Si je pouvais vivre assez longtemps pour vous voir remplir votre premier projet, ce serait pour moi une félicité qu'il ne m'est guère permis de prétendre.

A l'égard de la félicité de la France, c'est l'affaire de M. Turgot et de M. de Malesherbes. Il n'y a rien qu'on ne doive espérer sous le règne de la philosophie. *Novus jam rerum nascitur ordo.* Cependant les cagots sont toujours à craindre. Ils sont cent contre un, et ils ont toujours des armes terribles.

Mme Denis est infiniment sensible à l'honneur de votre souvenir. Vous êtes aimé dans notre petit coin de terre comme vous l'êtes à Marseille.

MMMMMMCMXXXIII. — DE FRÉDÉRIC II, ROI DE PRUSSE.

A Potsdam, le 27 juillet.

Je pars dans quinze jours pour faire la tournée de la Silésie : je ne peux être de retour que le 6 de septembre. Si Morival veut se rendre vers ce temps-ci, il pourra s'adresser au colonel Coccei, qui me le présentera. J'ai saisi avec empressement cette occasion de vous faire plaisir, et en même temps de fixer le sort d'un homme qu'une étourderie de jeunesse a perdu pour jamais dans sa patrie. Comme les hommes abusent de tout, les lois qui devaient constater la sûreté et la liberté des peuples, infectées en France du poison du fanatisme, sont devenues cruelles et barbares. Mais la France est un pays civilisé! comment concilier un pareil contraste?

Comment ce sol qui a produit des de Thou, des Gassendi, des Descartes, des Fontenelle, des Voltaire, des Dalembert, a-t-il produit des furieux assez imbéciles pour condamner à mort des jeunes gens qui ont manqué de faire la révérence devant la statue d'un garçon charpentier juif? La postérité trouvera cette énigme plus difficile à deviner que celle du sphinx qu'Œdipe expliqua. Je vous avoue de même que la sainte ampoule et ses otages, et la guérison des écrouelles, ne font guère honneur au dix-huitième siècle.

On parlait ces jours derniers de ces soi-disant miracles opérés par les rois très-chrétiens, et milord Maréchal conta que pendant sa mission en France il y avait vu des étrangers qui lui paraissaient espagnols; que par attachement pour cette nation, où il avait passé une partie de sa vie, il leur avait demandé ce qu'ils venaient faire à Paris, et que l'un d'eux lui répondit : « Nous avons su, monsieur, que le roi de France a le don de guérir les écrouelles, nous sommes venus pour nous faire toucher par Sa Majesté; mais, pour notre malheur, nous avons appris qu'il est actuellement en péché mortel, et nous voilà obligés de nous en retourner infructueusement sur nos pas; » c'était Louis XV. L'âge et les mœurs austères de Louis XVI auront certainement inspiré plus de confiance lors de la cérémonie de son sacre.

Vous aurez déjà reçu une longue lettre au sujet de Lekain. Il doit partir dans peu pour jouer à Versailles une tragédie[1] de M. Guibert, le tacticien. Je n'ai point vu ce drame. Lekain prétend que la reine de France protége la pièce, ce qui doit en assurer le succès. Ce M. Guibert veut aller à la gloire par tous les chemins : recueillir les applaudissements des armées, des théâtres, et des femmes, c'est un moyen sûr d'aller à l'immortalité.

Sans doute que ce qu'il a vu à Ferney l'a encouragé dans cette carrière périlleuse, où, de mille qui l'enfilent, un seul à peine remporte la palme. Il est louable de se proposer de grands exemples et un grand but, et M. Guibert en retirera infailliblement quelque avantage. On ne connaît ses propres talents qu'après en avoir fait l'essai.

Vos preuves sont faites depuis longtemps; il ne vous faut qu'un peu ménager l'huile de la lampe, pour qu'elle brûle longtemps encore. C'est à quoi je m'intéresse plus que Mme Denis et votre ménagère suisse, qui vous fait quitter l'ouvrage quand elle craint qu'il ne nuise à votre santé. Elles n'ont qu'une idée confuse de ce que vaut le patriarche de Ferney, et j'en ai une précise. Pour trouver un Voltaire dans l'antiquité, il faut rassembler le mérite de cinq ou six grands hommes, d'un Cicéron, d'un Virgile, d'un Lucien, et d'un Salluste; et dans la renaissance des lettres, c'est la même chose : il faut englober un Guichardin, un Tasse, un Arétin, un Dante, un Arioste, et encore ce n'est pas assez : dans le siècle de Louis XIV, il manquera toujours pour l'épopée quelqu'un qui rende l'assemblage complet.

Voilà comme on pense de vous sur les bords de la mer Baltique, où l'on vous rend plus de justice que dans votre ingrate patrie.

N'oubliez pas ces bons Germains qui se souviennent toujours avec plaisir de vous avoir possédé autrefois, et qui vous célèbrent autant qu'il est en eux. *Vale.*
FÉDÉRIC.

Je viens de recevoir la *Diatribe à l'auteur des Éphémérides.* On dit que cet ouvrage vient de Ferney, et je crois y reconnaître l'auteur au style, qu'il ne saurait déguiser.

MMMMMCMXXXIV. — A FRÉDÉRIC II, ROI DE PRUSSE.

A Ferney, du 29 juillet.

Sire, il n'y a point de vertu, soit tranquille, soit agissante, soit douce, soit fière, soit humaine, soit héroïque, qui ne soit à votre usage. Vous voilà occupé du soin d'amuser votre famille, après avoir donné une cinquantaine de batailles. Vous faites paraître devant vous Lekain et Aufresne. Paul-Émile disait que le même esprit servait à ordonner une fête et à battre le roi Persée. Vous êtes supérieur à tout dans la guerre et dans la paix.

1. *Le Connétable de Bourbon.* (ÉD.)

Je vous remercie de vouloir bien occuper un petit coin de votre immensité à protéger d'Étallonde Morival, et à réparer le crime de ses assassins : cela était digne de Votre Majesté. Le grand Julien, le premier des hommes après Marc Aurèle, en usait à peu près ainsi : et d'ailleurs il ne vous valait pas.

La bonté que vous avez pour Morival est un grand exemple que vous donnez à notre nation. Elle commence à se débarbouiller : presque tout notre ministère est composé de philosophes. L'abbé Galliani a soutenu que Rome ne pourrait jamais reprendre un peu de splendeur que quand il y aurait un pape athée. Du moins il est bien certain qu'un athée, successeur de saint Pierre, vaudrait beaucoup mieux qu'un pape superstitieux.

Nous espérons en France que la philosophie, qui est auprès du trône, sera bientôt dedans; mais ce n'est qu'une espérance : elle est souvent trompeuse. Il y a tant de gens intéressés à soutenir l'erreur et la sottise, il y a tant de dignités et de richesses attachées à ce métier, qu'il est à craindre que les hypocrites ne l'emportent toujours sur les sages. Votre Allemagne elle-même n'a-t-elle pas fait des souverains de vos principaux ecclésiastiques? Quel est l'électeur et l'évêque parmi vous qui prendra le parti de la raison contre une secte qui lui donne quatre ou cinq millions de rente? il faudrait bouleverser la terre entière pour la mettre sous l'empire de la philosophie. La seule ressource qui reste donc au sage, c'est d'empêcher que les fanatiques ne deviennent trop dangereux : c'est ce que vous faites par la force de votre génie, et par la connaissance que vous avez des hommes.

Vivez longtemps, sire, et donnez de nouveaux exemples à la terre.

Des gazettes ont dit que Poellnitz était mort : c'est dommage; cela me fait craindre pour milord Maréchal, qui vaut mieux que lui, et qui ne s'éloigne pas de son âge. Pour moi, je suis soutenu par les consolations que vous daignez me donner: et ma plus grande, en mourant, sera de songer que je vous laisse dans le monde plein de vie et de gloire.

Je supplie Votre Majesté de daigner me mander si je dois renvoyer Morival à Vesel, ou l'adresser à Potsdam.

Qu'elle daigne agréer mes remerciments, mon admiration, et mon respect.

MMMMMMCMXXXV. — A M. L'ABBÉ MORELLET.

Ferney, 29 juillet.

Ferney n'oubliera jamais son député, ou plutôt son protecteur, M. l'abbé M***. On y jette actuellement les fondements de quatorze maisons nouvelles, qui ne subsisteront qu'autant qu'elles seront favorisées par ceux dont toute la France attend sa félicité.

Mme Denis, monsieur, est aussi sensible que moi à tous vos bons offices.

Je ne vous dirai point, d'après un beau livre nouveau [1], que les calculs de la nature sont tous plus grands que les nôtres; que nous la ca-

---

1. L'ouvrage de Necker, *de la Législation et du commerce des grains.* (ÉD.)

lomnions légèrement; que la distribution du bonheur est restée dans ses mains...; qu'un pays qui recueillerait beaucoup de blé, et qui en vendrait continuellement aux étrangers, aurait une population imparfaite...; qu'un œil vigilant capable de suivre la variété des circonstances peut fonder sur une harmonie le plus grand bien de l'État; qu'il faut suivre la vérité par un intérêt énergique, en se conformant à sa route onduleuse, parce que l'architecture sociale se refuse à l'unité des moyens, et que la simplicité d'une conception est précieuse à la paresse, etc.

Je vous prierai seulement de remarquer et de faire remarquer que ceux qui écrivent de cet admirable style sont ceux qui ont toujours été favorisés du gouvernement, et que nous, qui n'avons qu'un langage simple comme nos mœurs, nous en avons toujours été maltraités. Il faut que le galimatias soit bien respectable quand il est débité par les puissants et les riches.

Nous sommes petits et pauvres, mais nous défions tous les *millionnaires* d'être plus enivrés de joie que nous le sommes, et de faire des vœux plus ardents que nous en faisons pour les ministres que l'on vient de nous donner [1].

MMMMMCMXXXVI. — A M. DALEMBERT.

29 juillet.

Vous ferez assurément une très-bonne action, mon cher philosophe, d'écrire au roi de Prusse, et de lui donner cent coups d'encensoir, qui seront cent coups d'étrivières pour les assassins de nos deux jeunes gens. Soyez sûr que l'homme en question sera encouragé par vos éloges; il les regardera comme les récompenses de la vertu, et il s'efforcera d'être vertueux, surtout quand il ne lui en coûtera rien, ou que du moins il n'en coûtera que très-peu de chose. Il mettra sa gloire à réparer les crimes des fanatiques, et à faire voir qu'on est plus humain dans le pays des Vandales que dans celui des Welches.

Le mémoire de d'Étallonde est trop extrajudiciaire pour l'envoyer à tout le conseil; d'ailleurs on ne fera jamais rien pour lui en France, et il peut faire une fortune honnête en Prusse. Il la fera, si vous fortifiez le roi son maître dans ses bons desseins. Il est comme Alexandre, qui faisait tout pour être loué dans Athènes. Soyez persuadé que ce sera à vous que mon pauvre jeune homme devra son bien-être. Je le ferai partir pour Potsdam dès que vous aurez écrit.

Je viens de lire *le Bon sens* [2]. Il y a plus que du bon sens dans ce livre; il est terrible. S'il sort de la boutique du *Système de la nature*, l'auteur s'est bien perfectionné. Je ne sais si de tels ouvrages conviennent dans le moment présent, et s'ils ne donneront pas lieu à nos ennemis de dire : « Voilà les fruits du nouveau ministère. » Je voudrais bien savoir si les assassins du chevalier de La Barre ont donné quelque nouvel arrêt contre le bon sens.

1. Turgot et Malesherbes. (ÉD.)
2. *Le Bon sens, ou Idées naturelles opposées aux idées surnaturelles*, par le baron d'Holbach. (ÉD.)

Votre bon sens, mon cher ami, tire très-habilement son épingle du jeu. Vous avez raison de ne jamais vous compromettre. Il faut aussi que les deux Bertrands prennent toujours pitié des pattes de Raton. Il faut qu'on laisse mourir le vieux Raton en paix. Il y a une chose qu'il préférerait à cette paix, ce serait de vous embrasser avant de quitter ce monde.

MMMMMMCMXXXVII. — A M. COLINI.

A Ferney, 31 juillet.

Je n'ai pu encore vous remercier, mon cher ami, de votre lettre du 30 juin. Mes quatre-vingt-deux ans, et toutes les misères qui en sont la suite, me laissent rarement la force de faire tout ce que mon cœur me dicte.

J'ai été vivement touché de la maladie de Son Altesse Électorale; je prendrais la liberté de lui écrire, s'il n'était pas trop tard. Ce n'est pas assez de faire son devoir, il faut le faire à temps.

Votre médecin du diable[1], qui a exorcisé les malades d'Allemagne, ne me paraît guère plus charlatan que les autres médecins, qui se vantent de connaître la nature et de la guérir. Il est triste que dans notre siècle il y ait encore des malades qui se croient possédés du diable. Mais la philosophie ne sera jamais faite pour le peuple : la canaille d'aujourd'hui ressemble en tout à la canaille qui végétait il y a quatre mille ans.

Je suis un peu accablé des soins que me donne ma colonie de Ferney, qui s'est beaucoup augmentée; mais, quelque chose qui m'arrive, soyez sûr que je ne vous oublierai jamais.

MMMMMMCMXXXVIII. — A M. DE CHABANON.

3 auguste.

Mon très-aimable ami, votre ouvrage contre l'*Esprit de parti*[2] est, encore une fois, un très-bon ouvrage ; mais il n'est pas étonnant que les malades de la rage se fâchent contre leur médecin. Ils vous remercieront un jour de les avoir guéris. Pour moi, je vous remercie, dès ce moment, d'avoir voulu me guérir de la passion pour la retraite ; mais je tiens plus que jamais à cette passion, que mon âge et mes maux m'ont rendue nécessaire. Quoi! vous voudriez faire rentrer un vieux boiteux dans la salle du bal? vous dites que vous méditez une fugue dans mes déserts, et vous me proposez de quitter mes déserts pour le fracas de Paris! Cela n'est pas conséquent, mon cher ami : d'ailleurs vous sentez bien qu'il ne faut pas laisser soupçonner à personne que je puisse avoir besoin de la moindre faveur pour venir danser dans votre *tripot* avec mes béquilles : rien ne m'empêcherait de faire cette sottise si j'en avais envie.

Il n'y a jamais eu d'exclusion formelle. J'ai toujours conservé ma

---

1. Le médecin du diable dont parle Voltaire dans cette lettre était Gassener, prêtre à Elwanger. Je lui avais parlé de la scène scandaleuse que cet homme avait faite en Allemagne. (*Note de Colini.*)
2. Comédie en cinq actes. (ÉD.)

charge, avec le droit d'en faire les fonctions. Si je demandais permission, ce serait faire croire que je ne l'ai pas.

> Que les dieux ne m'ôtent rien,
> C'est tout ce que je leur demande.

Les dieux ne me prieront pas, sans doute, de venir dans leur Olympe, et je ne les prierai pas de m'y donner une place. Mon unique désir est d'être oublié dans ma solitude, non pas oublié de tout le monde, car je désire bien vivement que vous et M. d'Argental vous souveniez toujours de moi; je vous prierai même de parler quelquefois de votre vieux malade à M. de Malesherbes, qui est révéré dans mon hôpital comme à Paris.

Ma vieille voix chevrotante ne sera pas entendue au milieu des concerts de ses louanges. Je dis pour lui *vivat*, avant de mourir; c'est tout ce que je puis faire. Je vous en dis autant. Je vous dis surtout *vive felix*, car *vivere* tout sec est peu de chose.

Sachez qu'on vous regrette à Ferney tout autant qu'à Saconnay.

MMMMMMCMXXXIX. — A Frédéric II, roi de Prusse.

3 auguste.

> Lekain, dans vos jours de repos,
> Vous donne une volupté pure.
> On le prendrait pour un héros :
> Vous les aimez, même en peinture.
> C'est ainsi qu'Achille enchanta
> Les beaux jours de votre jeune âge.
> Marc Aurèle enfin l'emporta.
> Chacun se plaît dans son image.

Le plus beau des spectacles, sire, est de voir un grand homme, entouré de sa famille, quitter un moment tous les embarras du trône pour entendre des vers, et en faire, le moment d'après, de meilleurs que les nôtres. Il me paraît que vous jugez très-bien l'Allemagne, et cette foule de mots qui entrent dans une phrase, et cette multitude de syllabes qui entrent dans un mot, et ce goût qui n'est pas plus formé que la langue; les Allemands sont à l'aurore : ils seraient en plein jour, si vous aviez daigné faire des vers tudesques.

C'est une chose assez singulière que Lekain et Mlle Clairon soient tous deux à la fois auprès de la maison de Brandebourg. Mais tandis que le talent de réciter du français vient obtenir votre indulgence à Sans-Souci, Gluck vient nous enseigner la musique à Paris. Nos Orphées viennent d'Allemagne, si nos Roscius vous viennent de France. Mais la philosophie, d'où vient-elle? de Potsdam, sire, où vous l'avez logée, et d'où vous l'avez envoyée dans la plus grande partie de l'Europe.

Je ne sais pas encore si notre roi marchera sur vos traces; mais je sais qu'il a pris pour ses ministres des philosophes, à un seul près, qui a le malheur d'être dévot [1].

1. Le comte de Muy. (Éd.)

Nous perdons le goût, mais nous acquérons la pensée; il y a surtout un M. Turgot, qui serait digne de parler avec Votre Majesté. Les prêtres sont au désespoir. Voilà le commencement d'une grande révolution. Cependant on n'ose pas encore se déclarer ouvertement; on mine en secret le vieux palais de l'imposture, fondé depuis mille sept cent soixante-quinze années : si on l'avait assiégé dans les formes, on aurait cassé hardiment l'infâme arrêt qui ordonna l'assassinat du chevalier de La Barre et de Morival. On en rougit, on en est indigné, mais on s'en tient là; on n'a pas eu le courage de condamner ces exécrables juges à la peine du talion. On s'est contenté d'offrir une grâce dont nous n'avons point voulu. Il n'y a que vous de vraiment grand. Je remercie Votre Majesté avec des larmes d'attendrissement et de joie. J'ai demandé à Votre Majesté ses derniers ordres, et je les attends pour renvoyer à ses pieds ce Morival, dont j'espère qu'elle sera très-contente.

Daignez conserver vos bontés pour ce vieillard qui ne se porte pas si bien que Lekain le dit.

MMMMMMCMXL. — A M. LE MARÉCHAL DUC DE RICHELIEU.

4 auguste.

Je viens de baigner dans ce moment les ailes du papillon-philosophe[1] dans de petits bains fort jolis. Elle n'est point du tout papillon en amitié, et je puis dire, sans aucune finesse, qu'on doit être très-sûr qu'elle n'avait aucun tort quand elle ne reçut pas une certaine visite. Il y avait deux carrosses dans sa cour depuis quelques heures. La personne qui l'accuse de légèreté sur les apparences arriva chez elle un moment avant qu'on donnât l'ordre de laisser entrer. C'est cette méprise qui a occasionné un soupçon assez vraisemblable. Il arrive souvent qu'on cherche finesse où il n'y en a point du tout. Je réponds sur ma vie de l'innocence du papillon; je réponds de la sincère amitié qu'elle a pour le héros; elle prend le plus grand intérêt à tout ce qui le regarde.

On croit bien que nous avons traité à fond l'affaire du héros. Elle pense que l'on fera naître autant d'incidents que l'on pourra, et qu'on ne cherchera qu'à lasser la patience d'un homme qui doit être déjà très-las de toutes les difficultés qu'on a fait naître dans une affaire si simple.

Le résultat de nos conversations est que les quatre canons de Fontenoy, Gênes, Closter-Severn, et Port-Mahon, ont fait naître un peu d'envie, qu'on s'y est bien attendu, et que Mme Pernelle avait raison quand elle disait[2] que l'envie ne mourrait jamais.

Papillon d'ailleurs a un cœur charmant, incapable d'inconstance en amitié. Pour moi, hibou que je suis, je dois rester et mourir dans mon trou. J'y forme des vœux pour le bonheur du héros; et je suis bien

1. Mme de Saint-Julien. (ÉD.)
2. *Tartufe*, acte V, scène III. (ÉD.)

persuadé que ce bonheur ne sera point traversé par les lignes qu'une Provençale¹ a écrites sur une vitre.

MMMMMMCMXLI. — A M. LE COMTE D'ARGENTAL.
4 auguste.

Il est certain, mon cher ange, qu'il n'y a eu nulle négligence de la part de M. de La Reynière, et qu'il n'a point reçu les paquets. C'est un mystère sacré qu'il n'est pas permis à un profane comme moi d'approfondir.

Papillon-philosophe est actuellement sur les fleurs de Ferney, et bat des ailes. Papillon a instruit le hibou de bien des choses que le hibou ignorait.

J'ai réparé le malheur de mes paquets, en écrivant en droiture à M. le maréchal de Duras, et en lui demandant bien pardon d'une méprise dont je n'ai pas été coupable.

S'il est vrai, mon cher ange, qu'il y eût place pour Cicéron, pour Catilina, et pour César², dans les fêtes qu'on prépare pour les princesses des pays subjugués autrefois par ce César³, je compterais sur vos bontés auprès de M. le maréchal, dont vous êtes l'ami. Votre suffrage seul suffirait pour le déterminer, et je vous aurais l'obligation d'être compté dans Versailles parmi ceux qui cultivent les lettres avec quelque honneur. J'aurais grand besoin qu'on me regardât comme un homme qui s'est appliqué à travailler dans l'école de Corneille, et non pas comme un écrivain de livres suspects.

Papillon-philosophe m'a appris que la petite cabale du *Bon sens* m'attribuait ce cruel et dangereux ouvrage. Je réponds à cette imputation :

Seigneur, je crois surtout avoir fait éclater
La haine des forfaits qu'on ose m'imputer⁴.

J'ai toujours regardé les athées comme des sophistes impudents; je l'ai dit, je l'ai imprimé. L'auteur de *Jenny*⁵ ne peut pas être soupçonné de penser comme Épicure. Spinosa lui-même admet dans la nature une intelligence suprême. Cette intelligence m'a toujours paru démontrée. Les athées qui veulent me mettre de leur parti me semblent aussi ridicules que ceux qui ont voulu faire passer saint Augustin pour un moliniste.

Vous voyez qu'amis et ennemis ont également cherché à donner mauvaise opinion de moi dans le ciel et sur la terre. Je ne sais plus où me sauver; je suis pourtant à l'ombre de vos ailes, et probablement le diable ne viendra pas me prendre là; vous lui diriez *vade retro*.

Le neveu du pape Rezzonico est venu me voir, malgré ma mauvaise réputation; je compte plus sur vous à la cour de France que sur lui à la cour de Rome. Je vous conjure donc, mon cher ange, d'engager

---
1. Mme de Saint-Vincent. (ÉD.) — 2. Personnages de *Rome sauvée*. (ÉD.)
3. Une sœur de Louis XVI épousa le prince de Piémont. (ÉD.)
4. *Phèdre*, acte IV, scène II. (ÉD.) — 5. Voltaire. (ÉD.)

le premier gentilhomme de la chambre à faire ce que vous avez si bien imaginé. Rien n'est plus aisé, et ces bagatelles réussissent quelquefois. Cela peut contribuer à me laisser finir tranquillement ma vie : mais vous, mon cher ange, songez que votre amitié me la fait passer heureusement, songez que vous êtes toujours ma première consolation, soit de près, soit de loin. Je vous embrasse plus tendrement que jamais, mon cher ange; Mme Denis se joint à moi. Papillon-philosophe paraît vous aimer autant que nous vous aimons; et moi, qui me crois plus philosophe que Papillon, je me vante de l'emporter sur elle en sentiments pour vous.

Je me flatte que cette lettre arrivera à bon port.

MMMMMMCMXLII. — A M. DE VAINES.

7 auguste.

Votre lettre, monsieur, m'a rassuré : je vous dois mon repos. Un pauvre étranger comme moi s'alarme aisément. Je craignais d'avoir été indiscret, et je tremblais surtout de vous avoir compromis.

Je suis enchanté que mon jeune homme vous ait paru sage. On me dit que M. Turgot en a été aussi content que vous; ces deux suffrages, appuyés de celui de M. de Condorcet, doivent suffire. Il n'y a plus rien à demander à personne; j'ai toujours pensé que c'était assez que la vérité fût connue des philosophes tels que vous. Nous ne cherchons point à plaire aux assassins en robe. Ceux qui préfèrent le temps où nous sommes à celui de M. Colbert ont évidemment raison dans un point essentiel : c'est qu'il n'y avait pas, sous ce ministre, un homme en votre place qui eût votre goût et votre philosophie.

Je vais faire chercher à Lausanne toutes les petites bagatelles dont vous vous êtes amusé, et dont on a fait un recueil. Je vous les enverrai par petites parties numérotées, afin de ne pas grossir les paquets, et je vous supplierai de me mander seulement : « J'ai reçu le numéro 1, le numéro 2, etc.; » les paquets seront sous l'enveloppe de M. Turgot.

M. de Condorcet m'a envoyé la *Lettre d'un fermier de Picardie*[1]; ce fermier est un homme de très-grand sens et de bonne compagnie; je voudrais bien souper avec lui.

Conservez, monsieur, vos bontés pour le pauvre malade.

MMMMMMCMXLIII. — A M. LE BARON DE CONSTANT DE REBECQUE.

9 auguste.

Je suis enchanté, monsieur, de vos lettres et de vos reproches; mais pour ces reproches si aimables, je vous jure que je ne les mérite pas. Si j'avais eu l'envie et le pouvoir de faire un tour dans le pays de Vaud, ce serait assurément à Fantaisie que je donnerais la préférence, quand le seigneur de Fantaisie serait dans son château; mais mon triste état ne me permet pas de pareilles courses. Il faut que j'attende chez moi,

---

1. *Lettre d'un laboureur de Picardie à M. N.* (Necker), *auteur prohibitif à Paris*. (ÉD.)

tout doucement, la fin de mes maladies, dont la mort a bien l'air de me délivrer bientôt.

Je ne compte point finir comme votre brave aumônier. Il ne m'appartient pas de mourir en Caton, n'ayant pas vécu comme lui. Au reste, je ne suis point surpris que votre homme se soit ennuyé à la lecture du livre de Formey contre le suicide, au point d'être tenté de faire le contraire de ce que ce bavard recommande. A l'égard de votre jeune homme, qui s'est donné tant de coups de canif, c'est assurément un mauvais raisonneur; car pourquoi faire en cinquante fois ce qu'on peut faire en une?

En général je ne blâme personne, et je trouve très-bon qu'on sorte de sa maison quand elle déplaît; mais je voudrais qu'on attendît au moins huit jours : car personne n'est sûr de penser de la même façon huit jours de suite sur ces choses-là.

On commence à imiter en France votre gouvernement suisse. On veut ménager le peuple; on le délivre des corvées : tout le monde crie *Hosanna!* Pour moi, je suis comme Gilles le niais, qui fait ses petits tours à six pouces de terre, pendant que les voltigeurs dansent dans la moyenne région de l'air. J'ai la vanité d'achever ma petite ville, quoique je sois très-sûr de mourir à la peine.

Je vous embrasse, je vous regrette, et je vous prie de me conserver votre amitié.

MMMMMMCMXLIV. — A M. CHRISTIN.
12 auguste.

Vos quinze pages, mon cher ami, disent beaucoup plus et beaucoup mieux que les gros mémoires des autres avocats. Je n'ai jamais rien vu de si bien fait que votre nouvel écrit. La seule chose qui me fasse un peu de peine, c'est ce malheureux aveu de vingt-quatre communiers en 1684; j'ai toujours peur que cette pièce ne serve de prétexte contre vos excellentes raisons. Vous avez des ennemis dangereux, vous combattez l'intérêt de tous les seigneurs, et surtout des moines. J'espère tout des bonnes raisons que vous alléguez, et je crains tout de l'artifice de vos adversaires.

Mme de Saint-Julien est ici. Elle écrit à Mme de Grosbois. Si vous perdez, elle vous soutiendra au conseil. Enfin on pourra obtenir du ministère l'abolition d'un usage qui déshonore la France. Le conseil est composé d'hommes justes et vraiment philosophes. Celui qui vient de supprimer les corvées pourrait bien supprimer l'esclavage. On vous en aura la première obligation. J'attends la grande journée du 19. Combattez, mon cher ami; je lève les mains au ciel.

MMMMMMCMXLV. — DE FRÉDÉRIC II, ROI DE PRUSSE.
A Potsdam, le 13 auguste.

C'est à vous qu'il faut attribuer tout le bien qu'on aurait voulu faire à Morival. Le protecteur des Calas et des Sirven méritait de réussir de même en faveur du premier. Vous avez eu le rare avantage de réformer, de votre retraite, les sentences cruelles des juges de votre patrie, et de faire rougir ceux qui, placés près du trône, auraient dû vous prévenir. Pour moi, je me borne dans mon pays à empêcher que le puissant n'opprime le faible, et d'adoucir les sentences qui quelquefois me paraissent trop rigoureuses. Cela fait une partie de mes occupations. Lorsque je parcours les provinces, tout le monde vient à moi ; j'examine par moi-même et par d'autres toutes les plaintes, et me rends utile à des personnes dont j'ignorais l'existence avant d'avoir reçu leurs mémoires. Cette révision rend les juges plus attentifs, et prévient les procédés trop durs et trop rigoureux.

Je félicite votre nation du bon choix que Louis XVI a fait de ses ministres. « Les peuples, a dit un ancien, ne seront heureux que lorsque les sages seront rois. » Vos ministres, s'ils ne sont pas rois tout à fait, en possèdent l'équivalent en autorité. Votre roi a les meilleures intentions : il veut le bien ; rien n'est plus à craindre pour lui que ces pestes des cours qui tâcheront de le corrompre et de le pervertir avec le temps. Il est bien jeune ; il ne connaît pas les ruses et les raffinements dont les courtisans se serviront pour le faire tourner à leur gré, afin de satisfaire leur intérêt, leur haine, et leur ambition. Il a été dans son enfance à l'école du fanatisme et de l'imbécillité : cela doit faire appréhender qu'il ne manque de résolution pour examiner par lui-même ce qu'on lui a appris à adorer stupidement.

Vous avez prêché la tolérance : après Bayle, vous êtes, sans contredit, un des sages qui ont fait le plus de bien à l'humanité. Mais si vous avez éclairé tout le monde, ceux que leur intérêt attache à la superstition ont rejeté vos lumières ; et ceux-là dominent encore sur les peuples.

Pour moi, en fidèle disciple du patriarche de Ferney, je suis actuellement en négociation avec mille familles mahométanes, auxquelles je procure des établissements et des mosquées dans la Prusse occidentale. Nous aurons des ablutions légales, et nous entendrons chanter *hilli*[1], *halla !* sans nous scandaliser. C'était la seule secte qui manquât dans ce pays.

Le vieux Poellnitz est mort comme il a vécu, c'est-à-dire en friponnant encore la veille de son décès. Personne ne le regrette que ses créanciers. Pour notre respectable et bon milord[2], il se porte à merveille ; son âme honnête est gaie et contente. Je me flatte que nous le conserverons encore longtemps. Sa douce philosophie ne l'occupe que du bien. Tous les Anglais qui passent ici vont chez lui en pèlerinage. Il loge vis-à-vis de Sans-Souci, aimé et estimé de tout le monde. Voilà une heureuse vieillesse.

Tout ce que vous dites de nos évêques teutons n'est que trop vrai. Ce sont des *porcs engraissés des dîmes de Sion*[3]. Mais vous savez aussi que dans le saint empire romain l'ancien usage, la Bulle d'or, et telles autres antiques sottises, font respecter les abus établis. On les voit, on lève les épaules, et les choses continuent leur train.

1. Frédéric veut parler ici du cri des mahométans. (ÉD.)
2. Milord Maréchal (lord Keith). (ÉD.)
3. Vers de Voltaire dans *le Temple de l'Amitié*. (ÉD.)

Si l'on veut diminuer le fanatisme, il ne faut pas d'abord toucher aux évêques; mais si l'on parvient à diminuer les moines, surtout les ordres mendiants, le peuple se refroidira : celui-là, moins superstitieux, permettra aux puissances de ranger les évêques selon qu'il conviendra au bien de leurs États. C'est la seule marche à suivre. Miner sourdement et sans bruit l'édifice de la déraison, c'est l'obliger à s'écrouler de lui-même. Le pape, vu la situation où il se trouve, est obligé de donner des brefs et des bulles tels que ses chers fils les exigent de lui. Ce pouvoir, fondé sur le crédit idéal de la foi, perd à mesure que celle-ci diminue. S'il se trouve à la tête des nations quelques ministres au-dessus des préjugés vulgaires, le saint-père fera banqueroute. Déjà ses lettres de change et ses billets au porteur sont à demi décrédités. Sans doute que la postérité jouira de l'avantage de pouvoir penser librement, qu'elle ne verra point, comme nous, des horreurs telles qu'en a produit Toulouse, Abbeville, etc. Les Morival de cet heureux siècle n'auront point à craindre les barbaries exercées sur les Morival d'aujourd'hui. Vous n'avez qu'à me l'envoyer directement ici : je le considère comme une victime échappée au glaive du sacrificateur, ou, pour mieux dire, du bourreau.

Je pars pour la Silésie. Je ne pourrai être de retour ici que le 4 ou le 5 du mois prochain : ainsi il aura tout le temps d'arranger son voyage. Dans quelque lieu que je me trouve, mes vœux seront les mêmes pour le patriarche de Ferney; et faute de pouvoir l'entendre chemin faisant, je m'entretiendrai avec ses ouvrages. *Vale.* FÉDÉRIC.

P. S. Vous voyagerez avec moi sans vous en apercevoir, et vous me ferez plaisir sans qu'il vous en coûte, et je vous bénirai en chemin comme de coutume.

MMMMMMCMXLVI. — A M. DE LA HARPE.
15 auguste.

Malgré votre belle imagination, mon cher ami, vous n'imaginez pas le plaisir que vous me faites en m'apprenant que vous avez les deux prix; vous faites de vos ennemis *scabellum pedum tuorum*[1]. Vous marchez au temple de la gloire sur le dos et sur le ventre des Fréron et des Clément. Vous jugez avec quelle impatience tous ceux qui sont à Ferney attendent vos épîtres en vers, et votre éloge en prose du maréchal de Catinat.

Savez vous bien que je suis tenté de venir me mettre dans un petit coin, à la première représentation de *Menzicof?* Mes entrailles paternelles s'émeuvent de tendresse à chacun de vos succès. Vous devez être à présent dans le fracas des triomphes, des compliments, et des nouveaux amis. Les récompenses de la cour seront pour Fontainebleau. Fréron en mourra de rage, s'il ne meurt pas d'indigestion au cabaret : ce sera Apollon qui aura tué le serpent Python.

Il est vrai que Ferney devient une ville singulière et assez jolie; mais je désespère de vous y voir. Vous ne quitterez plus jamais Paris, vous

[1]. **Psaume** CIX, verset 2. (ÉD.)

y serez nécesaire. Il semble que le nouveau ministère soit exprès pour vous. Vous avez dans M. de Vaines un ami bien digne de l'être. Je lui ai envoyé le *Cri du sang innocent*, et cette *Diatribe*[1] dont vous me parlez. Tout cela est un peu de la moutarde après dîner.

Le jeune homme qui faisait crier le sang innocent, et qui a demeuré chez moi un an, n'a plus à crier. Le roi son maître vient de réparer la barbarie juridique de *Messieurs*; il l'appelle auprès de sa personne, il lui donne une compagnie, une place d'ingénieur, et une pension. Cela vaut mieux qu'une révision de procès, dont l'événement est toujours douteux, ou qu'une grâce honteuse, qui exige des cérémonies infâmes.

Si M. de Vaines ne vous a pas remis ces deux petits ouvrages, je vais lui en envoyer d'autres.

Je vous embrasse dans la joie de mon cœur.

MMMMMMCMXLVII. — A MM. LES ÉDITEURS
De la Bibliothèque universelle des Romans.

15 auguste.

Vous rendez un vrai service, messieurs, à la littérature, en faisant connaître les romans; et on a une vraie obligation à M. le marquis de Paulmy de vouloir bien ouvrir sa bibliothèque à ceux qui veulent nous instruire dans un genre qui a précédé celui de l'histoire. Tout est roman dans nos premiers livres: Hérodote, Diodore de Sicile, commencent tous leurs récits par des romans. L'*Iliade* est-elle autre chose qu'un beau roman en vers hexamètres, et les amours d'Énée et de Didon, dans Virgile, ne sont-ils pas un roman admirable?

Si vous vous en tenez aux contes qui nous ont été donnés pour ce qu'ils sont, pour de simples ouvrages d'imagination, vous aurez une assez belle carrière à parcourir. On voit dans presque tous les anciens ouvrages de cette espèce un tableau fidèle des mœurs du temps. Les faits sont faux, mais la peinture est vraie; et c'est par là que les anciens romans sont précieux. Il y a surtout des usages qu'on ne retrouve que dans ces anciens monuments.

Les premiers volumes que vous avez donnés au public m'ont paru très-intéressants. Vous avez bien fait de mettre Pétrone à la tête des plus singuliers romans de l'antiquité; c'est là qu'on voit en effet les mœurs des Romains du temps des premiers Césars, surtout celles de la bourgeoisie, qui forme partout le plus grand nombre. Le Turcaret de notre Le Sage n'approche pas de Trimalcion: ce sont l'un et l'autre deux financiers ridicules; mais l'un est un impertinent de la capitale du monde, et l'autre n'est qu'un impertinent de Paris.

Vous ne paraissez pas persuadés que cette satire bourgeoise soit l'ouvrage que le consul Caïus Pétronius envoya à l'empereur Néron, avant de mourir par ordre de ce tyran. Vous savez que l'auteur de la satire que nous avons s'intitule *Titus Petronius*; mais ce qui est bien plus différent encore, c'est la bassesse et la grossièreté des person-

---

1. *Diatribe à l'auteur des Éphémérides.* (ÉD.)

nages, qui ne peuvent avoir aucun rapport avec la cour d'un empereur : il y a plus loin de Trimalcion à Néron que de Gilles à Louis XIV.

Si l'on veut lire l'article PÉTRONE dans les *Questions sur l'Encyclopédie*, on y verra des preuves évidentes de la méprise où sont tombés tous les commentateurs qui ont pris l'imbécile Trimalcion pour l'empereur Néron, sa dégoûtante femme pour l'impératrice Poppea, et des discours insupportables de valets ivres pour de fines plaisanteries de la cour. Il est aussi ridicule d'attribuer ce roman à un consul que d'imputer au cardinal de Richelieu un prétendu *Testament politique*, dans lequel la vérité et la raison sont insultées presque à chaque ligne.

L'Ane d'or d'Apulée est encore plus curieux que la satire de Pétrone. Il fait voir que la terre entière retentissait, dans ces temps-là, de sortiléges, de métamorphoses, et de mystères sacrés.

Les romans de notre moyen âge, écrits dans nos jargons barbares, ne peuvent entrer en comparaison ni avec Apulée et Pétrone, ni avec les anciens romans grecs, tels que *la Cyropédie* de Xénophon; mais on peut toujours tirer quelques connaissances des mœurs et des usages de notre onzième siècle jusqu'au quinzième, par la lecture de ces romans mêmes.

On a judicieusement remarqué que La Fontaine a tiré la plupart de ses contes des romanciers du quinzième et du seizième siècle; et parmi ces contes mêmes il y en a plusieurs qui se perdent dans la plus haute antiquité, et dont on retrouve des traces dans Aulu-Gelle et dans Athénée. Il ne faut pas croire que La Fontaine ait embelli tout ce qu'il a imité. Il a pris *l'Anneau d'Hans-Carvel* dans Rabelais; Rabelais l'avait pris dans l'Arioste, et l'Arioste avoue que c'était un conte très-ancien : mais ni La Fontaine ni Rabelais n'ont rendu ce conte aussi vraisemblable ni aussi plaisant qu'il l'est dans l'Arioste.

> Fu già un pittor (non mi ricordo il nome),
> Che dipingere il diavolo solea
> Con bel viso, begli occhi, e belle chiome.
> Nè piè d'augel nè corna gli facea;
> Nè facea si leggiadro, nè si adorno
> L'angel da Dio mandato in Galilea.
> Il diavolo reputandosi a gran scorno
> S'ei fosse in cortesia da costui vinto,
> Gli apparve in sogno un poco innanzi il giorno,
> E gli disse in parlar breve e succinto,
> Chi egli era, e che venia per render merto
> Dell' averlo si bel sempre dipinto.
> *Satira prima.*

C'est ainsi que la fable des compagnons d'Ulysse changés en bêtes par Circé, et qui ne veulent point redevenir hommes, est entièrement imitée de *l'Ane d'or* de Machiavel, et ne lui est pas supérieure, quoiqu'elle ait le mérite d'être plus courte.

Je ne sais pas pourquoi il est dit, dans le second volume de la *Bibliothèque des romans*, page 103, que *le Pâté d'anguilles* est dans La

Fontaine un modèle de *l'art de conter*. On en donne pour preuve ces vers-ci :

    Hé quoi! toujours pâtés au bec!
    Pas une anguille de rôtie!
    Pâtés tous les jours de ma vie!
    J'aimerais mieux du pain tout sec.
    Laissez-moi prendre un peu du vôtre;
    Pain de par Dieu, ou de par l'autre.
    Au diable ces pâtés maudits!
    Ils me suivront en paradis,
    Et par delà, Dieu me pardonne.

Je crois sentir comme un autre toutes les grâces naïves de La Fontaine; mais je vous avoue que je ne les aperçois pas dans les vers que je viens de vous citer.

Ma lettre deviendrait un volume si je cherchais les plus anciennes origines des romans, des contes, et des fables; je les retrouverais peut-être chez les premiers brachmanes et chez les premiers Persans.

Je ne vous parle pas de la plus ancienne de toutes les fables connues parmi nous, qui est celle des arbres qui veulent se choisir un roi. Sans me perdre dans toutes ces recherches, je finis par vous remercier de vos deux premiers volumes; je vous attends au charmant roman du *Télémaque*.

J'ai l'honneur d'être, avec tous les sentiments que je vous dois, messieurs, votre, etc.

    MMMMMMCMXLVIII. — A M. DE VAINES.

                    15 auguste.

J'ai eu l'honneur, monsieur, de vous envoyer deux *Cri du sang innocent* et deux *Diatribes*, sous l'enveloppe de M. Turgot, n° 1; j'envoie aujourd'hui n° 2. Voulez-vous bien avoir la bonté d'en donner un à M. de La Harpe? Je suis enchanté de ses nouveaux succès. Voilà un nouveau jour qui se lève dans la littérature, comme dans le gouvernement. V.

    MMMMMMCMXLIX. — DE M. DALEMBERT.

                    Ce mardi, 15 auguste.

Je ne sais, mon cher et illustre maître, par quelle fatalité je n'ai reçu que samedi au soir 12 votre lettre du 29. J'ai écrit dès le lendemain au roi de Prusse une lettre telle que vous pouvez la désirer, et cette lettr a dû partir par le courrier d'hier. Je souhaite à cet honnête et inté ressant jeune homme tout le succès et le bonheur qu'il mérite, et je n'oublierai rien pour entretenir son auguste protecteur dans les sentiments de bonté qu'il a pour lui. Voilà ce que j'ai fait à votre prière et à sa considération, et dont je vous donne avis sans délai par le courrier le plus prochain, afin que vous preniez vos mesures en conséquence. Êtes-vous content de moi? c'est au moins bien sûrement mon intention.

Vous l'êtes sans doute de ce que M. de La Harpe vient de remporter pour la quatrième fois le prix d'éloquence, et pour la quatrième fois encore le prix de poésie, et pour la seconde fois les deux prix dans le même jour, et de plus encore le premier accessit en vers ¹. Le voilà comblé de gloire, et ses ennemis, de rage; aussi ne s'endorment-ils pas, et ils lui suscitent, en ce même moment, une affaire désagréable pour un article du *Mercure* ², où sa faute, s'il en a fait une, est bien légère, mais sera bien grossie par l'envie et par la haine.

Je pense comme vous sur ce *Bon sens*, qui me paraît un bien plus terrible livre que le *Système de la nature*. Si on abrégeait encore ce livre (ce qu'on pourrait aisément, sans y faire tort), et qu'on le mît au point de ne coûter que dix sous, et de pouvoir être acheté et lu par les cuisinières, je ne sais comment s'en trouverait la cuisine du clergé, qui dans ce moment ferait bien des sottises, si quelques évêques raisonnables ne l'empêchaient. Adieu, mon cher maître: vous avez peut-être actuellement à Ferney Mme la duchesse de Châtillon et M. le comte d'Anlezy, à qui j'ai donné pour vous une lettre dont ils n'auront pas besoin quand vous les connaîtrez. Nous attendons mille bonnes choses des ministres vertueux qui entourent le trône, et nous espérons de n'être pas trompés. *Vale iterum.*

MMMMMMCML. — Du même.

A Paris, ce 18 auguste.

M. François de Neufchâteau, que je ne connaissais pas, vint hier chez moi, mon cher et illustre ami. Il me parut indigné de cette infamie que l'ombre de La Beaumelle, menée par le squelette de Fréron, vient de publier contre *la Henriade* ³; et il me dit qu'il avait fait un mémoire où il rendait plainte contre cette atrocité que je ne connais que par ce qu'il m'en a dit; car je fais justice de ces rapsodies en n'en lisant jamais aucune. Il m'a dit vous avoir écrit pour vous prier de l'autoriser à poursuivre cette canaille morte et vivante, et m'a prié de vous en écrire aussi. J'ai fort applaudi à l'honnêteté et au zèle de ce jeune homme, et je lui ai répondu de votre reconnaissance et de celle de tous les gens de lettres dignes de porter ce nom. Il serait temps, ce me semble, qu'on fît justice de pareils marauds. A quoi servirait-il d'avoir tant d'honnêtes gens dans le ministère, si les gredins triomphaient encore? M. de Neufchâteau attend, mon cher maître, une lettre de vous qui l'encourage, et dont il est bien digne. Je désire beaucoup et la publication et le succès du mémoire qu'il prépare, et j'espère que les Welches mêmes, tout Welches qu'ils sont, y applaudiront pour le moins autant qu'à l'Opéra-Comique. Adieu, mon cher et illustre maître; je vous embrasse, et vous souhaite autant de santé et d'années que vous avez de gloire.

BERTRAND l'aîné.

1. *L'Éloge de Catinat*, par La Harpe, avait remporté le prix d'éloquence. Les *Conseils à un jeune poète*, par le même auteur, avaient obtenu le prix de poésie. Son *Épître au Tasse* avait eu l'accessit. (ÉD.)
2. Le parlement de Paris, sur le réquisitoire de Seguier, sévit le 7 septembre contre les rédacteurs du *Mercure*, à l'occasion d'un extrait que La Harpe y avait donné de la *Diatribe à l'auteur des Éphémérides*. (*Note de M. Beuchot.*)
3. *Commentaire sur la Henriade*, par feu M. de La Beaumelle, revu et corrigé par M. F..... (Fréron). (ÉD.)

MMMMMMCMLI. — A M. D'ALEMBERT.
24 auguste.

Mon cher ami, mon cher soutien de la raison et du bon goût, mon cher philosophe, mon cher Bertrand, le vieux Raton, quoique n'en pouvant plus, a reçu de son mieux M. d'Anlezy et Mme la duchesse de Châtillon. Il a fait son compliment à votre aide de camp La Harpe, sur les deux batailles qu'il vient de gagner. Il lève toujours les mains au Seigneur pour le succès de la bonne cause; mais il n'est pas heureux à la guerre. Il vient de perdre le procès de douze mille agriculteurs nécessaires à l'État, contre vingt moines inutiles au monde [1]. Le parlement de Besançon a condamné aux dépens et à la servitude douze mille sujets du roi qui ne voulaient dépendre que de lui, et non d'un couvent de moines. Nous verrons comment M. Turgot et M. de Malesherbes jugeront ce jugement de Besançon. Cette aventure m'attriste. Il faut passer toute sa vie à combattre; mais je ne combattrai point Fréron; il ne faut pas attaquer à la fois toutes les puissances.

Si vous voyez M. de Neufchâteau, dites-lui, je vous en prie, combien je suis touché de son amitié courageuse; mais détournez-le du dessein d'intenter un procès qui serait très-ridicule. Il se peut très-bien que Fréron et La Beaumelle aient fait une *Henriade* meilleure que la mienne; rien n'est plus aisé. Il n'y a pas moyen de présenter requête au conseil pour obtenir qu'on préfère ma *Henriade* à celle de Fréron : cette démarche serait d'ailleurs contre les principes de M. Turgot, qui donne toute liberté aux marchands de livres comme aux marchands de blé.

Considérez encore, s'il vous plaît, que la loi du talion est en vigueur dans la république des lettres. Je me suis tant moqué de l'ami Fréron, qu'il est bien juste qu'il me le rende. Si M. de Neufchâteau veut prendre mon parti, et combattre en ma faveur en champ clos, dans le *Mercure*, ou dans quelque autre des mille et un journaux qui paraissent toutes les semaines, cela pourra faire un très-grand effet sur l'esprit de trois ou quatre lecteurs désintéressés, et je lui en témoignerai ma juste reconnaissance.

Je renvoie ces jours-ci au roi de Prusse son capitaine ingénieur, et je crois lui faire un très-bon présent. Je vous remercie mille fois, mon cher ami, de la bonté que vous avez eue de recommander ce jeune homme; c'est une de vos bonnes actions. Le roi de Prusse cherchera toujours à mériter vos suffrages; et toutes les fois qu'il agira en prince généreux et bienfaisant, c'est à vous qu'on en aura l'obligation.

La Harpe me succédera bientôt dans votre Académie. J'ai eu une nourrice qui disait, à mon âge : « Les *De profundis* me battent les fesses. »

Je vous embrasse bien tendrement.

---

[1]. Voyez l'avant-dernier alinéa de la *Requête du roi pour les serfs de Saint-Claude*. (ÉD.)

ANNÉE 1775.

MMMMMMCMLII. — A M. FABRY.
28 auguste.

Monsieur, je reçois dans ce moment une lettre très-détaillée de M. de Trudaine. Il me semble, par cette lettre, que ce digne ministre se fait fort, conjointement avec M. Turgot, d'accorder à la province de Gex encore plus et encore mieux qu'elle ne demandait. Ce sera à vous et à messieurs des États à vous concerter sur ce qu'il vous propose. Je vais faire transcrire sa lettre. Je vous la porterais si mes cruelles maladies me le permettaient. Il est nécessaire que j'aie l'honneur de vous voir; je crois qu'il n'y a point de temps à perdre, et qu'il faut profiter sans délai des intentions d'un ministre si juste et si respectable.

J'ai l'honneur d'être, etc. VOLTAIRE.

MMMMMMCMLIII. — AU MÊME.
31 auguste.

J'apprends, monsieur, que plusieurs personnes à Gex sont effarouchées des bienfaits dont le ministère veut nous combler. C'est probablement faute de savoir encore jusqu'où ses bontés s'étendent; vous pourrez leur apprendre que M. de Trudaine, dans la lettre dont il m'honore, dit expressément que nous pourrons convenir d'un prix avec MM. les fermiers généraux pour le sel.

Le grand point, le bienfait très-signalé et très-inattendu, est que nous soyons débarrassés de cette foule d'employés qui vexent la province, qui remplissent les prisons, et qui interdisent tout commerce.

Dès que nous serons délivrés d'un fléau si funeste, nous profiterons dans l'instant de notre liberté pour faire proposer aux fermiers généraux de nous livrer du sel au même prix qu'ils le vendent à Genève; en attendant que nous soyons d'accord avec eux, nous pourrons en acheter à Coppet, et l'avoir à un prix très-modique. Nous ne le payerons que treize livres le quintal. Il est très-probable que la protection de M. Turgot et de M. de Trudaine engagera les fermiers généraux à traiter avec nous, comme avec Genève. Alors il vous sera très-aisé de prendre, sur la vente de ce même sel, une somme assez considérable pour payer les dettes de la province, pour donner une indemnité à la ferme, et pour subvenir à la confection des chemins.

La liberté qu'on daigne nous offrir, et l'abolissement des corvées, sont des bienfaits inestimables pour les villes et pour les campagnes. Nous n'avons que des grâces à rendre; personne ne le sent plus que vous, et ne le fera mieux sentir. Je m'en rapporte entièrement à votre sagesse et à votre esprit patriotique. J'ai l'honneur d'être, etc. VOLTAIRE.

MMMMMMCMLIV. — A M. L'ABBÉ MORELLET.
31 auguste.

Mon cher philosophe, je vous dirai d'abord que je suis pénétré de reconnaissance et de joie. M. de Trudaine daigne accorder à notre petite province plus de grâces que je n'avais osé en demander. J'ai vu, par la lettre dont il m'a honoré, qu'il connaît mieux les malheurs et les besoins du pays de Gex que moi-même. Nos états l'ont remercié, et ont souscrit leur soumission à ses ordres. Ils attendent avec impatience l'effet de ses bontés, et la déclaration du roi, afin que son exécution commence au premier d'octobre prochain, qui est la fin de la première année du bail actuel des fermes.

J'use, mon cher ami, de la permission que vous m'avez donnée. Je m'adresse à vous avec nos états, et je vous supplie d'obtenir de M. de Trudaine qu'il daigne nous faire sentir l'effet de ses bontés à cette époque du premier d'octobre, temps auquel nous pourrons nous pourvoir commodément de sel, de tabac, et d'autres denrées nécessaires. Vous aurez doublé le bienfait de M. de Trudaine, en nous prouvant, par les faits, que qui oblige vite oblige deux fois.

Les commis des fermes, ayant déjà entendu parler des bienfaits qu'on nous fait espérer, nous font les plus horribles avanies. Ils jouent de leur reste, et je ne serais pas étonné s'il y avait tôt ou tard du sang répandu.

On n'en répandra pas pour la *Diatribe;* mais il me semble que les démarches qu'on a faites sont une insulte à M. Turgot, de la part des mêmes gens qui donnèrent de l'argent, il y a quelques mois, pour ameuter la populace. C'est l'esprit de la ligue qui voudrait persécuter le duc de Sulli. Des fripons ont voulu donner des croquignoles à M. Turgot sur le nez de La Harpe.

Mme Denis vous fait les plus sincères compliments. Nous passons les jours à vous regretter.

Adieu, protecteur de Ferney, du commerce, de la liberté, et de la raison

MMMMMMCMLV. — A Frédéric II, roi de Prusse.

A Ferney, 31 auguste.

Sire, je renvoie aujourd'hui aux pieds de Votre Majesté votre brave et sage officier d'Étallonde Morival, que vous avez daigné me confier pendant dix-huit mois. Je vous réponds qu'on ne lui trouvera pas à Potsdam l'air évaporé et avantageux de nos prétendus marquis français. Sa conduite, et son application continuelle à l'étude de la tactique et à l'art du génie, sa circonspection dans ses démarches et dans ses paroles, la douceur de ses mœurs, son bon esprit, sont d'assez fortes preuves contre la démence aussi exécrable qu'absurde de la sentence de trois juges de village, qui le condamna, il y a dix ans, avec le chevalier de La Barre, à un supplice que les Busiris n'auraient pas osé imaginer.

Après ces Busiris d'Abbeville, il trouve en vous un Solon. L'Europe sait que le héros de la Prusse a été son législateur; et c'est comme législateur que vous avez protégé la vertu livrée aux bourreaux par le fanatisme. Il est à croire qu'on ne verra plus en France de ces atrocités affreuses, qui ont fait jusqu'ici un contraste si étrange et si fréquent avec notre légèreté; on cessera de dire : *Le peuple le plus gai est le plus barbare.*

Nous avons un ministère très-sage, choisi par un jeune roi non moins sage, et qui veut le bien. C'est ce que Votre Majesté remarque dans sa dernière lettre du 13. La plupart de nos fautes et de nos malheurs sont venus jusqu'ici de notre asservissement à d'anciennes coutumes honorées du nom de lois, malgré notre amour pour la nouveauté. Notre jurisprudence criminelle, par exemple, est presque toute fondée sur ce qu'on appelle *le droit canon*, et sur les anciennes procédures de l'inquisition. Nos lois sont un mélange de l'ancienne barbarie mal corrigée par de nouveaux règlements. Notre gouvernement a été jusqu'à présent ce qu'est la ville de Paris, un assemblage de palais et de masures, de magnificence et de misères, de beautés admirables et de défauts dégoûtants. Il n'y a qu'une ville nouvelle qui puisse être régulière.

Votre Majesté daigne me mander qu'elle daigne voyager avec mes faibles ouvrages. Je voudrais bien être à leur place, malgré mes quatre-vingt-deux ans. Je suis obligé de vous dire que plusieurs de ces enfants, qu'on baptise de mon nom, ne sont pas de moi. Je sais que vous avez une édition de Lausanne en quarante-deux volumes [1], entreprise par deux magistrats et deux prêtres qui ne m'ont jamais consulté. Si par hasard le vingt-troisième volume tombait sous votre main, vous y verriez une trentaine de petites pièces de vers dignes du cocher de Vertamont. On n'est pas obligé d'avoir autant de goût à Lausanne qu'à Potsdam.

Ce qui est de moi ne mérite guère plus vos regards. La manie des éditeurs m'a enseveli dans des monceaux de papier. Ces gens-là se ruinent par excès de zèle. Je leur ai écrit cent fois qu'on ne va pas à la postérité avec un si lourd bagage. Ils n'en ont tenu compte; ils ont défiguré vos lettres et les miennes, qui ont couru dans le monde. Me voilà en *in-folio*, rongé des rats et des vers comme un Père de l'Église.

Votre Majesté verra donc mes éternelles querelles avec les Larcher, et frère Nonotte, et frère Fréron, et frère Paulian, ces illustres ex-jésuites. Ces belles disputes doivent étrangement ennuyer le vainqueur de tant de nations, et l'historien de sa patrie. Les jésuites m'ont déclaré la guerre dans le temps même que vos frères les rois de France et d'Espagne les punissaient. C'étaient des soldats dispersés après leur défaite, qui volaient un pauvre passant pour avoir de quoi vivre.

Les jésuites devaient me persécuter en conscience : car, avant qu'on les chassât de France et d'Espagne, je les avais chassés de mon voisinage. Ils s'étaient emparés, sur la frontière de Berne, du bien de sept gentilshommes nommés MM. de Crassi, tous frères, tous au service du roi de France, tous mineurs, tous très-pauvres. J'eus le bonheur de consigner l'argent nécessaire pour les faire rentrer dans leur terre, usurpée par les jésuites. Saint Ignace ne m'a point pardonné cette impiété. Depuis ce temps Fréron refait *la Henriade* avec La Beaumelle; Paulian écrit contre l'empereur Julien et contre moi; Nonotte m'accuse, en eux gros volumes, d'avoir trouvé mauvais que le grand Constantin ait autrefois assassiné son beau-père, son beau-frère, son neveu, son fils, et sa femme. J'ai eu la faiblesse de répondre quelquefois à ces animaux-là; les éditeurs ont eu la sottise de réimprimer ces pauvretés, dont personne ne se soucie.

1. Cette édition a été portée à cinquante-sept volumes. (ÉD.)

Je prie Votre Majesté de faire de ces fatras ce que je lui ai vu faire de tant de livres; elle prenait des ciseaux, coupait toutes les pages qui l'ennuyaient, conservait celles qui pouvaient l'amuser, et réduisait ainsi trente volumes à un ou deux : méthode excellente pour nous guérir de la rage de trop écrire.

Voilà donc, sire, le baron de Poellnitz mort; il écrivait aussi. C'est par là qu'il faut que nous finissions tous, les Fréron, les Nonotte, et moi. Il n'en restera rien du tout. Il n'y a que certains noms qui se sauveront du néant, comme, par exemple, un Gustave-Adolphe, et un autre très-supérieur, à mon avis, dont je baise de loin les mains victorieuses, qui protégent l'innocence, et qui répandent les bienfaits.

MMMMMCMLVI. — A M. DE VAINES.

31 auguste.

M. de Trudaine, monsieur, a répondu au mémoire que j'eus l'honneur de vous envoyer il y a quelques mois, et que M. le contrôleur général lui remit. Il daigne nous offrir plus et mieux que notre province ne demandait. Nos états ont sur-le-champ fait leur soumission et leurs remercîments. Je vous prie de vouloir bien lire la copie de la lettre que je viens d'écrire au maire de Gex, subdélégué de l'intendance, et l un des syndics de nos états.

Les citoyens de notre nouvelle petite ville de Ferney nous donnèrent, ces jours passés, une fête qui ne sentait point son village de province. Des princes et des princesses de l'empire y assistèrent. Nos Fernésiens tirèrent à l'arquebuse pour des prix. L'un de ces prix était une médaille d'or gravée à Ferney, portant d'un côté le buste de M. Turgot, et de l'autre ces mots, enfermés dans une couronne d'olivier : *Regni tutamen*. Mme de Saint-Julien, héroïne de son métier, sœur de M. le marquis de Gouvernet, commandant de Bourgogne, laquelle est en possession de tuer toutes les perdrix du roi, a gagné le prix de l'arquebuse, et porte à son cou la médaille de M. Turgot.

Je vous remercie tendrement, monsieur, de vos lettres du 21 et 25 d'auguste, que les Welches ont appelé août. Il y a encore parmi ces Welches des barbares bien sots et bien ridicules : puissent de dignes Français comme vous corriger cette détestable engeance.

MMMMMCMLVII. — A M. LE BARON D'ESPAGNAC.

A Ferney, 3 septembre.

Le jeune homme, monsieur, que vous intitulez bachelier en théologie, me paraît bachelier dans votre grand art de la guerre, et plus fait pour remplir la place du maréchal de Catinat que celle d'un Père de l'Église. Il a trop d'esprit et d'imagination pour s'en tenir seulement à la Sorbonne. Je ne puis trop reconnaître la bonté que vous avez eue de m'envoyer son ouvrage. On croirait que l'auteur a fait plusieurs campagnes, et qu'il a passé plus d'un quartier d'hiver à la cour.

Je vous remercie du fond de mon cœur, vous et cet illustre bachelier. Quand je songe que les maréchaux de Catinat et de Saxe ont été immortalisés dans la même maison¹, et que c'est à elle que je dois une lecture si intéressante, je me sens pénétré de reconnaissance autant que de plaisir.

J'ai l'honneur d'être, avec respect, du maréchal de camp et du bachelier, monsieur, le très-humble et très-obéissant serviteur,

LE VIEUX MALADE.

MMMMMCMLVIII. — A M. DE VAINES.

3 septembre.

Le vieux malade, monsieur, est prêt à ressusciter par toutes vos bontés. Mon pays attend celles de M. Turgot sur le rapport de M. de Trudaine; et on espère bien que, si l'occasion s'en présente, vous direz quelques mots en notre faveur.

Je vous supplie de souffrir que je mette dans mon paquet un billet pour M. de La Harpe. Si mon corps pouvait obéir à mon âme, je ferais le voyage de Paris pour vous remercier. V.

MMMMMCMLIX. — A M. DE LA HARPE.

5 septembre.

Mon cher et illustre ami, je vous avoue que, lorsque je lus l'*Éloge de Fénelon*, je crus fermement que vous n'iriez jamais au delà. L'*Éloge de Catinat* m'apprend que je me suis trompé. Je dis aujourd'hui que vous ne ferez jamais mieux, et vous me détromperez encore à la première occasion.

J'en dis à peu près autant de vos vers. Vous voilà, ma foi, mon cher ami, au premier rang; et remarquez, je vous prie, que les hommes de Dieu vous éprouvent toutes les fois qu'on vous couronne.

L'aventure de Joseph, contrôleur général des finances d'un Pharaon, pris pour saint Joseph, le digne époux de Marie, est une des bonnes scènes d'Arlequin qui aient jamais été jouées. Des gens bien instruits m'assurent que cette énorme bêtise est le fruit de la cabale, qui cherche à mordre les talons de M. Turgot, lorsqu'elle est écrasée par ses vertus. Que Dieu nous conserve M. Turgot et M. de Malesherbes! les méchants et les sots ne seront plus à craindre.

Bonsoir, mon digne ami; que votre bonheur soit égal à votre gloire! Buvez à ma santé avec M. de Vaines; je m'en porterai mieux.

MMMMMCMLX. — A M. DE VAINES.

5 septembre.

Je mets sous votre protection, monsieur, ce petit billet pour notre ami M. de La Harpe. Mais j'y mets encore plus mon petit pays de Gex. Neuf à dix mille hommes attendent, la bouche ouverte, la manne que Moïse-Turgot doit faire pleuvoir sur eux. Je me flatte que M. de Trudaine aura bientôt minuté l'arrêt du conseil. Cet arrêt sera plus utile

---

1. Le baron d'Espagnac est auteur de l'*Histoire de Maurice, comte de Saxe*. L'abbé d'Espagnac, son fils, avait concouru pour le prix d'éloquence à l'Académie française; et l'*Éloge de Catinat*, par cet abbé, avait obtenu l'accessit. (ÉD.)

que celui qui a été rendu contre le *Mercure*. Il fera fleurir un pays pauvre et ignoré.

On bâtit actuellement dans Ferney vingt nouvelles maisons de pierre de taille, et on y a fait l'année passée un commerce de quatre cent cinquante mille livres. Cela peut aller, dans quelques années, à un million, i nous sommes protégés. Je n'y ai d'autre intérêt que celui de bien faire; c'est par cela seul que je mérite la protection de M. Turgot.

Continuez-moi, monsieur, une bienveillance qui fait le charme des derniers jours de ma vie.
V.

MMMMMMCMLXI. — A M. LE COMTE DE SCHOMBERG.
5 septembre.

J'ai été un peu piqué que M. Guibert ne m'ait pas honoré d'un exemplaire de son *Éloge de* M. le maréchal de *Catinat*; j'ai été si charmé de cet ouvrage, que je pardonne à l'auteur son indifférence pour moi. Je trouve dans ce discours une grande profondeur d'idées vraies, nobles, fines, et sublimes; des morceaux d'éloquence très-touchants, une fierté courageuse, et l'enthousiasme d'un homme qui aspire en secret à remplacer son héros. Ce sentiment perce à chaque ligne.

Le discours de M. de La Harpe est digne d'un académicien, plein d'esprit, d'éloquence et de goût; l'autre est d'un génie guerrier et patriotique : ces deux ouvrages valent bien le mausolée du maréchal de Saxe. J'avoue que vos discours pour l'Académie n'approchaient pas de ceux qu'on fait aujourd'hui : c'est l'effet de la vraie philosophie; elle a donné plus de force et plus de vérité à nos esprits. Je ne fais ici, monsieur, que vous dire ce que vous savez mieux que moi. C'est à vous qu'il appartient de juger lequel de ces deux portraits est le plus beau et le plus ressemblant; vous êtes du métier de ce grand homme; ce n'est pas à moi d'en parler avant vous. Je me borne à vous remercier de votre ressouvenir, et à vous demander la continuation de vos bontés, et à vous présenter mon sincère et tendre respect. VOLTAIRE.

MMMMMMCMLXII. — A M. L'ABBÉ MORELLET.
8 septembre.

Philosophe bienfaisant, je vous prie de vouloir bien me dire si vous croyez que l'affaire de notre petit pays puisse être terminée à la fin de mois. Vous êtes notre avocat, notre rapporteur, notre protecteur auprès de M. Turgot et de M. de Trudaine.

Si jamais vous revenez vers notre Ferney, nous irons au-devant de vous avec la croix et la bannière. Nous vous conjurons de presser l'effet des bontés de M. de Trudaine. Il avait déjà entrepris, il y a quelques années, l'ouvrage de notre liberté ; mais les fermiers généraux, guidés par leur intérêt, qu'ils aimaient et qu'ils ne connaissaient pas, avaient rendu ses bonnes intentions inutiles. Il est aujourd'hui en état de donner la loi à ces messieurs, et j'espère que vous triompherez d'eux comme de la compagnie des Indes [1].

[1]. L'abbé Morellet avait publié un *Mémoire sur la situation de la compagnie des Indes*. (ÉD.)

Ayez la bonté de me mander où vous en êtes de votre triomphe.

Je suis bien étonné que votre Sorbonne n'ait pas fulminé un petit décret contre une certaine *Diatribe*[1] : mais n'êtes-vous pas charmé d'un conseiller du parlement qui a pris Joseph, le contrôleur général de Pharaon, pour saint Joseph, le père putatif de Notre-Seigneur Jésus-Christ?

Je vous salue en icelui; je vous embrasse de tout mon cœur, avec la plus tendre reconnaissance.

MMMMMMCMLXIII. — DE FRÉDÉRIC II, ROI DE PRUSSE.

A Potsdam, le 8 septembre.

Je vous suis très-obligé du plaisir que vous m'avez fait en mon voyage de Silésie. Il faut avouer que vous êtes de bonne compagnie, et qu'on s'instruit en s'amusant avec vous. Voltaire et moi nous avons fait tout le tour de la Silésie, et nous sommes revenus ensemble.

Quant à Lekain :

> Dans ces beaux vers qu'il nous déclame,
> Avec plaisir je reconnais
> La force, la noblesse, et l'âme
> De l'auteur de ces grands portraits.
> Il sait, par d'invincibles charmes,
> Me communiquer ses alarmes :
> Il émeut, il perce le cœur
> Par la pitié, par la terreur;
> Et mes yeux se fondent en larmes.
> Ah! malheur au cœur inhumain
> Que rien n'ébranle et rien ne touche!
> Le mortel ou vain ou farouche
> Ne voit nos maux qu'avec dédain.
> Est-on fait pour être impassible?
> J'existe par le sentiment,
> Et j'aime à sentir vivement
> Que mon cœur est encor sensible.

Voilà, dans l'exacte vérité, le plaisir que m'ont fait les représentations de vos tragédies. Lekain a sans doute aidé dans le récit et dans l'action : mais quand même un moins bon acteur les eût représentées, le fond l'aurait emporté sur la déclamation. Je pourrais servir de souffleur à vos pièces : il y en a beaucoup que je sais par cœur. Si je ne fais pas autrement fortune en ce monde, ce métier sera ma dernière ressource. Il est bon d'avoir plus d'une corde à son arc.

Je ne suis pas au fait de la cour de Versailles, et je ne sais qu'en gros ce qui s'y passe. Je ne connais ni les Turgot, ni les Malesherbes : s'ils sont de vrais philosophes, ils sont à leur place. Il ne faut ni préjugé ni passion dans les affaires; la seule qui soit permise est celle du

---

1. *Diatribe à l'auteur des Éphémérides.* (ÉD.)

bien public. Voilà comme pensait Marc Aurèle, et comme doit penser tout souverain qui veut remplir son devoir.

Pour votre jeune roi, il est ballotté par une mer bien orageuse; il lui faut de la force et du génie pour se faire un système raisonné, et pour le soutenir. Maurepas est chargé d'années : il aura bientôt un successeur, et il faudra voir alors sur qui le choix du monarque tombera, et si le vieux proverbe se dément : *Dis-moi qui tu hantes, et je dirai qui tu es.*

Je viens de voir en Silésie un M. de Laval-Montmorency et un Clermont-Gallerande qui m'ont dit que la France commençait à connaître la tolérance, qu'on pensait à rétablir l'édit de Nantes, si longtemps supprimé. Je leur ai répondu tout uniment que c'était moutarde après dîner. Vous me prendrez pour d'Argenson la Paix, qui s'exprimait en proverbes triviaux en traitant d'affaires; mais une lettre n'est pas une négociation, et il est permis de se dérider quelquefois en société. Vous ne voudriez pas sans doute que j'affectasse l'air empesé de vos robins, ou de nos graves députés de Ratisbonne. Les uns sont les bourreaux des La Barre, les autres font des sottises d'un autre genre avec leurs visitations.

Vous avez raison de dire que nos bons Germains en sont encore à l'aurore des connaissances. L'Allemagne est au point où se trouvaient les beaux-arts du temps de François Iᵉʳ. On les aime, on les recherche; des étrangers les transplantent chez nous : mais le sol n'est pas encore assez préparé pour les produire de lui-même. La guerre de *trente ans* a plus nui à l'Allemagne que ne le croient les étrangers. Il a fallu commencer par la culture des terres, ensuite par les manufactures, enfin par un faible commerce. A mesure que ces établissements s'affermissent, naît un bien-être qui est suivi de l'aisance, sans laquelle les arts ne sauraient prospérer. Les Muses veulent que les eaux du Pactole arrosent les pieds du Parnasse. Il faut avoir de quoi vivre pour s'instruire et penser librement. Aussi Athènes l'emporta-t-elle sur Sparte en fait de connaissances et de beaux-arts.

Le goût ne se communiquera en Allemagne que par une étude réfléchie des auteurs classiques, tant grecs que romains et français. Deux ou trois génies rectifieront la langue, la rendront moins barbare, et naturaliseront chez eux les chefs-d'œuvre des étrangers.

Pour moi, dont la carrière tend à sa fin, je ne verrai pas ces heureux temps. J'aurais voulu contribuer à leur naissance; mais qu'a pu faire un être tracassé les deux tiers de sa course par des guerres continuelles, obligé de réparer les maux qu'elles ont causés, et né avec des talents trop médiocres pour d'aussi grandes entreprises? La philosophie nous vient d'Épicure; Gassendi, Newton, et Locke, l'ont rectifiée; je me fais honneur d'être leur disciple, mais pas davantage

C'est vous qui, dessillant les yeux de l'univers,
Remplissez dignement cette vaste carrière,
   Soit en prose, ou soit en vers.
Vous avez dans la nuit fait briller la lumière

ANNÉE 1775.

>   Délivré les mortels de leur vaine terreur;
>   La Raison dans vos mains a confié son foudre;
>   Vous avez réduit en poudre
>   Et le Fanatisme et l'Erreur.

C'est à Bayle, votre précurseur, et à vous sans doute, que la gloire est due de cette révolution qui se fait dans les esprits. Mais disons la vérité : elle n'est pas complète, les dévots ont leur parti, et jamais on ne l'achèvera que par une force majeure; c'est du gouvernement que doit partir la sentence qui écrasera l'*inf....* Des ministres éclairés peuvent y contribuer beaucoup; mais il faut que la volonté du souverain s'y joigne. Sans doute cela se fera avec le temps; mais ni vous ni moi ne serons spectateurs de ce moment tant désiré.

J'attends ici d'Étallonde. Vous aurez à présent reçu mes réponses, et je le crois en chemin. Je ferai pour lui ou pour vous ce qui dépendra de moi. C'est un martyr de la superstition qui mérite d'être sanctifié par la philosophie.

Ne me tirez point de l'erreur où je suis. J'en crois Lekain. Je veux, j'espère, je désire que nous vous conservions le plus longtemps possible. Vous ornez trop votre siècle pour que je puisse être indifférent sur votre sujet. Vivez, et n'oubliez pas le solitaire de Sans-Souci. *Vale.*

FÉDÉRIC.

J'ai honte de vous envoyer des vers; c'est jeter une goutte d'eau bourbeuse dans une claire fontaine. Mais j'effacerai mes solécismes en faisant du bien à *divus Etallundus*, martyr de la philosophie.

MMMMMMCMLXIV. — A M. DUPONT.
10 septembre.

Monsieur, le maçon et l'agriculteur du mont Jura, à qui vous avez bien voulu écrire une lettre flatteuse et consolante, est si sensible à votre bonté qu'il en abuse sur-le-champ.

Je vous dirai d'abord qu'il n'y a peut-être point de pays en France où l'on ait ressenti plus vivement que chez nous tout le bien que les intentions de M. Turgot devaient faire au royaume. Tout petits que nous sommes, nous avons des états, et ces états ont pris de bonne heure toutes les mesures nécessaires pour assurer la liberté du commerce des grains et l'abolition des corvées. Ce sont deux préliminaires que j'ai regardés comme le salut de la France.

Nous avons célébré, au milieu des masures antiques que je change en une petite ville assez agréable, les bienfaits du ministère. Ma colonie a donné des prix de l'arquebuse dans nos fêtes. Ce prix était une médaille d'or, représentant M. Turgot gravé au burin. Mme de Saint-Julien, sœur de notre commandant, a remporté ce prix. Tout cela nous a encouragés à demander la distraction de notre petit pays d'avec les fermes générales, projet ancien que M. de Trudaine avait déjà formé, et qui est aussi utile au roi qu'à notre province.

M. Turgot a renvoyé notre mémoire à M. de Trudaine, lequel en conséquence nous a fait ses propositions. Nous les avons acceptées sans délai et sans y changer un seul mot, et nous les avons tous signées avec la plus vive et la plus respectueuse reconnaissance.

Voilà l'état où nous sommes. Les états m'ont chargé de supplier M. Turgot de vouloir bien, s'il est possible, nous donner, pour le premier d'octobre, ses ordres positifs, suivant lesquels nous prendrons nos arrangements, et nous ferons les fonds pour payer à la ferme générale l'indemnité à elle accordée, pour subvenir à la confection des chemins sans corvées, et pour acquitter annuellement les dettes de la province. Nous payerons tout avec allégresse, et nous regarderons le bienfaiteur de la France comme notre bienfaiteur particulier.

J'avoue, monsieur, que tout cela me paraît plus intéressant que le gouvernement du patriarche Joseph contrôleur général de Pharaon, qui vendait au roi son maître les marmites et les personnes de ses sujets[1].

J'apprends que vous êtes assez heureux, M. Turgot et vous, pour loger sous le même toit. Je m'adresse à vous pour vous prier de l'instruire de nos intentions, de notre soumission, et de notre reconnaissance. Ayez la bonté de faire un mot de réponse.

J'ai l'honneur d'être, etc.

MMMMMMCMLXV. — A M. DE VAINES.

10 septembre.

Voici, monsieur, mon dernier *Jenny*[2].

A qui faut-il que je m'adresse pour avoir les dernières résolutions de M. le contrôleur général sur le mémoire présenté par M. de Trudaine, concernant la distraction de notre province d'avec les fermes générales? Nos états espéraient que cette affaire serait terminée pour le 1er octobre, époque à laquelle nous devons prendre tous nos arrangements. Mais je crains bien que les cabaleurs ennemis de tout bien ne reculent celui que M. Turgot et M. de Trudaine veulent nous faire.

Je souhaite que sa fermeté et son courage triomphent de leurs basses intrigues, comme la pureté de ses intentions est au-dessus de leurs vues intéressées.

On fait une nouvelle édition de *Jenny;* on aura l'honneur de vous en envoyer, malgré les méchants et les sots.

Agréez, monsieur, le tendre attachement du vieux de la montagne.

MMMMMMCMLXVI. — A M. LE COMTE D'ARGENTAL.

15 septembre.

Mon cher ange, Dieu me devait Mme de Saint-Julien. Elle a fait pendant deux mois la moitié de mon bonheur, et vous auriez fait l'autre, si mon Ferney, qu'on veut actuellement nommer *Voltaire*, avait ét plus près de Paris. Je ne sais si vous auriez gagné le prix de l'arquebuse que Mme de Saint-Julien a remporté; cela vaut bien un prix de l'Académie française : c'était une médaille d'or représentant M. Turgot,

1. Voyez la *Genèse*, chap. XLVII, versets 16-20. (ÉD.)
2. *Histoire de Jenny, ou l'Athée et le Sage.* (ÉD.)

gravé au burin par un de nos meilleurs artistes. Nous attendons à tout moment une pancarte de ce M. de Sulli-Turgot, pour tirer notre petit pays des griffes de MM. les fermiers généraux, et pour nous rendre libres; après quoi je mourrai content : mais je vous avoue que mon bonheur a été furieusement écorné par le ridicule et absurde équipée de ceux qui ont demandé la proscription d'une certaine *Diatribe* uniquement faite à l'honneur du roi et de son ministre.

Je suis encore plus étonné de la faiblesse qu'on a eue de céder à cet orage impertinent. Il m'a semblé que cette condescendance du gouvernement n'était ni sage ni honnête, et qu'il ne fallait pas donner gain de cause à nos ennemis, dans les affaires qui ne les regardent en aucune façon. Ce qui me consolera quand je partirai de ce monde, c'est que j'y laisserai une petite pépinière d'honnêtes gens qui s'étend et se fortifie tous les jours, et qui à la fin obligera les fripons et les fanatiques à se taire. Je ne verrai pas ces beaux jours, mais j'en vois l'aurore.

Il nous est venu de Chambéry un des grands officiers de Monsieur, M. le marquis de Montesquiou, qui fait des chansons charmantes ; j'imagine qu'il n'a pas peu contribué à inspirer le goût des lettres à son maître[1]; et de la littérature à la philosophie il n'y a pas bien loin. Cela donne de grandes espérances : il faudra bien à la fin que la bonne compagnie gouverne. Les monstres ecclésiastiques subsisteront, puisqu'ils sont rentés; mais petit à petit on limera leurs dents, et on rognera leurs ongles. Je laisse à mes contemporains des limes et des ciseaux.

On m'a dit, mon cher ange, que M. le maréchal de Duras faisait jouer à Fontainebleau quelques-unes de mes profanes tragédies. Si cela est vrai, il faudra que j'aie l'honneur de l'en remercier. Malgré la répugnance que j'ai toujours à parler de mes ouvrages, j'aurai un sensible plaisir à le remercier de ses bontés. Je vous supplie de vouloir bien me dire si la chose est vraie. Vous aurez le plaisir de revoir Lekain; je ne sais pas comment le roi de Prusse l'a traité. Les uns disent qu'il lui a fait présent de vingt mille francs; les autres prétendent qu'il ne lui a donné que des louanges, et il y a des gens qui vont jusqu'à dire que Lekain n'a eu ni louanges ni argent. Vous voyez combien il est difficile d'écrire l'histoire.

Je n'ai point encore de nouvelles de l'arrivée du martyr d'Abbeville à Potsdam; j'ose toujours me flatter qu'il y réussira dans son métier, autant que Lekain dans le sien, et qu'on lui fera un sort heureux, quand ce ne serait que pour faire honte et dépit aux Welches.

J'espère que, si son horrible aventure peut passer à la postérité, l'Europe aura le plaisir de nous voir couverts d'opprobre; c'est une consolation quand on ne peut pas se venger.

Ma véritable consolation, mon cher ange, est dans votre amitié, dans celle de Papillon-philosophe[2], qui est beaucoup plus philosophe

---

[1]. Le marquis de Montesquiou était premier écuyer du comte de Provence, depuis roi sous le nom de Louis XVIII. (ÉD.)
[2]. Mme de Saint-Julien. (ÉD.)

que papillon; dans votre bonne santé, qui me fait supporter mes maladies continuelles; dans votre âge, qui est encore bien loin du mien; dans votre sagesse, qui vous promet une longue vie.

Adieu; je vous embrasse le plus tendrement du monde, et malheureusement de cent quarante lieues ou environ.

MMMMMMCMLXVII. — A M. COLINI.

Ferney, 18 septembre.

Faites votre agréable voyage de Florence, mon cher ami; pour moi, je me dispose toujours à faire celui de l'autre monde. Je suis bien fâché que Genève ne soit pas sur votre route, et plus fâché encore que ma détestable santé m'ait toujours empêché de vous aller voir à Manheim, et d'y faire ma cour à Son Altesse Électorale. J'aurais été enchanté de vous revoir dans le pays où vous êtes marié, de saluer votre femme et d'embrasser vos enfants. Vous savez combien je vous aime; une si longue absence m'est bien douloureuse. Ma destinée m'arrête dans une espèce de petite ville que j'ai bâtie au milieu des colons que j'ai rassemblés; mais mon cœur m'appelle vers vous.

MMMMMMCMLXVIII. — A MADAME DE SAINT-JULIEN.

21 septembre.

Ce n'est plus à mon papillon-philosophe que j'écris, c'est à ma philosophe bienfaisante, c'est à la protectrice de la colonie et à la mienne. Nos dragons[1], notre corps d'artillerie, sont dans les regrets autant que Mme Denis et moi. Je puis me vanter d'être le plus affligé de tous. Je joins à la douleur de me voir privé de vous celle de craindre une injustice pour l'ami Racle, et de n'être point du tout rassuré sur le sort de ma colonie. J'eus hier une occasion d'écrire à l'intendant, et je lui mandai tout ce que je crus de plus propre à le convaincre et à le toucher en faveur de ce Racle. Il me renverra sans doute à M. de Trudaine, et c'est heureusement nous renvoyer à vous.

Le sort de notre colonie entière, celui de Racle, le bâtiment de la maison dauphine, tout est entre les mains de notre protectrice. Ce sera elle qui obtiendra qu'on rende justice à Racle, et que le conseil accorde à notre petite province la liberté qu'on nous a promise, et sans laquelle nous ne pouvons exister.

L'abbé Morellet m'avait promis de m'instruire exactement de nos affaires; mais je n'ai pas reçu un mot de lui sur la demande de nos états; peut-être est-il à la campagne; peut-être aussi M. Turgot ne veut-il pas se compromettre avec ses fermiers généraux, dans un temps où il voit des factions se former contre lui.

M. de Vaines, votre voisin, n'est que médiocrement informé de cette affaire, et ne m'en a rien écrit; si elle était de son département, j'ose présumer qu'elle serait faite. Nous n'avons d'espérance qu'en ma consolatrice. Nous devrons tout à cette éloquence rapide, à la vivacité, à

---

1. M. Dupuits, capitaine de dragons. (*Éd. de Kehl.*)

la chaleur qu'elle met dans ses bons offices, au talent singulier qu'elle a d'animer la tiédeur des ministres, et de les intéresser à faire du bien.

Je me doute bien que vous avez plus d'une affaire en arrivant à Paris; mais je sais aussi que votre universalité suffit à tout. Je demanderais pardon à un autre de lui parler d'affaires dans la première lettre que je lui écris à son retour à Paris; mais j'ai cru flatter votre grande passion en vous parlant de faire du bien. J'ai satisfait à la mienne en interrogeant Racle sur votre santé, sur vos fatigues, sur la route que vous preniez. Nous ne nous entretenons que de vous dans la colonie; nous la trouvons déserte; nous sommes tout étonnés de ne vous plus voir, en trois ou quatre lieux à la fois, courir, monter, descendre, revenir, tantôt en femme, tantôt en homme, ou en oiseau, ou en philosophe, dormant dans un manteau, ou perchant sur une branche.

Je suis retombé dans toutes les langueurs de mon âge depuis que, pour notre malheur, vous avez trouvé des chevaux à Saint-Genis; et, si je suis en vie au printemps, ce sera à vous que j'en aurai l'obligation.

P. S. A propos, madame, vous êtes partie pendant que je dormais. Voilà comme Thésée quitta Ariane; mais c'est ici Ariane qui s'enfuit. J'ai été bien sot à mon réveil.

Tout l'ermitage auquel vous êtes apparue se met à vos pieds. Vous nous avez donné de beaux jours, que nous n'oublierons jamais. Daignez agréer mon respect et mon regret.

MMMMMMCMLXIX. — A M. LE COMTE D'ARGENTAL.

22 septembre.

Mon cher ange, j'ai reçu le 20 votre lettre du 4, et M. le marquis de Montesquiou était déjà retourné à la noce, après nous avoir charmés par la bonté de son cœur et par les grâces naturelles de son esprit.

Papillon-philosophe, beaucoup plus philosophe que papillon, part dans l'instant, et vous apportera mon cœur dans un petit billet. Moi je vous envoie cette rapsodie[1], que je tiens de M. Laffichard lui-même.

Ne me calomniez point, mon cher ange. Je n'ai point dit qu'Aufresne soit au-dessus de Lekain, mais qu'il aurait pu le surpasser, s'il avait plus travaillé, et s'il avait eu un bon conseil; mais je tiens M. Turgot supérieur à Colbert et à Sulli, s'il continue.

Faut-il donc mourir sans vous embrasser? cela est dur.

MMMMMMCMLXX. — A M. DE SACY[2].

Vous faites parler un nègre comme j'aurais voulu faire parler Zamore[3]. Vous m'adressez des vers charmants, et l'Académie a dû être très-contente de ceux que vous lui avez envoyés. Je suis fâché seulement que

---

1. Voyez *le Temps présent*, par M. Joseph Laffichard, de plusieurs académies. (ÉD.)
2. Auteur de *l'Esclavage des Américains et des nègres*. (ÉD.)
3. Dans *Alzire*. (ÉD.)

les habitants de la Pensylvanie, après avoir longtemps mérité vos éloges, démentent aujourd'hui leurs principes, en levant des troupes contre leur mère patrie; mais vos vers n'en sont pas moins bons. Ils étaient faits apparemment avant que la Pensylvanie se fût ouvertement déclarée contre le parlement d'Angleterre. Ils méritent toujours l'éloge que vous leur donnez d'avoir rendu la liberté à la plupart des nègres qui servaient chez eux. Vous pensez et vous écrivez avec autant d'humanité que de force

MMMMMMCMLXXI. — De Frédéric II, roi de Prusse.

A Potsdam, le 29 septembre.

La meilleure recommandation de Morival sera s'il m'apprend qu'il a laissé le patriarche de Ferney en parfaite santé. Morival sera longuement interrogé sur ce sujet, car il y a des êtres privilégiés de la nature dont les moindres détails deviennent intéressants. J'apprendrai de lui les progrès de la foire qui s'établit là-bas, l'augmentation du commerce des montres, l'édification d'un nouveau théâtre, et tout ce qu'il sait du philosophe chez lequel il a passé dix-huit mois, temps le plus remarquable et le plus précieux de la vie de Morival.

Ensuite je viendrai à sa propre histoire, dont je ne sais que ce qui se trouve dans un mémoire de Loiseau. Il est vrai que ce jugement d'Abbeville révolte l'humanité, que l'inquisition de Rome aurait été moins sévère; mais les hommes se croient tout permis quand ils pensent combattre pour la gloire de Dieu : ils souillent les autels d'un être bienfaisant du sang de victimes innocentes.

Si ces horreurs peuvent s'excuser, c'est dans l'effervescence de quelque nouveau fanatisme : mais ces fureurs deviennent plus atroces encore quand elles se commettent de sang-froid, et dans le silence des passions. La postérité aura peine à croire que le dix-huitième siècle ait vu le fanatisme le plus absurde étouffer les cris de la raison, de la nature et de l'humanité. Morival est heureux d'être échappé des griffes de ces anthropophages sacrés : il vaut mieux habiter avec une horde de Lapons qu'avec ces monstres d'Abbeville. Un roi dont les vues sont droites, un ministère sage comme celui que vous avez présentement en France, empêcheront sans doute l'exécution de jugements iniques. Ils ne voudront pas que les lois de la France et de la Tauride soient les mêmes. Cependant ils auront toujours contre eux le clergé, armé du saint nom de la religion catholique, apostolique et romaine. Il me semble voir sortir un évêque de cette troupe de prêtres qui, s'adressant au seizième des Louis, lui dit :

« Sire, vous êtes le seul roi dans l'univers qui portiez le titre de très-chrétien ; le glaive dont Dieu arma votre bras vous est donné pour défendre l'Église. La religion est outragée, elle réclame votre assistance. Il faut que le sang du coupable soit versé en expiation de l'offense, et pour le premier et le plus ancien royaume du monde. »

Je vous assure, quand même tous les encyclopédistes se trouveraient présents à cette harangue, qu'ils n'arracheraient pas des mains des prêtres la victime que ces barbares auraient résolu d'immoler.

Si d'aussi horribles scandales se commettent moins ailleurs qu'en France, il faut l'attribuer à la vivacité de votre nation, qui se porte toujours aux extrêmes. Ce n'est pas seulement en France où l'on trouve un mélange d'objets dont les uns excitent l'admiration, et les autres le blâme; je crois qu'il en est de même partout: l'homme étant imparfait lui-même, comment produirait-il des ouvrages parfaits?

Votre royaume a été subjugué par les Romains, les Saliens, les Francs, les Anglais, et par la superstition: ces conquérants ont tous promulgué des lois; ce qui a fait un chaos de votre jurisprudence. Pour bien faire, il faudrait détruire et réédifier. Ceux qui l'entreprendront trouveront contre eux la coutume, les préjugés, et tout le peuple attaché aux anciens usages sans savoir les apprécier, et qui croit qu'y toucher et bouleverser le royaume c'est la même chose.

Vous approuvez, à ce que je crois, le gouvernement de la Pensylvanie tel qu'il est établi à présent: il n'existe que depuis un siècle; ajoutez-en encore cinq ou six à sa durée, et vous ne le reconnaîtrez plus, tant l'instabilité est une des lois permanentes de cet univers. Que des philosophes fondent le gouvernement le plus sage, il aura le même sort. Ces philosophes mêmes ont-ils toujours été à l'abri de l'erreur? N'en ont-ils pas débité aussi? Témoin les formes substantielles d'Aristote, le galimatias de Platon, les tourbillons de Descartes, les monades de Leibnitz. Que ne dirais-je pas des paradoxes dont Jean-Jacques a régalé l'Europe! si cependant on peut compter parmi les philosophes celui qui a bouleversé la cervelle de quelques bons pères de famille, au point de donner à leurs enfants l'éducation d'Émile.

Il résulte de tous ces exemples que, malgré les bonnes intentions et les peines qu'on se donne, les hommes ne parviendront jamais à la perfection, en quelque genre que ce soit.

Mais je me suis abandonné au flux de ma plume: j'ai la *logodiarrhée* [1], et je barbouille inutilement du papier pour vous dire des choses que vous savez mieux que moi. Je n'ai qu'une seule excuse: c'est que, si on ne devait vous écrire que des choses que vous ignorez, on n'aurait rien à vous dire. Cependant en voici une:

Vous voulez savoir de quoi nous nous sommes entretenus en voyageant en Silésie: vous saurez donc que vous m'avez récité *Mérope* et *Mahomet*, et que lorsque les cahots de la voiture étaient trop violents, j'ai appris par cœur les morceaux qui m'ont le plus frappé. C'est ainsi que je me suis occupé en route, en m'écriant parfois: « Que béni soit cet heureux génie qui, présent ou absent, me cause toujours un égal plaisir! »

Il y a longtemps que j'ai lu et relu vos œuvres. Les pièces polémiques qui s'y trouvent peuvent avoir été nécessaires dans les temps qu'elles ont été écrites; mais les Desfontaines, les Fréron, les Paulian, les La Beaumelle, n'empêcheront jamais que *la Henriade*, *OEdipe*, *Brutus*, *Zaïre*, *Alzire*, *Mérope*, *Sémiramis*, *le Duc de Foix*, *Oreste*, *Mahomet*, n'aillent grandement à la postérité, et qu'on ne les mette au

---

[1]. Diarrhée de paroles. (ÉD.)

nombre des ouvrages classiques dont Athènes, Rome, Florence et Paris ont embelli la littérature. C'est une vérité dont tous les connaisseurs conviennent, et non pas un compliment que je vous fais. *Vale.*

FÉDÉRIC.

MMMMMMCMLXXII. — A MADAME DE SAINT-JULIEN.

1er octobre.

Vous avez dû, madame, recevoir une grande lettre de moi, le jour même que vous aviez la bonté de m'écrire un billet charmant, qui met l'espérance et la joie dans toute la colonie. Mme Denis et moi, et nos dragons, et notre corps d'artillerie, nous sommes tous à vos pieds. Le petit mot que M. de Fargès vous a dit nous a rendu la vie. Les soldats de l'armée de MM. les fermiers généraux, et leurs braves officiers, débitaient que les bontés de M. Turgot pour nous avaient été vivement censurées par le conseil, et que nous étions des esclaves révoltés qui avaient perdu leur procès, ainsi que les esclaves du mont Jura. Nous avons été en conséquence plus persécutés que jamais. Je venais même d'écrire à M. Turgot une longue lettre de doléance, lorsque j'ai reçu votre billet de consolation.

Je sais bien qu'il se pourrait faire que M. de Fargès vous eût dit une nouvelle vraie, et que, deux jours après, cette nouvelle se fût trouvée fausse. Les choses changent souvent du pour au contre en peu de temps. L'abbé Morellet même, qui m'a écrit en même temps que vous, ne me dit rien de positif; cependant vous me rassurez, car c'est sur vous que je fonde le bonheur du reste de ma vie.

Vous êtes comme les déesses et les saintes du temps passé, qui ne parcouraient le monde que pour faire du bien.

Je ne puis croire que le petit désagrément qu'on a fait essuyer à M. de La Harpe ait pu déranger les projets de M. Turgot et de M. de Trudaine sur la colonie que vous protégez. Il me semble qu'au contraire ces deux belles âmes doivent être affermies dans leur dessein de rendre une province heureuse, en attendant qu'ils puissent en faire autant du reste du royaume.

Nous travaillons toujours à force; nous bâtissons réellement une ville, dans l'espoir que vous viendrez l'embellir quelquefois de votre présence. M. Racle ne s'est point découragé par les difficultés qu'il essuie; il ne doute de rien avec votre protection. Les maisons s'élèvent de tous côtés, les jardins vont se planter; on prétend que tout sera prêt au milieu du printemps pour vous recevoir. Nos troupes iront au-devant de vous sur la frontière. J'espère bien les accompagner, quoique je n'aie pas trop bon air sous les armes. Nous vous érigerons des trophées dans tous les endroits où les commis avaient leurs bureaux. Nous crierons : *Mont-Joye et la Tour-du-Pin!*

Daignez toujours agréer, madame, la respectueuse tendresse du vieux malade de Ferney.

MMMMMMCMLXXIII. — A M. CHRISTIN.

1er octobre.

Je reçois, mon cher ami, votre lettre du 28 de septembre, et celle de Versailles. J'admire votre courage et celui de vos clients. Je pense comme M. Campi ; mais je vous avoue que je ne suis pas aussi intrépide que lui. Il croit que, si vous en appeliez au conseil, on ordonnerait que le parlement de Besançon rendît compte des motifs de son arrêt, et fît voir qu'il a jugé sur les titres, en conformité des ordres du roi. Mais qui pourrait empêcher alors le parlement de dire : « Nous avons jugé sur ces titres mêmes; on nous a produit vingt reconnaissances de mortaillables; nous avons vu les signatures de vingt députés des communautés? » Les juges paraîtraient avoir décidé très-équitablement, et avoir accompli les ordres du conseil à la lettre.

Il faudrait alors disputer la validité de ces signatures, et ce serait un nouvel abîme dans lequel vous vous plongeriez. Les juges, devenus vos parties, vous traiteraient avec la plus grande rigueur. Vous appesantiriez toutes vos chaînes, au lieu de les briser : voilà ce que je crains.

Je suis très-persuadé qu'il n'y a que M. de Malesherbes et M. Turgot capables de seconder vos vues généreuses. Ils ont des amis dignes d'eux, qui leur représenteront l'horreur de la servitude où l'on gémit encore dans un pays qu'on nomme libre. M. de Malesherbes sera animé par l'exemple de son grand-oncle, le président de Lamoignon; M. Turgot le secondera avec toute la noblesse et la fermeté de son âme; Louis XVI se fera un devoir d'imiter saint Louis : c'est ce que j'espère, et c'est ce qu'il faut tenter. Nous y travaillerons très-vivement, et nous aurons pour nous tout Paris sans exception. Cela vaut mieux que d'avoir contre nous tout Besançon, en nous présentant sous la triste forme de gens qui plaident contre leurs juges.

Laissez-moi rendre la liberté au petit pays de Gex, avant d'oser tenter de la rendre aux deux Bourgognes. On nous mande de Paris que l'affaire de Gex est consommée, et que nous aurons dans peu les ordres du roi. L'espérance est toujours accompagnée de crainte. Je tremble encore des difficultés que les *soixante* autres rois de France [1] pourront nous faire. Mais enfin soyez sûr que, si nous réussissons dans cette petite affaire, nous entamerons sur-le-champ la grande. Tout nous assure du succès, avec des ministres tels que MM. Turgot et de Malesherbes, et avec un roi équitable, tel que nous avons le bonheur de l'avoir. Nous engagerons d'abord les amis des ministres à leur parler, avec la plus grande force, en faveur de l'humanité. Je vous prierai de venir faire un tour à Ferney, et nous rédigerons ensemble un mémoire.

Vous pourrez cependant lier une espèce d'instance au conseil, au nom des mainmortables condamnés au parlement de Besançon. Cette instance, qui ne sera point suivie, servira seulement de préparation au grand édit du roi, qui doit déclarer que ses sujets n'appartiennent qu'à lui, et ne sont point esclaves des moines. En un mot, tout nous

---

1. Les fermiers généraux étaient au nombre de soixante. (ÉD.)

est favorable ; l'exemple de la Sardaigne[1], à qui la France vient de s'unir par trois mariages[2]; les sentiments de M. de Malesherbes et de M. Turgot; l'équité et la magnanimité du roi. Je ne crois pas que nous puissions jamais être dans des circonstances plus heureuses.

Consolons-nous, mon cher ami, et espérons.

Nous avons eu à Ferney mademoiselle votre sœur et Mme Morel. Nous nous flattons que Mme Morel viendra au printemps habiter la ville de Ferney, si elle est libre. C'est une femme qui a autant de courage que vous.

Je vous embrasse très-tendrement, mon cher ami.

P. S. Vous souvenez-vous, mon cher ami, du nom de celui qui vous manda de Bar, il y a quelques années, l'aventure du nommé Martin, qu'on s'avisa de rouer sur quelques indices qui sont souvent trompeurs, lequel Martin fut quelques jours après reconnu innocent? Vous souviendriez-vous du bailliage lorrain où se fit cette exécution, et de la date de cette affaire? Savez-vous où est actuellement celui qui vous en donna des nouvelles? Il y a un conseiller au parlement de Paris[3], que vous connaissez et qui vous aime, parce qu'il aime la vérité et la justice; il veut s'informer de tout ce qui concerne ce pauvre Martin, et rendre, s'il se peut, service à cette malheureuse famille. Ne négligeons pas cette occasion, en attendant que nous puissions servir nos mainmortes.

MMMMMMCMLXXIV. — A M. LE MARÉCHAL DUC DE RICHELIEU.

1ᵉʳ octobre.

Papillon-philosophe ne passera point l'hiver à Ferney; elle est à Paris, où elle s'occupe de rendre des services essentiels à la patrie que j'ai choisie, et à la petite colonie que j'ai eu l'insolence et le bonheur de fonder. Soyez sûr, monseigneur, qu'elle vous est très-attachée, et que ce papillon est d'ailleurs un très-honnête homme, tirant, à la vérité des coups de fusil merveilleusement, mais essentiel dans la société.

Je n'ai jamais vu tant de simplicité à la fois et tant de vivacité; il ne lui manque que d'étudier l'algèbre pour ressembler à Mme du Châtelet. Je n'ose encore me flatter que vous fassiez ce qu'elle a fait, que vous honoriez notre ville naissante de votre présence. Je n'aurais plus rien à désirer dans ce monde, que je vais quitter bientôt, malgré toutes vos plaisanteries.

Je vous avouerai que je suis un peu scandalisé du nom de barbouilleurs que vous donnez si libéralement aux deux peintres[4] du maréchal de Catinat; mais j'ose être un peu de votre avis sur l'orgueilleuse modestie dont parlait Mme de Maintenon, et que vous démêlez si bien.

Je suis surtout de votre opinion sur ce ton décisif avec lequel l'un des deux peintres[5] rabaisse Louis XIV et le maréchal de Villars. Vous

---

1. Le 20 janvier 1762, le roi de Sardaigne avait aboli l'esclavage dans ses États. (ÉD.)
2. Le comte de Provence et le comte d'Artois avaient épousé des princesses de Savoie; et le prince de Piémont avait épousé une sœur de Louis XVI. (ÉD.)
3. Hornoy, petit-neveu de Voltaire. (ÉD.)
4. La Harpe et Guibert. (ÉD.) — 5. Guibert. (ÉD.)

conviendrez que celui qui a remporté le prix à notre Académie s'est exprimé plus modestement. Si jamais vous pouviez vous résoudre à lire les anciens discours composés pour les prix de cette académie, vous seriez étonné de la prodigieuse différence qui se trouve entre ces vieilles déclamations et celles qu'on fait aujourd'hui. C'est en cela surtout que notre siècle est supérieur au siècle passé.

J'aurais voulu que M. de Guibert n'eût point immolé le maréchal de Villars au *père la Pensée*. Ce qu'il dit contre le héros de Denain, votre ancien ami et un peu votre modèle, me fait souvenir de M. Folard, qui, dans ses *Commentaires sur Polybe*, dit : « Le maréchal de Villars, après avoir donné le change aux ennemis, attaqua le corps qui était dans Denain, le fit tout entier prisonnier de guerre, s'empara de Marchiennes, et prit cinq villes en deux mois. Je n'aurais rien fait de tout cela. »

Vous connaissez parfaitement les hommes, mais permettez-moi de vous dire que vous êtes un peu trop difficile sur notre Académie, dont vous êtes le doyen, et dont il n'appartient qu'à vous d'être le soutien et le véritable protecteur. Je vous ouvre mon cœur. J'ai été très-affligé, et je le suis encore, que vous ayez un peu gourmandé des hommes libres, qui pensent et qui parlent, qui même ont une grande influence sur l'opinion publique. J'ai été cent fois tenté de vous le dire, il y a deux ans. Je succombe aujourd'hui à la tentation. Je voudrais qu'ils pussent revenir à vous, et se réunir autour de leur chef; cela ne serait pas difficile.

Pardonnez-moi ma sincérité, en faveur de mon tendre et respectueux attachement. Je pense que tous les gens de lettres auraient dû être à vos pieds comme à ceux de votre grand-oncle, d'autant plus qu'en vérité les gens de lettres d'aujourd'hui ont en général beaucoup plus de lumières que ceux d'autrefois. On a moins de génie que dans le siècle de Louis XIV, moins de vrai talent, moins de grâce et de politesse; mais on a beaucoup plus de connaissances : notre philosophie n'est pas à mépriser.

Soyez heureux autant que vous méritez de l'être : jouissez de votre gloire, qui ne sera jamais affaiblie par les chicanes odieuses d'un procès[1] auquel vous ne deviez pas vous attendre, et que personne n'aurait jamais pu prévoir.

Conservez vos bontés pour le plus ancien de vos serviteurs, qui mourra en vous aimant et en vous respectant.

MMMMMMCMLXXV. — A M. FAVART.

A Ferney; 3 octobre.

Vous me pardonnerez, monsieur, de vous remercier si tard. Un radoteur de quatre-vingt-deux ans, qui, des vingt-quatre heures de la journée, en passe vingt-trois à souffrir, n'est pas le maître des moments qu'il voudrait donner à ses devoirs et à ses plaisirs.

1. Le procès avec Mme de Saint-Vincent. (ÉD.)

Vous avez fait un ouvrage charmant[1], plein de grâces et de délicatesse, sur un canevas dont la toile était un peu grossière. Vous embellissez tout ce que vous touchez. C'est vous qui, le premier, formâtes un spectacle régulier et ingénieux d'un théâtre qui, avant vous, n'était pas fait pour la bonne compagnie. Il est devenu, grâce à vos soins, le charme de tous les honnêtes gens. Je vous avoue que je suis fort fâché de mourir sans avoir joui des plaisirs que vous donnez à tous ceux qui sont dignes d'en avoir.

Agréez, monsieur, tous les sentiments avec lesquels j'ai l'honneur d'être, etc.

MMMMMMCMLXXVI. — A MADAME DE SAINT-JULIEN.

2 octobre.

Mon papillon est un aigle, mon papillon est un phénix, mon papillon a volé à tire-d'aile pour faire du bien. La lettre qu'elle daigna m'écrire en arrivant, et celle du 27 de septembre, nous ont remplis d'étonnement, de joie, de reconnaissance, d'attendrissement. Nous sommes à vos pieds, madame, avec toute la colonie et tous les entours.

Figurez-vous que des commis des fermes avaient répandu le bruit que les bontés de M. Turgot pour le petit pays de Gex avaient été grièvement censurées au conseil du roi. Je venais d'écrire à M. Turgot, et de lui exposer mes plaintes, lorsque votre lettre m'a rassuré. Les commis jouent de leur reste. Ils ont en dernier lieu usé de la même générosité qu'ils montrèrent à votre recommandation, lorsqu'ils extorquèrent quinze louis d'or à de pauvres passants dont vous aviez pitié. Il n'y a pas longtemps qu'une femme de mon voisinage venant d'acheter des langes à Genève, et en ayant enveloppé son enfant, les employés des fermes, sous la conduite d'un nommé Moreau, saisirent ces langes, sous prétexte qu'ils étaient neufs, et maltraitèrent la femme qui leur reprochait, avec des cris et des larmes, d'exposer à la mort son enfant tout nu.

Il n'y a guère de jour qui ne soit marqué par des vexations affreuses sur cette frontière, et on craint encore de se plaindre.

M. de Chabanon, qui était venu nous voir avant le temps où vous avez honoré Ferney de votre présence, fut témoin des insultes que firent ces employés de Saconnay à la supérieure des hospitalières de Saint-Claude, et à trois de ses religieuses, dont ils levèrent les jupes publiquement.

De tels excès suffiraient assurément pour déterminer le ministère à délivrer de ces brigands subalternes le petit pays que vous protégez. La ferme générale ne retire aucun profit de ces rapines journalières, tout est pour les commis; ils sont autorisés à voler, et ils usent de leur droit dans toute son étendue. Il n'y a qu'un homme comme M. Turgot qui puisse mettre fin à ces pillages continuels : il n'y a que vous d'assez noble et d'assez courageuse pour lui en représenter toute

---

1. *La belle Arsène*, comédie dont Favart avait pris le sujet dans *la Bégueule*. (Éd.)

l'horreur, et pour seconder ses vertus patriotiques. Vous pouvez mettre sous ses yeux, et sous ceux de M. de Trudaine, le tableau fidèle de tout ce que je viens de vous exposer. Vous accélérerez infailliblement l'effet de leurs bontés, et vous mettrez le comble aux vôtres.

Il y a dans la maison de M. Turgot un chevalier Dupont, en qui ce digne ministre a de la confiance, et qui la mérite. Il travaille beaucoup avec lui. Si vous pouviez avoir la bonté de le voir, ce serait, je crois, mettre la dernière main à votre ouvrage. Vous êtes notre protectrice, et cette colonie est la vôtre.

Les supérieurs de nos commis leur ont mandé, en dernier lieu, qu'ils pouvaient être tranquilles, qu'il y avait trois provinces qui demandaient la même grâce que nous, et qu'on ne l'accorderait à aucune, parce que les conséquences en seraient trop dangereuses. Je ne sais quelles sont ces provinces : je n'en connais point qui soit, comme la nôtre, entourée de trois États étrangers, et séparée de la France par des montagnes presque inaccessibles.

J'oserais encore vous supplier, madame, d'avoir une conversation avec M. de Vaines. Cette affaire, il est vrai, n'est pas de son département; mais tout est de son ressort, quand il s'agit de faire des choses justes. Je lui écris pour lui dire que vous aurez avec lui un entretien. Cette affaire est si importante, que nous n'avons aucun moyen à négliger ni aucun instant à perdre. Toutes les autres, dont votre universalité a daigné se charger, doivent laisser passer notre colonie la première, sans préjudice pourtant à celle de M. Racle, car celle-là tient au public; et quand M. Racle sera payé par le roi, votre colonie sera bien plus florissante. Elle vous donne mille bénédictions, et elle compte sur l'effet de vos promesses, comme sur son Évangile ; car vous savez que ce mot évangile signifie bonne nouvelle.

Agréez, madame, mon tendre respect.

MMMMMMCMLXXVII. — À LA MÊME.

5 octobre.

Protégez bien Ferney, madame; car il peut devenir quelque chose de bien joli. Figurez-vous qu'hier le bas de votre maison était illuminé; que toute votre ville l'était, depuis le fond du jardin du château jusqu'aux défrichements, et jusqu'au grand chemin de Meyrin; que toutes les troupes étaient sous les armes, et escortaient quarante-cinq carrosses, au bruit du canon. Il y eut un très-beau feu d'artifice ; et la journée finit, comme toutes les journées, par un grand souper.

Vous me demanderez pourquoi tout ce tintamarre? c'était, ne vous déplaise, pour M. saint François d'Assise. Et pourquoi tant de fracas pour ce saint? c'est qu'il est mon patron, et que ce n'était pas ce jour-là la fête de M. saint Julien, car on en aurait fait davantage pour lui. Saint François se met toujours aux pieds de saint Julien.

Nos ennemis continuent toujours d'assurer que notre affaire ne se fera point; que le conseil n'est point de l'avis de M. Turgot, et qu'on n'ira pas changer les usages d'un royaume pour un petit pays aussi chétif que le nôtre. Je les laisse dire, et je m'en rapporte à vous. Ils crient que M. de Trudaine a déjà voulu une fois tenter ce changement, et n'a pu réussir; et moi je suis sûr qu'il réussira, quand vous lui aurez parlé.

J'accable de lettres notre protectrice. J'ai tant de plaisir à lui parler du bien qu'elle nous fait, que j'oublie même de lui demander pardon de la vivacité de mes importunités. Elle sait que je suis encore plus occupé d'elle que de ses bienfaits. Elle sait que mon cœur, tout vieux qu'il est, est peut-être encore plus sensible aux grâces que pénétré de reconnaissance. Elle sait combien j'aimerais à lui écrire, quand même je n'aurais point de remercîments à lui faire.

Agréez, madame, les respects de votre ville, et surtout les miens.

MMMMMMCMLXXVIII. — A LA MÊME.

8 octobre.

Notre protectrice me mande, par sa lettre d'un lundi sans date, qu'elle n'a point reçu de lettre de moi, ce qui serait le comble de l'ingratitude. Je ne suis point coupable de ce crime. L'ami Wagnière est témoin qu'il en a écrit trois.

J'envoie aujourd'hui de nouvelles explications à M. le contrôleur général et à M. de Trudaine. J'écris à M. l'abbé Morellet. Je leur renouvelle à tous l'acceptation pure et simple que j'ai faite conjointement avec les états. Je leur réitère l'assurance positive que nous ne demandons rien au delà de ce qu'on a daigné nous offrir.

La seule difficulté qui reste, mais qui est très-grande, est la somme exorbitante de quarante mille livres que les fermiers généraux demandent. Il est certain qu'il serait impossible à la province, très-pauvre et très-surchargée, de payer seulement la moitié de cette somme annuelle : c'est ce que j'ai représenté le plus fortement que j'ai pu. Je me flatte que M. Turgot ne souffrira pas une vexation si injuste. Il sait que, dans les années les plus lucratives, jamais les extorsions les plus violentes n'ont pu produire sept mille francs aux fermiers généraux. Une armée de pandours n'oserait pas nous demander une contribution de quarante mille livres.

La nouvelle répandue que M. le contrôleur général avait pitié de notre petite province redouble les persécutions des commis; elles sont horribles. Nous sommes punis bien cruellement du bien qu'on veut nous faire. Il ne nous reste que l'espérance. M. le contrôleur général est juste et ferme; notre protectrice est animée et persévérante : nous sommes loin de perdre courage.

Le plan de M. de Trudaine est trop beau pour l'abandonner. Il serait utile à la province et au royaume. Déjà, sur la simple promesse du ministère, nous avons jeté les fondements d'un grand commerce ; nous bâtissons d'amples magasins pour toutes les marchandises des pays méridionaux qui arriveront par Genève. Nous revenons à la vie; vous ne souffrirez pas qu'on nous tue.

Notre protectrice pourrait-elle engager monsieur son frère[1] à venir

---

1. Le marquis de Gouvernet, commandant en Bourgogne. (ÉD.)

avec elle expliquer toutes ces choses à M. Turgot et à M. de Trudaine? ne serait-il pas digne de lui de montrer l'intérêt qu'il prend à une province qui est sous ses ordres?

Vous sentez, madame, combien il est doux de tenir tout de vos bontés et de votre persévérance. Je suis à vos pieds plus que jamais.

MMMMMMCMLXXIX. — A M. DE TRUDAINE.

A Ferney, 8 octobre.

Monsieur, après avoir écrit cette lettre à M. l'abbé Morellet, que je prie de nous protéger auprès de vous, j'ai la confiance de vous demander votre protection à vous-même. Mais comme je ne ferais que vous répéter ce que je dis dans cette lettre, je crains d'abuser de votre temps. Je vous supplie de la lire. Vous verrez que notre province n'a point de conditions à faire, qu'elle attend tout de vos bontés, et qu'elle est pénétrée pour vous de la reconnaissance qu'elle vous doit.

C'est à notre bienfaiteur à nous donner ses ordres. Nous vous les demandons instamment.

J'ai l'honneur d'être avec respect, monsieur, votre très-humble et très-obéissant serviteur. VOLTAIRE.

MMMMMMCMLXXX. — A M. DE LA HARPE.

10 octobre.

Oui, par les envieux un génie excité
Au comble de son art est mille fois monté.
Plus on veut l'affaiblir, plus il croît et s'élance.
BOILEAU, *Épître à Racine*, v. 49.

Voilà votre situation, mon cher ami ; voilà ce que doivent penser tous vos amis de l'Académie. Vous aurez encore quelques malheureux contradicteurs, jusqu'à ce que vous donniez vous-même les prix que vous avez tant de fois remportés. Heureusement votre courage est égal à votre génie. M. Dalembert a passé par les mêmes épreuves. Je ne sais quel polisson de Saint-Médard l'a appelé Rabsacès et bête puante ; et voyez, s'il vous plaît, comment l'abbé d'Aubignac, prédicateur ordinaire du roi, a traité Pierre Corneille. Vous m'avouerez que ces exemples sont consolants. Avouez encore que les noms de M. de Malesherbes et de M. Turgot ont un peu plus de poids dans la balance que ceux de vos petits ennemis.

Je m'imagine que vous les oubliez bien, dans vos agréables orgies, avec un homme tel que M. de Vaines, avec MM. Dalembert, Suard, Saurin, etc. Soyez sûr que vos détracteurs n'approchent pas de la bonne compagnie. Je me flatte que l'hiver prochain la Sibérie et la Perse[1] vous vengeront pleinement des insectes de Paris. Leur bourdonnement ne sera pas entendu parmi les battements de mains. Je suis bien fâché d'être si vieux et si faible. Si je pouvais revenir à l'heureux âge de soixante-dix ans, avec quel empressement ne ferais-je pas le voyage

---

1. Dans *Menzicof*, tragédie de La Harpe, la scène est en Sibérie : elle est en Perse dans ses *Barmecides*. (ÉD.)

de Paris pour vous entendre ! Vous allez relever le théâtre français, tombé dans une triste décadence. Il me semble qu'il se forme un nouveau siècle. Les petites persécutions que la littérature essuie encore ne sont qu'un reste de la fange des derniers temps. Elle ne vient point jusqu'à vous, malgré le trépignement de l'envie. Vous vous élevez trop haut.

Sub pedibusque videt nubes et sidera Daphnis [1] !

Ne pouvant voir la première représentation de *Menxicof*, j'y enverrai un jeune homme [2] qui aime vos vers passionnément, et qui m'en rapportera des nouvelles. Mais, si l'hiver me tue avant les représentations, je vous prie très-instamment de me succéder, et de dire nettement à l'Académie que telle est ma dernière volonté, et que je la prie très-humblement d'être mon exécutrice testamentaire.

MMMMMMCMLXXXI. — A MADAME DE SAINT-JULIEN.

10 octobre.

Celle-ci est la cinquième, madame ; ainsi je présume que vous en avez reçu quatre. Nous avons été honorés de quatre des vôtres.

Je commencerai par vous dire que vos petits embarras sur la maison que M. de Saint-Julien devait acheter pour vous, et sur le testament de feu M. de Gouvernet, ne changeront rien au palais La Tour-du-Pin dans le pré de la Glacière. Tous les arrangements ont été pris avec M. Racle, pour que le corps de la maison soit fini avant l'hiver. Il le sera infailliblement, et on y travaille tous les jours avec ardeur. Les embellissements et les ameublements dépendront ensuite de votre goût, de votre magnificence, et d'une sage économie. Nous nous flattons de revoir dans les beaux jours notre protectrice, notre papillon-philosophe, qui fait cent lieues sur ses ailes légères sans se fatiguer, et qui le lendemain va solliciter nos affaires, même en oubliant les siennes.

Je vous ai mandé, par ma dernière lettre du 8 d'octobre, que j'écrivais à M. le contrôleur général, à M. de Trudaine, à M. l'abbé Morellet, et à M. Dupont. Je leur ai dit bien formellement que nos états s'en rapportent à leurs bontés ; qu'ils ne demandent rien au delà de ce que le ministère leur accorde ; qu'ils prient seulement M. Turgot et M. de Trudaine de considérer que l'indemnité annuelle de cinquante mille francs demandée par la ferme générale, serait une écorcherie dont il n'y a point d'exemple. J'ai fait voir, par un mémoire, que pendant plusieurs années notre petit pays a été à charge aux fermiers généraux, et que dans les années les plus lucratives ils n'en ont jamais retiré au delà de sept mille francs. Je leur en ai offert quinze au nom des états, en nous soumettant d'ailleurs à la décision du ministère. Je l'ai écrit à notre protectrice, je le répète, parce que cela me paraît très-nécessaire.

J'écarte surtout la prétendue demande d'acheter le sel de la ferme

---

1. Virgile, *Églogues*, v, 57. (ÉD.) — 2. Probablement l'abbé du Vernet. (ÉD.)

générale au prix de Genève, et de prendre une somme sur ce sel pour payer les dettes de la province. Cette idée serait entièrement contraire aux vues de M. Turgot et de M. de Trudaine, qui veulent que la terre paye toutes les dépenses, parce que tous les revenus viennent d'elle.

Enfin, ayant accepté purement et simplement les offres généreuses de M. de Trudaine, et nous soumettant avec reconnaissance à ses décisions, nous avons le plus juste sujet d'espérer un plein succès de l'entreprise protégée par vous.

Je prends la liberté de baiser, très-humblement et avec respect, les ailes brillantes du papillon-philosophe. Qu'il ne dédaigne pas les sentiments du vieux hibou, qui sera à ses pieds tant qu'il respirera.

MMMMMMCMLXXXII. — A M. Dupont.

10 octobre.

J'ai reçu, monsieur, votre lettre datée du Trembley, 2 d'octobre, et j'ai bien des grâces à vous rendre. Ce sera à vous que notre petite province aura l'obligation d'être la première qui montre à la France qu'on peut contribuer aux besoins de l'État, sans passer par les mains de cent employés des fermes générales. Ce sera sur nous que M. de Sulli-Turgot fera l'essai de ses grands principes.

Je ne sais qui a pu imaginer que nous demandions à prendre le sel de la ferme à bas prix, pour en tirer un petit profit qui servirait à payer nos dettes, et qu'on appelle *crue*.

Il est vrai que ce fut, il y a près de quinze ans, une proposition de nos états; mais je m'y suis opposé de toutes mes forces dans cette dernière conjoncture; et nos états s'en remettent absolument aux vues et à la décision de M. le contrôleur général.

Tout ce que M. de Trudaine a bien voulu nous proposer de concert avec lui a été accepté avec la plus respectueuse reconnaissance.

Il ne s'agit donc plus que de fixer la somme annuelle que notre province payera aux fermes générales pour leur indemnité.

Il est prouvé, par le relevé de dix années des bureaux qui désolent le pays de Gex, que la ferme a été quelquefois en perte, et que jamais elle n'a retiré plus de sept mille livres de profit.

MM. les fermiers généraux demandent aujourd'hui quarante à cinquante mille livres annuelles de dédommagement. La province ne les a pas; et si elle les avait, si elle les donnait, à qui cet argent reviendrait-il? ce ne serait pas au roi, ce serait aux fermiers. Nous donnerions, nous autres pauvres Suisses, quarante à cinquante mille francs à des Parisiens, pour nous avoir vexés jusqu'à présent par une armée de commis ! Il leur est très-indifférent que leurs gardes soient au milieu de nos maisons ou sur la frontière. Comment peuvent-ils exiger de nous cinquante mille francs que nous n'avons pas, sous prétexte qu'ils se donnent la peine de placer leurs gardes ailleurs?

Nous avons offert quinze mille francs; cette somme est le double de ce qu'ils ont gagné dans les années les plus lucratives.

Nous attendons l'ordre de M. le contrôleur général avec la plus grande soumission.

Je vous supplie, monsieur, de vouloir bien lui rendre compte de nos sentiments et de notre conduite, et même de lui montrer cette lettre, si vous le jugez à propos.

Quant aux natifs génevois, bannis de la république depuis l'espèce de guerre civile de Genève, et retirés à Versoix, ils ne sont qu'au nombre de trois ou quatre. Il n'y en a que deux qui travaillent en horlogerie, et qui soient utiles. Un troisième, qui se nomme Bérenger, se mêle de littérature, et a eu quelquefois l'honneur de vous écrire. Il a fait une histoire de Genève, dont le conseil de la république a été très-irrité.

Le quatrième s'est fait marchand de liqueurs, et ne réussit point dans ce commerce. Ce marchand, étant banni de la république par un arrêt de tous les citoyens assemblés, avec défense de mettre les pieds dans Genève, sous peine de mort, surprit, il y a quelque temps, un passe-port de M. le commandant de Bourgogne, et entra dans Genève, à la faveur de ce passe-port. M. le commandant, l'ayant su, ordonna à M. Fabry, maire de Gex, de retirer le papier que le marchand avait surpris : le Génevois refusa d'obéir. M. Fabry envoya deux gardes de la maréchaussée pour retirer ce passe-port.

Voilà l'état des choses sur cette petite affaire. Vos réflexions sur la demande de ces Génevois sont dignes de votre sagesse.

J'ose féliciter la France et mon petit pays de Gex que M. Turgot soit ministre, et qu'il ait un homme tel que vous auprès de lui.

J'ai l'honneur d'être, avec une tendre et respectueuse reconnaissance, votre, etc.

MMMMMMCMLXXXIII. — A M. DE VAINES.

11 octobre.

Il est bien doux, monsieur, de vous avoir obligation : c'est un des plus grands plaisirs que je puisse ressentir dans l'affaire du pays de Gex.

Je suis bien indigné de tous les désappointements qu'on fait essuyer à M. de La Harpe. Mais il n'est pas le seul que la rage de l'envie persécute. J'espère qu'à la fin M. de La Harpe fera comme certains hommes d'État : « Ponet *inimicos* suos *scabellum pedum* suorum [1]. »

Pour moi, monsieur, je me jette de loin entre vos bras avec toute la reconnaissance imaginable.

V.

MMMMMMCMLXXXIV. — A M. LE MARQUIS DE COURTIVRON.

12 octobre.

Monsieur, je suis aussi touché qu'honoré de votre souvenir. Il est vrai que les libraires de Genève, qui sont les maîtres chez eux dans leur petit pays démocratique, viennent tout récemment d'imprimer une nouvelle édition immense d'ouvrages qu'on m'impute.

Je ne me souviens point du tout de cette petite inscription que j'avais faite [2], il y a si longtemps, pour l'île de Malte, chez M. le bailli de

---

1. Psaume CIX, verset 2. (ÉD.)
2. Voltaire la fit en examinant le plan des fortifications de cette île chez l'ambassadeur de la religion; la voici :

Ce rocher sourcilleux, que défend la vaillance,
Est le rempart de Rome et l'écueil de Byzance.

Froulay; mais, tout vieux que je suis, je n'ai point perdu la mémoire des bons ouvrages que vous avez faits pour l'Académie des sciences.

Il est très-vrai que jamais Louis XIV ne tint ni ne put tenir le propos si déplacé que le président Hénault lui impute dans une audience donnée au comte de Stairs. Le président Hénault m'avoua lui-même que cette anecdote était très-fausse; mais que, l'ayant imprimée, il n'aurait pas le courage de se rétracter: J'aurais eu ce courage à sa place. Pourquoi ne pas avouer qu'on s'est trompé?

J'ai l'honneur d'être, avec l'estime la plus respectueuse, etc.

MMMMMMCMLXXXV. — A M. DOIGNY DU PONCEAU.

A Ferney, 12 octobre.

La ville du Mans, monsieur, n'avait point passé jusqu'ici pour être la ville des bons vers. Vous allez lui donner un éclat auquel elle ne s'attendait pas; vous faites parler un nègre comme j'aurais voulu faire parler Zamore. Vous m'adressez des vers charmants, et l'Académie a dû être très-contente de ceux que vous lui avez envoyés. Je suis fâché seulement que les habitants de la Pensylvanie, après avoir longtemps mérité vos éloges, démentent aujourd'hui leurs principes en levant des troupes contre leur mère patrie; mais vos vers n'en sont pas moins bons. Ils étaient faits apparemment avant que la Pensylvanie se fût ouvertement déclarée contre le parlement d'Angleterre. Ils méritent toujours l'éloge que vous leur donnez d'avoir rendu la liberté à la plupart des nègres qui servaient chez eux. Vous pensez et vous écrivez avec autant d'humanité que de force.

Agréez, monsieur, tous les sentiments d'estime et de reconnaissance avec lesquels un malade de quatre-vingt-deux ans a l'honneur d'être, etc.

MMMMMMCMLXXXVI. — A M. BÉGUILLET.

Ferney, le 14 octobre

Quoique je sois plus près, monsieur, d'avoir besoin des menuisiers qui font des bières, que des charpentiers qui font des moulins, je vous suis pourtant très obligé du *Manuel du meunier et du charpentier*, que vous m'apprenez avoir fait imprimer par ordre du ministère, et avoir présenté au roi, et dont vous avez la bonté de m'envoyer un exemplaire. Je vois que vous êtes un citoyen zélé et instruit, et que le bien public est votre passion. Le public, il est vrai, ne récompense pas toujours ceux qui le servent; mais votre courage égale vos bonnes intentions, et vous m'intéressez à vos succès. Je ne suis pas en état de faire usage de vos instructions : la situation du petit coin de terre que j'habite ne me permet pas d'y bâtir des moulins. Je n'en suis pas moins sensible à l'attention dont vous m'avez honoré. Je vous prie d'être persuadé de toute l'estime et de toute la reconnaissance avec lesquelles j'ai l'honneur d'être, monsieur, votre très-humble et très-obéissant serviteur,

LE VIEUX MALADE DE FERNEY.

MMMMMCMLXXXVII. — A Catherine II.

A Ferney, 18 octobre.

Madame, après avoir été étonné et enchanté de vos victoires pendant quatre années de suite, je le suis encore de vos fêtes. J'ai bien de la peine à comprendre comment Votre Majesté Impériale a ordonné à la mer Noire de venir dans une plaine auprès de Moscou. Je vois des vaisseaux sur cette mer, des villes sur les bords, des cocagnes pour un peuple immense, des feux d'artifice, et tous les miracles de l'Opéra réunis.

Je savais bien que la très-grande Catherine II était la première personne du monde entier; mais je ne savais pas qu'elle fût magicienne.

Puisqu'elle a tant de pouvoir sur tous les éléments, que lui en aurait-il coûté de plus pour m'envoyer la flèche d'Abaris, ou le carrosse du bonhomme Élie, afin que je fusse témoin de toutes vos grandeurs et de tous vos plaisirs?

On croit, dans mon pays, que tout cela est un songe. J'en aurais certifié la vérité; j'aurais dit à mes petits compatriotes, qui font les entendus : « Messieurs, les fêtes sur la mer Noire sont encore fort peu de chose en comparaison des établissements pour les orphelins et pour les maisons d'éducation; ces fêtes passent en un jour, mais ces maisons durent tous les siècles. »

Je me jette aux pieds de Votre Majesté Impériale, pour lui demander bien humblement pardon d'avoir osé l'interrompre par toutes mes importunités misérables.

Je demande pardon d'avoir laissé partir le tableau d'un peintre de la ville de Lyon.

Je demande pardon d'avoir parlé d'un vice-consul de Cadix, nommé Widallin, et d'un autre qui se présente pour exercer la suprême dignité du vice-consulat.

Je demande pardon d'avoir proposé une autre dignité de consul à Marseille.

J'ai honte de dire qu'il se présentait encore un autre consul à Lyon.

L'empire romain ne donnait jamais que deux consulats à la fois : mais tout le monde veut être consul de Russie. Tous ceux qui entrent chez moi, et qui voient votre portrait, s'imaginent que j'ai un grand crédit à votre cour. Ils me disent : « Faites-nous consuls de cette impératrice qui devrait être souveraine de tout ce globe, mais qui en possède environ un quart. » Je tâche de réprimer leur ambition.

Je ferais mieux, madame, de réprimer ma bavarderie. Je sens que j'ennuie la conquérante, la législatrice, la bienfaitrice : il m'est permis de l'adorer, mais il ne m'est pas permis de l'ennuyer à cet excès. Il faut mettre des bornes à mon zèle et à mes témérités, il faut se borner, malgré soi, au profond respect.

MMMMMCMLXXXVIII. — A M. DE VAINES.

A Ferney, 22 octobre.

Vous m'avez fait un plaisir extrême, monsieur, de m'envoyer la copie de la belle lettre de M. Turgot. Elle est d'un philosophe qui est votre ami. On n'écrivait pas ainsi autrefois. J'ai toujours mes détracteurs. Il y a des gens qui prétendent que j'ai eu ce matin une attaque d'apoplexie. Je ne crois pas cette médisance entièrement décidée ; mais j'avoue que j'en suis véhémentement soupçonné.

Je prie M. de La Harpe de se préparer à prendre ma place.

Je vous souhaite, monsieur, de tout mon cœur des jours plus longs et plus heureux que les miens. V.

MMMMMMCMLXXXIX. — DE FRÉDÉRIC II, ROI DE PRUSSE.

A Potsdam, le 22 octobre.

La goutte m'a tenu lié et garrotté pendant quatre semaines : s'entend que je l'ai eue aux deux pieds, aux deux genoux, aux deux mains, et par surcroît de faveur, au coude. A présent la fièvre et les douleurs ont cessé, et je ne souffre plus que d'un grand épuisement de forces. Pendant cet accès j'ai reçu de Ferney deux lettres charmantes; mais eussent-elles été du grand Demiourgos, je n'aurais pu même dicter la réponse. J'ai lié connaissance avec Apollon, dieu de la médecine; mais Apollon, dieu du Parnasse, si jamais il m'inspire, ne me communiquera ses dons qu'après que mon corps aura repris assez de forces pour en communiquer à mon cerveau.

Divinus Etallundus vient d'arriver : c'est un enfant arraché aux griffes de l'*inf*... et aux flammes de l'inquisition. Il a été très-bien reçu, parce qu'il m'a assuré que les médecins donnaient encore dix années de vie à son généreux défenseur, au sage du mont Jura, qui fait rougir les Welches de leurs lois et de leurs procédures barbares. D'Étallonde assure que vous avez plus d'huile dans votre lampe que n'en avaient toutes les vierges de l'Évangile. Puisse-t-elle durer toujours, et puisse au moins votre corps subsister à proportion de ce que durera votre réputation! Vous toucheriez à l'immortalité.

J'attends le retour de mes forces et de mes pensées pour vous écrire d'un style moins laconique, en vous assurant que le malade de Sans-Souci aimera toujours le patriarche de Ferney. *Vale.* FÉDÉRIC.

MMMMMCMXC. — DU MÊME.

24 octobre.

Ces jours passés le hasard m'a fait tomber entre les mains une critique de *la Henriade*, dont La Beaumelle et Fréron sont les auteurs. J'ai eu la patience de parcourir leurs remarques, qui respirent plutôt l'amour de nuire que celui de la justice et de l'impartialité. Je croyais que ces zoïles avaient épuisé tout leur venin dans ces notes : mais quelle fut ma surprise lorsque je trouvai des moitiés de chants de leur composition, qu'ils prétendaient insérer dans ce poëme! Ces vers, d'un style sec et décharné, ne méritent pas d'être lus par les honnêtes gens. Moi, qui suis bien loin de posséder les connaissances des d'Olivet, je me trouve en état d'en faire une bonne critique, tant leur versification est détestable. La bêtise, la basse jalousie, et la méchanceté de ces insectes du Parnasse, me firent imaginer la fable que voici :

> Un beau jour certain âne, en paissant dans les bois,
> Entendit préluder la tendre Philomèle,
> Qui célébrait l'amour dans la saison nouvelle.
> Admirateur jaloux des charmes de sa voix,
> L'âne ose imaginer de l'emporter sur elle;
> Sa voix rauque aussitôt se prépare à chanter
> (Tout, jusqu'à l'âne même, incline à se flatter);
> Mais comment réussit son désir téméraire?
> Tout s'envola d'abord quand il se mit à braire.
>   Petits auteurs, apprenez tous
>   A demeurer dans votre sphère,
>   Où l'on se moquera de vous.

Peut-être que mes vers ne valent guère mieux que ceux de messieurs vos critiques; ils contiennent cependant quelques vérités qui pourraient leur faire rabattre de leur amour-propre excessif; mais laissons ces avortons de Zoïle.

Je me flatte d'être le premier qui vous félicite de l'intendance du pays de Gex, dont on vient de vous revêtir[1], et sur l'érection en marquisat de votre terre de Ferney. A force de mérite vous forcez votre patrie à vous témoigner sa reconnaissance. Je prends part à tout ce qui arrive d'avantageux à notre bon patriarche, et je le prie de se souvenir quelquefois du solitaire de Sans-Souci. *Vale.*

MMMMMMCMXCI. — A M. LE COMTE D'ARGENTAL.

6 novembre.

Mon cher ange, j'ai été longtemps sans vous écrire; mais c'est que je n'étais pas en vie. Il est ridicule de tomber dans une espèce l'apoplexie quand on est aussi maigre que je le suis : cependant j'ai eu ce ridicule. Je trouve cela est pis que les Fréron et que les Clément.

Mme de Saint-Julien ne tombe ni en apoplexie ni en paralysie, quand il s'agit de faire du bien. Si vous êtes mon ange gardien, elle est un ange qui a des ailes. Mon petit pays et ma colonie lui devront leur salut; et moi, la consolation du reste de mes jours : mon cœur est partagé entre vous deux.

Mon d'Étallonde est actuellement auprès du roi de Prusse, qui a fort goûté sa sagesse et sa circonspection. Il peut faire une grande fortune, si on en fait dans ce pays-là. Lekain se plaint de ne l'avoir pas faite; mais c'est qu'il n'a pas récité les vers du roi, et d'Étallonde sera un de ses bons acteurs dans les pièces que le roi de Prusse peut encore jouer.

Savez-vous qu'un ministre d'État, qui passe pour un des meilleurs

1. Il n'en était rien. (ÉD.)

généraux de l'Europe, a été sept ans jésuite dans mon voisinage, et qu'il a régenté depuis la septième jusqu'à la seconde[1]? On ne perd jamais entièrement le goût des belles-lettres; il en reste toujours un doux souvenir. M. Turgot a fait sa licence en Sorbonne. Il n'est pas mal qu'un ministre ait tâté de tout. On dit que nous allons avoir l'âge d'or. Vous êtes fait pour cet âge.

Est-il vrai que M. le duc de Choiseul va faire à Vienne le mariage de l'empereur avec Madame Élisabeth, après avoir fait celui du roi? Si la chose est vraie, c'est une fonction digne de lui.

Adieu, mon cher ange : soyez toujours heureux, et conservez-moi vos bontés.

MMMMMMCMXCII. — A M. DALEMBERT.

6 novembre.

Vous devez être surchargé continuellement de lettres, mon cher et grand maître. Je n'augmenterai pas longtemps le fardeau. J'ai reçu, il y a quelque temps, un petit avertissement de la nature qui m'a dit : *Dispone domi tuæ; cras enim morieris*[2].

M. d'Argental m'a envoyé de petits billets charmants de Mlle d'Espinasse. Je ne me sens pas la tête encore assez forte pour oser la remercier de la part qu'elle a daigné prendre à ma petite province. Vous lui parlerez bien mieux que je ne lui écrirais. Dites-lui, je vous en prie, combien je suis pénétré de ses bontés. Je ne veux pas mourir ingrat.

D'Étallonde est actuellement à Potsdam : le roi l'a très-bien accueilli, très-bien traité, très-encouragé, et lui a dit qu'il aurait soin de sa fortune. Le jeune homme s'est conduit et a parlé avec la plus grande prudence. Il réussira beaucoup, ou je suis fort trompé. Cela fait voir qu'il ne faut pas tant se presser de couper le poing et la langue à un enfant, de lui donner la question ordinaire et extraordinaire, et de le jeter tout vivant dans un bûcher composé d'une corde de bois et d'une grande charrette de fagots; car on ne sait jamais ce qu'un enfant deviendra. Un homme qui est aujourd'hui un ministre d'État cher à la France, et qui passe pour un des meilleurs généraux de l'Europe[3], commença par être camarade du P. Adam dans la ville de Dôle; et le prince Eugène, à dix-sept ans, s'enivrait avec Dancourt, et couchait avec le reste de la famille.

Vous savez que le roi de Prusse vient d'essuyer un terrible accès de goutte aux quatre membres; c'est actuellement la mode des grands hommes[4].

Le roi établit donc à l'Académie des sciences un prix pour du salpêtre. J'avais, en vérité, gagné ce prix, car j'avais équipé pour ma part un vaisseau qui amenait du salpêtre de Bengale en France. Notre salpêtre a été fondu par l'eau de mer, qui est entrée dans le vaisseau, et je n'aurai point le prix. Je ne m'étonne point que les Chinois aient

---

1. Le comte de Saint-Germain avait été en effet jésuite avant d'être militaire. (ÉD.)
2. Isaïe, chap. XXXVIII. verset 1. (ÉD.)
3. M. de Saint-Germain. (*Ed. de Kehl.*) — 4. M. Turgot. (ÉD.)

inventé la poudre quinze cents ans avant nous; leur terre est pleine d'un salpêtre excellent, et nous ne savons encore que gratter des caves.

On dit que les bonzes ont voulu depuis peu faire du mal aux disciples de Confucius, et que le jeune empereur Kang-hi [1] a tout apaisé avec une sagesse au-dessus de son âge : cela donne envie de vivre encore quelque temps; cependant il faut bien s'aller rejoindre à l'Être des êtres.

Raton embrasse avec révérence les deux Bertrands de ses deux petites pattes moitié griffées, moitié desséchées.

MMMMMMCMXCIII. — A M. DES ESSARTS [2].

6 novembre.

Le solitaire de quatre-vingt-deux ans, à qui M. des Essarts a eu la bonté d'envoyer les choses les plus intéressantes et les mieux écrites, reçut, il y a quelques semaines, un avertissement de la nature, qui le mit hors d'état de faire réponse à M. des Essarts. Il a encore assez de force pour sentir le mérite de ses écrits, qui respirent l'humanité et l'éloquence; il lui en fait les plus sensibles remercîments, et il le prie de pardonner à son triste état, qui ne lui permet pas de donner plus d'étendue aux expressions de tous les sentiments avec lesquels il a l'honneur d'être son très-humble et très-obéissant serviteur.

MMMMMMCMXCIV. — A M. DE MALESHERBES.

A Ferney, 12 novembre.

Vous ne vous contentez pas, monseigneur, des bénédictions de la France; vous étendez vos bontés jusqu'aux frontières de la Suisse. J'étais dans un état assez douloureux, après un de ces petits avertissements que la nature donne souvent aux gens de mon âge, lorsque Mme de Rosambo [3] a daigné faire une apparition dans ma retraite avec monsieur votre gendre, et les cousins issus de germain de Télémaque. J'ai vu chez moi deux familles de grands hommes; et, quoique mon état ne m'ait pas permis de jouir de cet honneur autant que je l'aurais voulu, je me suis senti consolé autant qu'honoré. Vous avez joint à cet avantage, que je vous dois, une lettre charmante, dont vous me permettrez de vous faire les plus sincères et les plus tendres remercîments. Mme de Rosambo est comme vous, monseigneur, elle porte la consolation partout où elle paraît, elle tient de vous le don d'attirer tous les cœurs autour d'elle.

Je crains d'abuser des moments que vous donnez au bien public, en vous parlant des obligations que je vous ai, et de la bonté généreuse avec laquelle vous en avez daigné user envers moi; mais ces bontés ne sortiront jamais de ma mémoire.

J'ai l'honneur d'être avec le plus sincère et le plus profond respect, monseigneur, vôtre, etc.

1. Louis XVI. (ÉD.)
2. Il avait envoyé à Voltaire le cahier de son *Journal des causes célèbres* où il parlait de l'affaire des Calas. (ÉD.)
3. Fille de Malesherbes. (ÉD.)

ANNÉE 1775.

MMMMMMCMXCV. — A M. DE TRUDAINE.

Ferney, 13 novembre.

Monsieur, daignez, au milieu de vos grandes occupations, recevoir mes très-humbles remercîments, et souffrez qu'ils soient accompagnés d'un *mémoire* dont on vient de me charger. Je vous supplie de vouloir bien le lire. Mais je vous supplie avec bien plus d'instance d'être persuadé de la soumission, du respect, et de la reconnaissance avec lesquels j'ai l'honneur d'être, etc.

MMMMMMCMXCVI. — A M. VASSELIER.

A Ferney, 13 novembre.

J'ai une étrange prière à vous faire : il y a dans Lyon un ex-jésuite nommé Fessi, dont le père (qui s'appelait originairement M. Fesse, banquier dans notre ville) changea son nom en Fessi, dès que son fils fut jésuite.

Ce M. Fessi, homme d'environ soixante-dix ans, demeure à Lyon, chez sa sœur, qui s'appelle Mlle Meinard.

Il s'agit de savoir de ce Fessi s'il est vrai que cet ex-jésuite ait eu autrefois l'avantage d'être le camarade de ce brave officier M. de Saint-Germain, devenu aujourd'hui ministre de la guerre avec l'applaudissement de toute la France.

Père Adam soutient qu'en effet M. de Saint-Germain, dans sa grande jeunessse, se fit jésuite, et régenta les basses classes avec P. Fessi, à Dôle, en Franche-Comté.

Je vous demande en grâce d'employer le vert et le sec, et toute votre industrie, pour vous informer de la vérité ou de la fausseté de cette anecdote. Vous trouverez aisément dans Lyon l'ex jésuite Fessi. Je vous demande bien pardon; mais la chose mérite assurément votre curiosité.

Adieu, mon cher ami : je suis toujours dans un triste état.

MMMMMMCMXCVII. — A M. LEKAIN.

A Ferney, 14 novembre.

Une petite apoplexie, mon cher ami, laquelle m'a dérangé le corps et l'âme, m'a empêché de répondre plus tôt à votre lettre de Fontainebleau, du 29 octobre. Je suis persuadé que vous aurez pour vos étrennes des nouvelles du héros dont vous me parlez, et ce n'est pas sans vraisemblance que je conçois cet espoir. Comptez que des talents comme les vôtres ne sont jamais oubliés par ceux qui sont capables de les sentir.

Vous n'avez point fait l'ambassade de Sosie : vous avez été fêté, admiré, et même noblement récompensé par le prince Henri. Vous avez dû, à votre retour, briller à Fontainebleau; et Paris sera toujours le théâtre de votre gloire. Je n'en serai pas le témoin; je sens bien que je ne vous verrai plus. Je m'intéresserai à vous jusqu'à mon dernier moment; l'état où je suis ne me permet pas de vous en dire davantage; je vous embrasse de mes très-faibles mains.

VOLTAIRE. — XLV.

MMMMMMCMXCVIII. — A M. L'ABBÉ MORELLET.

14 novembre.

Ils disent, mon cher philosophe sorbonique, que je suis tombé en apoplexie; cela pourrait bien être. C'est pauvre chose que l'homme, et il est ridicule à un homme aussi maigre que moi d'avoir une pareille aventure. Quoi qu'il en soit, je prends la liberté de vous envoyer pour mon testament un mémoire que je recommande à vos bons offices. Il faut qu'avant de mourir je tâche de servir ma petite province : elle fera sans doute tout ce que le ministère ordonnera, et le fera avec joie et reconnaissance; mais il me semble que ce mémoire démontre que l'indemnité de trente mille livres pour la ferme générale est un peu trop forte. Si ces trente mille livres étaient pour le roi, nous ne ferions pas de représentations; mais c'est cinq cents livres pour la poche de chacun de MM. les fermiers. Ce n'est rien pour eux, et c'est un fardeau immense pour nous.

Au reste, ce n'est pas moi qui parle, c'est le pays; je n'ouvre la bouche que pour remercier.

Un orage suivi d'un déluge a détruit deux de mes maisons; et, ce qui est bien pis, a failli à noyer la fille de M. de Malesherbes, qui daignait passer par Ferney pour s'aller promener en Suisse.

Pour la maison que mon âme habite, elle sera bientôt en cannelle; mais en tant que j'y logerai, je vous serai tendrement attaché. Mme Denis vous en dit autant, et certainement nous vous aimons tous deux de tout notre cœur.

MMMMMMCMXCIX. — A MADAME DE SAINT-JULIEN.

14 novembre.

Le sec apoplectique reçoit aujourd'hui, par les mains de M. de Crassy, une lettre de la protectrice. Il a expliqué son affaire à Mme Denis et à moi. Vous souvenez-vous, madame, des *Lettres de M. le chevalier de Boufflers à madame sa mère*, et celle où il lui conte sa conversation avec M. de Saint-Robert? « La cavalerie du roi, mort-dieu! battait partout les ennemis du roi; ils nous avaient enveloppés, jarni-dieu! mais nous sommes entrés dedans comme dans du beurre, sacre-dieu! »

Mais, madame, il ne m'a rien dit ni de vos affaires, ni de votre maison, ni de votre procès, dont vous ne me parlez pas. Vous daignez vous intéresser à nous, à notre petit pays; vous le protégez auprès des ministres, et vous vous oubliez vous-même pour nous secourir.

J'écrirai à votre très-aimable et respectable duc, puisqu'il le veut bien permettre, et que vous me flattez que ma lettre sera bien reçue. Cette lettre sera mon testament, que mon cœur dictera.

Mon cher Wagnière, qui a eu l'honneur de vous écrire, a pu vous mander combien ce cœur est sensible, mais que ma tête n'est pas trop bonne. Le petit accident qui m'est arrivé laisse toujours des bourdonnements dans le cerveau et dans l'esprit, qui font une peine extrême à l'âme immortelle.

J'envoie pourtant un mémoire à M. de Trudaine, qui est un peu raisonné, et dans lequel même il y a de l'arithmétique; et, si vous le permettez, j'en mettrai une copie à vos pieds, pour vous faire voir que je peux encore arranger des idées, quand le soleil n'est pas couché.

L'abbé Morellet m'a mandé que M. le contrôleur général était résolu à nous faire acheter notre liberté trente mille livres par an, pour l'indemnité de la ferme générale. Je sais bien que cette liberté n'a point de prix; mais je représente humblement que, si on pouvait nous la faire payer un peu moins cher, on nous la rendrait encore plus précieuse. Cependant nous en passerons sans doute par tout ce que M. Turgot et M. de Trudaine ordonneront.

Les maisons de la république de Ferney n'avancent guère. Nous avons eu un déluge qui a failli à noyer la fille de M. de Malesherbes, allant en Suisse par Ferney. Cet orage a jeté bas une de nos maisons du grenier à la cave, et en a fort endommagé une autre. Nous ne pourrons réparer nos malheurs qu'au printemps. Nous espérons que vous nous ramènerez les beaux jours.

Père Adam soutient toujours que ce brave général qui est à présent ministre de la guerre[1] a commencé par être jésuite; et il le dit si positivement, que j'en doute; mais si la chose est vraie, cela fait voir qu'on peut se méprendre dans la jeunesse sur le choix d'un état. Nous avons eu des évêques qui avaient été mousquetaires.

Ce jeune Morival, qui a eu l'honneur de vous faire sa cour à Ferney, a commencé, comme vous savez, sa carrière d'une manière plus funeste. Il est actuellement très-bien auprès du roi de Prusse, qui se fait un honneur et un mérite de réparer les horreurs que ce jeune homme a éprouvées, dans son enfance, de la part de certains monstres. Ferney lui a porté bonheur. Je serai heureux aussi, quand vous reviendrez embellir ce séjour de votre présence, s'il m'appartient encore de prononcer ce nom de bonheur, dans le triste état où la nature m'a réduit.

MMMMMMM. — A M. LE MARQUIS DE THIBOUVILLE.

19 novembre.

Vous croyez donc, monsieur le galactophage, qu'il n'y a de gens sobres dans le monde que ceux qui vivent de lait comme vous; et vous pensez que les autres hommes ne peuvent être malades que d'indigestion. Je vous jure que ma petite apoplexie n'a été chez moi que l'effet de ma faiblesse. Ne me calomniez point; mais daignez quelquefois continuer à converser un peu avec moi quand vous voudrez bien m'écrire.

Vous ne me dites point si vous avez vu *Menzicof*[2] à Fontainebleau, et si ce garçon pâtissier, devenu prince et maître d'un grand empire, et pauvre esclave en Sibérie, a réussi à la cour autant que je le souhaite. La Harpe avait besoin d'un très-grand succès pour fermer la bouche à ses ennemis. Lekain, sans doute, aura paru dans cette pièce. Il ne paraît pas aussi content de son voyage de Prusse qu'il s'attendait à

1. M. le comte de Saint-Germain. (*Éd. de Kehl.*)
2. Tragédie de La Harpe. (*Éd.*)

l'être. Cependant le prince Henri lui a fait un présent très-magnifique, et je crois que le roi de Prusse lui enverra des étrennes.

Est-il vrai qu'on joue à l'Opéra-Comique ou à la Foire *la Reddition de Paris à Henri IV*? Sedaine ne devait-il pas donner cette tragédie en prose[1] à la Comédie-Française, et le premier acte n'était-il pas composé de bouchers et de rôtisseurs? Voilà comme les beaux-arts se perfectionnent en France, et ce qui arrive après les grands siècles. Je vais bientôt sortir du mien; mais je suis un peu fâché de partir avant d'avoir achevé la petite ville que je bâtissais. Je suis encore plus affligé de m'en aller sans avoir pris congé de vous, et sans vous avoir embrassé. Je me flatte qu'au moins je laisserai mes deux heureux habitants de ce quai des Théatins en bonne santé. J'espère encore que Mme de Saint-Julien, M. Turgot, et M. de Trudaine, protégeront mon petit pays.

Mme Denis ne vous écrira pas plus qu'à son ordinaire; sa santé est toujours languissante, et sa paresse toujours la même; mais elle vous conservera une amitié inaltérable; c'est ainsi que j'en use vif ou mort.

MMMMMMMI. — A M. LE COMTE D'ARGENTAL.

22 novembre.

Mon cher ange, je suis calomnié par M. de Thibouville, qui nie tout net ma petite apoplexie, et je suis abandonné par vous, qui vous en moquez. Non-seulement vous ne me dites rien des plaisirs que vous avez eus à Fontainebleau, mais vous ne me parlez ni du Lekain, ni du *Menzicof*. Je ne sais point ce que fait la protectrice de Ferney, Mme de Saint-Julien. J'ignore les dernières résolutions du ministère sur ma petite et très-froide patrie de Gex : on y gèle à présent plus qu'en Laponie. Je suis à la glace dans mes limbes, et vous ne daignez pas me réchauffer.

Dites-moi donc si on joue *Menzicof* à Paris. Notre petit *tripot* philosophique a besoin que La Harpe ait un grand succès. Il faut opposer quelques victoires au triomphe des dévots. Pour moi, physiquement parlant, j'ai besoin de vos consolations; car, en vérité, quoi que Mme de Saint-Julien et M. de Thibouville en disent, je ne suis point du tout dans une santé brillante.

Je voudrais savoir si Mme la princesse de Bareuth[2], Mlle Clairon, est à Paris, si elle est venue vous voir. En un mot, je gémis de ne point recevoir de vos nouvelles. Peut-être au moment que je me plains y a-t-il en chemin une lettre de vous : en ce cas, je suis heureux; mais, s'il n'y en a point, que deviendrai-je dans ma misère? Vous savez qu'il n'y a que vos lettres qui me consolent de l'éternel malheur d'être à cent lieues de vous.

Portez-vous bien, mon cher ange; jouissez de l'agrément de vivre au milieu d'une famille qui vous chérit; jouissez de vos amis, de votre considération, de tous les fruits de votre sagesse, et n'oubliez pas votre vieux malade de Ferney.

1. *Maillard*. (ÉD.)
2. C'est à Anspach et non à Bareuth que Clairon était toute-puissante. (ÉD.)

MMMMMMMII. — A MADAME DE SAINT-JULIEN.
24 novembre.

Notre respectable et charmante protectrice ne cesse de veiller sur la petite province qui est dans son département; elle ressemble à ces déesses de l'antiquité, qui avaient chacune leur ville à gouverner. Minerve était chargée d'Athènes; Diane, de Lemnos; Papillon-philosophe règne sur Gex, dont le nom n'est pas si doux à l'oreille. Non-seulement elle protège ce petit terrain, mais elle y met la paix dans les familles. Je ne suis point entré dans les querelles de MM. de Divonne et de Crassi; et d'ailleurs, ne sortant pas de mon lit depuis quinze jours, je n'ai pu me trouver ni auprès des combattants, ni entre eux.

Je ne sais pas non plus de nouvelles touchant la ferme générale. L'abbé Morellet doit avoir montré à notre protectrice un mémoire que je lui adressai, il y a quelques jours, sous l'enveloppe de M. de Trudaine, pour sauver les frais d'un port trop considérable. Ce mémoire, comme je vous l'ai mandé, madame n'a d'autre objet que de diminuer le fardeau immense de trente mille livres, dont MM. les fermiers généraux veulent nous accabler.

Mais cet unique objet est mêlé de tant d'observations et de tant de chiffres, que j'en suis honteux, et que je vous en demande pardon; c'est une vraie besogne de commis des aides et gabelles.

Ni mes chiffres, ni ma petite apoplexie, ni mes quatre-vingt-deux ans, ni mes deux maisons tombées par l'orage, ni toutes mes misères, ne me font oublier vos affaires et vos plaisirs. J'ignore où vous en êtes de votre procès de famille, autant que j'ignore l'état de celui de M. de Richelieu[1].

Je ne sais point si vous avez vu jouer *Menzicof*, et s'il a réussi, je ne dis pas auprès du public, je dis auprès de vous, en qui j'ai plus de foi qu'en ce public.

C'est aujourd'hui vendredi, 24 du mois; je compte, demain samedi, faire partir une montre que vous avez commandée à Panrier; je l'adresserai à M. d'Ogny. La poste part; je me mets dans mon lit, au pied du vôtre.

MMMMMMMIII. — A MADAME LA MARQUISE DU DEFFAND.
26 novembre.

Puisque vous dites, madame, à M. d'Argental :

Atys, comblé d'honneurs, n'aime plus Sangaride[2];

je vous dirai :

Églé ne m'aime plus, et n'a rien à me dire[3].

Car j'aime autant Quinault que vous : je ne suis pas de ces pédants qui le trouvent fade, et qui le condamnent pour avoir parlé d'amour lors-

---

1. Avec Mme de Saint-Vincent. (ÉD.) — 2. Quinault, *Atys*, acte IV, sc. I. (ÉD.)
3. Quinault, *Thésée*, acte IV, scène V. (ÉD.)

qu'il en devait parler. Je le regarde comme le second de nos poëtes pour l'élégance, pour la naïveté, la vérité, et la précision.

Il est très-vrai que vous n'avez plus rien à me dire, puisque vous ne m'écrivez point; mais il n'est pas vrai que je sois comblé d'honneurs; je ne le suis que de ridicules, et c'est toujours par ses amis qu'on est maltraité.

M. d'Argental s'obstine à me croire tombé dans une espèce d'apoplexie pour avoir été gourmand, et le fait est que mon accident me prit après avoir été un jour sans manger. Il m'appelle aussi commissaire départi par le roi auprès des fermiers généraux, pendant que je suis opprimé départi par ces messieurs.

Voulez-vous, madame, que je vous parle vrai? mon département est l'abîme du néant éternel, où je vais bientôt entrer.

Je lis tous les ouvrages philosophiques de Cicéron sur ce sujet plus usé qu'aisé, et je ne vous conseille pas de les lire; car, quoique ce grand homme soit très-éloquent, il ne nous apprend rien du tout. L'abbé de Chaulieu avait précisément mon âge quand il est mort, et il n'en a pas appris davantage.

Les suites de mon accident m'ont paru si sérieuses, que je n'ai pas voulu faire mon voyage sans prendre la liberté de dire adieu à celle que vous appeliez votre grand'maman[1]. Comme il faut se réconcilier dans ces moments-là, j'avais sur le cœur l'injustice de son mari, qui me croyait un petit ingrat. J'étais assurément bien éloigné de l'être; mais je n'ai pas mieux réussi auprès de votre grand'maman qu'auprès de vous. Vous me croyez comblé d'honneurs, et elle me croit plein de ménagements : elle se moque de mes honneurs et de mon apoplexie.

Jugez si dans cet état j'ai eu des choses bien amusantes à vous dire : je ne savais aucune nouvelle ni de l'Opéra-Comique, ni de l'assemblée du clergé.

Mais vous, madame, qui vivez dans le centre des plaisirs et des grandes affaires, comment voulez-vous qu'un pauvre solitaire ose vous écrire du fond de ses déserts et de ses neiges, privé de toute société et de presque tous ses sens, lorsque vous en avez encore quatre excellents? C'est à vous à réveiller les gens qui s'endorment auprès de leur tombeau; mais ce n'est pas à eux de vous importuner de leurs rêveries; il faut qu'ils soient discrets, et qu'ils attendent vos ordres. Il n'y a que les vampires de dom Calmet qui viennent lutiner les vivants.

Soyez très-sûre que si j'ai perdu tout ce qui fait vivre, passions, amusements, imagination, et toutes les bagatelles de ce monde, je vous reste sérieusement attaché, et que je le serai tant que mes petites apoplexies me le permettront. Je vous regarderai comme la personne de mon siècle qui est le plus selon mon cœur et selon mon goût, supposé que j'aie encore goût et cœur. Je vous demanderai vos bontés comme la première de mes consolations, et je dirai : « C'est auprès d'elle que j'aurais voulu passer ma vie. »

1. Mme de Choiseul. (ÉD.)

ANNÉE 1775.

MMMMMMIV. — A M. LE COMTE D'ARGENTAL.

26 novembre.

Il faut donc que je vous dise, mon cher ange, que, si Mme du Deffand se plaint de moi par un vers de Quinault, je me suis plaint d'elle par un vers de Quinault aussi. Je crois qu'actuellement nous sommes les seuls en France qui citions aujourd'hui ce Quinault, qui était autrefois dans la bouche de tout le monde.

Je ne sais quel auteur je vous citerai pour me plaindre à vous de votre acharnement à m'accuser de gourmandise. Je veux bien que vous sachiez que je n'avais pas mangé depuis vingt-quatre heures, lorsque mon accident m'arriva. Cette petite aventure a des suites assez désagréables, et je n'ai de secours que dans la patience.

Ma dignité de commissaire départi se trouve apparemment dans le même roman que mon indigestion. Il est triste d'être à la fois apoplectique et ridicule.

Je croyais, quand je vous ai parlé de *Menzicof*, qu'on le jouât déjà à la Comédie-Française. Je n'ai point osé importuner M. le duc de Duras en faveur de *Cicéron* et de *Catilina* ; j'ai cru qu'il n'était pas trop séant, dans l'état où je suis, de disputer une place dans le *tripot* comique : cependant, si vous jugez que la chose soit convenable, je vous obéirai selon ma coutume. Je crains seulement que cette démarche ne soit hasardée pendant les représentations du prince-pâtissier.

J'ai à vous parler d'une autre nouvelle qui est assez intéressante selon ma façon de penser : c'est de la persécution que l'on suscite à l'abbé Raynal. On dit qu'il a été obligé de disparaître. Heureusement son livre ne disparaîtra pas. Est-il vrai qu'on en veut à ce livre et à la personne de l'auteur? Les jansénistes et les pharisiens se sont réunis, *et fuerunt amici ex illa hora*[1]. Il n'y aura donc plus moyen chez les Welches de penser honnêtement, sans être exposé à la fureur des barbares! Cette idée me trouble jusque dans la paix de ma retraite, et aux portes de la paix éternelle, où je vais bientôt entrer. Je me flatte qu'au moins l'abbé Raynal trouvera des amis. Dieu veuille qu'on ne soit pas forcé à lui chercher des vengeurs, qu'on ne trouverait pas!

Adieu, mon cher ange; aimez toujours un peu celui qui est à vous depuis environ soixante-dix ans.

MMMMMMV. — A M. FABRY.

26 novembre.

Je n'ai encore, monsieur, aucune réponse du ministère, ni sur la pleine consommation de ses projets, ni de ses promesses, ni sur l'exorbitante indemnité prétendue par des personnes qui n'ont aucun besoin d'indemnité.

Cependant le temps approche où il faudra finir cette affaire, si importante au pays.

C'est à vous à voir si vous voulez qu'on propose à messieurs du man-

---

1. Luc, chap. XXIII, verset 12. (ÉD.)

dement d'entrer dans nos frais, ou de payer à un bureau établi par vous les mêmes droits qu'ils payaient à la ferme générale. A quelque projet que vous vous arrêtiez, vous savez que je suis entièrement à vos ordres ; je les attends.

J'ai l'honneur d'être, etc. VOLTAIRE.

MMMMMMVI. — A M. LE MARÉCHAL DUC DE RICHELIEU.

2 décembre.

Il est donc dit que mon héros verra mourir tous ses courtisans l'un après l'autre, et qu'il fera continuellement maison neuve. Mme de Voisenon me mande qu'elle vient de perdre son petit beau-frère[1] que vous aimiez. Je tiens bon encore, mais ce n'est pas pour longtemps. J'ai eu, il y a quinze jours, un petit avertissement de la nature. Elle m'a signifié qu'il fallait bientôt faire mon paquet. Je vous avoue que j'aurais mieux aimé mourir à vos pieds, dans Paris où à Richelieu, qu'au milieu des neiges du mont Jura. Mais il faut que chacun remplisse sa destinée. La vôtre, monseigneur, a été brillante de grandeurs et de plaisirs ; j'ajoute encore de tracasseries de cour, qui n'ont jamais pu vous ôter votre gloire. Je relisais hier des paperasses dans lesquelles je voyais les beaux tours qu'on vous joua, lorsque vous eûtes fait mettre bas les armes à l'armée anglaise, et que vous la fîtes passer sous les fourches caudines de Closter-Severn. Vous alliez tout de suite à Magdebourg et à Berlin ; c'eût été la plus belle campagne qu'on eût faite. Mais au lieu de vous laisser consommer votre ouvrage, je vois qu'une petite intrigue vous envoya à Bordeaux. Cependant, quelques niches qu'on ait pu vous faire, vous avez toujours été victorieux en guerre comme en amour.

Il me semble qu'il ne s'agit plus que de vivre dans un loisir honorable, avec un peu de philosophie.

Je ne sais pas qui vous prendrez pour confrère, à la place de ce pauvre abbé de Voisenon. Je ne sais si vous serez le protecteur de notre Académie, et si la détestable aventure de votre maudite Provençale vous laissera le temps d'être le modérateur de nos petites intrigues littéraires. On a fait de l'indigne procès de Mme de Saint-Vincent un labyrinthe dans lequel on veut vous faire tourner des années entières. Il faut pourtant qu'à la fin justice se fasse.

Je pense que vous aurez vu Mme de Saint-Julien, qui a, je crois, de son côté un procès pour un petit legs que lui avait fait M. de Gouvernet, le mari des *Vous* et des *Tu*[2].

Si j'osais vous parler de mes misères, je vous dirais que j'en ai un avec les fermiers généraux, qui veulent écraser un peu trop fort la petite et chétive patrie que je me suis faite. M. Turgot et M. de Trudaine sont juges suprêmes dans ce procès, dans lequel il s'agit du sort d'une province. Mais je vous assure que le vôtre me tient bien plus

1. L'abbé de Voisenon. (ÉD.)
2. Mme de Saint-Julien était sœur de M. de Gouvernet. Voyez le morceau intitulé les *Vous* et les *Tu*. (ÉD.)

à cœur. En vérité, depuis que les bénédictins font des titres, il n'y a point eu d'affaire pareille à celle que vous êtes obligé de soutenir. Mon neveu d'Hornoy m'a dit que vous avez un rapporteur un peu lent. Si d'Hornoy avait été le vôtre, je crois que l'affaire serait bientôt finie; mais je parle de tout au hasard. On est si peu au fait des choses à cent lieues, on voit de si loin et si mal, qu'il faut se taire, et se borner au respectueux et tendre dévouement que le vieux malade de quatre-vingt-deux ans conservera jusqu'à son dernier soupir pour son héros, toujours rempli de gloire et de grâces.
V.

MMMMMMVII. — A M. DE TRUDAINE.

A Ferney, 3 décembre.

Monsieur, c'est malgré moi que j'eus l'honneur de vous envoyer les cris de ma province contre les trente mille livres; et c'est du fond de mon cœur que je vous présente ma reconnaissance pure et simple.

Je fais part à nos syndics de vos intentions. Je me flatte qu'ils penseront comme moi. J'ai peu de jours à jouir de vos bontés; mais je serai jusqu'au dernier moment de ma vie avec respect, attachement, et reconnaissance, monsieur, votre très-humble, très-obéissant, et très-obligé serviteur,
VOLTAIRE.

MMMMMMVIII. — A M. FABRY.

3 décembre.

L'arrêt du conseil, monsieur, partira probablement demain de Paris, et sera adressé à M. l'intendant pour avoir son avis; après quoi monsieur l'intendant l'enverra à nos états, et le fera ensuite enregistrer au parlement de Dijon. Je vous préviens que nous payerons les trente mille livres; la ferme générale en avait demandé d'abord soixante mille, et s'était restreinte à cinquante-cinq mille. On avait engagé l'Alsace et la partie occidentale de la Franche-Comté à demander la même grâce que nous obtenons.

Vous savez que je suis toujours à vos ordres.

J'ai l'honneur d'être, etc.
VOLTAIRE.

MMMMMMIX. — DE FRÉDÉRIC II, ROI DE PRUSSE.

A Potsdam, le 4 décembre.

Aucune de vos lettres ne m'a fait autant de plaisir que celle que je viens de recevoir : elle me tire des inquiétudes que la nouvelle de votre maladie m'avait causées. Il faut que le patriarche de Ferney vive longues années pour la gloire des lettres, et pour honorer le dix-huitième siècle. J'ai survécu vingt-six ans à une attaque d'apoplexie que j'eus l'année 1749 : j'espère que vous en ferez de même. Ce qu'on appelle semi-apoplexie n'est pas si dangereux; et, en observant un bon régime, en renonçant aux soupers, j'espère que nous pourrons vous conserver encore pour la satisfaction de tous ceux qui pensent.

Vous me demandez ce que c'est que l'*esprit*. Hélas ! je vous dirai tout ce qu'il n'est pas. J'en ai si peu moi-même, que je serais bien embarrassé de le définir. Si cependant vous voulez, pour vous amuser, que je fasse mon roman comme un autre, je m'en tiendrai aux notions que l'expérience m'a données.

Je suis très-certain que je ne suis pas double : de là je me considère comme un être unique. Je sais que je suis un animal matériel, animé, organisé, et qui pense; d'où je conclus que la matière animée peut penser, ainsi qu'elle a la propriété d'être électrique.

Je vois que la vie de l'animal dépend de la chaleur et du mouvement : je soupçonne donc qu'une parcelle de feu élémentaire pourrait bien être la cause de l'un et de l'autre de ces phénomènes. J'attribue la pensée aux cinq sens que la nature nous a donnés; les connaissances qu'ils nous communiquent s'impriment dans les nerfs, qui en sont les messagers. Ces impressions, que nous appelons *mémoire*, nous fournissent les idées; la chaleur du feu élémentaire, qui tient le sang dans une agitation perpétuelle, réveille ces idées, occasionne l'imagination. Selon que ce mouvement est vif et facile, les pensées se succèdent rapidement; si le mouvement est lent et embarrassé, les pensées ne viennent que de loin en loin. Le sommeil confirme cette opinion : quand il est parfait, le sang circule si doucement, que les idées sont comme engourdies, que les nerfs de l'entendement se détendent, et l'âme demeure comme anéantie. Si le sang circule avec trop de véhémence dans le cerveau, comme chez les ivrognes ou dans les fièvres chaudes, il confond, il bouleverse les idées; si quelque légère obstruction se forme dans les nerfs du cerveau, elle occasionne la folie; si une goutte d'eau se dilate dans le crâne, la perte de la mémoire s'ensuit; si enfin une goutte de sang extravasé presse le cerveau et les nerfs de l'entendement, voilà la cause de l'apoplexie.

Vous voyez que j'examine l'*âme* plutôt en médecin qu'en métaphysicien. Je m'en tiens à ces vraisemblances, en attendant mieux. Je me contente de jouir des fruits de votre entendement, de votre imagination renaissante, de votre beau génie, sans m'embarrasser si ces dons admirables nous viennent d'idées innées, ou si Dieu vous inspire toutes vos pensées, ou si vous êtes une horloge dont le cadran montre Henri IV, tandis que votre carillon sonne *la Henriade*.

Qu'un autre se fasse un labyrinthe pour s'y égarer, je me délecte dans vos ouvrages, et je bénis l'Être des êtres de ce qu'il m'a rendu votre contemporain.

Je n'ai pu vous écrire de longtemps; je sors de mon quatorzième accès de goutte. Jamais elle ne m'a plus maltraité; je suis à demi perclus de tous mes membres. Cela ne m'a pas empêché de voir Morival, et de m'entretenir longuement sur votre sujet. Il faut bien que nous fêtions nos martyrs; ils souffrent pour la vérité, et les autres n'ont été que les victimes de l'erreur et de la superstition. Je m'attends de jour à autre que Morival fera des miracles. Le plus célèbre serait de confondre et de causer des remords à ses juges iniques, qui l'ont condamné à subir une mort affreuse.

J'ai participé à la faveur que le roi de France a faite à M. de Saint-Germain. Ce brave officier m'est connu depuis longtemps; il ne se rendra pas indigne de la place qu'il a obtenue. Il a tout le mérite qu'il faut pour la remplir, et un zèle bien louable pour le bien public; ce qui doit le rendre recommandable à tous les honnêtes gens.

Je vous félicite en même temps, mon cher Voltaire; on m'assure que vous êtes devenu directeur des impôts dans le pays de Gex; que vous réduirez toutes les taxes sous un seul titre, et que l'exemple que vous donnerez de cette simplification sera introduit dans toute la France. Les bons esprits sont propres à tous les emplois. Un raisonnement juste, des idées nettes, et un peu de travail, servent également d'instrument pour les arts, pour la guerre, pour les finances, et pour le commerce.

Il sera donc dit que celui dont l'imagination enfanta *la Henriade*, l'*OEdipe*, et tant d'autres admirables tragédies, que le traducteur de Newton, l'auteur de l'*Essai sur les mœurs et l'esprit des nations*, l'oracle de la tolérance, l'émule de l'Arioste, aura encore instruit sa nation dans l'art de soulager les peuples dans la perception des impôts.

Nous ne connaissons pas trop Homère, mais Virgile n'était que poëte. Racine n'écrivait pas bien en prose; Milton n'avait été que l'esclave du tyran de sa patrie : il n'y a que vous seul qui ayez réuni tant de genres si différents. Vivez donc pour éclairer votre patrie dans cette nouvelle carrière : elle vous devra son goût, sa raison; et les laboureurs, leur conservation. Quel bien de plus vous reste-t-il à faire, sinon de ne pas oublier le solitaire de Sans-Souci, qui vous admire trop pour que vous ne l'aimiez pas un peu? *Vale.* FÉDÉRIC.

MMMMMMX. — DU MÊME.

A Potsdam, le 5 décembre.

Je vous ai mille obligations de la semence que vous avez bien voulu m'envoyer. Qui aurait dit que notre correspondance roulerait sur l'art de Triptolème, et qu'il s'agirait entre nous deux qui cultiverait le mieux son champ? C'est cependant le premier des arts, et sans lequel il n'y aurait ni marchands, ni rois, ni courtisans, ni poëtes, ni philosophes. Il n'y a de vraies richesses que celles que la terre produit. Améliorer ses terres, défricher des champs incultes, saigner des marais, c'est faire des conquêtes sur la barbarie, et procurer de la subsistance à des colons qui, se trouvant en état de se marier, travaillent gaiement à perpétuer l'espèce, et augmentent le nombre des citoyens laborieux.

Nous avons imité ici les prairies artificielles des Anglais; ce qui réussit très-bien, et a fait augmenter nos bestiaux d'un tiers. Leur charrue et leur semoir n'ont pas eu le même succès : la charrue, parce qu'en partie nos terres sont trop légères; le semoir, parce qu'il est trop cher pour le peuple et pour les paysans.

En revanche, nous sommes parvenus à cultiver la rhubarbe dans nos jardins; elle conserve toutes ses propriétés, et ne diffère point, pour l'usage, de celle qu'on fait venir des pays orientaux.

Nous avons gagné cette année dix mille livres de soie, et l'on a augmenté les ruches à miel d'un tiers.

Ce sont là les hochets de ma vieillesse, et les plaisirs qu'un esprit dont l'imagination est éteinte peut goûter encore. Il n'est pas donné à tout le monde d'être immortel comme vous. Notre bon patriarche est toujours le même. Pour moi, j'ai déjà envoyé une partie de ma mémoire, le peu d'imagination que j'avais, et mes jambes, sur les bords du Cocyte. Le gros bagage prend les devants, en attendant que le corps de bataille le suive. C'est une disposition d'arrière-garde à laquelle Feuquières et M. de Saint-Germain donneraient leur approbation.

J'espère que vous continuerez de me donner de bonnes nouvelles de votre santé, qui certainement ne m'est pas indifférente, et que vous vous souviendrez quelquefois du solitaire de Sans-Souci. *Vale.*

FÉDÉRIC.

MMMMMMMXI. — A M. FABRY.

6 décembre.

Je trouve comme vous, monsieur, la somme de trente mille livres bien forte. Mais, après les efforts infinis que j'ai faits de tous côtés pour la faire modérer, je n'ai pu y parvenir. M. de Trudaine me marque que l'arrêt du conseil est minuté avec une conformité exacte aux propositions signées par nous. Je ne crois pas que nous devions disputer à présent, et je conjure même tous messieurs les syndics de recevoir l'arrêt du conseil avec la plus grande reconnaissance. Commençons par être délivrés des vexations cruelles que tout le pays éprouvait; c'est là le point principal. Vous pourrez ensuite proposer aux fermiers généraux de vous vendre leur sel au même prix qu'on le vend au Valais. Il n'y a pas d'apparence qu'ils vous refusent, puisque c'est un petit gain qu'ils feront.

Nous pouvons encore, au bout de l'année, représenter à M. le contrôleur général l'impossibilité de trouver trente mille livres pour la ferme. Le ministère n'exige point la taille des villages qui ont été grêlés ou incendiés. Notre pauvreté nous tiendra lieu de feu et de grêle.

Je voudrais vous parler sur tout cela. Ne pourriez-vous point venir dîner demain chez le vieux malade, avec M. Dupuits, que vous prendriez en chemin? Si je n'étais pas dans mon lit, je serais chez vous.

J'ai l'honneur d'être, etc.

VOLTAIRE.

MMMMMMXII. — A M. DE VAINES.

6 décembre.

C'est pour vous demander pardon, monsieur, de vous avoir importuné d'un mémoire de mon petit pays. Il n'est plus question de fatiguer M. Turgot de tant de vaines représentations. L'affaire est consommée. Nos chétifs états ne doivent plus se livrer qu'aux sentiments de la reconnaissance. Les fermiers généraux veulent absolument nous arracher trente mille francs, ils les auront : on ne peut acheter trop cher sa liberté. Je n'ai actuellement d'autres négociations en tête que celle de placer M. de La Harpe au rang de ceux qui donnent des prix. C'est une place qui lui est bien due, après qu'il en a tant gagné.

Le vieillard de quatre-vingt-deux ans vous est attaché, monsieur, aussi vivement que s'il n'en avait que trente.

MMMMMMMXIII. — A M. DE TRUDAINE.

A Ferney, 8 décembre.

Monsieur, nos petits états s'assembleront lundi, 11 du mois; je m'y trouverai, moi qui n'y vais jamais. J'y verrai quelques curés qui représentent le premier ordre de la France, et qui regardent comme un péché mortel l'assujettissement de payer trente mille francs à la ferme générale. Ils auront beau dire que les publicains sont maudits dans l'Évangile[1], je leur dirai qu'il faut vous bénir, et que vous êtes le maître à qui les publicains et eux doivent obéissance.

Je leur remontrerai qu'il faut accepter votre édit purement et simplement, comme on acceptait la bulle.

Mais, monsieur, il faut que je vous envoie une lettre que je viens de recevoir de M. Fabry, l'un de nos syndics. Il écrit comme un chat; mais peut-être a-t-il raison de se plaindre des fermiers généraux, qui, en 1760, portèrent, par une exagération excessive, le produit des traites et gabelles, dans le pays de Gex, à vingt-trois mille six cents livres, et qui par une autre exagération, le portent cette année-ci à soixante mille livres: *positis ponendis, et ablatis auferendis.*

Je ne saurais guère accorder ces assertions avec la dernière idée de nos états, qui m'assuraient, comme j'ai eu l'honneur de vous le mander, que le profit net des fermiers généraux n'allait avec nous qu'à sept ou huit mille livres. S'il faut que vous soyez obligés continuellement, vous, monsieur, et M. le contrôleur général, de réformer tous les mémoires dont la cupidité humaine vous pestifère, je vous plains de passer si tristement votre temps.

Mais notre chétive province est peut-être aussi un peu à plaindre d'être obligée de donner cinq cents francs par an à chacune des soixante colonnes de l'État, qui sont des colonnes d'or. Nous ne sommes que d'argile, et notre argile encore ne vaut rien. Quand on y a semé un grain, il ne meurt pas, à la vérité, pour renaître, comme l'Évangile le disait[2], mais il ne rend jamais que trois pour un aux pauvres cultivateurs, *qui euntes ibant, et flebant mittentes semina sua*[3].

Enfin, monsieur, cette opération est la vôtre; c'est celle de M. Turgot. Ou je mourrai à la peine, ou lundi prochain la plus petite de toutes les cohues signera son remercîment; mais nous empêcherez-vous de vous demander l'aumône? on la doit aux pauvres, c'est par là qu'on rachète ses péchés. Certainement les fermiers généraux en ont fait; et, quand ils nous donneront cinq ou six mille livres pour entrer dans le royaume des cieux, ils feront un très-bon marché. Je propose cette bonne œuvre à M. le contrôleur général. Qu'il mette dans l'édit vingt-cinq mille francs au lieu de trente, cela est très-aisé, et messieurs des fermes ne pousseront pas plus de cris de douleur que nous autres gueux nous en pousserons de joie.

1. Matthieu, XVIII, 17. (ÉD.)
2. Jean, XII, 24; et saint Paul, *I Corinth.*, XV, 36. (ÉD.)
3. Psaume CXXV, 6. (ÉD.)

Pardonnez à cette exhortation chrétienne. Elle n'a rien de commun avec l'acceptation solennelle que nous devons faire dans la grande ville de Gex, etc.

MMMMMMXIV. — A M. CHRISTIN.

A Ferney, 8 décembre.

Voici, mon cher ami, une lettre qui nous assure enfin la délivrance prochaine du frère de cette bonne Mme Barondel. Je vous prie de la lui montrer, pour la consoler.

Nous réussirons malgré le subdélégué, qui était impitoyable. Il est plaisant que ce soit moi qui contribue à tirer un curé de prison. Mais que ne doit-on pas attendre d'un associé à l'ordre des capucins?

L'idée de présenter un mémoire pour la suppression de la mainmorte, et un dédommagement aux seigneurs, n'est pas certainement à négliger. Je pense qu'il faudrait articuler ce dédommagement, et le montrer sous un jour si clair, que le ministère ne pût le refuser et que les seigneurs ne pussent pas se plaindre. Il faut présenter toujours aux ministres les choses prêtes à signer. La moindre difficulté les rebute, quand ils n'ont pas un intérêt pressant au succès de l'affaire. Vous êtes plus à portée que personne de rédiger toutes les conditions du traité, vous qui êtes au beau milieu de l'enfer de la mainmorte. Vous devriez venir nous voir aux bonnes fêtes de Noël et apporter avec vous le règlement du roi de Sardaigne. Je me chargerais hardiment d'être votre facteur, et d'envoyer le mémoire aux ministres. S'il ne réussit pas, nous aurons toujours le mérite d'avoir fait une bonne œuvre.

Je vous embrasse du meilleur de mon cœur.

MMMMMMXV. — A MADAME DE SAINT-JULIEN.

8 décembre.

Notre protectrice sait sans doute qu'il n'est plus question de ce mémoire que l'abbé Morellet devait lui communiquer. L'affaire est faite; l'édit est entre les mains de nos chétifs états. Nous nous assemblons le 11 du mois pour accepter la bulle *Unigenitus* purement et simplement, et même en remerciant.

Il est vrai, madame, que je demande une petite explication, et cette explication est une aumône de cinq mille livres, somme excessivement petite, par laquelle je propose aux soixante publicains, maîtres du royaume, de racheter leurs péchés. Je fais les derniers efforts auprès de M. Turgot pour obtenir de lui cette bonne œuvre. Mais soit qu'il se rende, soit qu'il persiste dans l'impénitence finale, je ferai le diable à quatre dans nos états pour faire accepter sa pancarte même par le clergé.

Je profite des bontés de M. le marquis de La Tour-du-Pin, que vous m'avez procurées. Je lui demande un ordre pour me chauffer, quoique les fermiers généraux nous réduisent à n'avoir pas de quoi acheter du bois.

Je me suis avisé de faire l'épitaphe de l'abbé de Voisenon:

Ici gît, ou plutôt frétille,
Voisenon, frère de Chaulieu.

A sa muse vive et gentille
Je ne prétends point dire adieu;
Car je m'en vais au même lieu,
Comme un cadet de la famille.

Il ne faut pas prendre cela tout à fait au pied de la lettre. Il est bien vrai que l'abbé de Voisenon frétille, mais je ne veux point l'aller voir sitôt. Je veux vivre encore pour vous dire combien je suis sensible à vos bontés, combien j'adore votre caractère, votre esprit lumineux et votre personne. Vous parlez d'affaires comme un vieux conseiller d'État; vous êtes active à rendre mille bons offices, comme si vous n'aviez rien à faire; vous jugez tous les ouvrages mieux que si vous étiez de l'Académie. Je me flatte bien que monsieur votre frère et vous vous gagnerez votre procès. La chicane qu'on vous fait me paraît absurde, et ce n'est pas là le cas où les choses absurdes réussissent.

Adieu, madame; je ne sors point du coin de mon feu, tandis que vous tuez des perdrix en plein air. Je ne sortirai que pour la bulle de M. Turgot, et je ne respirerai que pour vous être attaché avec le plus tendre respect.

MMMMMMXVI. — A M. FABRY.

9 décembre.

Oui, sans doute, monsieur, votre secrétaire viendra se présenter mort ou vif. Il ne désespère point du tout d'une diminution de la taxe qu'on nous impose en faveur des soixante rois de France.

Il aura l'honneur d'en parler mardi. Mais dîner! Vous ne savez pas à quels assujettissements cruels il est condamné: il est actuellement dans les plus vives souffrances; mais il est consolé par le bonheur d'être à vos ordres, et de voir votre pays délivré des plus abominables vexations.

Je vous supplie de me faire savoir précisément à quelle heure on délibérera.

Agréez toujours, monsieur, le respectueux attachement de votre très-humble et très-obéissant serviteur, *Le vieux malade de Ferney*, V.

MMMMMMXVII. — A M. HENNIN.

10 décembre.

Monsieur, fatigué, excédé d'écritures, ayant excédé mon cher Wagnière, j'écris un petit mot de ma maigre main pour vous dire que j'ai fait la sauce de ces messieurs à M. Turgot, et que je le supplie de s'informer à M. de Vergennes si vous n'avez pas fait la même sauce. Il faut que ces pandoures déguerpissent avant que je meure de mes fatigues; mais ce sera assurément en vous aimant. V.

MMMMMMXVIII. — A M. LE MARQUIS DE THIBOUVILLE.

11 décembre.

Mon cher marquis, le vieux malade est charmé de votre conversion. Vos lettres étaient auparavant comme celles de Cicéron *ad familiares suos*: « Si vous vous portez bien, j'en suis bien aise; pour moi, je me porte bien : adieu. » Vous êtes actuellement plus communicatif; vous entrez dans les détails. Ce que vous me mandez me fait craindre que le succès de *Menzicof* ne soit encore plus balancé à Paris qu'à Versailles.

Mon ami La Harpe pourrait bien, de cette affaire-ci, voir reculer son entrée dans le temple de nos quarante. Il a eu beau frapper plusieurs fois à la porte avec ses branches de laurier, il va trouver des épines qui lui boucheront cette porte. Ce n'est pas chez nous comme dans le ministère, où les places ont été données au mérite, sans cabale et sans bruit.

Je suis fâché de la mort de ce pauvre abbé de Voisenon. Avant d'aller le trouver, je m'occupe, dans mon petit antre de Gex, d'une grande affaire dont sûrement personne ne se soucie à Paris : c'est de faire un essai de liberté dans les provinces, et d'arracher le plus petit pays de France aux griffes affreuses des suppôts de la ferme générale. Il y a soixante rois en France, et je me flatte qu'un jour il n'y en aura plus qu'un, grâce à la probité éclairée et aux travaux immenses d'un goutteux[1]. J'ignore encore si je réussirai dans ma tentative : cela sera décidé demain. Je vous écris donc la veille de la bataille ; priez Dieu pour moi.

Dites à M. d'Argental mon ange qu'il secoue bien ses ailes. Je suis entre le *Te Deum* et le *De profundis*. Je voulais lui écrire, mais le temps me presse. Il faut, tout malade que je suis, aller à nos états faire valoir les bienfaits dont M. de Sulli-Turgot veut nous combler, et dont on ne sent pas encore tout l'avantage. Dites, je vous prie, à mon ange que, selon ses ordres charmants, j'ai écrit à M. le maréchal de Duras ce matin, au sujet de *Rome sauvée*, quoique les *Catilinaires* de Cicéron n'intéressent point du tout la cour de Versailles.

Quand vous n'aurez rien à faire, et que vous aurez la bonté de m'écrire, mandez-moi tout ce qu'on fait et tout ce qu'on dit. Ces fariboles amusent l'écrivain et le lecteur.

Adieu, mon cher marquis ; si vous vous portez bien, j'en suis bien aise ; pour moi, je me porte mal.

MMMMMMMXIX. — De Frédéric II, roi de Prusse.

13 décembre.

Le courrier du Bas-Rhin écrit de Clèves souvent des sottises, et rarement de bonnes choses : on s'est borné jusqu'ici à contenir sa plume, quelquefois trop hardie sur le sujet des souverains. Comme je ne lis point ses feuilles, j'ignore parfaitement leur contenu. S'il s'est avisé de faire l'apologie des juges et du procès de ce malheureux La Barre, il donnera au public une mauvaise opinion de son caractère moral, ou de son jugement : il était permis chez les Romains de plaider les causes d'accusés dont le crime était douteux, mais les avocats abandonnaient celle des scélérats. Hortensius se désista de la défense de Verrès convaincu de méchantes actions, et Cicéron nous apprend qu'il abandonna

---

1. Turgot, contrôleur général des finances. (Éd.)

par la même raison un esclave d'Oppianicus pour lequel il avait commencé à plaider. Je ne puis citer de plus illustres exemples au gazetier de Clèves que ceux de deux consuls romains; pour les égaler, il faudra qu'il se résolve à chanter la palinodie, et j'espère que les ministres auront assez de crédit sur lui pour qu'il prenne généreusement le parti de se rétracter. Morival est à Berlin, où il étudie la géométrie et la fortification chez un habile professeur; il pourra fournir le mémoire aux ministres, qui s'en serviront pour condamner les mensonges du gazetier.

Mais vous me demandez des nouvelles de ma santé, et vous ne m'en donnez pas de la vôtre. Cela n'est pas bien. Je n'ai que la goutte, qu'on chasse par le régime et la patience; mais malheureusement vous avez été atteint d'un mal plus dangereux. Vous croyez qu'on ne prend qu'un intérêt tiède à votre santé; cela vous trompe. Il y a quelques bons esprits qui craignent avec moi que le trône du Parnasse ne devienne vacant. J'ai reçu une lettre de Grimm, qui vous a vu : cette lettre ne me rassure pas assez; il faut que le vieux patriarche de Ferney m'écrive qu'il se trouve soulagé, et qu'il me tranquillise lui-même. Croyez que vous me devez cette consolation, comme à celui de tous vos admirateurs qui vous rend le plus de justice. *Vale.*

MMMMMMMXX. — A MADAME DE SAINT-JULIEN.

A Ferney, 14 décembre.

Je n'ai point encore eu un plus beau sujet d'écrire à notre protectrice. C'était mardi, 12 de ce mois, que je devais lui mander notre triomphe sur ceux qui s'opposaient au salut du pays, et qui avaient mis des prêtres dans leur parti. Mon âme commanda à mon corps de la suivre aux états. J'allai à Gex, tout malingre et tout misérable que j'étais. Je parlai, quoique ma voix fût entièrement éteinte. Je proposai au clergé d'accepter la bulle *Unigenitus* de M. Turgot, c'est-à-dire la taxe de trente mille livres, purement et simplement, avec une *reconnaissance respectueuse*. Tout fut fait, tout fut écrit commme je le voulais. Mille habitants du pays étaient dans les environs aux écoutes, et soupiraient après ce moment comme après leur salut, malgré les trente mille livres. Ce fut un cri de joie dans toute la province : on mit des cocardes à nos chevaux, on jeta des feuilles de laurier dans notre carrosse. Nos dragons accoururent en bel uniforme, l'épée à la main. On s'enivra partout à votre santé, à celle de M. Turgot et de M. de Trudaine. On tira nos canons de poche toute la journée.

Je devais donc, madame, vous écrire tout cela le mardi; mais il fallut travailler à mille détails attachés à la grande opération; il fallut envoyer des paquets à Paris; j'étais excédé, et je m'endormis. Ma lettre ne partira donc que demain vendredi, 15 du mois; et vous verrez, par cette lettre, qu'il n'y a point de joie pure dans ce monde; car, pendant que nous passions doucement notre temps à remercier M. Turgot, et que toute la province était occupée à boire, les pandoures de la ferme générale, qui ne devaient finir la campagne qu'au premier de janvier, avaient des ordres secrets de nous saccager. Ils marchaient par troupes au nombre de cinquante, arrêtaient toutes les voitures, fouillaient dans toutes les poches, forçaient toutes les maisons, y faisaient le dégât au nom du roi, et obligeaient tous les paysans à se racheter pour de l'argent. Je ne conçois pas comment on n'a pas sonné le tocsin contre eux dans tous les villages, et comment on ne les a pas exterminés. Il est bien étrange que la ferme générale, n'ayant plus que quinze jours pour tenir ses troupes chez nous en quartier d'hiver, ait pu leur permettre, et même leur ordonner, des excès si punissables. Les honnêtes gens ont été très-sages, et ont contenu le peuple, qui voulait se jeter sur ces brigands comme sur des loups enragés.

Puisse M. Turgot nous délivrer de ces monstres pour nos étrennes, comme il nous l'a promis!

Le palais Dauphin est bien loin d'être couvert. M. Racle nous avait flattés qu'il le serait au premier de novembre; mais tout s'est borné à des préparatifs, et à piquer à coups de marteau de grandes pierres de roche, qui, à mon gré, ne conviennent point du tout à une maison de campagne. Il en a fini entièrement une pour lui, qui contient de grands magasins et des appartements commodes, et qui coûte quatre fois moins. Tout le monde est persuadé que notre petit pays va s'enrichir et se peupler. On s'empresse en effet à me demander des maisons à toute heure; mais je ne bâtis pas comme Amphion, et je n'ai plus de lyre. Tout va bientôt me manquer; mais j'aurai au moins achevé à peu près mon ouvrage, et je mourrai avec la consolation d'avoir été encouragé par vous.

Agréez l'attachement inviolable de votre protégé V., qui est à vous jusqu'à son dernier soupir.

MMMMMMXXI. — A M. BAILLY.

A Ferney, 15 décembre.

J'ai bien des grâces à vous rendre, monsieur; car ayant reçu le même jour un gros livre de médecine et le vôtre[1], lorsque j'étais encore malade, je n'ai point ouvert le premier; j'ai déjà lu le second presque tout entier, et je me porte mieux.

Vous pouviez intituler votre livre *Histoire du ciel*, à bien plus juste titre que l'abbé Pluche, qui, à mon avis, n'a fait qu'un mauvais roman. Ses conjectures ne sont pas mieux fondées que celles de ce vieux fou qui prétendait que les douze signes du zodiaque étaient évidemment inventés par les patriarches juifs; que Rébecca était le signe de la Vierge, avant qu'elle eût épousé Isaac; que le Bélier était celui qu'Abraham avait sacrifié sur la montagne Moria; que les Gémeaux étaient Jacob et Ésaü, etc.

Je vois dans votre livre, monsieur, une profonde connaissance de tous les faits avérés et de tous les faits probables. Lorsque je l'aurai fini, je n'aurai d'autre empressement que celui de le relire: mes yeux de

1. *Histoire de l'astronomie ancienne, depuis son origine jusqu'à l'établissement d'Alexandrie.* (ÉD.)

quatre-vingt-deux ans me permettront ce plaisir. Je suis déjà entièrement de votre avis sur ce que vous dites qu'il n'est pas possible que différents peuples se soient accordés dans les mêmes méthodes, les mêmes connaissances, les mêmes fables et les mêmes superstitions, si tout cela n'a pas été puisé chez une nation primitive qui a enseigné et égaré le reste de la terre. Or il y a longtemps que j'ai regardé l'ancienne dynastie des brachmanes comme cette nation primitive. Vous connaissez les livres de M. Holwell et de M. Dow; vous citez surtout ce bonhomme Holwell.

Vous devez avoir été bien étonné, monsieur, des fragments de l'ancien Shastabad, écrit il y a environ cinq mille ans. C'est le seul monument un peu antique qui reste sur la terre. Il a fallu l'opiniâtreté anglaise pour le chercher et pour l'entendre. Je soupçonnais ce gouverneur de Calcutta d'avoir un peu aidé à la lettre: je m'en suis informé au gouverneur de la compagnie anglaise des Indes, qui vint chez moi il y a quelque temps, et qui est un des hommes les plus instruits de l'Europe. Il m'a dit que M. Holwell était la vérité et la simplicité mêmes ; il ne pouvait assez l'admirer d'avoir eu le courage et la patience d'apprendre l'ancienne langue sacrée des brachmanes, qui n'est connue aujourd'hui que d'un petit nombre de brames de Bénarès.

Enfin, monsieur, je suis convaincu que tout nous vient des bords du Gange, astronomie, astrologie, métempsycose, etc.

Je ne puis assez vous remercier de la bonté dont vous m'avez honoré. Agréez, monsieur, l'estime la plus sincère et la plus respectueuse, etc.

LE VIEUX MALADE.

MMMMMMMXXII. — A M. FABRY.

16 décembre.

Je vous crois, monsieur, déjà occupé des arrangements qu'il faut prendre pour donner cinq cents livres d'indemnité à chacun des soixante personnages qui sont cinq cents fois plus riches que notre petit pays.

MMMMMMMXXIII. — A M. FAIVRE.

Ferney, 18 décembre.

L'homme de quatre-vingt-deux ans, monsieur, à qui vous avez bien voulu adresser des vers très au-dessus de votre âge de dix-huit ans, vous remercie avec une extrême sensibilité. Il est encore plus touché de votre mérite que des sentiments que vous lui témoignez. Votre épître est pleine de beaux vers, écrits avec une facilité singulière.

Je vois que vous ne connaissez pas la réponse au nom de Boileau par M. de La Harpe, qui a remporté tant de prix à l'Académie française. Elle est très-belle, et ne dépare point la vôtre. Celle d'un polisson nommé Clément, dont vous daignez parler, a été reçue à Paris avec le mépris le plus avilissant, et ne méritait pas votre colère; mais assurément vous méritez ma reconnaissance.

Je vois que vous aurez de grands succès en quelque genre de littérature que vous veuillez travailler, et je m'intéresssse à vous autant que si mon âge me laissait espérer d'être le témoin de vos progrès.

J'ai l'honneur d'être, etc.

MMMMMMMXXIV. — A M. DE LA HARPE.

Mon cher ami, j'étais bien en peine ; M. de Vaines m'annonçait par sa lettre, que je reçus le 17, votre *Menzicof*, qui devait arriver par le même courrier ; mais *Menzicof* s'est arrêté en chemin, je ne l'ai reçu que le 19 ; je l'ai lu sur-le-champ, et je le renvoie le même jour, car il faut être fidèle.

Mme Denis n'a pas pu le lire ; elle est très-malade dans sa Sibérie depuis près d'un mois, et dans un état qui nous a fait trembler.

Je n'ai montré votre pièce à personne ; j'ai eu du plaisir pour moi tout seul. Vous voilà, mon cher ami, dans la force de votre talent ; la pièce est neuve, intéressante, fortement et élégamment écrite. En vérité c'est l'ouvrage d'un esprit supérieur, et je vous remercie de tout mon cœur de me l'avoir fait connaître. Je ne suis pas de ces gens qui, en lisant une pièce de théâtre de leur ami, imaginent sur-le-champ un plan différent de celui qu'ils lisent, et qui critiquent tout ce qu'ils ne trouvent pas conforme à leurs idées. Je me laisse aller aux idées de l'auteur, c'est lui qui me mène. S'il m'émeut, s'il m'intéresse, si son ensemble et ses détails font sur moi une grande impression, je ne le chicane pas, je ne sens que le plaisir qu'il m'a donné.

Je n'ai plus qu'un souhait à faire, c'est qu'on envoie en Sibérie les acteurs de Paris, qui sont indignes de jouer votre pièce, et qu'on réforme entièrement le théâtre de Paris.

La maison de Brandebourg s'enrichit actuellement de nos dépouilles, comme dans la guerre de 1756. Elle vous prend Lekain et Clairon. Il ne reste rien à Paris, et le pauvre siècle s'en irait, sans vous, dans le néant.

Pourquoi n'auriez-vous pas une troupe de Monsieur, comme il y en avait une du temps de Louis XIV? cette troupe pourrait être sous vos ordres ; vous auriez là un assez joli petit ministère. C'est une idée qui me passe par la tête, et qui ne me paraît pas impraticable ; il faut tout tenter plutôt que de dépendre des comédiens.

Quelque chose qui arrive, je vous regarde comme le restaurateur des belles-lettres. J'attends avec impatience, mon cher ami, le moment où vous parlerez dans l'Académie, et où vous ramènerez les Welches au bon goût, dont ils se sont écartés ; vous en ferez de vrais Français.

Je vous embrasse du meilleur de mon cœur ; je vous aime autant que j'aime *Menzicof*.

MMMMMMMXXV. — A MADAME DE SAINT-JULIEN.

20 décembre.

Il se pourrait faire, notre respectable et chère protectrice, qu'il y eût actuellement par les chemins une lettre de vous, et même une de M. le marquis de La Tour-du-Pin, à qui j'écrivis il y a quinze jours pour le remercier de vos bontés et des siennes, et pour obtenir une permission authentique de me chauffer dans son gouvernement. Vous connaissez le fort l'Écluse ; ce n'est pas la plus importante citadelle du royaume, mais elle est pour moi en pays ennemi, et le major de la place ne laisse pas passer une bûche sans un ordre exprès du commandant de la province. Je me flatte que M. le commandant aime trop madame sa sœur pour souffrir que son protégé, qui n'a que la peau sur les os, meure de froid aux fêtes de Noël, à l'extrémité du royaume de France.

Vous remarquerez, s'il vous plaît, madame, que nos postes sont tellement arrangées dans votre colonie, qu'il faut toujours vous faire réponse avant d'avoir reçu votre lettre.

Le courrier qui s'en va de chez nous part à neuf heures du matin, et le courrier qui vient de chez vous n'arrive qu'à onze heures. Cela n'est pas trop bien entendu, mais cela est au nombre des cent mille petits abus trop légers pour être réformés.

Je vous écris donc, madame, à neuf heures du matin, le 20 de décembre, en attendant que vers le midi j'aie la consolation de voir un peu de votre petite écriture.

Racle a de très-beaux magasins, dans lesquels il y a de très-belle faïence. Nous avons réparé tous les désastres que les ouragans et les inondations avaient causés; mais, pour Château-Dauphin, il a été entièrement négligé, je crois vous l'avoir déjà mandé : ainsi je conseille à notre chère commandante, quand elle viendra honorer sa colonie de sa présence, de ne point descendre à Château-Dauphin, où elle ne trouverait que des pierres qui ne sont pas encore les unes sur les autres; mais il y a encore bien loin de la fin de décembre aux beaux jours où notre commandante pourra venir visiter son pays. Elle aura le temps de faire donner, par le clergé qu'elle gouverne, un bon bénéfice à ce grand garçon de Varicour[1], qui est un des plus beaux prêtres du royaume, et un des plus pauvres. Elle aura accommodé les difficiles affaires de M. de Crassi; elle aura arrangé celles de dix ou douze familles: elle aura rapatrié M. de Richelieu avec Mme de Saint-Vincent, plutôt que de venir dans notre misérable climat. Il faut me résoudre à passer mon hiver dans les regrets. Je n'ai pas encore le plaisir d'être délivré des pandoures de MM. les fermiers généraux. Leur armée est encore à nos portes. Je ne peux pas dire :

Et mes derniers regards ont vu fuir les *commis*[2];

et je ne sais quand mes derniers regards seront consolés par votre présence.

MMMMMMXXVI. — A FRÉDÉRIC II, ROI DE PRUSSE.

A Ferney, 21 décembre.

Sire, il n'y a jamais eu ni de roi ni de goutteux plus philosophe que vous. Il faut que vous soyez comme celui qui disait : *Non, la goutte n'est point un mal.* Vos réflexions sur cette machine qui a, je ne sais

1. Pierre Marin Rouph de Varicour, mort évêque d'Orléans le 9 novembre 1822. Mme de Villette était sa sœur. (ÉD.)
2. Vers de *Mithridate* (ÉD.)

comment, la faculté d'éternuer par le nez et de penser par la cervelle, valent mieux que tout ce que les docteurs en grec et en hébreu ont jamais dit sur cette matière.

Votre Majesté est actuellement dans le cas de Xénophon, qui s'occupait de l'agriculture dans le loisir de la paix. Mais ce n'est pas après une retraite de dix mille, c'est après des victoires de cinquante mille.

Je crois que vous aurez un peu de peine à faire produire à votre sablonnière du Brandebourg d'aussi riches moissons que celles des plaines de Babylone, quoique, à mon avis, vous valiez beaucoup mieux que tous les rois de ce pays-là. Mais du moins vos soins rendront la Marche, et la Nouvelle-Marche, et la Poméranie, plus fertiles que le pays de Salomon, qu'on appela si mal à propos *la Terre promise*, et qui était encore plus sablonneux que le chemin de Berlin à Sans-Souci.

Votre Majesté est trop bonne de daigner jeter les yeux sur mes petits travaux rustiques. Elle m'encourage en m'approuvant. Je n'ai qu'un petit coin de terre à défricher, et encore est-il un des plus mauvais de l'Europe. Vous daignez encourager de même ma chétive faculté intellectuelle, en me persuadant qu'une demi-apoplexie n'est qu'une bagatelle : je ne savais pas que Votre Majesté eût jamais eu affaire à un pareil ennemi. Vous l'avez vaincu comme tous les autres, et vous triomphez enfin de la goutte, qui est plus formidable. Vous tendez une main protectrice, du haut de votre génie, à ma petite machine pensante : je serai assez hardi, dans quelque temps, pour mettre à vos pieds des lettres assez scientifiques, assez ridicules, que j'ai pris la liberté d'écrire à M. Pauw[1] sur ses Chinois, ses Égyptiens, et ses Indiens.

La barbare aventure du général Lally, le désastre et les friponneries de notre compagnie des Indes, m'ont mis à portée de me faire instruire de bien des choses concernant l'Inde et les anciens brachmanes. Il m'a paru évident que notre sainte religion chrétienne est uniquement fondée sur l'antique religion de Brahma. Notre chute des anges qui a produit le diable, et le diable qui a produit la damnation du genre humain, et la mort de Dieu pour une pomme, ne sont qu'une misérable et froide copie de l'ancienne théologie indienne. J'ose assurer que Votre Majesté trouvera la chose démontrée.

Je ne connais point M. Pauw. Mes lettres sont d'un petit bénédictin tout différent de M. Pernetti. Je trouve ce M. Pauw un très-habile homme, plein d'esprit et d'imagination; un peu systématique, à la vérité, mais avec lequel on peut s'amuser et s'instruire.

J'espère mettre dans un mois ou deux ce petit ouvrage de saint Benoît à vos pieds.

On me mande qu'on a imprimé à Berlin une traduction[2] fort bonne d'Ammien Marcellin, avec des notes instructives : comme cet Ammien Marcellin était contemporain du grand Julien, que nos misérables

---

1. *Lettres chinoises, indiennes et tartares.* (ÉD.)
2. Par de Moulines. (ÉD.)

prêtres n'osent plus appeler *apostat*, souffrez, sire, que je prenne une liberté avec celui auquel il n'a manqué, selon moi, pour être en tout très-supérieur à ce Julien, que de faire à peu près ce qu'il fit, et que je n'ose pas dire.

Cette liberté est de supplier Votre Majesté d'ordonner qu'on m'envoie par les Michelet et Gérard un exemplaire de cet ouvrage. Je vous demande très-humblement pardon de mon impudence; tout ce qui regarde ce Julien m'est précieux, mais vos bontés me le sont bien davantage.

Je me mets à vos pieds plus que jamais; je me flatte qu'ils ne sont plus enflés du tout.

MMMMMMMXXVII. — A M. TURGOT.
22 décembre.

Monseigneur, vous avez d'autres affaires que celles du pays de Gex; ainsi je serai court.

Quand je vous ai proposé de sauver les âmes de soixante fermiers généraux pour une aumône d'environ cinq mille livres, c'était bon marché; et c'était même contre mon intention que je vous adressais ma prière, parce que je crois fermement avec vous qu'il faut les damner pour leurs trente mille livres.

Quand je suis allé à nos états, malgré mon âge de quatre-vingt-deux ans et ma faiblesse, ce n'a été que pour faire accepter purement et simplement vos bontés, sans aucune représentation.

Si on en a fait depuis, pendant que je suis dans mon lit, j'en suis très-innocent, et de plus très-fâché.

Je ne me mêle que de ma petite colonie. Je fais bâtir plusieurs nouvelles maisons de pierre de taille que des étrangers, nouveaux sujets du roi, habiteront ce printemps.

Je défriche et j'améliore le plus mauvais terrain du royaume.

Je bénis, en m'éveillant et en m'endormant, M. le duc de Sulli-Turgot.

Si je devais mourir le 2 de janvier 1776, je voudrais avoir fait venir pour mes héritiers, le premier de janvier, dans ma colonie, du sucre, du café, des épices, de l'huile, des citrons, des oranges, du vin de Saint-Laurent, sans acheter tout cela à Genève.

Je vous supplie de croire que, si j'étais encore dans ma jeunesse; si, par exemple, je n'avais que soixante-dix ans, je ne vous serais pas attaché avec plus d'admiration et de respect.

MMMMMMMXXVIII. — A M. L'ABBÉ DE VITRAC,
Sous-principal du collége de Limoges, des Académies de Montauban, Clermont-Ferrand, la Rochelle, etc.

A Ferney, 23 décembre.

Je vous dois des remerciments, monsieur, pour les deux pièces d'éloquence[1] que vous avez bien voulu m'envoyer. Il est très beau de

1. *Éloge de Marc-Antoine Muret*, et *Éloge de Jean Dorat*. (ÉD.)

célébrer, au bout de deux cents ans, la mémoire de ceux qui éclairèrent leur siècle, et qui ne méritaient pas d'être oubliés du nôtre. L'éloge de l'ancien Dorat vous a fourni une occasion bien agréable de rendre justice à M. Dorat d'aujourd'hui.

Il y a un autre homme¹ dont Limoges se souviendra un jour avec une tendre reconnaissance, et qui fait actuellement autant de bien à la France qu'il en a fait à votre patrie.

Permettez-moi une observation sur l'anecdote dont vous parlez dans votre ouvrage. Vous supposez, après tant d'autres, que Charles IX est l'auteur de ces beaux vers à Ronsard :

Tous deux également nous portons des couronnes, etc.

Il n'est guère possible que ces vers soient de la même main qui écrivait à Ronsard :

Si tu ne viens demain me trouver à Pontoise,
Adviendra entre nous une bien grande noise.

On peut croire que ces derniers vers étaient de Charles IX, et que les autres étaient d'Amyot, son précepteur. Le malheureux prince qui commanda la Saint-Barthélemy n'était pas digne de faire de beaux vers.

Il est triste que vous citiez dans vos notes un aussi vil coquin que le Sabatier de Castres.

J'ai l'honneur d'être, etc.

MMMMMMMXXIX. — A M. DE TRUDAINE.

À Ferney, 23 décembre.

Monsieur, depuis l'acceptation unanime de vos bienfaits, et notre prompte soumission à payer trente mille livres d'indemnité à la ferme générale, j'apprends des choses dont je crois vous devoir donner avis.

Il vous souvient qu'autrefois, lorsque vous étiez près de faire à notre pays la même grâce, on suscita je ne sais quels ouvriers lapidaires de la ville de Gex pour s'y opposer. On se sert aujourd'hui du même artifice.

Ces prétendus lapidaires n'ont pas un pouce de terrain dans la province. On m'assure même qu'on a signé des noms de gens qui n'existent pas.

Je ne fais nulle réflexion sur cette manœuvre, je la soumets à votre jugement et à vos ordres, ainsi qu'à ceux de M. le contrôleur général.

Un nommé Lagros sort de chez moi dans le moment. Il propose, conjointement avec le sieur Sédillot, receveur du sel de la province pour les fermiers généraux, et avec le sieur Lachaux, receveur du domaine, de fournir de sel le pays de Gex au prix qui nous conviendra, et se charge de payer pour nous les trente mille livres à la ferme générale.

Il prétend que la république de Genève veut bien, dès à présent, lui céder mille minots au même prix qu'elle les a reçus, pourvu que vous l'approuviez conjointement avec M. le contrôleur général,

1. Turgot. (ÉD.)

Je lui ai demandé s'il avait parlé de cette affaire à M. Fabry : il m'a répondu que oui ; que M. Fabry a reçu ses offres avec transport, et qu'il n'attend que la consommation de l'affaire des franchises pour transiger avec cette nouvelle compagnie au nom de la province, bien entendu que le marché fait avec cette compagnie n'empêcherait point les particuliers de se pourvoir de sel où ils voudraient.

Il n'y a encore rien de signé entre cette compagnie et M. Fabry, subdélégué de M. l'intendant.

Je me borne, monsieur, à vous dire simplement les faits, et à vous renouveler les justes sentiments de ma reconnaissance.

J'ai l'honneur d'être avec beaucoup de respect, monsieur, votre, etc.

MMMMMMMXXX. — A M. L'ABBÉ MORELLET.

23 décembre.

Il faut, monsieur, que je vous conte nos aventures, parce que vous les savez, et que vous avez contribué plus que personne à nous délivrer d'esclavage.

Vous ne pensez pas sans doute que les hommes soient plus sages dans notre petit pays qu'ailleurs. Nous sommes, il est vrai, à l'abri de la grande contagion de Paris; mais nous avons nos maladies épidémiques comme les autres, nous avons nos petites brigues, nos petits intérêts, nos divisions, nos sottises : *tutto il mondo è fatto come la nostra famiglia*.

Bien des gens ont prétendu qu'il fallait me jeter dans le lac de Genève, pour avoir obtenu de M. Turgot la permission de payer trente mille francs d'impôts à MM. les fermiers généraux. Il a fallu que j'écrivisse lettre sur lettre pour supplier le ministre de diminuer cette somme; de sorte que, dans cette affaire, il a fallu me conduire comme dans les assemblées du clergé, c'est-à-dire agir contre ma conscience.

Cependant, quand il fallut assembler les états pour accepter les bontés de M. le contrôleur général, j'allai à cette assemblée, où d'ailleurs je ne vais jamais, et j'eus le plaisir de faire mettre dans les registres : « Nous acceptons unanimement avec la reconnaissance la plus respectueuse. »

Je vous avertis que j'ai borné là ma mission; je ne veux aller ni sur les droits, ni sur les prétentions de personne. Je rentre dans ma colonie comme dans ma coquille. Je suis assez content, pourvu que nous soyons libres au mois de janvier, et que notre petit pays puisse commercer, comme Genève, avec les provinces méridionales du royaume.

Je suis persuadé que nos terres doubleront de prix dans un an. Elles commencent déjà à valoir beaucoup plus qu'on ne les estimait auparavant. Ce seul mot de liberté du commerce réveille toute industrie, anime l'espérance, et rend la terre plus fertile. Encore une fois, je regarde ce petit essai de M. le contrôleur général comme *experimentum in anima vili*; mais assurément cette *anima vilis*, du moins la mienne, est pénétrée, enchantée de tout ce que fait M. Turgot. C'est le premier médecin du royaume; et ce grand corps épuisé et malade lui devra bientôt une santé brillante. Mais, je vous prie, qu'il nous donne la liberté entière du commerce au mois de janvier, sans quoi je serai lapidé, moi qui vous parle, moi qui ai promis cette liberté en son nom.

Nous avons les plus grandes obligations à M. de Trudaine; je le sens plus que personne. Je sens surtout combien il est doux de vous avoir pour ami, et de pouvoir vous parler à cœur ouvert.

Je ne sais rien de l'Académie; on dit que M. Turgot pourrait bien nous faire le même honneur que nous fit M. Colbert; plût à Dieu! Mais vous, est-ce que vous ne serez pas un jour de la bande?

Je vous embrasse bien tendrement. LE VIEUX MALADE.

MMMMMMMXXXI. — A M. L'ABBÉ DE LUBERSAC, VICAIRE GÉNÉRAL DE NARBONNE.

Ferney, ce 25 décembre.

Mon grand âge, monsieur, mes maladies, mes yeux que je perds presque entièrement, sont mon excuse auprès de vous, si je ne suis pas encore entré dans de grands détails sur l'estimable ouvrage[1] que vous m'avez fait l'honneur de m'envoyer. Je n'ai fait que le parcourir encore; mais j'ai déjà jugé combien il était profond en recherches sur l'antiquité, et bien fait pour fixer l'attention de notre jeune monarque, à qui vous le dédiez; j'ai encore vu qu'en décrivant tant de grands monuments, vous en éleviez naturellement un à votre gloire. Je souhaite surtout que celui que vous proposiez pour être élevé vis-à-vis la façade du Louvre, plein de génie, puisse être incessamment exécuté. Je vois que vous êtes animé, comme monsieur votre frère, de l'amour du bien public et de la gloire de votre roi. Il n'appartient pas à un vieillard près de quitter le monde d'en dire davantage à celui qui ne s'occupe qu'à l'embellir.

J'ai l'honneur d'être avec respect, monsieur, votre très-humble et très-obéissant serviteur. *Signé* VOLTAIRE.

MMMMMMMXXXII. — A M. D'ÉTALLONDE DE MORIVAL.

A Ferney, 27 décembre.

Mon cher ami, vous ne m'avez point accusé la réception de deux paquets de graine pour Sa Majesté. Vous ne m'avez rien écrit au sujet des impertinences de la *Gazette du Bas-Rhin*. Je vous ai mandé que j'avais instruit Sa Majesté de cette affaire. Je dois vous dire, de plus, que l'avocat célèbre qui avait écrit en faveur des jeunes gens coaccusés est le seul qui soit pleinement instruit des malversations horribles qui furent commises dans Abbeville. Il dit qu'elles furent portées à un excès inconcevable, et il compte dévoiler tous ces mystères d'iniquité dans un mémoire qui servira beaucoup à la réforme de la jurisprudence.

Le présent ministère, sous lequel nous avons le bonheur de vivre, a fort à cœur cette réforme nécessaire. On y travaillera avec le plus grand zèle; et l'abominable mort de votre ancien ami ne sera pas oubliée.

1. *Discours sur les monuments publics de tous les âges et de tous les peuples connus.* (ÉD.)

C'est tout ce que peut vous mander pour le présent un pauvre malade qui n'en peut plus, et qui vous est très-attaché.

MMMMMMMXXXIII. — A M. FABRY.

28 décembre.

Je suis très-sensible, monsieur, à tout ce que vous voulez bien me communiquer. Je suis aussi étonné que vous des cinquante-quatre mille livres de dédommagement que les fermiers généraux demandent. J'ai représenté cette énorme disproportion non-seulement à M. le contrôleur général et à M. de Trudaine, mais à ceux qui ont travaillé sous leurs ordres. J'ai insisté vivement; je m'y suis pris de toutes les façons. Je n'ai pu faire réduire l'indemnité qu'à trente mille livres; c'était une affaire de conciliation. On ne pouvait forcer les fermiers à se désister des droits stipulés dans leur bail; il a fallu composer avec eux; nous sommes encore trop heureux d'en être quittes pour trente mille livres.

Si vous pouvez parvenir, monsieur, à faire un bon traité avec la compagnie *hasardeuse et hasardée* qui offre de vous rendre les trente mille livres, la province aura fait un marché avantageux auquel elle ne devait pas s'attendre. C'est à vos bons offices, à votre prudence et à vos lumières qu'on devra ce nouvel arrangement.

Il me paraît qu'une compagnie peut se mettre en état de vous payer les trente mille livres en se procurant des gains que les états ne pourraient jamais faire; mais enfin l'établissement de cette compagnie me semble bien délicat, et il n'y a que vous qui puissiez la protéger et la conduire.

Il me paraît bien difficile que, du 23 décembre au 1ᵉʳ janvier, l'affaire de l'affranchissement puisse être consommée, et que les employés nous donnent notre liberté pour nos étrennes. Cependant M. l'intendant ne pourrait-il pas proposer qu'on les renvoyât toujours à bon compte, le jour de la Circoncision, attendu qu'ils sont un peu juifs?

On dit que le capitaine général de cette armée a déjà reçu un ordre de Bellay d'aller marquer de nouveaux camps. Si cela est, voilà une administration toute nouvelle à laquelle vous allez travailler dès ce moment, et il faudra que tout change dans le pays de Gex; mais il ne sera pas aisé de faire changer de nature notre sol, nos vents, et nos neiges.

J'ai l'honneur d'être, etc.   VOLTAIRE.

MMMMMMMXXXIV. — A M. DE LA FOLLIE [1].

Au château de Ferney, 29 décembre.

Le malade de Ferney, qui n'a d'autre prétention, à l'âge de quatre-vingt-deux ans, que celle de mourir en paix, remercie très-sensiblement le *philosophe sans prétention* qui lui a fait l'honneur de lui présenter son livre. Si l'auteur n'a pas eu la prétention de plaire, il a été

1. Louis-Guillaume de La Follie, négociant à Rouen, auteur d'un livre intitulé *le Philosophe sans prétention, ou l'Homme rare*. (ÉD.)

directement contre son but. Le vieux malade est pénétré de reconnaissance pour le philosophe qui lui a fait un présent si agréable.

Il a l'honneur d'être, avec tous les sentiments qu'il lui doit, son très-humble et très-obéissant serviteur.

MMMMMMMXXXV. — A M. L'ABBÉ MORELLET.

A Ferney, 29 décembre.

Je commence, monsieur, par vous demander des nouvelles de votre procès de Rome, et puis je vous parlerai de notre procès de Gex, dont vous voulez bien être le rapporteur. Je dirai toujours que MM. les fermiers généraux ont demandé de nous une somme un peu trop forte, mais que nous sommes très-heureux d'en être quittes pour trente mille livres, grâce aux bontés de M. le contrôleur général. Il vivifie tout d'un coup notre petite province; il en sera autant du reste du royaume. L'abolition des corvées est surtout un bienfait que la France n'oubliera jamais.

Dites-moi, je vous prie, si le commencement de l'année 1776 serait un temps convenable pour demander l'abolition de la mainmorte, après avoir obtenu l'abolition des bureaux des fermes. Le goût de la liberté augmente à mesure qu'on en jouit; mais ce n'est pas pour nous que nous présenterions cette requête; ce serait pour la Franche-Comté et pour quelques autres endroits du royaume, où la nature humaine est encore écrasée par la tyrannie féodale. Quel insupportable opprobre, mon cher philosophe, que de voir, à deux pas de chez moi, trente à quarante mille hommes de six pieds de haut, esclaves de quelques moines, et beaucoup plus esclaves que s'ils étaient tombés entre les mains de messieurs de Maroc et d'Alger! Songe-t-on combien il est ridicule et horrible, préjudiciable à l'État et au roi, honteux pour la nature humaine, que des hommes très-utiles et très-nombreux soient esclaves d'un petit nombre de faquins inutiles? Cela peut-il se souffrir après tant de déclarations de nos rois qui ont voulu que la servitude fût détruite, et que leur royaume fût celui des Francs?

Nous avons un projet d'édit sous Louis XIV, minuté par le bisaïeul de M. de Malesherbes, pour détruire la mainmorte, en indemnisant les seigneurs féodaux. Qui pourra s'opposer à cette entreprise, si M. de Malesherbes et M. Turgot veulent la faire réussir?

On propose, dit-on, beaucoup de nouveautés. Y en aura-t-il une aussi belle que celle de faire rentrer la nature humaine dans ses droits? Mandez-moi, je vous prie, ce que vous en pensez :

Ut jam nunc dicat, jam nunc debentia dici[1].

Un M. l'abbé de Lubersac, vicaire général de Narbonne, etc., vient de m'envoyer un grand in-folio sur tous les monuments faits et à faire, et surtout un grand arc de triomphe à la gloire de Louis XVI. Je ne connais point d'arc de triomphe comparable à celui dont je vous parle.

1. Horace, *de Arte poetica*, vers 43. (ÉD.)

Vous devriez bien en faire un sujet de conversation avec M. Turgot. N'oubliez pas, je vous prie, de lui dire que notre petit pays le bénit, comme le royaume en entier le bénira.

Je vous demande aussi en grâce de vous souvenir de moi auprès de M. de Trudaine; je suis pénétré de ses bontés.

Avez-vous vu Mme de Saint-Julien ? Je vous avais envoyé, il y a longtemps, un mémoire pour lui être communiqué; mais tous nos mémoires deviennent aujourd'hui inutiles. Je crois la franchise du pays de Gex consommée, et que nous n'avons plus rien à faire qu'à chanter des *Te Deum*.

Au reste, je ne sais rien de ce qui se passe à Paris : je ne sais pas même qui succédera dans l'Académie au frétillant abbé de Voisenon.

MMMMMMMXXXVI. — A M. MALLET DU PAN L'AÎNÉ.

Vous allez dans un pays devenu presque barbare par la violence des factions; c'est un de mes grands chagrins que l'homme éloquent[1] que vous y verrez soit malheureux; il lui faudra du temps pour en parler la langue avec facilité : à combien d'embarras ce grand ouvrage politique hebdomadaire va l'exposer ! C'est une chose si délicate que de vouloir rappeler à une nation ses intérêts, lorsqu'elle est privée elle-même de tous les moyens de régénération ! Je doute que Xénophon eût osé le tenter chez le jeune Cyrus; mais ce qui me donne les plus grandes espérances, c'est que M. Linguet a les outils universels avec lesquels on fait tout ce qu'on veut, le courage et l'éloquence. Je lui souhaite autant de succès qu'il a de mérite. Vous savez que, selon La Fontaine,

> Tout faiseur de journal doit tribut au malin[2].

Il serait beau qu'il ne crût jamais avoir besoin de cette ressource, et en effet il est trop au-dessus d'elle. Je ne vous reverrai plus ni l'un ni l'autre ; mon grand âge et mes maladies continuelles ouvrent mon tombeau, etc. VOLTAIRE.

MMMMMMMXXXVII. — A M. FABRY.
2 janvier 1776.

Je reçois, monsieur, de tous côtés des nouvelles du pays de Gex, mais aucune de Paris. Le pays de Gex m'instruit que le parlement de Dijon a enregistré nos lettres patentes avec des modifications; que tous les commis des bureaux sont partis, et que les fermiers généraux nous refusent du sel. Mais comme il est impossible que depuis le 22 décembre on ait eu le temps de faire sceller la déclaration du roi en cire jaune, de l'envoyer à Dijon, et de la faire revenir de Dijon à Gex, je ne dois pas ajouter beaucoup de foi à tout ce qu'on écrit de ce pays-là.

On me mande aussi que deux personnages du pays ont comploté de m'empoisonner dans du vin de liqueur. Je n'en bois point, et je ne me tiens pas pour empoisonnable.

---

1. Linguet était alors réfugié à Londres. (ÉD.)
2. Lettre à Simon de Troyes, février 1686. (ÉD.)

Si vous avez, monsieur, quelque nouvelle un peu moins incertaine, je vous serai très-obligé de m'en faire part. Pour moi, je n'ai rien de M. Turgot, ni de M. de Trudaine, ni de leur ayant cause. Je les crois tous plus occupés des affaires du royaume que de celles de notre souricière.

J'ai l'honneur d'être, etc. VOLTAIRE.

MMMMMMXXXVIII. — AU MÊME.
3 janvier.

J'ai l'honneur de vous envoyer, monsieur, la lettre de M. de Trudaine du 25, par laquelle vous verrez combien j'ai insisté pour une diminution.

La déclaration du roi doit être actuellement au parlement. Vous voyez que rien n'était plus mal fondé que tous les bruits qui ont couru dans le pays de Gex : ils n'approchent guère de ma retraite; on n'y entend que les éloges de votre administration, et les expressions de tous les sentiments avec lesquels toute notre maison vous est attachée.

Je regarde la liberté du pays comme consommée.

J'ai l'honneur d'être, etc. VOLTAIRE.

MMMMMMXXXIX. — AU MÊME.
4 janvier.

Je puis vous assurer, monsieur, que je n'ai jamais entendu parler du mémoire des douze notables dont vous faites mention dans votre lettre d'hier. Vous savez que je passe ma vie dans la plus grande solitude; je ne sors de ma chambre que pour aller manger un morceau avec Mme Denis : je lui ai demandé en général si jamais elle avait entendu parler d'un mémoire signé par douze personnes à Gex; elle n'en a pas eu la moindre connaissance.

Je reçus hier, monsieur, une lettre de M. de Fargès, intendant des blés du royaume, de la part de M. Turgot; il me mande, comme M. de Trudaine, que la déclaration du roi doit être actuellement entre les mains du parlement de Dijon. Je crois qu'il ne sera pas difficile à M. l'intendant et à vous, monsieur, de faire contribuer tous les habitants du pays de Gex, puisque tous les habitants profiteront de la liberté qu'on leur donne : un tel arrangement est si juste, que je ne vois pas comment on pourrait s'y refuser; j'en dirais un petit mot en qualité de commissionnaire des états.

J'ai l'honneur d'être, etc.

P. S. J'apprends, monsieur, que, malgré les ordres précis donné par M. le contrôleur-général à la ferme de retirer sans délai leurs employés du pays de Gex, ils ont pourtant encore l'insolence de saisir et de conduire en prison tous ceux qu'ils rencontrent avec des marchandises permises : cette abominable tyrannie n'est pas concevable. Nous payons trente mille francs à la ferme, du 1ᵉʳ janvier; donc nous sommes libres du 1ᵉʳ janvier; donc on ne doit regarder que comme des assassins les scélérats qui, à la faveur d'une ancienne bandoulière, viennent voler sur les grands chemins et dans les maisons les sujets du roi. Il me semble qu'il faut faire sortir de prison ceux qu'on y a si injustement conduits hier, et y mettre à leur place les coquins qui ont osé les arrêter.

MMMMMMXL. — AU MÊME.

5 janvier.

Si vous avez le temps, monsieur, de m'écrire un mot au milieu des occupations dont vous devez être surchargé, je vous supplie de vouloir bien m'instruire si le bureau de Versoix a reçu des ordres de déguerpir, ainsi que tous les autres Voilà enfin notre grande affaire consommée; il ne nous reste plus qu'à payer trente mille livres aux soixante colonnes de l'État, et je vous réponds qu'il n'y a personne dans la province qui n'y contribue de bon cœur.

J'ai l'honneur d'être, etc. VOLTAIRE.

MMMMMMXLI. — A M. TURGOT.

Ferney, 8 janvier.

Monseigneur, un petit peuple devenu libre par vos bienfaits, ivre de joie et de reconnaissance, se jette à vos pieds pour vous remercier.

Je vous demanderai la permission d'implorer quelquefois votre protection et vos ordres en faveur de quelques personnes qui méritent bien vos bontés. Il y a, par exemple, le sieur Sédillot, ci-devant receveur du grenier à sel, lequel s'est conduit dans cette affaire avec un désintéressement inouï; il a préféré hautement, dans l'assemblée des états, l'affranchissement de son pays à son intérêt particulier. Il y a le procureur du roi, nommé Rouph, pourvu anciennement de l'office de contrôleur du grenier à sel, homme de mérite, grand cultivateur, et chargé de dix enfants.

En attendant, je vous supplie de vouloir bien jeter un coup d'œil sur le mémoire ci-joint, seulement pour vous amuser, supposé que vous en ayez le temps. J'ai tâché, dans ce mémoire, de vous deviner; mais je ne suis capable que de sentir vos bienfaits, et de vous témoigner mon inutile respect, mon inutile reconnaissance, mon inutile attachement. LE VIEUX MALADE DE FERNEY.

MMMMMMXLII. — A M. DE CHABANON.

A Ferney, 8 janvier.

Lorsque vous viendrez souper, monsieur, à Saconnay ou à Ferney, vous ne verrez plus de pandoures des fermes générales fouillant des religieuses, et troussant leurs cottes sacrées. Ces petits scandales n'arriveront plus dans mon voisinage. Tous les alguazils de notre pays sont partis avec l'étoile des trois rois. Nous sommes libres aujourd'hui comme les Génevois et les Suisses, moyennant une indemnité que nous payons à la ferme générale. Je ne sais point de plus beau spectacle que celui de la joie publique; il n'y a point d'opéra qui en approche.

Vous qui aimez M. Turgot, vous auriez été enchanté de le voir béni par dix mille de nos habitants, en attendant qu'il le soit de vingt millions de Français. Il me semble qu'il fait un essai sur notre petite province. Le ministre de la guerre fait, de son côté, des arrangements aussi utiles. L'âge d'or commence; c'est à vous de le chanter, je n'ai plus de voix : *vox quoque Mœrim deficit* [1]. Mes sentiments pour vous ne se ressentent point de ma décrépitude.

Mme Denis, qui est presque aussi malade que moi, vous fait mille compliments.

MMMMMMMXLIII. — DE FRÉDÉRIC II, ROI DE PRUSSE.

10 janvier.

Votre lettre m'est venue bien à propos. Les gazetiers nous avaient tous alarmés par les nouvelles qu'ils débitaient de votre maladie. Je suis charmé qu'ils aient menti sur ce sujet comme selon leur coutume. Le dernier accident qui vous est arrivé vous oblige à vous ménager dorénavant plus que par le passé. Je pense qu'il faudrait se contenter d'un repas par jour ; dîner à midi, pour laisser à l'estomac le temps d'achever sa digestion avant les heures du sommeil. J'ai reçu du Grand Seigneur un présent de baume de la Mecque ; il est de la première main. Si votre médecin juge que l'usage de ce baume vous puisse être utile, je vous en enverrai très-volontiers une fiole. Voici le livre que vous me demandez [2] ; le traducteur se plaint de l'obscurité de son original ; il a eu toutes les peines du monde à deviner le sens de quelques passages. Messieurs nos académiciens se mettent à traduire ; en quoi ils me font plaisir, parce qu'ils me mettent en état de lire des ouvrages des anciens qui jusqu'ici ont été ou mal traduits, ou traduits en vieux français, ou point du tout. Les livres sont les hochets de ma vieillesse, et leur lecture, le seul plaisir dont je jouisse. J'avoue qu'excepté la Libye, peu d'États peuvent se vanter de nous égaler en fait de sable ; cependant nous défrichons cette année soixante-seize mille arpents de prairies ; ces prairies nourriront sept mille vaches, ce fumier engraissera et corrigera notre sable, et les moissons en vaudront mieux. Je sais qu'il n'est pas donné aux hommes de changer la nature des choses ; mais je pense qu'à force d'industrie et de travail on parvient à corriger un terrain stérile, et qu'on peut en faire une terre médiocre ; et voilà de quoi nous contenter.

J'ai lu à l'abbé Pauw votre lettre ; il a été pénétré des choses obligeantes que vous écrivez sur son sujet ; il vous estime et vous admire, mais je crois qu'il ne changera pas d'opinion au sujet des Chinois ; il dit qu'il en croit plus l'ex-jésuite Parennin, qui a été dans ce pays-là, que le patriarche de Ferney, qui n'y a jamais mis les pieds. Vous voudrez bien que je garde la neutralité, et que j'abandonne les Chinois et leur cause aux avocats qui plaident pour et contre eux. L'empereur de la Chine ne se doute certainement pas que sa nation va être jugée en dernier ressort en Europe, et que des personnes qui n'ont jamais mis

---

1. *Vox quoque Mœrim*
Jam fugit ipsa.
Virg., eclog. IX, 53. (ÉD.)

2. La traduction d'*Ammien Marcellin*, par de Moulines. (ÉD.)

le pied à Pékin décideront de la réputation de son empire. Il faut l'avouer, les Européens sont plus curieux que les habitants des autres parties de notre globe; il vont partout, ils veulent tout savoir, ils veulent convertir tous les peuples chez lesquels ils pénètrent, et ils apprécient le mérite de chaque province.

J'attends avec impatience les ouvrages que vous voulez bien m'envoyer[1]. Vous savez le cas que je fais de tout ce qui part de votre plume; mais j'avoue en même temps mon extrême ignorance sur les mœurs des peuples du Mogol, du Japon, et de la Chine; j'ai borné mon attention à l'Europe; cette connaissance est d'un usage journalier et nécessaire. Ce que je pourrais ramasser d'érudition sur le Mogol, l'Arabie et le Japon, serait l'objet d'une vaine curiosité. Je ne connais de l'empereur de la Chine que les mauvais vers qu'on lui attribue; s'il n'a pas de meilleurs poètes à Pékin, personne n'apprendra cette langue pour pouvoir lire de pareilles poésies; et tant que la fatalité ne fera pas naître le génie d'un Voltaire dans ce pays-là, je m'embarrasserai peu du reste. Vivez donc, mon cher marquis, mon cher intendant, pour soulager le pays de Gex, pour donner un exemple à votre patrie d'un gouvernement philosophique, et pour la satisfaction de tous ceux qui s'intéressent vivement comme moi à la conservation du Protée de Ferney. *Vale.*

MMMMMMXLIV. — A M. FABRY.

Janvier.

Je suis seul, mon cher monsieur, bien malade, bien empêché, mais bien à votre service. Mon avis serait que chacun se pourvût comme il pût pendant deux ou trois mois, et qu'on tâchât, pendant cet intervalle, d'obtenir une permission particulière du roi de faire venir du sel de Peccais pour notre consommation. Le refus que vous essuierez nous servira d'appui auprès de Sa Majesté, et cette dureté des fermiers généraux pourrait bien servir à les priver de leurs trente mille livres. Je ne désespère de rien.

Mille respects. V.

MMMMMMXLV. — A M. DE VAINES.

11 janvier.

Il faut, monsieur, que je vous interrompe un moment. Il faut absolument que je vous dise, au nom de dix à douze mille hommes, combien nous avons d'obligations à M. Turgot, à quel point son nom nous est cher, et dans quelle ivresse de joie nage notre petite province. Je ne doute pas que ce petit essai de liberté et d'impôt territorial ne prépare de loin de plus grands événements. La plus petite province du royaume ne sera pas sans doute la seule heureuse. Je sais bien qu'il y a de fameux déprédateurs qui redoutent la vertu éclairée; je sais que des fripons murmurent contre le bonheur public, qu'ils se font écouter par leurs parasites. Ils crient que tout est perdu, si jamais le peuple est soulagé et le roi plus riche; mais j'espère tout de la fermeté du

---

1. Les *Lettres chinoises, indiennes, tartares*, etc. (ÉD.

roi, qui soutiendra son ministre contre une cabale odieuse. Il a déjà confondu cette cabale, quand il a répondu à ses libelles en vous nommant son lecteur. Vous ne pourrez jamais lui faire lire un meilleur ouvrage que ceux auxquels vous travaillez sous les yeux de M. Turgot.

Conservez un peu de bienveillance pour votre très-humble et très-obéissant serviteur,
LE VIEUX MALADE.

MMMMMMXLVI. — A MADAME DE SAINT-JULIEN.

11 janvier.

Je ne jouis guère, ma belle protectrice, des triomphes dont nou vous avons l'obligation. L'hiver nous désole Mme Denis et moi. Vou seriez bien attrapée, si vous étiez obligée, comme nous, de ne pas sortir de votre chambre. Nous sommes consolés par le bruit des acclamations, par les cris de joie de toute une province, et par les compliments que nous recevons de tous côtés. Si on pouvait savoir à Paris le bon effet que ce petit événement a produit dans le pays étranger, la cabale qui s'élève contre M. Turgot changerait bien de ton, et serait forcée de chanter ses louanges. C'est une chose honteuse et infâme qu'on ose décrier dans Paris le ministre le plus éclairé et le plus intègre que la France ait jamais eu. Ses ennemis, ne pouvant désapprouver ce qu'il a fait, s'occupent à blâmer ce qu'il fera. Qu'ils attendent du moins les événements pour s'en plaindre, à moins qu'ils n'aient le don de prophétie.

Je ne sais comment vous êtes avec M. le maréchal de Richelieu. Je vous demanderais votre protection auprès de lui, s'il était assez heureux pour vous voir souvent. Il me semble que je suis dans sa disgrâce, pour lui avoir écrit en faveur de quelques-uns de nos académiciens, et pour lui avoir remontré qu'il ne tenait qu'à lui de se faire des partisans zélés de ceux qui ont l'honneur d'être ses confrères, et auxquels il avait peut-être témoigné trop peu de bienveillance. Je vois qu'il est comme les rois, qui ne veulent pas que les courtisans leur disent leurs vérités.

Je crois M. le duc de Choiseul plus juste. Je me flatte qu'il rend justice à la pureté de ma conduite et aux sentiments de mon cœur; mais c'est de vous surtout, madame, que j'attends mes plus chères consolations; c'est sur les ailes brillantes de mon papillon-philosophe que je fonde mes espérances. Ne reviendra-t-elle pas dans son gouvernement, après avoir voltigé tout l'hiver dans Paris? ne gagnera-t-elle plus le prix des jeux au pied du mont Jura?

Je me chauffe, en attendant, avec le bois que monsieur votre frère m'a permis de tirer du fond de notre petite province ; et les employés des fermes savent à présent de quel bois je me chauffe. Votre amitié et vos bontés me rendraient le plus heureux des hommes, si on pouvait être heureux à quatre-vingt-deux ans, avec une santé détestable ; mais au moins, avec l'amitié dont vous m'honorez, je suis sans doute moins malheureux.

ANNÉE 1776.

MMMMMMMXLVII. — A M. LE MARQUIS DE THIBOUVILLE.

11 janvier.

Mon cher marquis, je vous sais bien bon gré de vous être à la fin humanisé avec moi, et de m'avoir écrit des lettres qui disent quelque chose. J'ai le malheur, dans ma solitude, de ne connaître ni *le Paysan perverti*[1], ni *le Célibataire*[2]; mais je trouve plaisant que vous me recommandiez de ne montrer qu'à Mme Denis ce que vous avez la complaisance de m'écrire. Messieurs les Parisiens s'imaginent toujours que le reste de la terre est fait comme le faubourg Saint-Germain et le quartier du Palais-Royal; et qu'au sortir de l'Opéra les Suisses content les nouvelles du jour, avant de souper avec quinze ou vingt amis intimes. Ce n'est pas là ma façon d'être. Ma solitude n'est interrompue que par les acclamations de dix ou douze mille habitants qui bénissent M. Turgot.

Notre petite province se trouve à présent la seule en France qui soit délivrée des pandoures des fermes générales. Nous goûtons le bonheur d'être libres. Nous n'avons pas parmi nous un seul paysan perverti, et il n'y a peut-être que moi qui sache si l'on a joué *le Célibataire* et *le Connétable de Bourbon*[3].

Les déserteurs, qui reviennent en foule, et qui passent par notre pays, chantent les louanges de M. de Saint-Germain[4], comme nous chantons celles de M. Turgot. Je me doute bien qu'il y a quelques financiers dans Paris dont les voix ne se mêlent point à nos concerts; nous savons que les sangsues ne chantent point; et nous ne nous embarrassons guère que ces messieurs applaudissent ou non aux opérations du meilleur ministre des finances que la France ait jamais eu.

On dit qu'il court dans Paris une pasquinade, intitulée *Entretien du P. Adam et du P. Saint-Germain*. Je ne connais pas plus cette sottise que *le Paysan perverti*.

Mme Denis est fort languissante. L'hiver me tue, et ne la corrigera point de sa paresse.

Le vieux malade de Ferney vous écrit pour elle, et tous deux vous sont tendrement attachés.

MMMMMMMXLVIII. — A M. TURGOT.

13 janvier.

Pardonnez à un vieillard ses indiscrétions et ses importunités. Un des droits de votre place est d'essuyer les unes et les autres.

Vous faites naître un beau siècle, dont je ne verrai que la première aurore. J'entrevois de grands changements, et la France en avait besoin en tout genre.

J'apprends qu'en Toscane on vient d'essayer l'usage de vos principes, et qu'un plein succès en a justifié la bonté.

1. Roman de Rétif de La Bretonne. (ÉD.)
2. Comédie en cinq actes et en vers de Dorat. (ÉD.)
3. Tragédie du comte de Guibert. (ÉD.)
4. Saint-Germain, ministre de la guerre, avait fait supprimer la peine de mort pour désertion. (ÉD.)

On me dit qu'en France des gens intéressés, et d'autres gens très-ingrats, qui vous doivent leur existence, forment une cabale contre vous. Je me flatte qu'elle sera dissipée. Mon espérance est fondée sur le caractère du roi, et sur les vrais services que vous rendez à la nation.

Le petit pays de Gex est à peine un point sur la carte, mais vous ne sauriez croire les heureux effets de vos dernières opérations dans ce coin de terre. Les acclamations sont portées jusqu'aux bords du Rhin. Vous ne vous en souciez guère, mais je m'en soucie beaucoup, parce que j'aime votre gloire autant que vous aimez le bien public.

Permettez-moi, monseigneur, de vous présenter, sur un papier séparé, des *Prières* et des *Questions*, sur lesquelles je n'ose vous prier de me répondre. Mais je vous supplie de me faire savoir vos volontés par M. Dupont.

Je numérote mes prières, afin que, pour épargner le temps et les paroles, on me réponde *ad primum*, *ad secundum*, comme on fait en Allemagne. Si mieux n'aimez faire mettre vos ordres en marge.

Triomphez, monseigneur, des fripons et de la goutte; conservez vos bontés pour le plus vieux de vos serviteurs et le plus zélé de vos admirateurs : vous ne vous embarrassez guère de son profond respect.

LE VIEUX MALADE DE FERNEY.

MMMMMMMXLIX. — A M. FABRY.

14 janvier.

Monsieur, les têtes de l'hydre se multiplient. Quoique le monstre soit chassé de notre pays, je ne vois que des gens qui viennent se lamenter d'avoir été arrêtés vers le pont de Bellegarde et vers Myoux. L'un dit : « On m'a saisi mon blé; » l'autre, « mon veau, mon beurre, mes œufs. » Un troisième crie qu'il ne pourra plus faire passer du bois et du charbon. Les gens de Lellex se plaignent de n'avoir point de sel, et ne savent où en prendre.

Je présume que le parlement de Dijon veut modifier la déclaration du roi, puisque vous ne l'avez pas encore reçue. Je suis toujours à vos ordres.

J'ai l'honneur d'être, etc.

VOLTAIRE.

MMMMMMML. — A M. DE FARGÈS, CONSEILLER D'ÉTAT.

Vers le 15 janvier.

Le sieur Bornel, qui fait exploiter une grande forêt de chênes à Trepierre, en Franche-Comté, a été arrêté, le 14 janvier 1776, à Nantua, en Bugey, avec trois chariots d'écorces qu'il conduisait, selon son usage, au pays de Gex, desquelles écorces il offrait de payer les droits. Le directeur des bureaux des fermes, nommé Sauvage Saint-Marc, lui a signifié que s'il allait à Gex, la marchandise, les chevaux, et ses chariots, seraient confisqués, attendu que Gex était à présent province étrangère.

Les états de Gex représentent que leur pays est désuni des fermes générales, moyennant une somme annuelle, et qu'ils sont province de France.

Ils attendent la décision de M. de Fargès.

MMMMMMLI. — A Frédéric II, roi de Prusse.

A Ferney, 17 janvier.

Sire, il y avait autrefois, vers le cinquante-troisième degré de latitude, un bel aigle, dont le vol était admiré dans toutes les latitudes du monde. Un petit rat était sorti de sa souricière pour aller contempler l'aigle, et il fut épris d'une violente passion pour ce roi des oiseaux; le rat vieillit depuis dans sa retraite, et fut réduit à ronger des livres; encore les rongeait-il fort mal, parce qu'il n'avait plus de dents. L'aigle conserva toujours son beau bec, mais il eut mal à ses royales pattes.

Ce qu'on ne croira jamais, c'est que cet aigle, pendant sa maladie, s'amusait quelquefois à faire de fort jolis vers, qu'il daignait envoyer au rat. Puisque les chênes de Dodone parlaient, pourquoi un aigle ne ferait-il pas des vers? Le rat devenu décrépit ne pouvait plus faire que de la prose : il prit la liberté d'envoyer à son ancien patron l'aigle quelques feuillets d'un ancien livre qu'il avait trouvé dans une bibliothèque; ces fragments commençaient à la page 86.

Les choses dont il est parlé dans ces fragments sont très-vraies et très-singulières. Le rat s'imagina qu'elles pourraient amuser l'aigle. S'il se trompa, on peut lui pardonner, car, dans le fond, il n'avait que de bonnes intentions; il ne voyait pas la vérité avec un coup d'œil d'aigle; mais il l'aimait tant qu'il pouvait. C'était même pour cultiver cette vérité et pour la contempler de plus près, qu'il avait fait autrefois un voyage dans la moyenne région de l'air pour se mettre sous la protection de son aigle, auquel il resta attaché bien respectueusement et bien tendrement jusqu'à ce qu'il fût mangé des chats.

P. S. Si par hasard Sa Majesté l'aigle pouvait s'amuser de ces chiffons, son vieux vassal le rat lui enverrait tout l'ouvrage par les chariots de poste, dès qu'il sera imprimé.

MMMMMMLII. — A M. Bailly.

A Ferney, 19 janvier.

J'ose toujours, monsieur, vous demander grâce pour les brachmanes. Ces Gangarides, qui habitaient un si beau climat, et à qui la nature prodiguait tous les biens, devaient, ce me semble, avoir plus de loisir pour contempler les astres que n'en avaient les Tartares-kalcas et les Tartares-usbecks. Les autres Tartares portugais, espagnols, hollandais, et même français, qui sont venus ravager les côtes de Malabar et de Coromandel, ont pu détruire les sciences dans ce pays-là, comme les Turcs les ont détruites dans la Grèce. Nos compagnies des Indes n'ont pas été des académies des sciences.

.... Je n'ai pas de peine à croire que nos soldats envoyés dans l'Inde, et nos commis, encore plus cruels et plus fripons, aient un peu dérangé les études des écoles que Zoroastre et Pythagore venaient consulter. Mais enfin nous n'avons point encore brûlé Bénarès, les Espagnols n'y ont point établi l'inquisition comme à Goa; et l'on m'assure que dans cette ville, qui est peut-être la plus ancienne du monde, il y a encore de vrais savants.

Les Tartares vinrent plus d'une fois subjuguer ce beau pays; mais ils respectaient Bénarès; et il y a encore un grand pays voisin où ce qu'on appelle l'âge d'or s'est conservé.

Il ne nous est jamais venu de la Scythie européane et asiatique que des tigres qui ont mangé nos agneaux. Quelques-uns de ces tigres, à la vérité, ont été un peu astronomes quand ils ont été de loisir, après avoir saccagé tout le nord de l'Inde; mais est-il à croire que ces tigres partirent d'abord de leurs tanières avec des quarts de cercle et des astrolabes? Rien n'est plus ingénieux et plus vraisemblable, monsieur, que ce que vous dites des premières observations, qui n'ont pu être faites que dans des pays où le plus long jour est de seize heures, et le plus court de huit; mais il me semble que les Indiens septentrionaux, qui demeuraient à Cachemire, vers le trente-sixième degré, pouvaient bien être à portée de faire cette découverte.

Enfin ce qui me fait pencher pour les brachmanes, c'est cette foule de témoignages avantageux que l'antiquité nous fournit en leur faveur; ce sont les voyages étonnants entrepris des bouts de l'Europe pour aller s'instruire chez eux. A-t-on jamais vu un philosophe grec aller chercher la science dans les pays de Gog et de Magog?

Il est vrai que les bramines d'aujourd'hui qui demeurent à Tanjaour ne sont que des copistes qui travaillent de routine, et dont nous avons beaucoup dérangé les études; mais songez, je vous en prie, qu'il n'y a plus de Platon dans Athènes, ni de Cicéron dans Rome.

Ce que je sais certainement, c'est que vous citez des livres qui ne valent pas le vôtre à beaucoup près; que je vous ai une extrême obligation de me l'avoir envoyé et de m'avoir instruit, et que je vous demande pardon d'avoir quelque scrupule sur un ou deux points. Le doute sert à raffermir la foi.

J'ai l'honneur d'être, avec reconnaissance et avec l'estime la plus respectueuse, etc. LE VIEUX MALADE.

MMMMMMMLIII. — A M. LE COMTE DE ROCHEFORT.

A Ferney, 21 janvier.

Un des plus vieux malades du pays de Gex, un homme pénétré de chagrins et de regrets, un cœur attaché tendrement à M. et à Mme de Rochefort tant qu'il battra dans son vieil étui, demande à M. et Mme de Rochefort où ils sont, ce qu'ils font, ce qu'ils pensent. Leur montre est faite depuis longtemps; mais où l'envoyer? où l'adresser? êtes-vous en Champagne, à la cour? Dans quelque endroit que vous soyez, n'oubliez pas ce pauvre homme, quand je dis ce pauvre homme ce n'est pas dans le goût du Tartufe.

Je suis enterré sous dix pieds de neige; je suis presque aveugle; je n'ai plus qu'un souffle de vie, et c'est pour vous aimer.

MMMMMMMLIV. — A M. DE TRUDAINE.

A Ferney, 26 janvier.

Monsieur, vos bontés m'ont enhardi à vous faire de nouvelles sollicitations.

J'ai envoyé à M. le contrôleur général un petit mémoire de nos requêtes pour être renvoyé à votre examen et à votre décision. J'ai malheureusement appris depuis qu'il avait un nouvel accès de goutte. J'attendrai le retour de sa santé et de vos ordres.

Permettez-moi, monsieur, de joindre à ce mémoire de nouvelles supplications que je vous présente au nom de ma province.

Nous avons au revers du mont Jura, à trois ou quatre cents pieds sous neige, juste au bout du chemin de la Faucille, un abîme qu'on appelle Lellex, peuplé d'environ deux cents malheureux que la nature a placés dans les pays de Gex, et que M. l'abbé Terray en a détachés. Ils étaient nos compatriotes de temps immémorial. Ils prenaient leur sel à Gex. M. Fabry, notre subdélégué, les faisait travailler aux corvées de Gex. Ils grimpaient l'abominable Faucille de Gex avec leurs outils, pour venir perdre leur temps aux chemins de Gex. M. l'abbé Terray les a déclarés, en 1771, habitants de la banlieue de Belley, qui est à quinze lieues de Gex. Ces pauvres malheureux croient que vous pouvez défaire ce que M. l'abbé Terray a fait, et rendre à la nature ce qu'on a voulu lui ôter. Ils crient : « Rendez-nous à Gex. »

J'ai l'honneur de vous présenter un petit croquis topographique qui vous fera voir d'un coup d'œil que M. l'abbé Terray n'était pas géographe. Les échanges faits avec le roi de Sardaigne ont été la cause de ce péché contre nature.

Nous attendons vos ordres, monsieur, jusqu'à ce que les nouveaux arrangements qu'on projette vous laissent le temps de jeter les yeux sur notre petit coin de terre.

J'ose encore vous supplier de daigner protéger nos tanneries, notre bois de chauffage, notre charbon, notre beurre, notre fromage. Nous avons compté que tous ces objets de première nécessité ne payeraient aucun droit, en vertu de nos trente mille livres. Ces trente mille livres que nous donnons tous les ans prouvent assez que nous ne sommes point province étrangère; et nos tanneurs croient surtout que nous ne devons rien à la compagnie des cuirs, attendu qu'ils ont été déclarés exempts de cet impôt par Henri IV. Ils prétendent, monsieur, que les volontés de Henri IV doivent vous être chères, à vous et à M. Turgot, plus qu'à personne.

J'aurais encore, si je l'osais, d'autres requêtes à vous présenter. Je vous dirais que nous sommes obligés d'envoyer à Belley, c'est-à-dire à quinze lieues de chez nous, l'argent de notre capitation, de nos vingtièmes, et de la taille de nos villages. Ne serait-il pas raisonnable qu nous eussions chez nous un receveur qui ferait passer tout d'un trai nos contributions à Paris?

Ne serait-il pas juste de donner cet emploi à M. Sédillot, ci-devan receveur du grenier à sel, qui a séance dans nos états, qui possède un terre seigneuriale dans le pays, et qui, dans notre affaire avec les fermiers généraux, a préféré hautement le bien public à son intérêt particulier?

Voilà, monsieur, ce que je prendrais la liberté de vous proposer, parce que la chose me paraît juste.

Je vous demande pardon d'abuser de votre temps et de votre patience.

J'ai l'honneur d'être avec autant de respect que de reconnaissance, monsieur, votre, etc.

MMMMMMLV. — A M. DE FARGES.

A Ferney, 26 janvier.

Monsieur, vous, vous êtes bien douté qu'étant au nombre des reconnaissants, je serais aussi au nombre des importuns. Les petites provinces fatiguent le ministère comme les grandes.

Nous avons entre les deux plus horribles montagnes de l'Europe un petit abîme qu'on appelle Lellex, peuplé d'environ deux cents habitants, qui ont toujours été employés aux corvées de l'abominable chemin dit la Faucille. Ces malheureux ont toujours pris leur sel à Gex; ils étaient du pays de Gex, quand cette province appartenait au duc de Savoie.

Il a plu à M. l'abbé Terray de les déclarer ressortissants de Belley, quoique Belley soit à plus de quinze lieues, et que Gex ne soit qu'à une.

Il me semble que M. Turgot a autant de droit de les remettre dans l'état où la nature les a placés, que M. l'abbé Terray en a eu de les en ôter.

Je joins, monsieur, à la lettre que j'ai l'honneur de vous écrire, une carte fidèle de cet affreux coin de terre, et un ordre de M. Fabry, chevalier de l'ordre du roi et subdélégué de Gex, donné à ces malheureux en 1774. J'y joins aussi un certificat d'un curé. Vous pourrez décider sur ces pièces quand il vous plaira.

Comme les tanneries du royaume et les papeteries, monsieur, sont aussi sous vos lois, permettez-moi de vous demander si vous voulez que ces manufactures payent des droits. N'avez-vous pas entendu qu'au moyen des trente mille livres que nous donnons, notre petite province serait délivrée de tous ces impôts? N'est-ce pas l'intention de M. le contrôleur général?

Je lui ai envoyé un mémoire concernant nos autres griefs; mais malheureusement j'ai appris au départ de mon paquet que notre bienfaisant ministre avait un nouvel accès de goutte.

J'apprends aussi que ses ennemis ont un nouvel accès de rage. Ils sont comme les diables, dont on dit que les tourments redoublent quand Dieu veut faire du bien aux hommes.

Je me flatte, monsieur, que, sans écouter leurs cris, vous voudrez bien m'envoyer votre décision, et pardonner à mes importunités avec votre bonté ordinaire.

J'ai l'honneur d'être avec autant de respect que de reconnaissance, monsieur, votre, etc.

P. S. Je vous supplie de pardonner à mes yeux de quatre-vingt-deux ans, s'ils ne peuvent pas lire votre écriture. Ayez la bonté, monsieur, de me donner vos ordres par un secrétaire ; car, révérence parler, vous écrivez comme un chat.

Le parlement de Dijon vient enfin d'enregistrer nos franchises, en se réservant de faire des remontrances au roi.

On me dit que M. Turgot est très-mal. Si cela est, je suis désespéré, et je renonce à toute affaire.

MMMMMMMLVI. — A M. DE VAINES.
27 janvier.

Le vieux malade de Ferney, monsieur, le commissionnaire des états du petit pays de Gex, a été bien malavisé d'envoyer de son lit des mémoires de sa province à M. Turgot. Il ne savait pas que ce ministre, notre bienfaiteur, les recevrait dans le sien, et qu'il était attaqué de la goutte et de la fièvre. Je suis alarmé de sa santé beaucoup plus que de la rage insensée et impuissante de ses ennemis. Je suis bien sûr que les frondeurs deviendront comme moi adorateurs.

Je vous demande en grâce, monsieur, de vouloir bien me rassurer sur une santé si précieuse, et d'avoir la bonté de m'envoyer ses édits dès qu'ils paraîtront. Je vous aurai une obligation infinie.

Permettez que je vous adresse une lettre pour votre digne ami M. le marquis de Condorcet.

Conservez vos bontés pour le vieux malade de Ferney.   V.

MMMMMMMLVII. — A M. FABRY.
28 janvier.

Vous avez fait, monsieur, un beau coup de partie par votre négociation avec Berne : vous êtes toujours le bienfaiteur de notre petit pays.

Il serait, ce me semble, très-nécessaire que vous assemblassiez les états tous les mois; il faut que nous tâchions d'obtenir de M. Turgot qu'il défasse ce que M. l'abbé Terray a fait, qu'il nous rende le canton de Lellex à nous donné par la nature, et à nous arraché par M. l'abbé.

Il me semble que le pays de Gex n'est point réputé province étrangère dans la déclaration du roi. Ce mot de *province étrangère* me choque furieusement l'oreille. Comment peut-on être étranger quand on paye trente mille livres par an à la ferme générale du roi?

Les commis répandus sur la frontière vexent tous ceux qui nous apportent du comestible et tout ce qui est nécessaire à la vie; cela est intolérable.

Je voudrais bien que tous nos griefs fussent redressés; on est obligé malheureusement de s'adresser à quatre ou cinq départements différents.

Je serai toujours votre fidèle commissionnaire ; je serai à vos ordres jusqu'à ce que je meure.

J'ai l'honneur d'être, etc.   VOLTAIRE

MMMMMMMLVIII. — A Frédéric II, roi de Prusse.

29 janvier.

Sire, je reçois dans ce moment la lettre charmante dont Votre Majesté m'honore, du 2 décembre; elle me rend la force, elle me fait oublier tous les maux auxquels je suis souvent près de succomber.

Je ne fais assurément nulle comparaison entre vous et l'empereur Kien-long, quoiqu'il soit arrière-petit-fils d'une vierge céleste, sœur de Dieu. J'ai pris la liberté de m'égayer un peu sur cette généalogie, qui est beaucoup plus commune qu'on ne croyait; je n'ai fait tout ce badinage que pour dissiper mes souffrances : s'il peut amuser Votre Majesté un moment, ma peine n'est pas perdue.

L'ancienne religion des brachmanes est évidemment l'origine du christianisme; vous en serez convaincu si vous daignez lire la lettre sur l'Inde, et cela pourra peut-être amuser davantage votre esprit philosophique ; tout ce que je dis des brachmanes est puisé mot à mot dans des écrits authentiques, que M. Pauw connaît mieux que moi.

Je pense absolument comme lui sur ceux qui croient connaître mieux la Chine que ce P. Parennin, homme très-savant et très-sensé, qui avait demeuré trente ans à Pékin.

Au reste, ces lettres sont sous le nom d'un jeune bénédictin qui voudrait être un peu philosophe, et qui s'adresse à M. Pauw comme à son maître, en dépit de saint Benoît et de saint Idulphe.

Il est vrai, sire, que je fais plus de cas de vos soixante-seize mille journaux de prairies, et des sept mille vaches qui vous devront leur existence, que des romans théologiques des Chinois et des Indiens; mais l'empereur Kien-long défriche aussi, et on prétend même que sa charrue vaut mieux que sa lyre. Vous êtes assurément le seul roi sur ce globe qui soyez supérieur dans tous les genres.

Vous ressembleriez à Apollon comme deux gouttes d'eau, si vous n'aviez pas pris si longtemps pour votre patron un autre saint nommé Mars ; car Apollon bâtissait comme vous des palais, cultivait des prairies, était le dieu de la musique et de la poésie : de plus, vous êtes médecin comme lui; car Votre Majesté pousse la bonté jusqu'à vouloir m'envoyer une fiole du baume de la Mecque. C'est un remède souverain pour la maladie de poitrine dont ma nièce est attaquée, et pour la faiblesse extrême où je suis. Non-seulement Votre Majesté fait le charme de ma vie, mais elle la prolonge : le reste de mes jours doit lui être consacré.

Je la remercie de l'Ammien Marcellin, dont on m'a dit que les notes étaient très-instructives. Cet Ammien était un superstitieux personnage qui croyait aux démons de l'air et aux sorciers, comme tout le monde y croyait de son temps, comme les Welches y ont cru du temps même de Louis XIV, comme les Polonais y croient plus que jamais ; car on dit qu'ils viennent de brûler sept pauvres vieilles femmes accusées d'avoir fait manquer la récolte par des paroles magiques.

Je ne sais, sire, si je ne me suis pas démis à vos pieds de mon marquisat; je n'ai voulu accepter aucune récompense du peu de peine que j'ai pris pour le petit pays dont j'ai fait ma patrie.

J'ai quatre-vingt-deux ans, je n'ai point d'enfants; l'érection d'une terre en marquisat demande des soins au-dessus de mes forces; je ne désire à présent d'autres honneurs que celui d'être toujours protégé par le roi Frédéric le Grand, à qui je suis attaché avec le plus profond respect jusqu'au dernier moment de ma vie.

MMMMMMLIX. — A M. FABRY.

31 janvier.

Ma foi, monsieur, vous êtes un homme admirable. Vous sauvez le pauvre petit pays. Je vais être sur-le-champ votre commissionnaire auprès de M. Turgot. Il faut espérer qu'il engagera les fermiers généraux à traiter avec nous, selon vos offres.

J'ai l'honneur d'être, etc.   VOLTAIRE.

MMMMMMLX. — A M. DALEMBERT.

6 février.

Je vous avertis, illustre secrétaire de notre Académie, que M. Poncet, l'un des plus célèbres sculpteurs de Rome, vient exprès à Paris pour faire votre buste en marbre. Il s'est, en passant, essayé sur moi, pour arriver jusqu'à vous par degrés. Ce n'est pas un simple artiste qui copie la nature, c'est un homme de génie qui donne la vie et la parole.

Prêtez-lui votre visage pour quelques heures, et conservez votre amitié pour votre très-humble et très-obéissant serviteur et confrère, V.

MMMMMMLXI. — A M. TURGOT.

A Ferney, 7 février.

Quoique le protégé de M. le contrôleur général sache très-bien qu'il prend mal son temps, il ne peut s'empêcher de se mettre à ses pieds avec tous les habitants du petit pays nommé Lellex, appartenant au pays de Gex, au bas du mont Jura, lesquels ayant toujours pris leur sel à Gex, ayant toujours travaillé aux corvées à Gex, viennent d'être saisis par les commis du voisinage, en rapportant le sel de Gex qu'ils venaient d'acheter, et sont réputés faux sauniers dans le procès-verbal des commis.

Ils ont envoyé ci-devant à monseigneur leurs titres en bonne forme, par lesquels il leur a toujours été ordonné de prendre leur sel à Gex. Ils demandent justice contre la vexation qu'ils éprouvent[1].

---

1. En attendant que le sort du pays de Lellex soit décidé, il ne faut pas que les commis punissent les habitants d'avoir acheté du sel où ils étaient dans l'usage d'en acheter. (*Note de M. de Fourqueux.*) — Bouvart de Fourqueux était un conseiller d'État. La note mise par lui au bas de la lettre de Voltaire était une décision. (*Note de M. Beuchot.*)

MMMMMMLXII. — A M. FABRY.
7 février.

Votre secrétaire, monsieur, et votre commissionnaire ont l'honneur de vous mander que M. le contrôleur général vous accorde deux mille minots de sel, à sept livres le minot.

Quand vous voudrez me donner vos ordres pour tout le reste, je suis prêt à vous obéir avec le plus sincère respect et le plus inviolable attachement.
V.

MMMMMMLXIII. — AU MÊME.
7 février.

Monsieur, M. le contrôleur général me mande par M. de Fargès, son confident, que nous aurons deux mille minots de sel de la ferme générale, à sept livres le minot. Vous en serez sans doute informé par le courrier d'aujourd'hui.

Il y aura de petites difficultés pour la répartition des trente mille livres que nous devons payer aux fermes. Il serait très-nécessaire que vous voulussiez bien vous assembler avec M. de Verny. Nous avons plus d'une grâce à demander au ministère.

Tant que je respirerai, j'aurai l'honneur d'être votre secrétaire, et avec le plus tendre et le plus respectueux attachement. VOLTAIRE.

MMMMMMLXIV. — A M. DALEMBERT.
8 février.

Notre maître à tous, notre grand Bertrand, vous abandonnez votre vieux Raton depuis que vous êtes secrétaire du clergé, sous le nom de secrétaire de l'Académie. Je ne suis plus l'heureux Raton à qui vous faisiez quelquefois tirer les marrons du feu. Je ne tire que les marrons de mon petit pays de Gex; et, dans cette aventure, j'ai plus brûlé les griffes des fermiers généraux que je n'ai brûlé mes pattes. Il est bien doux d'avoir délivré ma nouvelle petite patrie de la rapacité de soixante-dix-huit alguazils, qui n'étaient que soixante-dix-huit voleurs de grand chemin, au nom du roi.

Vous souvenez-vous de celui qui disait à Jacques-Auguste de Thou : « Je travaille comme un diable, pour avoir quelque part dans votre histoire ? » Je pourrais vous en dire autant, puisque vous vous amusez quelquefois à faire passer vos confrères à la postérité.

A propos de postérité, je vous avertis, mon cher philosophe, que vous aurez bientôt un sculpteur de Rome, qui vient exprès à Paris pour faire votre statue en marbre. Je lui ai donné une lettre pour vous, et je vous préviens que je ne vous trompe pas dans cette lettre, quand je vous dis qu'il donne la vie et la parole.

Il aurait aussi une grande envie de sculpter M. Turgot :

Consule Fabricio, dignumque numismate vultum.

M. Turgot succédera-t-il dans notre Académie à M. le duc de Saint-Aignan, qui était, je pense, son beau-frère? et si vous ne choisissez pas M. Turgot, prendrez-vous M. de La Harpe [1]? Il nous faut un homme qui ose penser, soit ministre, soit poëte tragique.

Je ne peux pas vous dire au juste quand ma place sera vacante, mais je vous confie qu'il y a quelques fanatiques d'un *tripot* [2] remis en honneur qui feront tout ce qu'ils pourront pour me rendre les mêmes honneurs qu'ils ont rendus au chevalier de La Barre et à d'Étallonde. Un misérable libraire, nommé Bardin, s'est avisé d'annoncer une édition en quarante volumes, sous mon nom. Il ne se contente pas de m'étouffer sous ce tas énorme de sottises qu'il m'attribue, il veut encore me faire brûler avec elles. Le scélérat m'impute hardiment tous les ouvrages de milord Bolyngbroke, *le Catéchumène* de M. Bordes, académicien de Lyon; *le Dîner de Boulainvilliers* [3], des extraits de Boulanger et de Fréret, et cent autres abominations de cette force. Ce procédé est punissable; mais que faire à un libraire qui demeure dans une république où tout le monde est ouvertement socinien, excepté ceux qui sont anabaptistes ou moraves? Figurez-vous, mon cher ami, qu'il n'y a pas actuellement un chrétien, de Genève à Berne; cela fait frémir. Il n'y a pas longtemps que les polissons qu'on nomme ministres ou pasteurs ont présenté une requête aux polissons de je ne sais quel conseil de Genève, pour obtenir une augmentation de leur pension, et une diminution du nombre de leurs prêches, attendu, disaient-ils, que personne ne venait plus les entendre. Nous n'avons plus de défenseurs de la religion que dans la Sorbonne et dans la grand'chambre: mais aussi il ne faut pas que ces messieurs persécutent ceux que le libraire Bardin calomnie si indignement. Je ne plaisante point, je sens combien il est dangereux d'être accusé, et combien il est ridicule de se justifier; je sens aussi qu'il serait bien triste, à mon âge de quatre-vingt-deux ans, de chercher une nouvelle patrie comme d'Étallonde. J'aime fort la vérité, mais je n'aime point du tout le martyre.

Je vous embrasse très-tendrement; consolez-moi, je vous prie, si cela peut vous amuser quelques minutes.

MMMMMMMLXV. — A M. DE FARGÈS.

9 février.

Monsieur, la lettre dont vous m'honorez, du 31 de janvier, reçue le 7 de février, redouble la joie et les acclamations de mes compatriotes.

Je commence par vous remercier, au nom de douze mille hommes, de vos deux mille minots de sel.

Ensuite j'ose vous prier, monsieur, de vouloir bien seulement montrer à M. le contrôleur général, dans un moment de loisir, ce petit article-ci, par lequel je lui demande pour nos états la faveur de les laisser les maîtres d'asseoir la répartition des trente mille livres pour les pauvres fermiers généraux. Le fait est qu'en général l'agriculture dans notre canton est à charge aux propriétaires, et qu'un homme qui

1. On élut Colardeau. (ÉD.)
2. Le parlement, que Louis XVI venait de rappeler. (ÉD.)
3. Cet ouvrage est de Voltaire. (ÉD.)

n'a point d'attelage pour labourer son champ, et qui emprunte la charrue et la peine d'autrui, perd douze livres par arpent. Un gros marchand horloger peut gagner trente mille francs par an. N'est-il pas juste qu'il contribue un peu à soulager le pays qui le protége? tout vient de la terre, sans doute; elle produit les métaux comme les blés; mais cet horloger n'emploie pas pour trente sous de cuivre et de fer au mouvement d'une montre qu'il vend cinquante louis d'or; et ce cuivre, et ce fer changé en acier fin, il les tire de l'étranger. A l'égard de l'or dont la boîte est formée, et des diamants dont elle est souvent ornée, on sait assez que notre agriculture ne produit pas de ces misères.

Nous nous proposons, monsieur, de ne recevoir jamais au delà de six francs par tête de chaque maître horloger, et nous n'en recevrons pas davantage des autres marchands et des cabaretiers, qui offrent tous de nous secourir dans l'affaire des trente mille livres, et dans celle de l'heureuse abolition des corvées.

Quant à la nécessité absolue de tirer nos grains de la Franche-Comté et du Bugey, ou de mourir de faim, si quelques paysans abusent de cette permission, il sera aisé à M. le contrôleur général de limiter d'un mot la quantité de cette importation.

Pour les tanneries, j'ai cru, monsieur, sur la foi de l'*Almanach royal*, qu'elles étaient sous vos ordres. Je me contente de représenter ici que les tanneries de Gex ont été déclarées exemptes de tous droits par le duc de Sully, prédécesseur immédiat de M. Turgot.

A l'égard des pauvres habitants de l'abîme nommé Leilex, cinq cents pieds sous neige au bas de la Faucille de Gex, déclarés dépendants de Belley, à quinze lieues de leur habitation, par cet autre prédécesseur M. l'abbé Terray, je me jette encore aux pieds de M. le contrôleur général, en faveur de ces malheureux qui travaillèrent encore l'an passé à nos corvées, et qui ont toujours pris leur sel à Gex. Les gardes viennent de les saisir chargés de quelques livres de sel achetées à Ferney. J'ai pris la liberté d'envoyer le procès-verbal à M. le contrôleur général.

Nous attendons l'édit des corvées, comme des forçats attendent la liberté. Vous daignez me proposer, monsieur, de publier un écrit sur cet objet. J'y travaillerais sans doute dès ce moment, si j'avais vos connaissances, votre style, et votre précision. Je suis si ignorant sur cette matière, que je ne sais pas même comment M. Turgot s'y est pris pour détruire ce cruel abus dans sa province. Si je recevais de vos bontés quelques instructions, je pourrais hasarder de me faire de loin votre secrétaire, comme je le suis de nos états.

Pourriez-vous, monsieur, pousser votre extrême condescendance jusqu'à me favoriser d'un mot de réponse et d'éclaircissement sur les articles de cette trop longue lettre?

J'ai l'honneur d'être, avec respect et reconnaissance, monsieur, votre, etc.

MMMMMMMLXVI. — A M. FABRY.

9 février.

Ayez la bonté, monsieur, de venir nous donner vos ordres lundi. A dîner, chez le vieux malade de Ferney, avec M. de Verny, et qui vous voudrez amener.

Votre mémoire partira mercredi, et il sera peut-être nécessaire d'envoyer encore quelques remontrances. C'est bien dommage que nous soyons si éloignés les uns des autres. Je voudrais être à portée de m'instruire avec vous chaque jour, et de demander à tous moments vos lumières et vos secours.

Comptez sur moi, je vous en supplie, comme sur un homme qui vous est véritablement attaché avec les sentiments les plus respectueux.

Le vieux malade de Ferney, V.

MMMMMMMLXVII. — A M. BAILLY.

A Ferney, 9 février.

Vous faites, monsieur, comme les missionnaires qui vont convertir les gens dans le pays dont nous parlons. Dès qu'un pauvre Indien est convenu de la création *ex nihilo*, ils le mènent à toutes les vérités sublimes dont il est stupéfait. Vous n'êtes pas content de m'avoir appris des vérités longtemps cachées, vous voulez toujours que je croie à votre ancien peuple perdu, qui devina l'astronomie, et qui l'enseigna aux nations avant de disparaître de la terre; je vous avoue que je suis fort ébranlé et presque converti.

D'abord votre conjecture très-ingénieuse, et très-plausible, que l'astronomie avait dû naître dans le climat où le plus long jour est de seize heures, et le plus court de huit, m'avait vivement frappé. Il n'y a que ma faiblesse pour les anciens brachmanes, pour les maîtres de Pythagore, qui m'avait un peu retenu.

J'avais lu Bernier il y a longtemps. Il n'a ni votre science, ni votre sagacité, ni votre style. Il me parut qu'il parlait de la philosophie antique de l'Inde, comme un Indien parlerait de la nôtre s'il n'avait entretenu que nos bacheliers européans, au lieu de s'instruire avec vous. Bernier fit un petit voyage à Bénarès; d'accord : mais avait-il conversé avec le petit nombre de brames qui entendent la langue du Shasta? Deux directeurs du comptoir anglais de Calcuta, peu éloigné de Bénarès, m'assurèrent, il y a quelques années, que les véritables savants brames ne se communiquaient presque jamais aux étrangers; et M. Legentil, qui en sait plus qu'eux, avoue que les petits savants de province, qui demeurent dans le voisinage de Pondichéri, ont pour nous le même mépris dont leurs ancêtres honorèrent les Portugais.

Si un Bernier indou était venu à Paris ou à Rome entendre un professeur de la Propagande ou du collége des Cholets, et s'il jugeait de nous par ces deux animaux, ne nous prendrait-il pas tous pour des fous et des imbéciles?

Cependant, monsieur, il me paraît très-surprenant qu'un peuple, qui certainement avait étudié les mathématiques depuis cinq mille ans, fût tombé dans l'abrutissement que Bernier et d'autres voyageurs lui attribuent. Comment, dans la même ville, a-t-on pu inventer la géométrie, l'astronomie, et croire que la lune est cinquante mille lieues au delà du soleil ? Ce contraste me faisait de la peine : mais l'aventure de Galilée et de ses juges m'en faisait davantage ; et je me disais comme Arlequin : *Tutto il mondo è fatto come la nostra famiglia.*

Ensuite je me figurais qu'une nation pouvait avoir été autrefois très-instruite, très-industrieuse, très-respectable, et être aujourd'hui très-ignorante à beaucoup d'égards, et peut-être assez méprisable, quoiqu'elle eût beaucoup plus d'écoles qu'autrefois. Si vous alliez aujourd'hui, monsieur, commander une quinquérème au sacré collége, je doute que vous fussiez aussi bien servi que du temps d'Auguste. Le gouvernement tartare a bien pu produire d'aussi grands changements dans l'Inde que les deux clefs de saint Pierre en ont opéré à Rome.

Il faut vous faire ma confession entière. Je me souvenais qu'autrefois nos nations de la zone tempérée n'imaginaient pas que la terre fût habitée au delà du cinquantième degré de latitude boréale ; et je faisais encore honneur à mes brachmanes d'avoir deviné que le plus long jour d'été était double du plus long jour d'hiver : je pardonnais aux Grecs d'avoir placé les ténèbres cimmériennes précisément vers le cinquantième degré.

Enfin, monsieur, pardonnez-moi surtout si la faiblesse de mes organes ne m'avait pas permis de croire que l'astronomie eût pu naître chez les Usbecks et chez les Kalcas. J'habite depuis près de vingt-quatre ans un climat couvert de neige et de frimas, comme le leur, pendant six mois de l'année au moins. Nos étés nous donnent rarement de beaux jours, et jamais de belles nuits. J'ai eu longtemps chez moi un Tartare fort aimable, envoyé par l'impératrice de Russie ; il m'a dit que le mont Caucase n'est pas plus agréable que le mont Jura, et je me suis imaginé qu'on n'était guère tenté d'observer assidûment les étoiles sous un ciel si triste, surtout lorsqu'on manquait de tous les secours nécessaires.

L'abbé Chappe a observé le passage de Vénus sur le soleil à Tobolsk, vers le cinquante-huitième degré, sur le terrain le plus froid, et sous le ciel le plus nébuleux ; mais il était muni de toute la science de l'Europe, des meilleurs instruments, de la santé la plus robuste ; encore mourut-il bientôt après de telles fatigues.

J'étais donc toujours persuadé que le pays des belles nuits était le seul où l'astronomie avait pu naître. L'idée que notre pauvre globe avait été autrefois plus chaud qu'il n'est, et qu'il s'était refroidi par degrés, me faisait peu d'impression. Je n'ai jamais lu le feu central de M. de Mairan, et, depuis qu'on ne croit plus au Tartare et au Phlégéthon, il me semblait que le feu central n'avait pas grand crédit.

La fable du phénix ne me paraissait pas inventée par les habitants du Caucase ; mais enfin, monsieur, tout ce que vous avancez me paraît d'une si vaste érudition, et appuyé de si grandes probabilités, que je sacrifierais sans peine mes doutes à votre torrent de lumières.

Je ne suis pas digne d'entrer dans l'un des cieux antiques dont vous parlez si bien; mais je vous supplierais de m'accorder une place dans le quarante-neuvième degré.

Votre livre est non-seulement un chef-d'œuvre de science et de génie, mais un des systèmes les plus probables. Il vous fera un honneur infini. Je vous remercie encore une fois de la bonté que vous avez eue de m'en gratifier.

Je vous demande bien pardon de mes petits scrupules. Vous les chassez de mon esprit, et vous n'y laissez que la tendre estime et la respectueuse reconnaissance avec laquelle j'ai l'honneur d'être, etc.

MMMMMMMLXVIII. — A M. DE VAINES.

9 février.

Le vieux malade de Ferney, monsieur, craint beaucoup d'abuser de vos moments dans un temps où vous devez être plus occupé que jamais.

Il n'ose vous prier de lui faire avoir ce qui s'est écrit de mieux sur les corvées, qui font aujourd'hui une si grande sensation; mais il vous supplie de vouloir bien permettre qu'il glisse une lettre pour M. Dalembert dans votre paquet.

Il vous réitère surtout les assurances bien sincères de la part qu'il prend à vos succès et à la gloire de M. Turgot.

Le vieux malade V. vous sera dévoué, monsieur, jusqu'au dernier moment de sa vie.

MMMMMMMLXIX. — A M. LE COMTE DE TRESSAN.

11 février.

Je ne sais pas bien de quoi il s'agit, monsieur; mais je vois que l'on commet une injustice ridicule et affreuse. Tout me persuade qu'il y a un parti pris d'opprimer ceux qui ont la vertueuse folie de vouloir éclairer les hommes. La petite aventure qu'essuya l'année passée le pauvre La Harpe me fit naître cette idée, et tout me l'a confirmée depuis. Jugez si l'homme[1] qui se plaignit à vous d'une épître qu'on lui imputait avait raison de se plaindre. Vous savez qu'il n'y a nul ouvrage qu'on ne puisse empoisonner, et nul homme qu'on ne puisse persécuter.

Je vous prie très-instamment de vouloir bien me dire quel est l'infortuné[2] qui m'a écrit de chez vous; quel est le scélérat qui le poursuit; pourquoi on l'accuse d'être l'auteur d'un ouvrage qui n'est pas sous son nom; quelles procédures on a faites contre son ouvrage et contre sa personne. Est-il décrété de prise de corps? Est-il poursuivi par le procureur du roi? a-t-il des défenseurs et des protecteurs? Il faut, dans ces affaires, en agir comme en temps de peste, *cito, longe, tarde*. Fuyez Vite, allez Loin, revenez Tard.

Pythagore a dit : *Dans la tempête adorez l'écho*. Cela signifie, à mon

---

1. Voltaire lui-même. (ÉD.)
2. Jean-Baptiste-Claude Isoard, connu sous le nom de Delisle de Sales, auteur de la *Philosophie de la nature*, dont la première édition est de 1769. Il fut banni à perpétuité par un arrêt de 1777. Voyez *la Liberté*, par M. Jules Simon, t. II, p. 313 de la seconde édition. (ÉD.)

avis : « Si on vous persécute à la ville, allez-vous-en à la campagne. » Votre homme fait fort bien d'adorer l'écho de Franconville; les échos de ma retraite saluent très-humblement ceux de la vôtre.

Je vous demande en grâce de m'instruire pleinement de tout, ou d'engager votre réfugié à m'instruire.

Agréez mes respects et mon tendre attachement, qui ne finira qu'avec ma vie.

MMMMMMLXX. — A M. DELISLE DE SALES.
11 février.

Le philosophe qui adore actuellement l'écho de Franconville[1], pendant le plus ridicule orage du monde, ne doit pas douter du vif intérêt que je prends à lui. Je dois d'ailleurs lui dire : *Hodie tibi, cras mihi*[2]. Il peut, en attendant, me donner ses ordres en sûreté.

MMMMMMLXXI. — A M. FABRY.
11 février.

Monsieur, on est jaloux, à Paris et à Versailles, de tout le bien que M. Turgot fait au peuple. Tous ceux qui prétendent à la place de M. de Saint-Germain sont jaloux de lui; et il y a environ quatre mille ans qu'on a fait courir le proverbe que *le potier est jaloux du potier*. Comptez que je sais autant de nouvelles que personne de cette passion si commune au genre humain.

Nous raisonnerons demain à l'aise du parti que vous voulez prendre. Comptez que je suis toujours entièrement à vos ordres. Je suis pénétré des services que vous rendez à la province, et de l'amitié que vous me témoignez.

J'enverrai à M. de Fourqueux le placet du sieur Chabot, si vous le trouvez bon. Je pense qu'il faut épargner, dans ce moment, ces petits détails à M. Turgot, qui a d'assez grandes affaires sur les bras.

J'en ai une assez triste, c'est la souffrance continuelle où mes maladies me réduisent; mais elles ne diminuent rien des sentiments que je vous ai voués, et du respectueux attachement avec lequel j'ai l'honneur d'être, etc.
VOLTAIRE.

MMMMMMLXXII. — A M. LE COMTE D'ARGENTAL.
A Ferney, 12 février.

Votre lettre, mon cher ange, est venue consoler deux pauvres victimes de l'hiver affreux du mont Jura.

Vous me rendez la vie, mais j'ai à peine la force de vous le dire. Nous étions trop heureux par les bienfaits inouïs dont M. Turgot a comblé notre petit coin de terre; mais il ne commande pas aux éléments qui nous persécutent. Le buste que vous avez daigné placer chez vous n'en sent rien. L'original reprend toute sa sensibilité, en apprenant que son image est chez vous; et d'ailleurs il est content de n'y être pas tout nu. De quoi s'est avisé Pigalle de me sculpter en

---

1. Tressan. (ÉD.) — 2. *Ecclésiast.*, chap. XXXVIII, verset 23. (ÉD.)

Vénus? Quoi qu'il en soit, je suis sûr que mon buste vous a dit cent fois qu'il vous aimera jusqu'à mon dernier soupir. Il ne vous le dira pas en vers, car assurément il n'en pourrait faire qui approchassent de ceux de M. l'abbé Arnaud, tout prodigieusement exagérés qu'ils sont.

Je ne suis point étonné de ce que vous me dites sur Lekain. Il est le seul acteur qui ait été véritablement tragique. Baron n'était que noble et décent, mais il n'avait jamais su peindre les grands mouvements de l'âme.

Vous me parlez d'un plus grand acteur¹ qui joue actuellement le premier rôle, et que le parlement voudrait bien siffler, mais auquel il sera forcé d'applaudir tout comme moi.

Je vous supplie, mon cher ange, de me dire si vous savez que ce parlement, occupé de ses grandes pièces, a remis à son substitut, le Châtelet, le soin de persécuter les brochures et leurs auteurs.

Savez-vous ce que c'est qu'un M. Delisle de Sales, que le Châtelet poursuit à toute rigueur, pour je ne sais quel livre imprimé et ignoré il y a environ six ans, intitulé *la Philosophie de la nature* ? Il y a tant de livres sur cette pauvre nature, qu'il faut que le Châtelet soit bien désœuvré pour rechercher celui-là, et pour intenter un procès criminel à l'auteur. De quoi se mêle le Châtelet? a-t-il l'inspection de la librairie? se sert-on de cette juridiction subalterne pour étouffer toutes les connaissances humaines? y a-t-il un dessein formé contre la liberté de penser et d'écrire? les réformes qu'on fait en tant de genres s'étendent-elles jusqu'à la presse? Un de mes amis m'écrit très-tragiquement sur cette aventure. Je vous demande en grâce de me dire ce que vous en savez, et ce que vous en pensez. Cette *Philosophie* prétendue *de la nature* est sans nom d'auteur. Pourquoi a-t-on déterré ce Delisle de Sales? cela m'intéresse comme ami de la tolérance.

J'aime fort les réformes de M. Turgot et de M. de Saint-Germain; mais je n'aime point qu'on fasse des procès criminels aux gens, pour avoir raisonné ou déraisonné en métaphysique. Mon cher ange, j'ai fort à cœur cette aventure de M. Delisle de Sales, dont probablement vous ne vous souciez guère; mais, par bonté pour moi, tâchez de vous en soucier un peu.

Je mets à l'ombre de vos ailes le vieux pigeon, qui grelotte à présent sans plumes; et je vous dis toujours, du fond de ma solitude : « Conservez-moi votre amitié, qui fait la consolation de ma vie. »

MMMMMMMLXXIII. — A M. DE LA HARPE.
12 février.

Prenez toujours votre place à l'Académie, mon cher ami, en attendant qu'on joue *Menzicof* et *les Barmécides*. N'allez pas manquer cette place. Notre *tripot*, à ce qu'il me semble, s'est fait une espèce de loi de remplacer de simples ducs et pairs de la cour par des ducs et pairs de la littérature. Nous avons besoin de vous ; il faut absolument que cette fois-ci vous remplissiez le quarantième fauteuil.

1. Turgot, contrôleur général des finances. (Éd.)

Auriez-vous entendu parler d'un M. Delisle de Sales, auteur d'un livre intitulé *la Philosophie de la nature*, en trois petits volumes? Est-il vrai qu'on s'est avisé de persécuter le livre et l'auteur, qu'on ait déchaîné le Châtelet contre lui, et qu'on l'ait décrété de prise de corps? Cela me paraît également horrible et absurde. J'ai bien peur qu'en voulant réformer les finances et le ministère, on n'ait prétendu aussi réformer la philosophie. Elle n'est pourtant pas onéreuse à l'État. Mandez-moi, je vous prie, tout ce que vous aurez pu apprendre de l'aventure dont je vous parle. Ce M. Delisle de Sales appartient à des personnes qui me sont chères. Ne regardez pas ma prière comme une simple curiosité de provincial qui veut savoir des nouvelles de Paris.

Savez-vous bien que nous sommes libres à présent à Ferney comme on l'est à Genève? J'ai eu le bonheur d'obtenir de M. Turgot qu'il nous délivrât de l'armée des aides et gabelles. Il est le bienfaiteur des peuples, et il doit avoir contre lui les talons rouges et les bonnets carrés.

Adieu, mon cher ami, et bientôt mon cher confrère.

MMMMMMMLXXIV. — A M. DE VAINES.

12 février.

J'importune, monsieur, tous les jours M. Turgot et vous très-indiscrètement; mais je ne saurais m'en empêcher, je m'intéresse trop au succès de toutes vos opérations.

Permettez que je mette sous votre enveloppe cette lettre pour M. de La Harpe.

Conservez vos bontés, monsieur, pour le vieux malade de Ferney

V.

MMMMMMMLXXV. — DE FRÉDÉRIC II, ROI DE PRUSSE.

A Potsdam, le 13 février.

La fable du rat et de l'aigle vaut bien celle de l'âne et du rossignol. L'aigle troquerait volontiers avec le rat, si par ce troc il pouvait s'approprier les rares talents du dernier. Mais il n'est pas donné à tout le monde d'aller à Corinthe, de même que n'est pas Protée qui veut.

Dans la fable, jadis dans la Grèce inventée,
Nous admirons surtout le grand art de Protée,
Qui, toujours à propos sachant se transformer,
A tous les cas divers pouvait se conformer;
Mais, bien plus merveilleux encor que cette fable,
Voltaire la rendit, de nos jours, véritable.

En effet, il n'y a point de mutation dont vous ne soyez susceptible; et, pour vous rendre entièrement universel, il ne nous manque de vous qu'un ouvrage sur la tactique. Je l'attends incessamment, comme devant éclore de votre universalité.

J'ai lu la brochure que vous m'avez envoyée, et j'espère bien que vous voudrez y joindre la continuation, qui contiendra sans doute des découvertes et des combinaisons curieuses.

Je viens d'essuyer encore un violent accès de goutte qui me met bien bas. Il faut que la belle saison vienne à mon secours pour me rendre mes forces. En attendant, le marquis de Ferney, intendant du pays de Gex, soulagera les peuples du fardeau des impôts; il réglera les corvées, et donnera l'échantillon de ce qui pourra servir à établir le bonheur des Welches. Je finirai ma lettre comme Boileau, épître à *Louis XIV*[1] :

J'admire et je me tais.

Vale.
FÉDÉRIC.

MMMMMMLXXVI. — A M. HENNIN.

A Ferney, mardi au soir, 13 février.

Monsieur le résident est prié de vouloir bien nous dire qui a gagné, de Mme Denis ou du vieux malade?

Le vieux malade gage vingt et un sous que les deux seigneurs qu'on a arrêtés hier à Genève ne sont point des coupeurs de bourse.

Mme Denis gage ses vingt et un sous qu'ils sont coupeurs de bourse. L'un portait une croix de Malte garnie de brillants, qui valait au moins vingt mille écus. L'autre jouait du clavecin d'une manière qui en vaut quarante mille.

Le joueur de clavecin est bègue comme Moïse, et colère comme lui. Il nous a dit être officier dans le corps des gendarmes de M. le prince de Soubise. Il était très-irrité contre M. le comte de Saint-Germain.

Tous deux vinrent à Ferney hier lundi; tous deux bien faits; tous deux polis; tous deux bien mis; tous deux sans laquais; tous deux n'ayant point dit leurs noms.

Monsieur le résident est prié de vouloir bien nous apprendre ce qu'il en sait.

MMMMMMMLXXVII.—A M. DUPONT, CHEVALIER DE L'ORDRE DE VASA.

A Ferney, 14 février.

Je suis pénétré, monsieur, de tous les sentiments que je vois dans la lettre dont vous m'honorez de Versailles, premier de février : amour du bien public, par conséquent zèle ardent pour M. de Sulli-Turgot, et enfin bonté pour moi, en qualité d'homme de votre religion.

Oserais-je m'adresser à vous pour vous prier de me faire avoir ce qu'on a écrit de mieux sur les corvées? Mon vieux sang bouillonne dans mes vieilles veines, quand j'entends dire que les escarpins de Versailles et de Paris s'opposent à l'extirpation de cette barbare servitude destructive des campagnes.

Nous autres Suisses de Gex nous soupirons après l'édit des corvées, comme nous avons soupiré après la retraite des armées de la ferme générale; et nous payerons tous avec allégresse ce qui sera ordonné.

Nous ne faisons de représentations que sur un seul point. Nous insistons sur le droit qu'ont tous les pays d'états d'asseoir l'imposition. Notre imposition par les états de Gex n'est autre chose qu'un don gratuit de nos compatriotes. Nos maîtres horlogers donnaient, par exemple, six louis d'or aux commis d'un bureau de Saconnay, pour n'être

---

1. Épître VIII, vers dernier. (ÉD.)

pas fouillés en allant acheter à Genève leur nécessaire, et nous n'acceptons d'eux que six écus de six francs pour leur part de subvention qu'ils nous offrent. Nous comptons ne prendre qu'un écu de trois livres de tout autre fabricant non possessionné. M. le contrôleur général ne permettra-t-il pas que nos états arrêtent le tarif de cette légère contribution, qui est fort au-dessous de ce qu'on nous offre, et que nous n'augmenterons jamais? Nos fabricants étrangers offrent de nous soulager; le ministère s'y opposera-t-il?

En général la terre doit tout payer, parce que tout vient de la terre; mais un horloger qui emploie pour trente sous d'acier et de cuivre formés dans la terre, et qui, avec cent écus d'or venu du Pérou, et cent écus de carats venus de Golconde, fait une montre de soixante louis, n'est-il pas plus en état de payer un petit impôt qu'un cultivateur dont le terrain lui rend trois épis pour un? Je parle contre moi, car j'ai rassemblé plus d'horlogers que tous les possesseurs des terres n'en ont autour de Genève; mais je vous imite, monsieur, je préfère le bien public à mon amour-propre.

Vous voulez que je vous parle à cœur ouvert sur M. Fabry. Il est vrai qu'il réunit plusieurs offices qui semblaient peu compatibles. Il est comme le chien de La Fontaine:

    Il mangeait plus que trois, mais on ne disait pas
        Qu'il avait aussi triple gueule
        Quand les loups livraient des combats.

Il travaille en effet plus que trois hommes occupés; et depuis que les états m'ont fait leur commissionnaire, je ne l'ai trouvé en faute sur rien. Je dirai naïvement la vérité à M. le contrôleur général en toute occasion.

Puisque vous m'avez envoyé les réponses de ce digne ministre à mes importunes questions, permettez que je demande encore ses ordres; j'aime à les recevoir de votre main. Puisse la sienne, qu'il emploie au soulagement des peuples, n'être plus enflée de la goutte!

MMMMMMLXXVIII. — A M. TURGOT.

18 février.

Il n'y a point, monseigneur, de malade plus importun que moi. Il faut que je vous ennuie de mon lit, autant qu'on vous ennuie à Paris par des remontrances.

J'apprends de mon curé (qui ne me confesse pourtant point) qu'on trouve mauvais que nos états aient traité avec Berne pour saler notre pot. Je vous assure que nos états n'ont fait aucun traité avec Berne; ils ne sont point du corps diplomatique.

Nous manquions absolument de sel dès la fin de décembre dernier; on nous en a vendu deux mille minots, soit à Nyon, dans la Suisse même, soit à Genève. J'en ai acheté pour ma part huit quintaux; *car, si le sel s'évanouissait, avec quoi salerait-on* [1]?

---

1. Évangile de saint Matthieu. (ÉD.)

J'ose vous représenter qu'il nous faudrait environ cinq mille minots, parce que nous comptons en donner prodigieusement à tous nos bestiaux, dans la crainte trop bien fondée de l'épizootie, et parce que je compte en semer sur mes champs avec mon blé, pour détruire l'ancien préjugé qui faisait autrefois répandre du sel sur les terrains qu'on voulait frapper de stérilité. Un peu de sel, au contraire, versé sur les terres glaiseuses, est un des meilleurs engrais possibles : c'est une expérience de physique et de labourage.

Je vous demande en grâce, monseigneur, de n'être point fâché contre nos états, qui n'ont ni proposé ni signé aucun traité avec personne. C'est de quoi je vous réponds sur ma vie, laquelle ne tient qu'à un filet, et laquelle est à vous avec respect et reconnaissance.

LE VIEUX MALADE DE FERNEY.

MMMMMMMLXXIX. — A M. FABRY.
18 février.

Le vieux malade, monsieur, est tout aussi étonné que vous, et aussi fâché de tout ce qui se passe au sujet de ce sel. Nos villages chantent des *Te Deum*, et il faut que nous chantions des *Miserere*.

J'écris sur-le-champ à M. le contrôleur général, et je me flatte que vous ne serez pas mécontent de ma lettre.

MMMMMMMLXXX. — AU MÊME.
21 février.

Je ne conçois rien, monsieur, à toutes les difficultés qu'on suscite, et à l'embarras où l'on met nos états, lorsque toutes nos paroisses chantent des *Te Deum*, et que le peuple crie dans tout le pays : *Vive le roi et M. Turgot!* Je reçois aujourd'hui une lettre qui doit redoubler nos inquiétudes. Condamné à rester dans mon lit, je vous demande en grâce de vouloir bien prendre la peine de passer chez moi. Il me paraît absolument nécessaire que j'aie l'honneur de vous entretenir.

J'ai l'honneur d'être, etc. VOLTAIRE.

MMMMMMMLXXXI. — A M. L'ABBÉ MORELLET.
23 février.

Mon cher philosophe, pourquoi n'entreriez-vous pas dans notre Académie? Vous n'êtes point prêtre, vous êtes homme, et homme aussi estimable dans la société qu'utile dans les belles-lettres et dans les affaires.

On me mande que M. Turgot ne veut point être des nôtres, et que M. de La Harpe ne peut en être. Il me semble que nous avons un besoin extrême de vous et de M. de Condorcet. Il ne faut pas que vous abandonniez vos amis dans leurs nécessités urgentes.

Nous chantons des *Te Deum* tous les dimanches dans notre petit trou de Gex. J'en ferai chanter un dans ma paroisse quand j'apprendrai votre réception.

Mandez-moi, je vous en prie, tout ce que vous savez de l'aventure de M. Delisle de Sales, affublé d'un décret de prise de corps rendu au

Châtelet contre lui, à la réquisition d'un avocat du roi. Le libraire Saillant est impliqué dans cette affaire. Delisle est en fuite. Il s'agit d'un livre imprimé en 1769, avec permission du lieutenant de police; ce livre est intitulé *la Philosophie de la nature*. On prétend qu'il y a un conflit de juridiction entre le parlement et le Châtelet, à qui fera brûler le livre et l'auteur.

Les ministres, dit-on, ne veulent se mêler en aucune façon de pareilles affaires; ils les abandonnent toutes à ce qu'on appelle chez vous la justice; et vous savez comment cette justice est faite. On m'assure que, dans sa dernière séance, l'asemblée du clergé livra au bras séculier, par un décret formel, quatre-vingts volumes et quatre-vingts auteurs. Le zèle de la maison de Dieu les dévore.

Vous devez être instruit de toutes ces facéties en qualité de *socius sorbonicus*. Écrivez-moi en qualité d'*amicus*, car je suis assurément votre ami, et rempli pour vous du plus sincère attachement.

LE VIEUX MALADE.

MMMMMMLXXXII. — A M. DUPONT.

A Ferney, 23 février.

Je sais bien, monsieur, que je prends mal mon temps, et que notre digne ministre a autre chose à faire qu'à répondre aux hurlements de quelques bipèdes ensevelis sous cinq cents pieds de neige, et dépecés par des moines et par des commis des fermes, au milieu des rochers et des précipices; mais c'est le cas où M. Turgot dira :

Homo sum : humani nihil a me alienum puto.
Térence, *Heautontimorumenos*, act. I, sc. I.

Premièrement, je le supplie très-instamment de m'envoyer par vous ses réponses décisives en marge du dernier mémoire que je vous ai adressé, signé de nos états.

Secondement, voici un tableau très-fidèle de la situation et du bonheur des bipèdes, dont il faut absolument que je l'entretienne. Tâchez de n'en point frémir.

Au milieu des rochers et des abîmes qui bordent le pays de Gex, au revers du mont Jura, au bord d'un torrent nommé la Valserine, est une habitation d'environ douze cents spectres, qui appartenaient à la Savoie, et qui sont réputés Français depuis l'échange fait avec le roi de Sardaigne en 1760.

Les bernardins sont seigneurs de ce terrain; et voici les droits que s'arrogent ces seigneurs, par excès d'humilité et de désintéressement.

Tous les habitants sont esclaves de l'abbaye, et esclaves de corps et de biens. Si j'achetais une toise de terrain dans la censive de Mgr l'abbé, je deviendrais serf de monseigneur, et tout mon bien lui appartiendrait sans difficulté, fût-il situé à Pondichéri.

Le couvent commence, à ma mort, par mettre le scellé sur tous mes effets, prend pour lui les meilleures vaches, et chasse mes parents de la maison.

Les habitants de ce pays les plus favorisés sèment un peu d'orge et d'avoine, dont ils se nourrissent; ils payent la dîme, sur le pied de la sixième gerbe, à Mgr l'abbé; et on a excommunié ceux qui ont eu l'insolence de prétendre qu'ils ne devaient que la dixième gerbe.

En 1762, le 20 janvier, le feu roi de Sardaigne[1] abolit dans tous ses États cet esclavage chrétien. Il permit à tous ces malheureux d'acheter leur liberté de leurs seigneurs, et prêta même de l'argent à tous les colons qui n'en avaient pas pour se rédimer.

Ainsi, monsieur, il est arrivé que les cultivateurs dont je vous parle auraient été libres s'ils étaient restés Savoyards jusqu'en 1762, et qu'ils ne sont aujourd'hui esclaves de moines que parce qu'ils sont Français.

Le petit pays dont je parle s'appelle Chézery. M. le contrôleur général peut s'attendre que, si Dieu me prête vie, je viendrai me jeter à ses pieds avec tous les habitants de Chézery, et lui dire : *Domine, perimus, salva nos*[2]. Mais ce qu'il y a de plus admirable et de plus chrétien, c'est que la France a le bonheur de posséder plus de cinquante mille hommes qui sont dans le cas de Chézery, et par conséquent immédiatement au-dessous des bœufs qui labourent les terres monacales.

M. de Sulli-Turgot verra combien l'hydre qu'il combat a de têtes; mais il verra aussi que tous les cœurs des vrais Français sont à lui.

Ayez la bonté, je vous en conjure, de m'envoyer les ordres de M. le contrôleur général en marge de mon mémoire, dès que vous le pourrez. Votre très-humble et très-obéissant serviteur, du fond de mon cœur.

LE VIEUX MALADE.

Je ne sais ce que c'est qu'un reproche qu'on fait à nos petits états d'avoir traité de couronne à couronne avec la république de Berne, pour saler notre pot.

MMMMMMMLXXXIII. — A M. DELISLE DE SALES.

25 février.

Étant entré, monsieur, dans ma quatre-vingt-troisième année, et accablé de maladies, j'attends et j'appelle la mort, pour n'être pas témoin des horreurs du fanatisme qui va désoler ma patrie. Je vois qu'on a déchaîné les monstres qui étaient auparavant retenus par quelques honnêtes gens. Je ne serais point étonné que ces fanatiques ne fissent une Saint-Barthélemy des philosophes :

Heu! fuge crudeles terras, fuge littus iniquum[3]*!*

Le sang des La Barre fume encore : notre divine religion n'est et ne sera soutenue que par des bénéfices de cent mille écus de rente et par des bourreaux. Ce sont des marques distinctives de la vérité.

Si je puis, avant ma mort, avoir le temps de recevoir quelques ordres de vous, vous n'avez qu'à parler. Vous ne pouvez les donner à quelqu'un plus pénétré que moi d'estime pour votre personne, et de respect pour votre malheur.

1. Charles-Emmanuel III. (ÉD.) — 2. Matthieu, VIII, 25. (ÉD.)
3. *Æneid.*, III, 44. (ÉD.)

MMMMMMMLXXXIV — A M. DE FARGÈS.

Ferney, 25 février.

Monsieur, puisque vous voulez bien entrer *in judicium cum servo tuo, Domine*[1], souffrez que je vous dise que, si je pouvais sortir de mon lit, étant entré dans ma quatre-vingt-troisième année, et accablé de maladies, j'irais me jeter aux pieds de M. le contrôleur général; et voici comme je radoterais au nom de nos états :

Notre petit pays est pire que la Sologne, pire que les plus mauvais terrains de la Champagne pouilleuse, pire que les plus mauvais des landes de Bordeaux.

Dans notre pauvreté, vingt-huit paroisses ont chanté vingt-huit *Te Deum*, et on a crié vingt-huit fois *Vive le roi et M. Turgot!* Nous payerons avec allégresse trente mille francs à messieurs les soixante sous-rois, parce que nous sommes fort aises de mourir de faim, en étant délivrés de soixante-dix-huit coquins qui nous faisaient mourir de rage.

Nous pensons, comme vous, qu'auprès de Paris, de Milan, et de Naples, la terre peut supporter tous les impôts, parce que la terre est bonne; mais chez nous, il n'en est pas de même; elle rend trois pour un dans les meilleures années, souvent deux, et quelquefois rien, et il faut six bœufs pour la labourer. Les mêmes grains ne produisent qu'une fois en dix ans.

Vous me demanderez de quoi nous subsistons ; je réponds : De pain noir et de pommes de terre, et surtout de la vente des bois que nos paysans coupent dans les forêts, et qu'ils portent à Genève. Cette ressource va leur manquer incessamment, car tous les bois sont dévastés ici beaucoup plus que dans le reste du royaume.

J'ajoute, en passant, que le bois manquera bientôt en France, et qu'en dernier lieu on est allé acheter du bois de chauffage en Prusse.

Comme il faut tout dire, j'avoue que nous faisons quelques fromages sur quelques montagnes du mont Jura, en juin, juillet, et auguste.

Notre principal avantage est au bout de nos doigts. Nos paysans, n'ayant pas de quoi se nourrir, ont eu l'industrie de travailler en horlogerie pour les Génevois, lesquels Génevois ont fait un commerce de dix millions par an, en payant fort mal les ouvriers du pays de Gex.

Un vieillard, qui s'est avisé de s'établir entre la Suisse et Genève, a formé dans le pays de Gex des fabriques de montres qui payent très-bien tous les ouvriers du pays, qui en augmentent la population, et qui feront tomber le commerce de l'opulente Genève, si elles sont protégées par le gouvernement; mais ce pauvre vieillard va mourir.

Nous ne vivons donc que d'industrie. Or je demande si le fabricant de montres qui aura gagné dix mille francs par an, qui jouit du bénéfice du sel bien plus que les cultivateurs, ne peut pas aider ces cultivateurs à payer les trente mille francs d'indemnité pour ce sel.

Je demande si les gros cabaretiers, qui gagnent encore plus que les horlogers, et qui consomment plus de sel, ne doivent pas aider aussi les pauvres possesseurs d'un détestable terrain.

1. Psaume CXLII, verset 2. (ÉD.)

Les gros manufacturiers, les hôteliers, les bouchers, les boulangers, les marchands, ont si bien connu l'état misérable du pays et les bontés du ministère, qu'ils offrent tous de nous aider d'une légère contribution.

Ou permettez cette contribution, ou diminuez un peu la somme exorbitante de trente mille livres que les soixante sous-rois exigent de nous.

Voilà un des sous-rois, nommé Boisemont, qui vient de mourir riche, dit-on, de dix-huit millions. Ce drôle-là avait-il besoin que nous fussions écorchés, pour que notre peau lui valût cinq cents livres?

Voilà, monsieur, une très-petite partie des doléances que je mettrais aux pieds de M. le contrôleur général; mais je ne dis mot, je m'en rapporte à vous. Si vous êtes touché de mes raisons, vous daignerez les représenter; si elles vous paraissent mauvaises, vous les sifflerez.

Si j'ai tort en plaidant fort mal pour mon pays, j'ai certainement raison en vous disant que je suis pénétré de la plus grande estime pour vos lumières, de reconnaissance pour vos bontés, et du sincère respect avec lequel j'ai l'honneur d'être, monsieur, votre, etc.

MMMMMMLXXXV. — A M. DES ESSARTS.

A Ferney, 26 février.

Je ne sais pas, monsieur, si le code noir permet d'écrire le nom d'une négresse sur un de ses tetons, et celui d'un nègre sur une de ses fesses. Tout ce que je sais, c'est que si j'étais juge, j'écrirais sur le front du juif : *Homme à pendre*. Il est à croire du moins que si les allégations de vos clients sont prouvées, ils seront déclarés libres.

Au reste, vous faites trop d'honneur à la France de la louer de ne point admettre d'esclaves chez elle. Il y a dans une province de France qui touche à la Suisse, et dont je ne suis séparé que par une montagne, quinze ou seize mille esclaves, beaucoup plus malheureux que les nègres qui sont protégés par vous; car, si vos esclaves appartiennent à un juif, ceux dont je vous parle appartiennent à des moines, en dépit de Louis le Gros, de Louis le Hutin, et de Henri II. C'est dans la Comté, nommée *franche*, que le peuple est réduit à cet esclavage. Il faut espérer qu'on détruira un jour cet opprobre infâme. En attendant, je me flatte, monsieur, que vous rendrez la liberté à Pampy et à Aminthe [1]; car il se peut en effet qu'il y ait encore quelque vertu sociale et quelque humanité dans la nation qui s'est rendue coupable de la Saint-Barthélemy, etc.

Vos principes serviront peut-être à corriger un peuple dont une moitié a été si souvent frivole, et l'autre barbare.

J'ai l'honneur d'être, avec toute l'estime que je vous dois, monsieur, votre, etc.

1. M. des Essarts a en effet procuré la liberté aux deux nègres qu'il défendait. (*Éd. de Kehl.*)

MMMMMMMLXXXVI. — A M. DE VAINES.

26 février.

Pardon, monsieur, mais si vous voulez bien avoir la bonté d'ordonner qu'on m'envoie l'édit ou l'ordonnance concernant l'école militaire, je vous serai infiniment obligé.

Je vois bien que je n'aurai pas sitôt les six édits en faveur du peuple enregistrés. Les Welches sont plus Welches que jamais. Mais un Français tel que vous me console.

Permettez que je vous adresse cette lettre pour votre ami M. le marquis de Condorcet.

MMMMMMMLXXXVII. — A M. FABRY.

27 février.

La pièce d'éloquence, monsieur, dont vous voulez bien me donner communication, ne doit point vous décourager. Je pense qu'il faudrait nous assembler à dîner quelqu'un de ces jours chez le vieux malade, et que chacun eût le temps de réfléchir un peu sur les choses qu'il aurait à proposer.

Le troisième dimanche de carême, 10 du mois de mars, où nous allons entrer, vous conviendrait-il? et pourriez-vous avoir la bonté de nous faire voir, avant ou après le dîner, un petit relevé des vingtièmes? car il est bon de s'arranger plus tôt que plus tard, pour être en état de payer cinq cents francs à chacun des soixante sous-rois de France. Il vient d'en mourir un, nommé Boisemont, qui a laissé dix-huit millions de bien, le tout dans son portefeuille. Il ne contribuait pas d'une obole aux charges de l'État : il est juste d'assister de pareilles gens.

A l'égard de notre sel bernois, je n'ai pas encore bien compris le sens profonds de la sublime lettre qu'on vous a écrite en style d'Apocalypse; mais je dis et je dirai toujours, en style très-simple, que vous nous avez rendu un très-grand service, que la province vous doit de la reconnaissance, que votre entrepreneur en use très-honnêtement en nous donnant douze mille francs, et en payant ainsi lui seul plus du tiers de notre indemnité.

J'ai vu l'édit de la suppression de la caisse de Poissy : il m'a paru très-bien fait, très-sage, très-noble, très-bienfaisant; *Messieurs* ne pourront y mordre. L'édit des corvées ne sera pas si bien reçu, et pourra bien nous embarrasser un peu dans notre fourmilière.

Adieu, monsieur; comptez sur la tendre et respectueuse amitié du vieux malade de Ferney.

MMMMMMMLXXXVIII. — A M. AUDIBERT.

A Ferney, 28 février.

Quid retribuam Domino, pro omnibus quæ retribuit mihi[1]

Quoi! monsieur, c'est au milieu de vos voyages et de vos plus grandes occupations que vous avez la bonté de songer à Ferney, à mon huile,

---

1. Psaume CXV, verset 12. (ÉD.)

à cette petite rente sur M. le marquis de Saint-Tropez, de laquelle je n'ai obligation qu'à vous seul! Si les princes et les ducs et pairs étaient aussi généreux et aussi bienfaisants que vous, je ne serais pas dans la triste situation où je me trouve. Il est triste d'avoir affaire à des débiteurs grands seigneurs. Leurs chiens, leurs chevaux, leurs p...... et leurs usuriers disposent de tout leur argent : il ne leur en reste plus pour payer leurs dettes. Je suis obligé de renoncer à tous les travaux de Ferney, et je suis menacé de mourir misérable, parce que de grands seigneurs vivent à mes dépens. Vous êtes plus sage que moi; vous ne mettez point votre fortune entre les mains des princes. C'est encore un trait de votre sagesse de passer l'hiver dans un climat doux et chaud, lorsque nous sommes cent pieds sous neige vers le mont Jura. Le *Pastor fido* a bien raison de dire : « Lieto nido, esca dolce, aura cortese... bramano i cigni. »

Agréez, monsieur, mes tendres remercîments, et l'attachement inviolable de votre très-humble et très-obéissant serviteur,

Le vieux malade de Ferney, V.

Vous savez peut-être que le parlement de Paris ayant dit au roi, dans une grande députation, que Sa Majesté dégraderait la noblesse de son royaume en l'invitant de payer les journées de ceux qui travaillent aux chemins de leurs terres, le roi leur a répondu : « J'ai l'honneur d'être gentilhomme aussi : je payerai dans mes domaines la confection des chemins, et je ne me crois point dégradé pour cela. »

Vous savez peut-être aussi que ce parlement, ayant fait brûler par son bourreau, au pied de son grand escalier, un excellent livre en faveur du peuple, composé par M. de Boncerf, premier commis de M. Turgot, et ayant décrété l'auteur d'ajournement personnel, Sa Majesté leur a ordonné de mettre leur décret à néant, et leur a défendu de dénoncer des livres : elle leur a dit que ces dénonciations n'appartenaient qu'à son procureur général, qui même ne pouvait le faire qu'après avoir pris ses ordres[1].

Voilà des jugements de Titus et de Marc Aurèle; mais *Messieurs* ne sont pas des sénateurs de Rome. Pour M. Turgot, il a tout l'air d'un ancien Romain.

MMMMMMLXXXIX. — A M. DE VAINES.

Ferney, 28 février.

Vous savez, monsieur, qu'il n'est plus question de fatiguer M. Turgot de tant de vaines représentations : l'affaire est consommée. Nos chétifs états ne doivent plus se livrer qu'aux sentiments de reconnaissance. Les fermiers généraux veulent absolument nous arracher trente mille francs; ils les auront : on ne peut acheter trop cher sa liberté, car ce n'est que par la liberté que l'homme est heureux. Je n'ai actuellement

---

1. Cette nouvelle n'est pas exacte. Il est très-vrai seulement que le parlement fit brûler ce livre, mais la protection du ministère se borna à empêcher de poursuivre l'auteur. Plusieurs ministres fomentaient dès lors sous main ces entreprises du parlement, et s'étaient réunis avec lui pour empêcher M. Turgot de sauver la nation. (*Ed. de Kehl.*)

d'autre négociation en tête que celle de placer M. de La Harpe au rang de ceux qui donnent les prix; c'est une place qui lui est bien due, après qu'il en a tant gagné.

MMM-MMMMXC. — A M. L'ABBÉ DU VERNET.

Ferney, février.

Ceux qui vous ont dit, monsieur l'abbé, qu'en 1744 et 1745 je fus courtisan, ont avancé une triste vérité. Je le fus; je m'en corrigeai en 1746, et je m'en repentis en 1747. De tout le temps que j'ai perdu en ma vie, c'est sans doute celui-là que je regrette le plus. Ce ne fut pas le temps de ma gloire, si j'en eus jamais. J'élevai pourtant, dans le cours de l'année 1745, un *Temple à la Gloire*. C'était un ouvrage de commande, comme M. le maréchal de Richelieu et M. le duc de La Vallière peuvent le dire. Le public ne trouva point agréable l'architecture de ce temple; je ne la trouvai pas moi-même trop bonne. Piron y logea des rats; j'aurais pu le loger lui-même dans la caverne de l'Envie, que j'avais placée à l'entrée du temple de la Gloire. Mes amis m'ont toujours assuré que, dans la seule bonne pièce que nous ayons de lui, il m'avait fait jouer un rôle fort ridicule. J'aurais bien pu le lui rendre; j'étais aussi malin que lui, mais j'étais plus occupé. Il a passé sa vie à boire, à chanter, à dire des bons mots, à faire des priapées, et à ne rien faire de bien utile. Le temps et les talents, quand on en a, doivent, ce me semble, être mieux employés. On en meurt plus content.

MMMMMMXCI. — A M. DE LA HARPE.

1ᵉʳ mars.

Mon cher ami, je vois bien que la destinée a ordonné que vous me succéderiez; cependant je vous aurais encore mieux aimé pour mon confrère que pour mon successeur. Vous vivez dans un singulier temps, et parmi d'étonnants contrastes. La raison d'un côté, le fanatisme absurde de l'autre; des lauriers à droite, des bûchers à gauche; d'un côté le temple de la gloire, et de l'autre des préparations pour une Saint-Barthélemy; un contrôleur général[1] qui a pitié du peuple, et un parlement qui veut l'écraser; une guerre civile dans tous les esprits, des cabales dans tous les *tripots*.... *Sauve qui peut!* Pour moi, je ne suis pas encore assez loin.

S'il y a quelque chose d'intéressant, je vous demande en grâce de m'en instruire sous l'enveloppe de M. de Vaines, qui pense comme il faut, et qui vous aime comme il le doit.

MMMMMMXCII. — A M. DE VAINES.

1ᵉʳ mars.

Le vieux malade, monsieur, vous demande bien pardon de vous avoir importuné pour avoir l'édit concernant l'école militaire. Il l'a lu dans un journal; mais sa grande passion est pour les corvées et pour les maîtrises.

1. Turgot. (ÉD.)

ANNÉE 1776.

Il vient de lire le factum de maître La Croix, de l'ordre des avocats. Voilà donc M. Turgot qui a un procès en parlement, tandis que le roi en a un autre au sujet des remontrances. Les voilà tous deux bien payés d'avoir rétabli leurs juges[1]! Tous deux doivent être charmés de la reconnaissance qu'on leur témoigne.

Ce factum de maître La Croix paraît très-insidieux; il écarte toujours avec adresse le fond de la question et le principal objet de M. Turgot, qui est le soulagement du peuple. Il est bien clair que toutes ces maîtrises et toutes ces jurandes n'ont été inventées que pour tirer de l'argent des pauvres ouvriers, pour enrichir des traitants, et pour écraser la nation. Voilà la première fois qu'on a vu un roi prendre le parti de son peuple contre *Messieurs*.

C'est le mémoire de M. Bigot, imprimé, dit-on, il y a cinq ou six mois, que j'ai une extrême impatience de lire. C'est contre ce M. Bigot que ce maître La Croix présente requête au parlement. Heureusement M. Bigot, qui était président de je ne sais où[2], est mort; mais le corps du délit subsiste.

J'ose vous supplier, monsieur, de vouloir bien m'envoyer ce corps du délit. Je suis curieux de voir comment on a eu l'insolence de soutenir qu'un homme pourrait, à toute force, raccommoder des souliers ou recoudre des culottes, sans avoir payé cent écus aux maîtres jurés.

En un mot, monsieur, j'implore vos bontés pour être instruit de tout ce qui se passe dans ce procès de *Messieurs* contre le roi et son peuple; mais je ne veux pas abuser de votre temps, il est trop précieux. Je vous demande simplement d'ordonner qu'on m'envoie tout. Il faut avoir pitié d'un vieux solitaire.

J'apprends que les prêtres se joignent à *Messieurs* : Dieu soit béni!

Vous ne sauriez croire combien mon cœur est pénétré de reconnaissance pour vous.

MMMMMMMXCIII. — A M. LE COMTE DE TRESSAN.

A Ferney, 3 mars.

L'apôtre prétendu de la tolérance pourrait bien en être le martyr. Il sait très-bien que la cabale du fanatisme est plus animée et plus dangereuse que la cabale contre M. Turgot.

Le vieil apôtre est obligé, dans le moment présent, d'aller faire un petit voyage en Allemagne pour des affaires indispensables; mais, en quelque endroit qu'il soit, il prendra un intérêt bien vif à M. de Lisle, auquel il conseille de ne jamais exposer sa personne. L'effervescence est trop violente, on n'est que trop bien informé des résolutions prises par des assassins en robe noire, les uns tondus, les autres en bonnet carré. Tout cela est affreux, mais très-digne d'une nation qui n'a encore assassiné que trois de ses rois, qui n'a fait qu'une grande Saint-Barthélemy, mais qui en a fait mille petites en détail. Les ministres,

---

1. M. Turgot n'a eu aucune part à ce rétablissement. (*Éd. de Kehl.*)
2. Bigot avait été intendant du Canada. (ÉD.)

tout sages et tout éclairés qu'ils sont, ne pourraient s'opposer aux barbaries que les persécuteurs méditent.

On embrasse tendrement le seigneur de Franconville[1].

MMMMMMMXCIV. — A M. CHRISTIN.

5 mars.

Mon cher ami, voici bien d'autres nouvelles. Vous connaissez ce petit livre qui en vaut bien un plus gros, cet examen sage et savant, ce code plein d'humanité, intitulé *les Inconvénients des droits féodaux*. Nous le regardions, vous et moi, comme un préliminaire de la justice que le roi pouvait rendre à ses sujets les plus utiles. Nous attendions en conséquence le moment de présenter un mémoire à M. Turgot et à M. de Malesherbes. Je vous attendais à Pâques pour y travailler avec vous. La cour de parlement, garnie de pairs, vient de faire brûler par son bourreau, au pied de son grand escalier, cet excellent ouvrage des *Inconvénients des droits féodaux*. Les princes du sang ont donné leur voix pour le proscrire. Je suis pétrifié d'étonnement et de douleur. Il faut absolument que nous mangions l'agneau pascal ensemble. Il faut que vous veniez le plus tôt qu'il vous sera possible, et que la dernière action de ma vie soit de m'unir à vous pour secourir des opprimés.

N. B. Le clergé réuni avec le parlement a laissé, par sa dernière assemblée, quatre-vingts ouvrages à brûler par ces *Messieurs*, et quatre-vingts auteurs à être jetés dans les mêmes flammes.

MMMMMMMXCV. — A M. DE VAINES.

A Ferney, ce 6 mars.

Il est clair que c'est faire brûler par le bourreau les édits du roi, que de faire brûler cette brochure intitulée *les Inconvénients des droits féodaux*; cette brochure ne contient, à ce qu'il me paraît, que les principes de M. Turgot, l'abolissement des corvées, le soulagement du peuple, et le bien de l'État. Je ne sais comment tout ceci tournera, mais je vois de loin des serpents qui mordent le sein qui les a réchauffés.

Permettez-moi de recommander à vos bontés cette lettre pour votre ami M. le marquis de Condorcet.

MMMMMMMXCVI. — A M. LE COMTE D'ARGENTAL.

6 mars.

Mon cher ange, je n'ai envoyé *Sésostris* qu'à vous, parce que vous êtes l'homme de France qui connaissez le mieux la cour d'Égypte, et qui jugez le mieux des vers égyptiens.

Si donc vous trouvez que cette petite plaisanterie peut passer des bords du Nil à ceux de la Seine, je la mets sous votre protection. Vous n'êtes pas hors de portée de la faire parvenir à M. de Maurepas, qui probablement ne me traitera pas cette fois-ci comme un crocodile; et, entre

---

1. C'était à Franconville que s'était réfugié Delisle de Sales. (ÉD.)

nous, je ne serais pas fâché que Sésostris¹ eût quelque bonne opinion de moi. J'en aurais d'autant plus de besoin, que les mêmes barbares qui persécutent si violemment l'ex-oratorien Delisle de Sales, ont juré de m'en faire autant.

Une maudite édition faite, non-seulement sans moi, mais malgré moi, à Genève, par Gabriel Cramer et par un nommé Bardin, ne donne que trop beau jeu aux persécuteurs. J'apprends que Panckoucke s'est chargé de cette édition très-criminelle, en quarante volumes. Je n'ai su cette manigance que quand elle a été faite, et je ne puis y remédier.

Je demeure, il est vrai, à une lieue de Genève; mais je n'irai certainement pas intenter un procès dans Genève à un Génevois Je sais toutes les atrocités qu'on prépare à Paris. Je me vois de tous côtés entre l'enclume et le marteau, victime de l'avarice d'un libraire, victime d'une faction de fanatiques à Paris, et près de quitter, dans ma quatre-vingt-troisième année, le château et la ville que j'ai bâtis, les jardins et les forêts que j'ai plantés, les manufactures florissantes que j'ai établies, et d'aller mourir ailleurs, loin de toutes mes consolations. Ma situation est étrange. Ce Cramer a gagné plus de quatre cent mille francs à imprimer mes ouvrages depuis vingt ans. Il finit par une édition dans laquelle il glisse des ouvrages beaucoup plus dangereux que ceux de Spinosa et de Vanini, des ouvrages qu'il sait n'être pas de moi; et je ne puis faire éclater mes plaintes, parce que personne ne croira jamais qu'on ait fait une telle entreprise à une lieue de chez moi, sans que je m'en sois mêlé. Cramer n'a point mis son nom en tête de l'ouvrage, et à peine a-t-il vendu cette édition à Panckoucke, qu'il a quitté sur-le-champ la librairie, et vit dans une très-belle maison de campagne qu'il vient d'acheter chèrement. Je ne sais pas encore quel parti je prendrai; mais il est clair que je n'en puis prendre un que fort triste. Pour la faction des Clément et des Pasquier, je sais bien quel parti elle prendra. Il y a soixante ans que je vis dans l'oppression; il faut mourir comme on a vécu : mais aussi je mourrai en adorant mon cher ange

Il y a trois mois que Mme de Saint-Julien ne m'a écrit. Je puis envoyer à M. de Sartines le rogaton dont je vous ai parlé; il s'en amusera peut-être, d'autant plus qu'il y est un peu question de la compagnie des Indes, dont il s'est mêlé avant qu'il fût ministre. Mon idée est donc de lui en envoyer un exemplaire pour lui et un pour vous. Je crois d'ailleurs Mme de Saint-Julien si occupée de son procès, qu'elle ne se souciera guère des affaires des Indes et de la Chine. Au reste, cette bagatelle ne me fait plus aucun plaisir depuis qu'elle est imprimée. Toutes les éditions me sont odieuses depuis l'aventure de Cramer.

J'attends avec bien de l'impatience l'événement de la querelle entre M. Turgot et le parlement. Je vous avoue que je suis entièrement pour M. Turgot, parce que ses vues sont humaines et patriotiques. Il est réellement père du peuple, et le parlement veut le paraître. Je dois à ce ministre la liberté et le bonheur de la petite patrie que je me suis faite; il sera bien douloureux de la quitter.

1. Louis XVI. (ÉD.)

MMMMMMXCVII. — A M. LE MARQUIS DE THIBOUVILLE.

Ferney, 7 mars.

Mais vraiment vous parlez à un malade de quatre-vingt-trois ans comme s'il était de votre espèce, comme s'il était toujours jeune, comme s'il vivait dans le grand monde, comme s'il pouvait vous amuser dans vos moments perdus, comme si la mort, cette compagne si hideuse, ne l'avait pas déjà entraîné à moitié dans son tombeau; enfin, comme si ce n'était pas de là qu'il vous écrit. Pensez-vous, d'ailleurs, que je sois grand maître des postes? J'avais envoyé, par M. de Sartines, à M. le comte d'Argental les insipides rogatons dont vous me parlez, et M. d'Argental ne les a point reçus. On ne sait plus ni à quel ministre on peut s'adresser pour faire passer un livre, ni à quel saint il faut se vouer pour le faire. Trouvez-moi une adresse sûre, et je vous ferai tenir tout ce que vous me demanderez; mais je ne vous enverrai rien de mieux que votre épitaphe de l'ami Fréron.

Savez-vous que j'ai reçu une lettre très-tendre d'une dame qui est sûrement parente de Fréron, si elle n'est pas sa veuve? Elle m'avoue que ce pauvre diable est mort banqueroutier, et elle me conjure de marier sa fille, par la raison, dit-elle, que j'ai marié la petite-fille de Corneille; elle me propose le curé de la Madeleine pour l'entremetteur de cette affaire; ces curés se fourrent partout. J'ai répondu que si Fréron a fait *le Cid* et *Cinna*, je marierai sa fille sans difficulté.

M. d'Argental s'est bien donné de garde de m'avouer les dégoûts que le *tripot* vous a donnés à tous deux : c'est un ministre qui ne veut pas révéler la turpitude de sa cour. Vous êtes plus confiant, mon cher Baron, et je n'y suis que plus sensible.

On dit que vous allez avoir *Henri IV* à la Comédie française, à l'italienne, et chez Nicolet : qu'on le fasse du moins parler comme il parlait.

Quoique je n'aie pas grande foi aux discours de Paris, voulez-vous bien cependant me mander ce qu'on pense, dans cette babillarde ville, de l'affaire de M. le maréchal de Richelieu? mais surtout dites-moi au juste en quel état est la santé de Mme d'Argental.

Pour ma santé, mon cher marquis, vous saurez au juste que le vieux malade causait hier avec un apothicaire de Genève. Hélas! il n'a que trop souvent de tels entretiens. « A propos, dit le malade à l'apothicaire de quoi guérit l'épine-vinette? — De rien du tout, me dit-il, ainsi que la plupart des remèdes. — Et où trouve-t-on, lui dit le malade, des pastilles d'épine-vinette? — On les fait à Dijon, répliqua-t-il : j'en ai chez moi par hasard une petite boîte. — Envoyez-la-moi tout à l'heure, » dit le malade. Il l'envoya, et je vous l'envoie.

Envoyez-moi un cœur différent du mien, si vous ne voulez plus être aimé, car j'aurai cette passion pour tout le temps qu'il me restera de vie.

Mes maladies me condamnent à vivre absolument dans la solitude; mais si quelque voyageur passe vers ma caverne en allant à Paris, je vous enverrai par lui beaucoup de sottises. Pour Mme Denis, elle ne vous enverra rien, car elle n'écrit à personne. Personne ne vous est plus attaché que moi, monsieur le marquis; c'est un bonheur que je sens, et auquel je me livre.

MMMMMMMXCVIII. — A M. DE BONCERF.
8 mars.

J'avais lu, monsieur, l'excellent ouvrage dont vous me faites l'honneur de me parler, et toute ma peine était d'ignorer le nom de l'estimable patriote que je devais remercier. Il me paraissait que les vues de l'auteur ne pouvaient que contribuer au bonheur du peuple et à la gloire du roi : j'en étais d'autant plus persuadé, qu'elles sont entièrement conformes aux projets et à la conduite du meilleur ministre que la France ait jamais eu à la tête des finances. Ce grand ministre venait même d'abolir les corvées dans le petit pays dont j'ai fait ma patrie depuis plus de vingt années. Non-seulement nos cultivateurs étaient délivrés de cet horrible esclavage, mais nous venions d'obtenir la franchise du sel, du tabac, et de l'impôt sur toutes les denrées, moyennant une somme modique : toutes nos communautés chantaient des *Te Deum* ; enfin j'espérais mourir, à mon âge de près de quatre-vingt-trois ans, en bénissant le roi et M. Turgot.

Vous m'apprenez, monsieur, que je me suis trompé, que l'idée de faire du bien aux hommes est absurde et criminelle, et que vous avez été justement puni de penser comme M. Turgot et comme le roi. Je n'ai plus qu'à me repentir de vous avoir cru; et il faut qu'au lieu de mourir en paix, mes cheveux blancs descendent au tombeau avec amertume, comme dit l'autre.

Cependant j'ai bien peur de mourir dans l'impénitence finale, c'est-à-dire plein d'estime et de reconnaissance pour vous; je pourrai même mourir martyr de votre hérésie. En ce cas, je me recommande à vos prières, et je vous supplie de me regarder comme un de vos fidèles.

MMMMMMMXCIX. — A M. MARMONTEL.
8 mars.

Mon très-cher confrère, mon ancien et véritable ami, vous ornez de belles fleurs mon tombeau : je n'ai jamais été si malade, mais aussi je n'ai jamais été si consolé ni si sensiblement touché qu'en lisant vos beaux vers récités à l'Académie[1]. Quand nos Fréron, nos Clément, nos Sabatier, s'acharnent sur les restes de votre ami, vous embaumez ces restes, et vous les préservez de la dent de ces monstres. Il n'y a point de mort plus heureux que moi.

Conservez-moi, mon cher ami, une partie de ces sentiments tant que vous vivrez. Je suis si bien mort, que je ne savais pas que Mlle Clairon fût à Paris. Je vous trouve bien heureux l'un et l'autre de vous être rapprochés : vous êtes faits l'un pour l'autre. Son mérite est encore au-dessus de ses talents. Si j'existais, je voudrais bien me trouver en tiers

---

[1]. Le 29 février, jour de la réception de M. de Boisgelin, archevêque d'Aix, Marmontel avait lu son *Discours en vers sur l'éloquence*. (É.p.)

avec vous. La littérature et un cœur noble sont le véritable charme de la société.

J'entends dire que dans Paris tout est faction, frivolité, et méchanceté. Heureux les honnêtes gens qui aiment les arts et qui s'éloignent du tumulte !

Il faut espérer que Sésostris[1] dissipera toutes ces cabales affreuses qui persécutent l'innocence et la vertu. Ce sage Égyptien doit écarter les crocodiles. J'apprends que vous en avez un très-grand nombre sur les bords de la Seine ; mais vous ne vivez qu'avec vos pareils, qui sont les cygnes de Mantoue.

Mme Denis a eu une maladie de six mois, et n'est pas encore parfaitement rétablie. Nos étés sont délicieux, mais nos hivers sont horribles. Si le canton d'Allemagne[2] où Mlle Clairon règne est dans un pareil climat, elle a bien fait de le quitter.

Je lui souhaite, comme à vous, des jours heureux.

Je ne demandais autrefois pour moi que des jours tolérables, qui sont très-difficiles à obtenir.

Adieu, mon cher ami ; je vous serre entre mes faibles bras, et ma momie salue très-humblement la figure vivante de Mlle Clairon.

MMMMMMMC. — A M. L'ABBÉ SPALLANZANI.

Le .... mars.

« Ringrazio vostra S. illustrissima per il bel regalo del quale io sono veramente indegno. » Ma main, que quatre-vingt-deux ans font un peu trembler, ne peut écrire, et mes yeux, qui ont quatre-vingt-deux ans aussi, peuvent lire à peine.

Cependant j'ai lu avec bien du plaisir le livre utile dans lequel vous m'instruisez. Vous donnez le dernier coup, monsieur, aux anguilles du jésuite Needham. Elles ont beau frétiller, elles sont mortes, et M. Bonnet ne les ressuscitera pas dans sa *Palingénésie*. Des animaux nés sans germe ne pouvaient pas vivre longtemps. Ce sera votre livre qui vivra, parce qu'il est fondé sur l'expérience et sur la raison.

Il faut rire des anciennes charlataneries et des nouvelles, et de tous les romanciers, *che si fanno eguali a Dio e creano un mundo colla parola*.

Si je ne craignais d'abuser de votre temps, je vous demanderais quelques nouvelles de limaçons. Je croyais avoir coupé des têtes à quelques-uns de ces animaux, et que ces têtes étaient revenues : des gens plus adroits que moi m'ont assuré que je n'avais coupé que des visages, dont la peau seule avait été reproduite. C'est toujours beaucoup qu'un visage renaisse. Taliacotius[3] ne reproduisait que des nez. Je m'en rapporte à vous, monsieur, sur tous les animaux grands et petits, sur toute la nature, et sur les systèmes.

1. Louis XVI. (ÉD.) — 2. Le margraviat d'Anspach. (ÉD.)
3. Nom latin du médecin Gaspard Tagliacozzi. (ÉD.)

MMMMMMMCI. — A Frédéric II, roi de Prusse.

A Ferney, 11 mars.

Sire, l'infatigable Achille sera-t-il toujours pris par le pied? L'ingénieux et sage Horace souffrira-t-il toujours de cette main qui a écrit de si belles choses? Vos fréquents accès de goutte alarment ce pauvre vieillard qui vous dit autrefois qu'il voudrait mourir à vos pieds, et qui vous le dit encore. La saison où nous sommes est bien malsaine; notre printemps n'est pas celui que les Grecs ont tant chanté; nous avons cru, nous autres pauvres habitants du septentrion, que nous avions aussi un printemps, parce que les Grecs en avaient un; mais nous n'avons en effet que des vents, du froid, et des orages. Votre Majesté brave tout cela dès qu'elle est quitte de sa goutte : il n'en est pas de même des octogénaires, qui ne peuvent remuer, et à qui la nature n'a laissé qu'une main pour avoir l'honneur de vous écrire, et un cœur pour regretter le temps où il était auprès de vous.

Puisque Votre Majesté m'ordonne de lui envoyer la correspondance d'un bénédictin avec M. Pauw, je la mets à vos pieds; j'en retranche un fatras de pièces étrangères qui grossissaient cet inutile volume; j'y laisse seulement un petit ouvrage de Maxime de Madaure, célèbre païen, ami de saint Augustin, célèbre chrétien. Il me semble que ce Maxime pensait à peu près comme le héros de nos jours, et qu'il avait l'esprit plus conséquent et plus solide que M. l'évêque d'Hippone. Le paquet est un peu gros pour partir par la poste, mais Votre Majesté l'ordonne.

Je lui souhaite la santé et la longue vie du maréchal Keit; je lui souhaite un doux repos, qu'il a bien mérité par son activité en tout genre. Je suis au désespoir de mourir loin de lui; j'ose lui demander avec autant de respect que de tendresse la continuation de ses bontés.

MMMMMMMCII. — A M. Hennin.

13 mars.

En vous remerciant, monsieur. Soyez sûr que je vous garderai le secret.

Vous savez qu'il y avait autrefois un gros chien qui mangeait plus que trois. On proposa d'avoir à sa place trois roquets; mais comme les trois ensemble auraient mangé autant que lui, on fut obligé de garder le gros chien.

Nos états ne savent que faire ni que dire. Je voudrais qu'ils vous donnassent leurs pleins pouvoirs, et que vous voulussiez bien les accepter; nos affaires iraient plus vite et mieux. Tout change dans ce petit pays-ci, comme tout va changer en France. Le roi a ordonné au parlement d'enregistrer; et, sur ce que ce corps AUGUSTE lui disait que la noblesse serait dégradée si elle souffrait que ses fermiers donnassent quelques petites contributions pour épargner les corvées aux cultivateurs, Sa Majesté a répondu qu'elle payait elle-même cette contribution dans ses domaines, et qu'elle ne se croyait point dégradée.

Malgré cette réponse, digne de Titus et de Marc Aurèle, *Messieurs* font d'itératives remontrances. Le roi sera ferme, et le bien de la nation sera opéré.

Il a fort désapprouvé l'arrêt étonnant qui a condamné le petit livre de M. Boncerf, premier commis de M. Turgot, à être brûlé. Il leur a dit qu'il ne souffrirait pas qu'on vexât ainsi ses plus fidèles sujets; qu'il défendait les dénonciations faites par les officiers du corps; qu'elles ne devaient être faites que par son procureur général, après avoir pris ses ordres. Il faut espérer que la sagesse et la bonté de notre jeune monarque feront taire à la fin des voix peut-être un peu trop dangereuses.

Conservez toujours, monsieur, un peu d'amitié pour votre vieux malade, qui vous est bien tendrement dévoué. V.

MMMMMMCIII. — A M. FABRY.

13 mars.

Le vieux malade, monsieur, a encore reçu aujourd'hui des lettres de M. Turgot. Il est fort triste que la santé de M. de Verny ne lui permette pas de venir dîner demain avec Mme Denis.

Il s'agira de délibérer s'il faut accepter une diminution sur les trente mille livres, ou une diminution sur l'industrie.

Vous faites surtout le bien de la province, en lui procurant une augmentation de bénéfice sur le sel.

Je vous prie d'apporter la copie des remontrances du parlement de Dijon, avec un état sommaire des charges et des revenus de ce petit pays. Tout va changer ici, comme dans le reste de la France; et, quelle que soit l'administration du ministère, ce sera toujours dans vous que sera la ressource de notre province, qui vous doit une reconnaissance inaltérable.

J'ai l'honneur d'être, etc. *Le vieux malade*, V.

MMMMMMCIV. — A M. LE CHEVALIER DE LISLE.

A Ferney, 14 mars.

Un officier du régiment de Deux-Ponts, nommé M. de Crassi, mon voisin et mon ami, a mandé, monsieur, que j'avais grand tort; que vous m'aviez favorisé de trois lettres, et que vous n'aviez reçu de moi aucune réponse. Je vous jure que depuis le mois que les Welches appellent *aoust*, je n'ai pas entendu parler de vous. Il faudrait que je fusse mort pour être indifférent. Il est vrai que je ne suis guère en vie, et qu'on peut même, dans sa quatre-vingt-troisième année, n'être pas fort exact à écrire, quand on est accablé de maladies comme je le suis; mais, malgré mon triste état, ne croyez pas que je vous eusse oublié un moment. J'avais au contraire un besoin extrême de vos lettres; elles auraient fait ma consolation. Il n'y a que votre présence qui aurait pu me plaire davantage.

Je vous avouerai que je ne suis pas tout à fait de votre avis sur les préfaces des édits¹. Je peux me tromper; mais elles m'ont paru si instructives, il m'a paru si beau qu'un roi rendît raison à son peuple de toutes ses résolutions, j'ai été si touché de cette nouveauté, que je n'ai pu encore me livrer à la critique. Il faut me pardonner. Le petit coin de terre que j'habite n'a chanté que des *Te Deum* depuis qu'il est délivré des corvées, des jurandes, et des commis des fermes. Si notre bonheur nous trompe, et si notre reconnaissance nous aveugle, je me rétracterai : mais actuellement nous sommes dans l'ivresse du bonheur.

S'il est vrai que l'auteur du *Portier des chartreux* ait fait le discours du premier président², il ne s'est pas souvenu de la règle de saint Bruno, qui ordonne aux chartreux le silence. Je vous remercie bien fort d'avoir rompu celui que vous gardiez avec moi. J'ai cru être à ce lit de justice en lisant votre lettre.

On m'a mandé qu'il n'y aurait point d'*itératives*, et qu'on s'en tiendrait à l'éloquence du *Portier*, et de l'avocat général *des bord....* Je ne sais ce qui en est, car dans ma solitude je ne sais rien, sinon que vous êtes le plus aimable homme du monde, et moi un des plus vieux.

MMMMMMMCV. — A M. VASSELIER.
Ferney, 15 mars.

Je suis enchanté des édits sur les corvées et sur les maîtrises. On a eu bien raison de nommer le lit de justice *le lit de bienfaisance;* il faut encore le nommer *le lit de l'éloquence* digne d'un bon roi. Lorsque maître Seguier lui dit qu'il était à craindre que le peuple ne se révoltât, parce qu'on lui ôtait le plaisir des corvées, et qu'on le délivrait de l'excessif impôt des maîtrises, le roi se mit à sourire, mais d'un sourire très-dédaigneux. Le siècle d'or vient après un siècle de fer.

MMMMMMCVI. — A M. DALEMBERT.
16 mars.

Mon cher philosophe, il me paraît démontré par convenance, plus justice, moins bavarderie et ennui, plus intérêt du corps, divisé par véritable esprit et véritable éloquence, qu'il faut absolument que M. de Condorcet soit des nôtres, sans quoi notre Académie sera un jour aussi méprisée que la Sorbonne. Nous avons été si touchés sur notre frontière de Suisse des remontrances de votre parlement de Paris, que nous en avons fait aussi dans notre province. Je vous les envoie³. Ces pauvretés amusent un moment ; mais moi je vous relis toujours, et je vous aime de même.
V.

Je reçois dans ce moment une lettre de votre digne ami, M. de Condorcet, du 10 mars. Voici le siècle de Marc Aurèle, ou je suis bien trompé.

Mais que dites-vous de *Messieurs?*

---

1. M. Delisle était attaché à M. de Choiseul, dont la cabale s'était réunie aux ennemis de M. Turgot. (*Éd. de Kehl.*)
2. M. d'Aligre prononça au lit de justice, pour l'abolissement des corvées, un discours composé, disait-on, par un avocat nommé Gervaise. (*Éd. de Kehl.*)
3. *Remontrances du pays de Gex.* (ÉD.)

MMMMMMCVII. — A M. DE VAINES

16 mars.

Votre amitié et votre indulgence, monsieur, veulent bien, malgré toutes vos occupations, me demander deux pages. J'ai l'honneur de vous en envoyer quatre; elles sont écrites par toute une province : je ne suis que le secrétaire. Votre parlement nous donne l'exemple des remontrances; mais nous le suivons sans crainte de nous égarer sur les traces de cet auguste corps, toujours impartial et toujours infaillible.

MMMMMMCVIII. — AU MÊME.

Ferney, le 17 mars.

Voici, monsieur, ce *Sésostris*, qui est un peu moins incorrect que la copie qui court dans Paris. Je ne sais si *Messieurs* feront brûler ce petit ouvrage, et si la brochure excommuniera l'auteur comme hérétique sentant l'hérésie. On prétend que *Messieurs*, dans leurs remontrances, ont dit qu'ils ne doutaient pas que les bontés et l'humanité de Sésostris ne l'engageassent à maintenir les corvées, et à faire travailler les gens loin de chez eux, sans leur donner ni à manger ni à boire. Mais le roi d'Égypte leur aura répondu, sans doute, que ses ancêtres donnaient du pain et des oignons à ceux qui bâtissaient des pyramides. J'ai surtout la plus grande espérance dans la vertu persévérante de M. Turgot. Je maintiendrai toujours, malgré la Sorbonne et *Messieurs*, que le ministre qui protége le peuple, et qui inspire à Pharaon l'esprit de sagesse et d'économie, vaut beaucoup mieux que le ministre [1] des sept vaches maigres et des sept vaches grasses, qui ne fit manger du pain au peuple qu'en le rendant esclave.

Je suis très-fâché, monsieur, d'être trop vieux pour voir encore un an ou deux de ce Sésostris dont vous êtes le lecteur; j'attends avec impatience ces édits enregistrés ou non enregistrés. Ceux que j'ai lus jusqu'à présent me paraissent tout à fait dans le goût chinois. Ils encouragent à la vertu, et ils promettent le bonheur : ces deux choses sont de votre ressort.

Voilà beaucoup de *Sésostris* qui se mettent sous votre protection.

MMMMMMCIX. — A M. LE COMTE DE TRESSAN.

17 mars.

Mon respectable philosophe, je n'ai pu vous féliciter, vous et M. Delisle, aussitôt que je l'aurais voulu. Je savais bien que M. d'Argental ne serait pas inutile à M. de Sales; il a été autrefois conseiller au parlement, il y a des amis, il déteste la persécution et chérit la philosophie. Il me paraît qu'on ne persécute, dans le moment présent, que M. Turgot. Celui-là se tirera d'affaire fort aisément ; il a du génie et de la vertu; son maître paraît digne d'avoir un tel ministre ; et je ne crois pas que *Messieurs* veuillent faire la guerre de la Fronde pour des corvées. Je dois à ce digne ministre la suppression de toutes les ga-

---

1. Joseph ; voyez la *Genèse*, chap. XLI, verset 27; et XLVII, 19. (ÉD.)

belles et de tous les commis qui désolaient mon petit pays, moitié français, moitié suisse. J'en souhaite autant aux citoyens de Franconville et de Pontoise, mais ils sont trop près du centre. On a commencé par notre chétive frontière pour faire un essai; c'est *experimentum in anima vili*; mais l'expérience est belle, et est de la vraie philosophie.

Celles que vous faites sur l'électricité m'instruiront beaucoup. Je me suis mêlé d'électriser le tonnerre dans le jardin que je cultive auprès de ma chaumière. Il y a longtemps que je regarde cette électricité comme le feu élémentaire qui est la source de la vie. Je me flatte qu'il n'en sera pas de votre ouvrage comme de celui de l'éducation, que j'ai si vainement attendu. Continuez, philosophez dans votre retraite : votre printemps a été orné de tant de fleurs qu'il faut bien que votre automne porte beaucoup de fruits. Il n'y a plus de jouissance pour moi, qui suis dans l'extrême vieillesse ; mais vous me consolerez, vous me donnerez des idées, si je ne puis en produire.

J'ai lu avec beaucoup d'attention l'ouvrage de M. Bailly sur l'ancienne astronomie. Il y a des vues bien neuves et bien plausibles; je souhaite que tout soit aussi vrai qu'ingénieux. Ce livre recule furieusement l'origine du monde, s'il y en a une. Remarquez, en passant, que le petit peuple juif, qui parut si tard, est le seul qui ait parlé d'Adam et de sa famille, absolument inconnus dans le reste du monde entier.

Adieu, monsieur ; conservez-moi vos bontés, et ne m'oubliez pas auprès de M. de Sales, à qui je fais les plus sincères et les plus tendres compliments.

MMMMMMMCX. — DE FRÉDÉRIC II, ROI DE PRUSSE.

A Potsdam, le 19 mars.

Il est vrai, comme vous le dites, que les chrétiens ont été les plagiaires grossiers des fables qu'on avait inventées avant eux. Je leur pardonne encore *les vierges* en faveur de quelques beaux tableaux que les peintres en ont faits; mais vous m'avouerez cependant que jamais l'antiquité ni quelque autre nation que ce soit n'a imaginé une absurdité plus atroce et plus blasphématoire que celle de manger son dieu. C'est le dogme le plus révoltant, le plus injurieux à l'Être suprême, le comble de la folie et de la démence. Les gentils, il est vrai, faisaient jouer à leurs dieux des rôles assez ridicules, en leur prêtant toutes les passions et les faiblesses humaines. Les Indiens font incarner trente fois leur *Sommona-Codom*, à la bonne heure : mais tous ces peuples ne mangeaient point les objets de leur adoration. Il n'aurait été permis qu'aux Égyptiens de dévorer leur dieu Apis. Et c'est ainsi que les chrétiens traitent l'autocrateur de l'univers.

Je vous abandonne, ainsi qu'à l'abbé Pauw, les Chinois, les Indiens, et les Tartares. Les nations européennes me donnent tant d'occupation, que je ne sors guère, avec mes méditations, de cette partie la plus intéressante de notre globe. Cela n'empêche pas que je n'aie lu avec plaisir les dissertations que vous avez eu la bonté de m'envoyer. Comment recevrait-on autrement ce qui sort de votre plume ! L'abbé

Pauw prétend savoir que l'empereur Kien-long est mort, que son fils gouverne à présent, et que le défunt empereur a exercé d'énormes cruautés envers les jésuites. Peut-être veut-il que je prenne fait et cause contre Kien-long, d'autant plus qu'il sait combien je protége les débris du troupeau de saint Ignace. Mais je demeure neutre, plus occupé d'apprendre si la colonie de Penn continuera de pratiquer ses vertus pacifiques, ou si, tout quakers qu'ils sont, ils voudront défendre leur liberté et combattre pour leurs foyers. Si cela arrive, comme il est apparent, vous serez obligé de convenir qu'il est des cas où la guerre devient nécessaire, puisque les plus humains de tous les peuples la font.

Ammien Marcellin doit être bien près de Ferney, à compter le temps qu'on vous l'a expédié. Nos académiciens conviennent tous que c'est un des auteurs de l'antiquité les plus difficiles à traduire, à cause de son obscurité. Il est sûr que, si d'ailleurs nous ne surpassons pas les anciens en autre chose, du moins écrit-on mieux dans ce siècle qu'à Rome après les douze Césars. La méthode, la clarté, la netteté, règnent dans tous les ouvrages, et l'on ne s'égare pas dans des épisodes, comme les Grecs en avaient l'habitude.

Je n'aime point les auteurs qu'on admire en bâillant, fussent-ils même empereurs de la Chine. Mais j'aime ceux qu'on lit et qu'on relit toujours volontiers, comme les ouvrages d'un certain patriarche de Ferney, dont l'antiquité nous fournit quelques-uns de la même trempe.

Il faut, par toutes ces raisons, que vous ne mouriez point, et que, tandis que le parlement, qui radote, vous brûle à Paris[1], vous preniez de nouvelles forces pour confondre les tuteurs des rois, et ceux qui empoisonnent les âmes du venin de la superstition. Ce sont les vœux d'un pauvre goutteux qui se réjouit de sa convalescence, jouissant par là du plaisir de vous admirer encore. *Vale.* FÉDÉRIC.

MMMMMMMCXI. — A M. LE COMTE D'ARGENTAL.

20 mars.

Mon cher ange, vous souvenez-vous que lorsqu'on brûla Déchauffourd au lieu de l'abbé Desfontaines, le feu prit le même jour au collége des jésuites, et qu'on fit ce petit quatrain honnête?

<blockquote>
Lorsque Déchauffourd on brûla
Pour le péché philosophique,
Une étincelle sympathique
S'étendit jusqu'à Loyola.
</blockquote>

Ne soyez donc pas surpris si un certain homme a songé à se mettre à l'abri, lorsqu'on poursuivait ce M. Delisle de Sales, qui a tant d'obligation à vos bons offices, et ce M. de Boncerf si estimable, et M. de Condorcet si éloquent et si intrépide, etc., etc.

Voici donc *Sésostris*, auquel il manque encore une rime; mais un

---

1. Le roi de Prusse croyait sans doute Voltaire auteur de l'ouvrage de Boncerf sur les droits féodaux. (ÉD.)

vieux malade dans son lit, un peu accablé des intérêts de sa petite province, ne peut pas songer à tout.

Puisque vous me répondez de M. de Sartines, je vais donc lui adresser les insolentes *Lettres chinoises, indiennes, et tartares.*

Vous n'êtes pas au bout, mon cher ange; je ne suis que dans ma quatre-vingt-troisième année. Vous verrez bien d'autres sottises quand je serai majeur.

Je n'ai pas reçu un mot de Mme de Saint-Julien. Mon papillon-philosophe n'est que papillon tout court.

Mon cher ange, conservez-moi toutes vos bontés, sans quoi je meurs à la fleur de mon âge.

MMMMMMCXII. — A M. Dupont.

A Ferney, 20 mars.

Ayant vu que nos états n'avaient point encore pu asseoir la contribution nécessaire pour suppléer à l'abolition des corvées : que la pauvreté du pays rendait cet impôt, et surtout celui de trente mille livres en faveur des fermiers généraux, extrêmement difficiles; que pendant ces délais le grand chemin de Gex à Genève est devenu impraticable en plusieurs endroits, et que ce n'était plus qu'une longue fondrière; pressé par toutes ces circonstances, j'ai fait assembler la colonie de Ferney. Chacun a offert ou un peu d'argent ou sa peine.

On a donné depuis un écu jusqu'à trois sous, et on a fait une liste de tous ceux qui ont donné, et de ceux qui ont travaillé. J'ai fourni mes chariots, mes chevaux, mes bœufs, mes domestiques, mes manœuvres, ma contribution; tout le monde a travaillé avec allégresse, et en six jours le chemin a été solidement réparé.

J'ai promis que je rendrais l'argent à ceux qui l'ont avancé, quand on ferait la contribution générale pour les corvées. Je propose que chaque seigneur en fasse autant dans sa terre, il est juste que nous contribuions à l'entretien des chemins, puisque nous en jouissons. Tous nos manœuvres demandent à y travailler chacun dans le district dont il dépend.

L'horreur des corvées consiste à faire venir de trois à quatre lieues de pauvres familles sans leur donner ni nourriture ni salaire, et à leur faire perdre plusieurs journées entières, qu'ils emploieraient utilement à cultiver leurs héritages.

Que chacun travaille sur son territoire, tous les ouvrages seront faits avec très-peu de dépense.

Que les habitants de la ville de Gex, qui au lieu de cultiver la terre dévastent les forêts, et conduisent, trois fois par semaine, les bois à Genève sur des charrettes attelées de trois chevaux, réparent du moins les chemins qu'ils détruisent. Le ministère les a délivrés de la gabelle et des employés, ce n'est pas pour s'occuper uniquement de dégrader les forêts du roi, et passer le reste du temps au cabaret. Il faut que le dernier paysan apprenne à aimer le bien public, quand le roi donne l'exemple.

Qu'on leur prêche chaque jour cet évangile, ils le sentiront et ils l'aimeront. Il y a dans l'âme la plus brute un rayon de justice.

Un entrepreneur de tous les chemins de la province voudra y gagner beaucoup. Chaque paroisse, en travaillant séparément, et en payant un peu sous les ordres de M. l'intendant, rendra le fardeau insensible.

MMMMMMMCXIII. — A M. L'ABBÉ DE LA CHAU.
21 mars.

Monsieur, après avoir lu votre *Vénus*[1], j'ai dit entre mes dents :

Intermissa, Venus, diu
Tandem bella moves? Incipe, *dulcium*
Mater grata *Cupidinum,*
Circa centum hiemes *flectere mollibus.*
Heu, *durum imperiis*[2].

Je vous rends mille actions de grâces, monsieur, de m'avoir fait l'honneur de m'envoyer votre dissertation. Votre *accessit*, selon moi, signifie *accessit ad Deæ templum*.

Je crois fermement qu'il n'y a jamais eu de culte contre les mœurs, c'est-à-dire contre la décence établie chez une nation. Le *phallus* et le *kteis* n'étaient point indécents dans les pays où l'on regardait la propagation comme un devoir très-sérieux. Je sais bien que partout les fêtes, les processions nocturnes, dégénérèrent en parties de plaisir. On voit dans Plaute un amant qui avoue avoir fait un enfant, dans la célébration des mystères, à la fille de son ami, comme chez vous on fait l'amour à la messe et à vêpres. Mais, dans l'origine, les fêtes n'étaient que sacrées : les prêtresses de Bacchus faisaient vœu de chasteté. Si les jeunes filles dans Rome se montraient toutes nues devant la statue de Vénus, dans une petite chapelle, c'était pour la prier de cacher les défauts de leur corps aux maris qu'elles allaient prendre.

Il est ridicule que de prétendus savants aient regardé des bord... tolérés comme des lois religieuses, et qu'ils n'aient pas su distinguer les filles de l'Opéra de Babylone d'avec les femmes et les filles des satrapes.

Votre ouvrage, monsieur, est utile et agréable. Je vous sais bon gré de l'avoir orné de monuments très-instructifs. Votre Vénus émergente est admirable; et, pour votre *callipyge* :

En voyant cette belle estampe,
Tout lecteur est bien convaincu,
Lorsque Vénus montre son cu,
Que ce n'est pas un cul-de-lampe

Vos recherches, à l'occasion du temple d'Érycine, sont aussi intéressantes que savantes. Enfin je vous crois interprète de la déesse autant que de M. le duc d'Orléans

1. *Dissertation sur les attributs de Vénus.* (ÉD.)
2. Horace, livre IV, ode 1. (ÉD.)

Agréez, monsieur, les sincères remercîments, la respectueuse estime et la reconnaissance d'un vieillard très-indigne de votre beau présent, mais qui en sent tout le prix.

MMMMMMCXIV. — A M. DUPONT.
23 mars.

Oui, monsieur, ce qu'on a jamais écrit de mieux sur les corvées, c'est l'édit des corvées. Je trouve que l'amour du bien public est la plus éloquente de toutes les passions; mais j'aime bien autant la préface des maîtrises[1]. Béni soit l'article 14 de l'édit qui abolit les confréries! Si on avait aboli en Languedoc les confréries des pénitents bleus, blancs, et gris, le bonhomme Calas n'aurait pas été roué et jeté dans les flammes. Voici l'âge d'or qui succède à l'âge de fer; cela donne trop envie de vivre, et cette envie ne me sied point.

Dites-moi donc, je vous prie, monsieur, si ce beau siècle sera pour nous le siècle du sel, et s'il est vrai que nous aurons deux mille huit cents minots de Peccais.

Je me trompe fort, ou le père de la nation ne souffrira pas longtemps que des moines aient des sujets du roi pour esclaves. Je vous prierai quelque jour de coopérer à cette bonne œuvre, et de m'avertir quand il sera temps de présenter requête au libérateur de la nation.

Je trouve fort plaisant le discoureur qui a dit au roi que les peuples pourraient bien se révolter, si on les délivrait des corvées et des jurandes. Ma foi, si on se révolte, ce ne sera pas chez nous.

Je vous remercie du fond de mon cœur, monsieur. Votre, etc.

MMMMMMCXV. — A M. FABRY.
26 mars.

Monsieur, des amis de M. Turgot m'ont écrit qu'à la vérité nous aurions deux mille huit cents quintaux de sel de Peccais, mais M. Turgot ne m'en a rien fait savoir lui-même; si vous en avez quelques nouvelles sûres, je vous en félicite.

Oserais-je vous supplier de me dire à qui je dois m'adresser pour rendre cette inutile foi et hommage à notre jeune souverain Louis XVI? Je ne connais personne à Dijon. Pardonnez-moi cette importunité.

J'ai l'honneur d'être, etc. *Le vieux malade de Ferney*, V.

MMMMMMCXVI. — A M. DE VAINES.
30 mars.

Vous me demandez, monsieur, ce que je pense sur le lit qu'on nomme *de justice et de bienfaisance*, le premier lit dans lequel on ait fait coucher le peuple, depuis le commencement de la monarchie. Je ressemble au roi comme deux gouttes d'eau; je m'affermis dans mon goût pour les édits par les objections mêmes.

Je me souviens que lorsque Newton, au commencement du siècle,

---

1. Le préambule de l'ordonnance qui supprimait les maîtrises. (ÉD.)

nous montra comment la lumière est faite, ce que personne n'avait encore vu depuis la création du monde, quelques-uns de nos mathématiciens voulurent faire ses expériences, et les manquèrent; de là on jugea qu'un certain ouvrier nommé Newton (*artifex quidam nomine Newton*) s'était trompé; mais bientôt après, les expériences étant mieux faites, on dit : *Fiat lux, et facta est lux*[1].

J'ose être persuadé que la même chose arrivera au parlement : il sentira l'avantage de ces édits, et il les regardera comme le salut de l'État.

J'oserais croire que quand on a cité Henri IV, qui adopta les impôts sur les maîtrises et sur les corporations, à la fameuse assemblée des notables de Rouen, on n'a pas fait réflexion que toutes les taxes de ce genre, et celle du sou pour livre, furent l'objet des railleries du duc de Sulli. Il fallait, comme vous savez, condescendre aux idées de l'évêque de Paris, Gondi, qui se croyait un grand financier, parce qu'il avait beaucoup d'argent, et qu'il n'en dépensait guère. M. de Sulli eut la malice de partager avec lui le fardeau de l'administration; et il se chargea des véritables objets de finance, et laissa à l'évêque tous ces petits détails. M. de Sulli réussit dans tout ce qu'il s'était réservé : et l'évêque, au bout de six mois, n'ayant pas pu recouvrer un denier dans son département, vint remettre au roi sa moitié de surintendance, et le supplier de le délivrer d'un poids qu'il ne pouvait porter.

Je vous avoue pourtant, monsieur, que l'ancienne proposition renouvelée par M. Seguier de faire travailler les troupes aux grands chemins m'a fait beaucoup d'impression. La mère du grand Condé dit, dans une requête au parlement, que son fils avait obtenu de ses soldats qu'ils travaillassent sans salaire à aplanir des chemins qui les conduisirent à des victoires.

M. Seguier veut qu'on double leur paye. Je ne m'y connais point, et ce n'est pas à moi de juger le grand Condé. Je vous dirai seulement qu'en dernier lieu, voyant la grande route de Gex à Genève devenue une fondrière affreuse, je me suis joint à des gens de bonne volonté pour rendre le chemin praticable. Il est juste que ceux qui profitent le plus de l'agrément des belles routes y contribuent. Il est encore plus juste que ceux qui les gâtent les raccommodent. Je vois trois fois par semaine des chariots, chargés de bois qu'on a volé dans les forêts du roi, enfoncer le terrain qui mène juste au bout du royaume. Je voudrais que les maîtres des charrettes payassent au moins le dégât, et qu'on fît comme dans tant d'autres pays où l'on établit des barrières auxquelles les voitures payent le droit de gâter la route; mais je suis Gros-Jean qui remontre à son curé. J'aime bien mieux lui demander sa bénédiction, et je vous remercie tendrement, monsieur, de m'avoir envoyé son prône.

1. *Genèse*, I, 3. (ÉD.)

MMMMMMMCXVII. — A Frédéric II, roi de Prusse.

A Ferney, le 30 mars.

Sire, si votre camarade l'empereur Kien-long est mort, comme on vous l'a dit, j'en suis très-fâché. Votre Majesté sait assez combien j'aime et révère les rois qui font des vers : j'en connais un qui en fait assurément de bien meilleurs que Kien-long, et à qui je serai bien attaché jusqu'à ce que j'aille faire ma cour là-bas à feu l'empereur chinois.

Nous avons actuellement en France un jeune roi qui, à la vérité, ne fait point de vers, mais qui fait d'excellente prose. Il a donné en dernier lieu sept beaux ouvrages, qui sont tous en faveur du peuple. Les préambules de ces édits sont des chefs-d'œuvre d'éloquence, car ce sont des chefs-d'œuvre de raison et de bonté. Le parlement de Paris lui a fait des remontrances séduisantes : c'était un combat d'esprit ; s'il avait fallu donner un prix au meilleur discours, les connaisseurs l'auraient donné au roi sans difficulté.

Ce droit d'enregistrer et de remontrer, que vous ne connaissez pas dans votre royaume, est fondé sur l'ancien exemple d'un prévôt de Paris du temps de saint Louis et de votre Conrad Hohenzollern II, lequel prévôt s'avisa de tenir un registre de toutes les ordonnances royales, en quoi il fut imité par un greffier du parlement, nommé Jean Montluc[1], en 1313. Les rois trouvèrent cette invention fort utile. Philippe de Valois fit enregistrer au parlement ses droits de *régale*. Charles V prit la même précaution pour le fameux édit de la majorité des rois à quatorze ans. Des traités de paix furent souvent enregistrés : on ne savait pas, dans ce temps-là, ce que c'était que des remontrances. Les premières remontrances sur les finances furent faites sous François Ier, pour une grille d'argent massif qui entourait le tombeau de saint Martin. Ce saint n'ayant nullement besoin de sa grille, et François Ier ayant grand besoin d'argent comptant, il prit la grille, qui lui fut cédée par les chanoines de Tours, et dont le prix devait être remboursé sur les domaines de la couronne : le parlement représenta au roi l'irrégularité de ce marché. Voilà l'origine de toutes les remontrances qui ont depuis tant embarrassé nos rois, et qui ont enfin produit la guerre de la Fronde dans la minorité de Louis XIV. Nous n'avons pas de Fronde à craindre sous Louis XVI : nous avons encore moins à craindre les horreurs ridicules des jésuites, des jansénistes, et des convulsionnaires. Il est vrai que nos dettes sont aussi immenses que celles des Anglais : mais nous goûtons tous les biens de la paix, d'un bon gouvernement, et de l'espérance. Votre Majesté a bien raison de me dire que les Anglais ne sont pas aussi heureux que nous ; ils se sont lassés de leur félicité. Je ne crois pas que mes chers quakers se battent ; mais ils donneront de l'argent, et on se battra pour eux. Je ne suis pas grand politique, Votre Majesté le sait bien ; mais je doute beau-

---

1. Jean de Montluc, conseiller au parlement sous Philippe le Bel. (Éd.)

coup que le ministère de Londres vaille le nôtre. Nous étions ruinés, les Anglais se ruinent aujourd'hui : chacun son tour.

Pour vous, sire, vous bâtissez des villes et des villages : vous encouragez tous les arts, et vous n'avez plus pour ennemi que la goutte; j'espère qu'elle fera sa paix avec Votre Majesté, comme ont fait tant d'autres puissances.

Quant aux jésuites, que vous aimez tant¹, la protection que vous leur donnez est bien noble dans un excommunié tel que vous avez l'honneur de l'être; j'ai quelque droit, en cette qualité, de me flatter aussi de la même protection. Je ne crois point, comme M. Pauw, que l'empereur Kien-long ait traité cruellement les jésuites qui étaient dans son empire. Le P. Amiot avait traduit son poëme²; on aime toujours son traducteur, et je maintiens qu'un monarque qui fait des vers ne peut être cruel.

J'oserais demander une grâce à Votre Majesté : c'est de daigner me dire lequel est le plus vieux de milord Maréchal ou de moi; je suis dans ma quatre-vingt-troisième année, et je pense qu'il n'en a que quatre-vingt-deux. Je souhaite que vous soyez un jour dans votre cent douzième.

MMMMMMMCXVIII. — A M. LE COMTE D'ARGENTAL.

30 mars.

Mon cher ange, vous devez avoir reçu les très-inutiles rogatons envoyés à M. de Sartines. Ils consistent en magots de la Chine, en pagodes des Indes, et en figures tartares. J'ai bien peur que cela ne vous amuse guère; mais enfin, quand j'y travaillais, c'était pour vous amuser, et vous me saurez gré de l'intention. Les éditeurs y ont joint des pauvretés assez inutiles.

Je ne crois pas que les Remontrances d'une province aussi chétive que celle de Gex puissent faire à Paris une grande sensation. Je présume qu'on se soucie fort peu que nous soyons délivrés des fermes, des corvées, et des maîtrises. Je vous avoue cependant que je serais bien flatté que la simple et grossière reconnaissance d'un petit pays presque barbare pût parvenir jusqu'à Sésostris et à Sésostra. Peut-être aimerait-on bien autant notre rusticité que la politesse et l'éloquence touchante de M. Seguier.

Peut-être y aura-t-il quelques partisans de l'ancien gouvernement féodal, qui trouveront nos remontrances trop populaires. Nous leur répondrons que dans l'ancienne Rome, et même encore à Genève et à Bâle, et dans les petits cantons, ce sont les citoyens qui font les plébiscites, c'est-à-dire les lois.

Je n'ai point vu les remontrances du parlement; mais j'ai lu avec beaucoup d'attention tous les discours adressés au roi dans *le lit de bienfaisance*³.

---

1. Lors du bref au pape qui détruisit la société des jésuites, Frédéric accorda sa protection aux jésuites de Silésie. (*Note de M. Beuchot.*)
2. *Éloge de la ville de Moukden.* (ÉD.)
3. Le lit de justice tenu à Versailles, le 12 mars, pour l'enregistrement des édits supprimant les corvées, les jurandes et communautés de commerce, etc., etc.(ÉD.)

Quelqu'un¹ m'avait mandé que les préfaces des édits étaient *très-ignobles*. Il voulait dire apparemment qu'il ne convenait pas à un roi de rendre raison à son peuple, et qu'il fallait en user comme le parlement, qui ne motive jamais ses arrêts. Je suis persuadé que vous ne pensez pas ainsi, et que vous trouvez ces préfaces très-nobles et très-paternelles. Il me semble qu'elles sont dans le vrai goût chinois, et que ceux qui les condamnent sont un peu tartares. Il y a pourtant un endroit du discours de Seguier qui m'a paru humain et politique, deux choses qui vont rarement ensemble : c'est le conseil qu'il donne au roi de faire travailler les troupes aux grands chemins, en doublant leur paye pour ces travaux. Le grand Condé les y avait accoutumées, et même sans paye; mais aussi c'était le grand Condé.

Quelque parti qu'on prenne, Dieu bénisse le gouvernement! et Dieu bénisse un contrôleur général des finances qui, le premier depuis la fondation de la monarchie, a eu pour passion dominante l'amour du bien public!

Savez-vous, mon cher ange, que j'ai reçu une invitation d'assister à l'inhumation de Catherin Fréron, et de plus une lettre anonyme d'une femme qui pourrait bien être la veuve? Elle me propose de prendre chez moi la fille à Fréron, et de la marier, puisque, dit-elle, j'ai marié la petite-nièce de Corneille. J'ai répondu que si Fréron a fait *le Cid*, *Cinna* et *Polyeucte*, je marierai sa fille incontestablement.

Adieu, mon très-cher ange; je suis bien vieux et bien malade. Est-il vrai que M. de Sainte-Palaye est tout comme moi?

MMMMMMMCXIX. — A M. DUPONT².

A Ferney, 3 avril.

Je crois bien, monsieur, que le fruit de l'arbre de la liberté n'est pas assez mûr pour être mangé par les habitants de Chézery, et qu'ils auront la consolation d'aller au ciel en mourant de faim dans l'esclavage des moines bernardins.

Vous savez qu'ils ne sont pas les seuls, et que nous avons encore en France plus de quatre-vingt mille esclaves de moines; mais il existe un homme amoureux de la justice, qui sera assez mauvais chrétien pour briser ces fers si pesants et si infâmes, quand il en sera temps.

Je vous renouvelle, monsieur, mes remercîments du second exemplaire des édits que vous avez eu la bonté de m'envoyer. Il m'a paru assez plaisant que le roi ayant déclaré par ses édits qu'il ne pouvait régner que par l'équité, on lui ait répondu sur-le-champ : « Sire, la puissance royale ne connaît d'autres bornes que celles qu'il lui plaît de se donner³. »

Cette aventure m'a fait relire avec beaucoup d'application les *Mémoires de Sulli*. C'était un grand ministre pour l'économie; mais il était bien vain, bien brusque, et quelquefois bien chimérique. On dit

---

1. Le chevalier de Lisle. (ÉD.) — 2. Dupont (de Nemours). (ÉD.)
3. C'est la première phrase du premier discours prononcé par Seguier, avocat général, dans le lit de justice du 12 mars. (ÉD.)

qu'il y en a un dans l'Europe qui a ses bonnes qualités, sans avoir ses défauts.

Si ce n'était pas une indiscrétion de vous parler ici de mon chétif pays, je vous dirais que tout le monde a gagné au marché que M. le contrôleur général a daigné faire. La ferme générale y a déjà gagné plus que nous, puisque la recette de son bureau nommé Longerey, sur la frontière, a triplé.

Si nous avons les deux mille huit cents minots de sel Peccais qu'on dit nous être promis, nous serons aussi contents que la ferme générale doit l'être. Je crois que c'est dans l'opéra d'*Atys* qu'on chantait :

O l'heureux temps,
Où tous les cœurs seront contents !

L'auteur était prophète.

Le vieux malade de Ferney a grande envie de vivre encore un peu pour voir l'accomplissement de la prophétie.

Il est de tout son cœur, monsieur, et avec bien de la reconnaissance, etc.

MMMMMMCXX. — A M. DE VAINES.

Ferney, 3 avril.

Je n'interromprai point aujourd'hui, monsieur, vos occupations pour vous écrire deux pages, quoique je sois encore tout plein des édits, des remontrances des pères de la patrie, et de la chanson qui court les rues :

O les fichus pères,
Oh ! gai !
O les fichus pères !

quoique je vienne de lire les *Mémoires de Sulli*, et que je ne fasse nulle comparaison entre Sulli second et Sulli premier ; quoique enfin j'eusse bien des choses à vous dire sur tout cela.

MMMMMMCXXI. — A M. LE COMTE D'ARGENTAL.

5 avril.

Mon cher ange, ce vieux bonhomme vous fatigue de vers et de prose. J'ai toujours un petit malheur, c'est que les choses les plus innocentes que j'écris sont presque toujours défigurées, falsifiées, et deviennent de petits poignards dont on veut me percer. Je vous soumets la véritable lettre que j'ai écrite au roi de Prusse en dernier lieu, et dont malheureusement il a couru des copies très-informes. S'il vous prend fantaisie de mettre cette copie véritable dans des mains sûres qui puissent en faire un usage agréable, je vous serai très-obligé. On connaîtra deux choses, la manière dont je suis avec ce singulier monarque, et la manière dont je pense sur le temps présent. Qui sait si ces deux choses bien connues ne pourraient pas m'enhardir à faire quelque jour un petit tour à l'ombre des ailes de mon cher ange ? Il serait fort plaisant, à mon gré, que je vinsse, dans ma quatre-vingt-troisième année, vous embrasser en poste à la barbe des Pasquier et des Seguier. Il me semble que le maréchal de Richelieu n'a pas été traité bien favorablement dans la cour des pairs. J'ai bien peur que les neveux de Mme de Saint-Vincent, et le major, et les autres qui ont été emprisonnés à sa réquisition et à ses risques, périls, et fortune, ne demandent de gros dommages et de grandes réparations. Voilà une triste aventure. Le vainqueur de Mahon et de tant de belles femmes finit désagréablement sa carrière. Heureux qui sait rester en paix chez soi!

Serait-il bien vrai, mon cher ange, que l'auteur du *Portier des chartreux*[1] fût l'auteur du discours qu'a prononcé M. d'Aligre? Ce portier n'aurait-il pas mieux fait de s'en tenir à la règle de Saint-Bruno, qui ordonne le silence?

MMMMMMMCXXII. — A M. DIONIS DU SÉJOUR.
6 avril.

Monsieur, l'honneur que vous me faites de m'envoyer votre *Saturne*[2] me fait sentir toute votre bonté et toute mon indignité; mais, tout indigne que je suis de ce beau présent, il me fait faire bien des réflexions. Nous avons connu si tard les lunes et l'anneau de Saturne, très-inutilement appelés *les Astres de Louis*; les philosophes de notre chétif globe ont été tant de siècles sans deviner ce qui se passe autour de cette dernière planète, qu'il est clair qu'elle n'a pas été faite pour nous. Mais, en même temps, il est bien beau que de petits animaux de cinq pieds et demi aient enfin calculé des phénomènes si étonnants, à trois cent trente millions de lieues loin de chez eux.

Quand on songe que la lumière réfléchie de notre petite planète et de ce gros Saturne est précisément la même; que la gravitation agit sur ses cinq lunes comme sur la nôtre; que nous pesons sur le soleil aussi bien que Saturne; que ses cinq lunes et son anneau semblent absolument nécessaires pour l'éclairer un peu, on est ravi d'admiration, et l'on s'anéantit. On est obligé d'admettre, avec Platon, un éternel géomètre.

Ceux qui, comme vous, monsieur, entrent dans ce vaste et profond sanctuaire, me paraissent des êtres au-dessus de la nature humaine. Je vous avoue que je ne conçois pas comment un génie occupé des lois de l'univers entier peut descendre à juger des procès dans un petit coin de ce monde nommé la Gaule.

Cependant puisque Newton, de qui Halley disait :

Nec propius fas est mortali attingere divos,

n'a pas dédaigné d'être à la tête des monnaies d'Angleterre, on ne peut pas se fâcher que vous ayez la bonté d'être conseiller au parlement. Puissiez-vous, monsieur, réformer notre jurisprudence, comme vous perfectionnez notre Académie!

Je suis avec le plus sincère respect, etc.

1. Gervaise. (ÉD.)
2. *Essai sur les phénomènes relatifs aux disparitions périodiques de l'anneau de Saturne.* (ÉD.)

MMMMMMMCXXIII. — De Frédéric II, roi de Prusse.

A Potsdam, le 8 avril.

J'ai lu avec plaisir les lettres curieuses que vous avez bien voulu m'envoyer. J'ai beaucoup ri de l'anecdote sur Alexandre, rapportée par Oléarius. L'abbé Pauw est tout vain de ce que ces lettres lui sont adressées; il croit n'avoir aucune dispute avec vous pour le fond des choses; il croit qu'il ne diffère de vos opinions sur les Chinois que de quelques nuances; il croit que l'empire de la Chine remonte à la plus haute antiquité, qu'on y connaît les principes de la morale, que les lois y sont équitables : mais il est aussi très-persuadé qu'avec ces lois et cette morale les hommes sont les mêmes à Pékin qu'à Paris, à Londres, et à Naples.

Ce qui le révolte le plus contre cette nation, c'est l'usage barbare d'exposer les enfants, c'est la friponnerie invétérée dans ce peuple, ce sont les supplices plus atroces que ceux dont on ne se sert encore que trop en Europe.

Je lui dis : « Mais ne voyez-vous pas que le patriarche de Ferney suit l'exemple de Tacite? Ce Romain, pour animer ses compatriotes à la vertu, leur proposait pour modèle de candeur et de frugalité nos anciens Germains, qui certainement ne méritaient alors d'être imités de personne. De même M. de Voltaire se tue de dire à ses Welches : « Apprenez des Chinois à récompenser les actions vertueuses; encouragez comme eux l'agriculture, et vous verrez vos landes de Bordeaux et votre Champagne pouilleuse, fécondées par vos travaux, produire d'abondantes moissons : faites de vos encyclopédistes des mandarins, et vous serez bien gouvernés. Si les lois sont uniformes et les mêmes dans tout le vaste empire de la Chine, ô Welches! n'êtes-vous pas honteux de ce que dans votre petit royaume vos lois changent à chaque poste, et qu'on ne sait jamais par quelle coutume on est jugé? »

L'abbé me répond que vous faites fort bien; mais il prétend que la Chine n'est si heureuse ni si sage que vous le soutenez, et qu'elle est rongée par des abus plus intolérables que ceux dont on se plaint dans notre Occident.

Il me semble donc que votre dispute se réduit à ceci : Est-il permis d'employer des mensonges officieux pour parvenir à de bonnes fins? On pourra soutenir le pour et le contre, et sur cette question les avis ne se réuniront jamais.

Pour moi, pauvre Achille, si tant y a, je ne suis invulnérable ni aux talons, ni aux genoux, ni aux mains. La goutte s'est promenée successivement dans tout mon corps, et m'a donné une bonne leçon de patience. Il n'y a que ma tête qui est demeurée hors d'atteinte. A présent j'ai fait divorce avec cette harpie, et j'espère au moins d'en être délivré pour un temps. Il faut bien que notre frêle machine soit détruite par le temps, qui absorbe tout Mes fondements sont déjà sapés; je défends encore la citadelle, et j'abandonne les ouvrages extérieurs à la force majeure, qui bientôt m'achèvera par quelque assaut bien préparé.

Mais tout cela ne m'embarrasse guère, pourvu que j'apprenne que le Protée de Ferney a eu quelques succès contre l'*inf*..., qu'il éclaire encore la littérature, la raison, les finances, etc., etc. Cela me suffit, et j'espère qu'il n'oubliera pas l'ex-jésuite de Sans-Souci. *Vale*. FÉDÉRIC.

Je reçois une lettre de ma nièce de Hollande, qui me marque qu'un mandarin chinois étant arrivé à la Haye. elle avait eu la curiosité de le voir, et de lui parler par le moyen d'un interprète; qu'il passait pour être fort ignorant, et pour avoir peu d'esprit. L'abbé Pauw triomphe de cette nouvelle. Je lui ai répondu qu'une hirondelle ne fait pas le printemps, et qu'il faut nécessairement, selon les lois éternelles de la nature, que sur une population de cent soixante millions d'âmes, dont vous gratifiez la Chine, il y ait au moins quatre-vingt-dix millions de bêtes et d'imbéciles, et que la mauvaise étoile de la Chine a voulu que précisément un être de cette espèce eût fait le voyage de Hollande. Si je ne l'ai pas assez réfuté, je vous abandonne le reste.

MMMMMMCXXIV. — A M. DE POMARET.

8 avril.

Il y a un mois, monsieur, que je vous dois une réponse. Pardonnez à mon état très-languissant, si je n'ai pas rempli mon devoir. J'approche du terme où tout aboutit, et je finirai ma carrière en regrettant d'avoir fait tant de chemin sans goûter la consolation de vous voir. Je mourrai près du pays où mourut le brave Zuingle[1], qui pensait que les Numa, les Socrate, et l'*autre*, étaient tous de fort honnêtes gens.

On doute beaucoup que les *Lettres de Ganganelli* soient de lui. Le monde est plein de sorciers qui font parler les gens après leur mort. Il y a d'autres gens qui s'érigent en prophètes. On nous avait assuré que de très-sages ministres d'État s'occupaient de rétablir une ancienne loi de la nature qui veut qu'un enfant appartienne légitimement à son père et à sa mère, soit que le mariage soit une chose incompréhensible nommée *sacrement*, soit qu'on ne le regarde que comme une affaire humaine; mais tout cela est renvoyé bien loin, et il faut attendre. Bien des gens de votre communion et de celle de mon curé se marient comme ils peuvent. La société n'en est point troublée dans ma colonie. C'est aujourd'hui le jour de Pâques, les uns chantent chez moi *O filii et filiæ*; les autres ne chantent point, et chacun est content, sans savoir un mot de ce dont il s'agit. Tout ce que je sais, c'est qu'il faut vivre en paix, et que je suis rempli d'estime pour vous, monsieur, comme de reconnaissance pour les sentiments que vous avez la bonté de témoigner à votre, etc.

MMMMMMCXXV. — A M. DALEMBERT.

12 avril.

Vous vous moquez toujours du poëte ignoran
Qui de tant de héros *a* choisi Childebrand.

Mais ce Childebrand[2] a été vingt ans Adonis; il a été Mars. Je lui ai eu, dans deux occasions de ma vie, les plus grandes obligations. Je dois

1. Il fut tué dans un combat, en 1531, à la tête de l'armée protestante. (ÉD.)
2. Le maréchal de Richelieu. (ÉD.)

donc me taire. Je souffre un peu de la disgrâce qu'il éprouve, car il me doit de l'argent : seconde raison pour me taire. Je lui avais conseillé de ménager des gens de lettres qui sont écoutés dans Paris; ce conseil lui a déplu : troisième raison pour me taire.

Vous savez, mon très-cher philosophe, que Chabanon a la plus grande envie d'être des nôtres; mais comme les octogénaires de notre *tripot* ne sont pas encore morts, ni moi non plus, j'attends pour vous en parler que ma place soit vacante.

Je devrais me taire encore sur un homme qui m'a fait du mal, et qui vous a fait un très-petit bien [1]; mais il faut que je vous en parle. J'apprends qu'il y a quelques copies dans Paris d'une lettre que je lui ai écrite; ces copies sont toutes défigurées, et c'est ce qui arrive fort souvent. Je me crois obligé, en conscience, de vous envoyer une copie très-fidèle, où il n'y a pas un mot de changé, afin que, dans l'occasion, mon cher Bertrand puisse rendre à Raton la justice qui lui est due.

Je vous prie, quand vous serez de loisir, de me mander si vous croyez que les brachmanes aient autrefois reçu une astronomie complète d'un peuple qui n'existe plus. M. Bailly, votre confrère, me paraît fort attaché à cette opinion; il a beaucoup d'esprit et de sagacité; son livre est un roman céleste. Pour l'anneau de Saturne, cela passe mes forces.

Ce qui ne passe pas ma portée, c'est de sentir une partie de votre mérite, de le révérer de loin, ce qui me fâche beaucoup, et de vous aimer de tout mon cœur, ce qui fait ma consolation.

Vous ne m'avez point mandé si ce sculpteur, nommé Poncet ou Poncetti, avait obtenu de vous la permission de faire votre buste. Son ambition était de sculpter M. Turgot et vous.

MMMMMMCXXVI. — A M. DE CHABANON.

12 avril.

Mon cher Grec, il y a grande apparence que vous succéderez à quelque académicien français ou suisse, soit au vieillard de Ferney, soit à Sainte-Palaye. Je ne puis vous envoyer la lettre que vous me demandez, par la raison qu'elle est pleine de choses qui n'ont aucun rapport à Théocrite, et que sans doute vous ne voulez pas que je divulgue les secrets d'un ami.

Si, par quelque aventure étrange, vous aviez à recueillir une autre succession que la mienne, et si j'avais assez de force pour venir moi-même vous donner ma voix, soyez sûr que je ferais le voyage; mais il est très-probable que je ne voyagerai que dans l'autre monde. Je vois que dans celui-ci tout est plein de cabales et de sottises. Votre Paris est partagé en dix mille petites factions dont Versailles ne sait jamais rien. Paris est une grande basse-cour composée de coqs d'Inde qui font la roue, et de perroquets qui répètent des paroles sans les entendre. On leur envoie de Versailles leur pâture; ils font bien du bruit, et Versailles les laisse crier.

Les provinces sont plus tranquilles et plus sages; elles rendent jus-

---

1. Le roi de Prusse faisait une pension à Dalembert. (ÉD.)

tice à M. Turgot, et il est déjà regardé comme un grand homme dans les cours étrangères.

Souvenez-vous quelquefois d'un vieux solitaire qui vous aimera tant qu'il aura un reste de vie.

MMMMMMMCXXVII. — A M. DE VAINES
13 avril.

S'il y a, monsieur, quelque nouvel édit en faveur de la nation, quelques remontrances des soi-disant pères de la nation, quelque folie nouvelle de particuliers qui parlent au nom de la nation, je vous prie d'ordonner que cela me parvienne contre-signé; car, dans l'état où je suis, je n'ai plus de consolation que celle de lire.

J'ignore si M. de Condorcet est à la campagne ou à Paris; j'ignore tout ce qui se passe.

On nous parle d'une caisse d'escompte, dont plusieurs banquiers disent merveilles : peut-être ce qui est bon pour des banquiers n'est pas si bon pour le public.

J'ai quelques petites discussions avec messieurs les fermiers généraux. Un particulier n'a pas beau jeu contre soixante souverains. Je me garde bien d'interrompre M. Turgot, et de l'importuner de mes affaires particulières avec ces messieurs. Je frémis quand je songe au prodigieux fardeau dont ce ministre est chargé; mais je frémis bien davantage en voyant l'obstination de ceux qui veulent avoir l'honneur d'être ses ennemis, et qui abjurent leurs propres sentiments pour combattre le bien qu'il veut faire.

Conservez vos bontés pour votre, etc. LE VIEUX MALADE DE FERNEY.

MMMMMMMCXXVIII. — A M. DALEMBERT.
15 avril.

Mon cher ami, on me mande que Mlle d'Espinasse est très-dangereusement malade. J'en suis très-affligé, car je la connais mieux que personne, puisque je la connais par l'estime et par l'amitié que vous avez pour elle. Je vous prie, si vous avez le temps d'écrire un mot, de vouloir bien m'informer au plus vite du retour de sa santé.

Je vous embrasse bien tendrement, mon très-cher philosophe. V.

MMMMMMMCXXIX. — A M. DELISLE DE SALES.
15 avril.

Il faut enfin espérer, monsieur, que le parlement vous rendra la justice que vous n'avez pas obtenue au Châtelet.

Mais ce procès étrange doit vous ruiner. Pourquoi n'ouvrirait-on pas une souscription pour vous procurer les moyens de le soutenir? n'est-ce pas la cause publique que vous défendez? Laissez-vous conduire. Il faut ici du courage, et non une vaine délicatesse.

Mme la comtesse de Vidampierre, qui prend tant d'intérêt à votre sort, pourrait vous servir dans une entreprise si honorable. Ma souscription doit être prête. Elle est en votre nom, et vous la trouverez chez M. Dailli, notaire, rue de la Tixeranderie¹. ne doute pas que tous les véritables gens de lettres ne s'empressent à vous donner les marques de l'intérêt qu'ils doivent prendre à vous. Le triste état où me réduit ma mauvaise santé, aidée de quatre-vingt-trois ans, me met dans l'impossibilité de vous dire plus au long à quel point j'ai l'honneur d'être, etc.

MMMMMMMCXXX. — À MADAME DE SAINT-JULIEN.

17 avril.

Enfin, madame, M. de Crassi m'apporte des consolations, et me rend un peu de courage. Je vois bien que vous avez reçu mes quatre lettres, qui en effet ne pouvaient être perdues; mais je vois aussi que votre cœur généreux était un peu piqué de ce que vous n'aviez trouvé dans ces lettres aucune occasion nouvelle de répandre vos bontés accoutumées sur mon pays et sur moi.

Je ne vous avais point importunée pour de nouvelles grâces, parce qu'il ne s'agissait plus que de petits détails qui ne concernaient que nos prétendus états, et dont nous n'avons pas fatigué le ministre. Vous êtes bien persuadée que, si j'avais eu quelque chose à solliciter, je n'aurais pas cherché d'autre protection que la vôtre.

J'ai écrit, à la vérité, à M. de Fargès; mais c'était pour des marchands de cuir, pour des tanneurs, pour des papetiers. Il est intendant du commerce, et il faut bien qu'il entre dans ces minuties, qui sont de son département, tout indignes qu'elles sont de l'occuper.

Quand il s'est agi de rendre la liberté à dix ou douze mille hommes, et de délivrer tout un pays d'un joug insupportable, nous ne nous sommes jamais adressés qu'à madame de Saint-Julien, et c'est en son nom que toutes les paroisses sont venues chanter des *Te Deum* dans la nôtre.

J'ai été bien humilié et bien malade de me voir abandonné par vous; mais enfin je me flatte que je ne suis pas tout à fait disgracié dans votre cour. Vous me faites même espérer que nos dragons et notre artillerie seront encore assez heureux pour vous faire tous les honneurs de la guerre. Je renaîtrai alors, et j'ai grand besoin de renaître, car ma santé est affreuse. Quand j'ai un petit moment de relâche, je me crois capable de faire le voyage de Paris; je m'en vante à M. d'Argental²; mais cette illusion ne dure pas, et je retombe bientôt dans ma misère.

M. de Boncerf n'a pas eu autant de circonspection que de philosophie et de vertu. Il ne devrait pas faire courir ma lettre; mais, après tout, que pourra-t-on y avoir vu de si dangereux? j'ai pensé précisément comme le roi; il n'y a pas là de quoi se désespérer. J'ose me flatter même que j'ai pensé comme vous, madame; car, quoique vous soyez née de l'ancienne chevalerie, vous ne voulez pas que le reste du monde soit esclave; on ne doit l'être que de vos charmes et de la su-

1. Cette souscription était de cinq cents livres. M. Delisle n'a jamais voulu consentir à l'accepter, et M. de Voltaire n'a jamais voulu la retirer. On a dû la remettre à ses héritiers. (*Note de Delisle de Sales.*)
2. Lettre MMMMMMMCXXXI. (ÉD.)

périorité de votre esprit. Ce sont là mes chaînes; je les porterai avec joie tout le reste de ma vie, malgré les maux que la nature s'obstine à me faire.

Ne laissez pas refroidir vos bontés pour le vieux malade de Ferney.

MMMMMMMCXXXI. — A M. DE LA HARPE.

19 avril.

Mon cher ami, je suis si peu de ce monde, que j'ignorais la nomination de Colardeau et sa mort, aussi bien que ses ouvrages. Tout ce que je sais, c'est que je souhaitais depuis longtemps de vous avoir pour confrères, vous et M. de Condorcet; car il faut absolument réhabiliter l'Académie.

Je n'avais jamais entendu parler de Rigoley de Juvigny. Je vous serai très-obligé de m'apprendre s'il est parent de M. Rigoley d'Ogny, intendant des postes. C'est sans doute un grand génie, et digne du siècle.

A l'égard de Gilles Piron, qui, à mon avis, n'a jamais travaillé que pour la Foire, je ne crois pas l'avoir vu trois fois en ma vie. Je ne connais point du tout ses œuvres posthumes ou mortes; mais je puis jurer et même parier que je n'ai jamais parlé au roi de Prusse ni de Piron, ni de Fréron, ni d'aucun de ces messieurs-là.

Je vous suis très-obligé, mon cher ami, de l'avis que vous me donnez concernant la petite calomnie absurde dont je suis affligé dans cette édition de Gilles Piron. Voici ma réponse, que je vous prie de vouloir bien faire insérer dans le prochain *Mercure*.

Je vais hasarder de vous envoyer les *Lettres chinoises* sous l'enveloppe de M. de Vaines. Vous permettrez que d'abord je lui envoie un exemplaire pour lui, car il est juste de lui payer sa commission, et il y en aura un autre pour vous la poste d'après: mais je doute beaucoup que ces paquets arrivent à bon port. J'en avais adressé un à M. d'Argental, qu'il n'a point reçu. Les obstacles et les gênes se multiplient de tous les côtés. Je vois bien qu'il faut que je renonce à la littérature, et que je me borne à bâtir des maisons, en attendant que je forme les quatre ais de ma bière. Je suis dans ma quatre-vingt-troisième année, quoi qu'on dise; il y a environ quatre-vingts ans que je suis malade, et j'ai été persécuté environ soixante. Voilà à peu près le sort des gens de lettres.

Portez-vous bien, mon cher ami; écrasez l'envie, combattez, triomphez, et aimez-moi.

MMMMMMMCXXXII. — AU RÉDACTEUR DU MERCURE DE FRANCE.

Ferney, 19 avril.

Vous m'apprenez, monsieur, qu'on vient d'imprimer les œuvres posthumes de feu M. Piron, et que l'éditeur ne m'a pas épargné. Il prétend, dites-vous, que le roi de Prusse m'ayant un jour parlé de cet auteur *agréable, plein d'esprit et de saillies*, je lui répondis : « Fi donc! c'est un homme sans mœurs. »

Je vous conseille, monsieur, de mettre cette anecdote au nombre des mensonges imprimés. Elle n'est assurément ni vraie, ni vraisemblable. Je puis vous attester, et j'ose prendre Sa Majesté le roi de Prusse à témoin, que jamais il ne m'a parlé de Piron, et que jamais je ne lui en ai dit un mot. Je ne crois pas avoir entrevu Piron trois fois en ma vie. Je connais encore moins l'éditeur de ses ouvrages; mais je suis accoutumé depuis longtemps à ces petites calomnies qu'il faut réfuter un moment, et oublier pour toujours.

MMMMMMMCXXXIII. — A M. DE VAINES.

Ferney, 19 avril.

Vous n'avez pas assurément, monsieur, le temps de lire des fatras inutiles; cependant on veut que je vous envoie ce rogaton. Si vous n'en lisez rien, comme cela est très-vraisemblable, donnez-le à M. de La Harpe, qui aura, dit-il, le courage de le lire, et qui a moins d'affaires que vous. Il s'agit d'ouvrages chinois et indiens, dont on ne se soucie guère. J'aime cent fois mieux les écrits d'un certain ministre de France que tous ceux de Confucius.

Si, par hasard, vous donniez une place dans votre bibliothèque au livre que je vous envoie, je vous demanderais la permission d'en adresser un à M. de La Harpe, sous votre enveloppe.

Conservez, monsieur, votre bienveillance pour le vieux malade, qui vous est très-attaché.

MMMMMMMCXXXIV. — A M. LE COMTE D'ARGENTAL.

19 avril.

Mon cher ange, le gros abbé Mignot m'a apporté des lettres bien consolantes de vous. J'en avais grand besoin, quand il est arrivé; car tous mes maux m'avaient repris. Vos lettres versent toujours du baume sur mes blessures; mais je vous avoue que les cicatrices sont un peu profondes. Tout ce que vous dites des pères de la patrie est bien pensé, bien juste, bien vrai. Vous avez grande raison d'être de l'avis du pont-neuf, qui dit dans la chanson :

O les fichus pères,
Oh! gai!
O les fichus pères!

Mais, tout fichus pères qu'ils sont, en ont-ils moins répandu le sang du chevalier de La Barre et du comte de Lally? en ont-ils moins persécuté les gens de lettres qui avaient eu la bêtise de prendre leur parti? se sont-ils moins déclarés contre le bien que fait le roi? ont-ils moins essayé de troubler le ministère? sont-ils moins redoutables aux particuliers? cabalent-ils moins avec ce même clergé qu'ils avaient poursuivi avec tant d'acharnement? oppriment-ils moins quiconque n'est pas le parent ou l'ami de leurs gros bonnets? font-ils moins semblant d'avoir de la religion? forcent-ils moins les gens qui pensent à s'éloigner de leur ressort? ont-ils moins poursuivi M. de Boncerf, premier commis de M. Turgot, et ne le poursuivent-ils pas encore, sans le nommer, dans l'arrêt qu'ils ont donné le lendemain du lit de justice? S'ils sont rois de France, il faut donc quitter la France, et se préparer ailleurs un asile. Personne n'est sûr de sa vie. Ils se vengeront, sur le premier venu, de la disgrâce qu'ils se sont attirée sous Louis XV; et ils embarrasseront Louis XVI autant qu'ils le pourront. Le roi se défendra bien; mais les sujets ne peuvent se défendre qu'en fuyant.

Je vous avoue, mon cher ange, que tout cela empoisonne les derniers jours de ma vie.

Comme vous mettez à l'ombre de vos ailes toutes mes petites tribulations, il faut que je vous dise qu'un Rigoley de Juvigny, éditeur des œuvres de Piron, a inséré dans son édition que j'avais empêché ce Gilles Piron d'être présenté au roi de Prusse, et que j'avais dit à ce monarque : « Fi donc! sire, Piron est un homme sans mœurs. » Ce mensonge imprimé serait bien aisé à réfuter. Le roi de Prusse peut m'être témoin qu'il ne m'a jamais parlé de Piron, et que je ne lui ai jamais parlé de ce drôle de corps, qui était alors absolument inconnu.

Je ne sais qui est ce Rigoley de Juvigny. Je me flatte qu'il n'est pas parent de M. Rigoley d'Ogny, à qui ma colonie a les plus grandes obligations.

Je ne conçois pas comment vous n'avez pas reçu le petit paquet que je vous ai envoyé sous l'enveloppe de M. de Sartines. Il m'a mandé qu'il l'avait reçu, et qu'il allait vous le dépêcher. Vous devez l'avoir à présent, à moins qu'il ne vous l'ait adressé dans quelque port de mer.

Vivez toujours heureux, mon cher ange, et je serai moins triste.

MMMMMMMCXXXV. — De Frédéric II, roi de Prusse.

Potsdam, le 20 avril.

L'abbé Pauw, qui marque une foi sincère pour toutes les relations des jésuites de la Chine, est sûr de la mort de l'empereur Kien-long[1], parce qu'ils l'ont annoncée. Pour moi, en qualité de rigide pyrrhonien, je crois qu'il n'est ni mort ni vivant. La curiosité s'affaiblit avec l'âge; l'on se resserre dans une sphère plus bornée. Walpole disait : « J'abandonne l'Europe à mon frère, et ne me réserve que l'Angleterre. » Moi, je me contente de ce qui s'est fait, de ce qui se fait, et de ce qui pourra arriver dans notre Europe.

Louis XVI attire bien autrement ma curiosité que l'empereur Kien-long. J'ai lu un placet, ou plutôt un remercîment du pays de Gex, adressé à ce monarque; et, dans l'intérieur de mon âme, j'ai béni le bien que ce souverain a fait, ainsi que ceux qui lui ont donné d'aussi bons conseils. Le parlement aurait dû applaudir aux édits de son souverain, au lieu de lui faire des remontrances ridicules. Mais le parlement est composé d'hommes, et la fragilité des vertus humaines se cache moins dans les délibérations des grands corps que dans les résolutions prises entre peu de personnes.

1. Kien-long n'est mort qu'en 1799. (Éd.)

Si notre espèce n'abusait pas de tout généralement, il n'y aurait point de meilleure institution que celle d'une compagnie qui eût droit de faire des représentations aux souverains sur les injustices qu'ils seraient au moment de commettre. Nous voyons en France combien peu cette compagnie pense au bien du royaume. M. Turgot a même trouvé dans les papiers de ses prédécesseurs les sommes qu'il en a coûté à Louis XV pour corrompre les conseillers de son parlement, afin de leur faire enregistrer, sans opposition, je ne sais quels édits.

Comme vos Français sont possédés de la manie anglicane, ils ont imité, en se laissant corrompre, ce qu'il y a de plus blâmable en Angleterre. Les républicains prétendent avoir le droit de vendre leur voix : mais des juges ! mais des gens de justice ! mais ceux qui se disent les tuteurs des rois !...

Pour nous autres Obotrites, nous sommes en comparaison de l'Europe ce qu'est une fourmilière pour le parc de Versailles. Nous accommodons nos petites demeures, nous nous pourvoyons de vivres pour l'hiver, nous travaillons et végétons dans le silence. Ma voisine la fourmi, le bon milord Maréchal, dont vous me demandez des nouvelles, a présentement quatre-vingt-six ans passés : il lit l'ouvrage du P. Sanchez, *de Matrimonio*, pour s'amuser; et il se plaint que ce livre réveille en lui des idées qui le tracassent quelquefois. Comme il a quatre années de plus que le protecteur des capucins de Ferney, je me flatte que ce dernier pourrait bien encore nous donner de sa progéniture, pour peu qu'il le voulût.

L'ex-jésuite de Sans-Souci est toujours occupé à recouvrer ses forces, qui ne reviennent que lentement. Il a reçu des remarques sur la Bible, un ouvrage de morale, et un autre sur les lois ; il soupçonne d'où ce présent peut lui venir. Ce ne sera qu'après la lecture de ces livres qu'il pourra juger s'il a bien rencontré ou s'il a mal deviné; et les remercîments s'ensuivront, comme de raison.

J'implore tous mes saints, Ignace, Xavier, Lainez, etc., etc., pour qu'ils protègent le protecteur des capucins à Ferney, que leurs saintes prières prolongent ses jours, afin qu'il consomme le bel ouvrage qu'il a entrepris dans le pays de Gex, qu'il éclaire longtemps encore la France et l'univers, et qu'il n'oublie point l'ex-jésuite de Sans-Souci. *Vale.*

FÉDÉRIC.

MMMMMMCXXXVI. — A M. DE CHABANON.

22 avril.

Mon cher ami, vous sentez bien que dans ma solitude je ne suis pas trop instruit de l'esprit qui règne parmi mes confrères, des prétentions, des aspirants, des manœuvres qu'on emploie, et des brigues qui se forment. On ne me mande rien de positif : on craint de se commettre. Je ne connais point M. Millot, qui a, dit-on, un très-grand parti. J'ignore si M. de La Harpe fait valoir ses droits, acquis par tant de prix remportés à l'Académie. Je ne suis informé que de votre mérite.

J'avais écrit, il y a quelque temps, à M. Gaillard. Je n'avais pas nui autrefois à sa nomination ; il ne m'a pas répondu. Je commence à être plus négligé et plus ignoré qu'on ne le serait à la Martinique ou à Saint-Domingue ; et, depuis que je suis retiré du monde, on ne s'y est guère souvenu de moi que pour me persécuter. Croyez-moi, il n'y a rien de si aisé que d'être oublié. Vous ne le serez pas; vous réussirez toujours dans les belles-lettres et dans la bonne compagnie ; vous serez de l'Académie, soit cette année, soit à la première place vacante, et, quand vous en serez, vous vous en dégoûterez ; mais ne vous dégoûtez jamais de l'amitié que vous m'avez témoignée.

MMMMMMMCXXXVII. — DE M. DALEMBERT.

A Paris, ce 25 avril.

Bertrand plaint très-sincèrement Raton de se croire obligé de se taire au sujet de Rossinante-Childebrand ; pour Bertrand, qui n'a jamais vu Childebrand-Adonis, qui ne l'a jamais cru Mars, mais tout au plus Mercure, il ne peut que se réjouir, avec tous les honnêtes Bertrands, de voir Childebrand dans l'opprobre [1], qu'il mérite.

Chabanon passe sa vie à dire des injures de l'Académie, et à désirer d'en être. Il réussirait mieux avec moins d'injures et plus de bons ouvrages.

J'ai lu la lettre de Raton à Cormoran [2] ; cette lettre est charmante, et Bertrand en fera l'usage que Raton désire. Il aurait pu l'augmenter d'un article intéressant, c'est que *Messieurs* se proposaient, il y a peu de temps, de faire revivre, par leurs arrêts, les principes si raisonnables de la Sorbonne, au sujet de l'intérêt de l'argent : c'était à l'occasion d'une affaire où ils voulaient faire regarder M. Turgot comme *fauteur de l'usure*. Vous jugez du succès qu'aurait eu cette adroite imputation. Heureusement on leur a imposé silence sur cette affaire, et on leur a épargné le ridicule dont ils allaient encore se couvrir, quoiqu'ils soient déjà bien en fonds sur ce point.

Le rêve de Bailly sur ce peuple ancien qui nous a tout appris, excepté son nom et son existence [3], me paraît un des plus creux qu'on ait jamais eus ; mais cela est bon à faire des phrases, comme d'autres idées creuses que nous connaissons, et qui font dire qu'on est *sublime*. J'aime mieux dire avec Boileau, en philosophie comme en poésie :

Rien n'est beau que le vrai.

Ép. IX, v. 43.

Ce Poncet est venu chez moi avec une lettre de vous : je lui ai demandé quels étaient les Italiens, si jaloux d'avoir ma figure, qui désiraient que je me soumisse encore à l'ennui de la faire modeler. Il m'a dit que c'était un *secret*. J'en ai conclu que ce grand sculpteur était encore un plus grand hâbleur, et je l'ai remercié de sa bonne volonté, en lui disant qu'un sculpteur célèbre de ce pays-ci venait de faire mon buste,

1. Le maréchal de Richelieu, alors disgracié. (ÉD.)
2. Le roi de Prusse. (ÉD.)
3. Dans son *Histoire de l'astronomie ancienne*, Bailly parle d'un peuple détruit et oublié, qui a précédé et éclairé les plus anciens peuples connus. (ÉD.)

et qu'il pouvait le copier s'il le voulait. Adieu, mon cher et illustre maître; je crois que La Harpe va enfin être de l'Académie; nous en avons grand besoin. Ce n'est pas que nous manquions de postulants pour s'enrôler; mais ils ne sont pas de taille. *Vale, et me ama.*

MMMMMMMCXXXVIII. — A M. DE VAINES.
26 avril.

Eh bien ! monsieur, parmi les nouveaux édits que vous avez eu la bonté de m'envoyer, en voilà encore un de M. Turgot en faveur de la nation. C'est celui des forêts qui sont auprès des salines de Franche-Comté. Ce ministre fera tant de bien, qu'à la fin on conspirera contre lui.

Je l'ai importuné depuis quelque temps avec beaucoup d'indiscrétion; mais, en qualité de commissionnaire et de scribe de nos petits états, je n'ai pu faire autrement. Je n'ai point exigé qu'il me lût. Je mets en marge de mes mémoires : *Pays de Gex*. Je le prie seulement qu'on fasse une liasse de toutes nos requêtes, après quoi il examinera un jour à loisir ce qu'il voudra accorder ou refuser. Cette manière de procéder avec le ministère me paraît la moins gênante et la plus honnête. Je tâche surtout d'être extrêmement court dans mes demandes; car il m'a paru que les présenteurs de requêtes sont presque toujours d'une prolixité insupportable, et s'imaginent qu'un ministre doit oublier le monde entier pour leur affaire. C'est peut-être cet ennui qui dégoûte M. de Malesherbes de sa place; mais il est bien triste qu'il songe à se retirer, lorsqu'il peut faire du bien. Il me semble qu'en se joignant à M. Turgot pour refondre cette France qui a tant besoin d'être refondue, ils auraient fait tous deux des miracles.

Je n'ai jamais vu Mlle d'Espinasse, mais tout ce qu'on m'en a dit me la fait bien aimer. Je serais très-affligé de sa perte ! Voici un petit mot pour M. Dalembert, que je mets sous la protection de votre contreseing.

Je ne peux, monsieur, vous envoyer que des balivernes, lorsque vous daignez me faire parvenir les ouvrages les plus utiles; mais chacun donne ce qu'il a.

Conservez-moi, monsieur, vos bontés, qui font le charme de ma solitude et de ma vieillesse.

MMMMMMMCXXXIX. — A M. HENNIN.
A Ferney, 26 avril.

Monsieur, quoiqu'il ne soit pas encore temps, suivant votre étiquette, cependant je me mets aux pieds de Mme Hennin.

Je viendrai contempler votre bonheur dès que je me croirai en vie; mais, pour le moment présent, je n'ai pas l'air d'un garçon de la noce. Soyez heureux tout le reste de votre vie, et conservez-moi vos bontés.

V.

---

1. Mlle de L'Espinasse mourut le 23 mai 1776. (ÉD.)

MMMMMMMCXL. — A M. ***.

Le 2 mai.

J'ai été si excédé, mon cher ami, de mes *Lettres ingénieuses et galantes*[1], que je n'ai jamais écrites, et de tant d'autres fadaises à moi imputées, qu'il faut me pardonner si je prends le parti de tout cardinal ou de tout pape à qui on joue de pareils tours.

Il y a longtemps que je fus indigné de ce *Testament politique* si frauduleusement produit sous le nom du cardinal de Richelieu. Pouvait-on supposer des conseils politiques d'un premier ministre qui ne parlait à son roi ni de la reine, qui était dans une situation si équivoque, ni de son frère, qui avait si souvent conspiré contre lui, ni du Dauphin son fils, dont l'éducation était si importante, ni de ses ennemis, contre lesquels il y avait tant de mesures à prendre, ni des protestants du royaume, à qui ce même roi avait tant fait la guerre, ni de ses armées, ni de ses négociations, ni d'aucun de ses généraux, ni d'aucun de ses ambassadeurs? Il y avait de la démence et de l'imbécillité à croire cette rapsodie écrite par un ministre d'État.

Chaque page décelait la fraude la plus mal ourdie; cependant le nom du cardinal de Richelieu en imposa pendant quelque temps; et quelques beaux esprits même prônèrent comme des oracles les énormes bévues dont le livre fourmille. C'est ainsi que toute erreur se perpétuerait d'un bout du monde à l'autre, s'il ne se trouvait quelque bonne âme qui eût assez de hardiesse pour l'arrêter en chemin.

Nous avons eu depuis les testaments du duc de Lorraine, de Colbert, de Louvois, d'Albéroni, du maréchal de Belle-Isle, de Mandrin:

Parmi tant de héros je n'ose me placer[2];

mais vous savez que l'avocat Marchand a fait mon testament, dans lequel il a eu la discrétion de ne pas même insérer un legs pour lui.

Vous avez vu les lettres de la reine Christine, de Ninon, de Mme de Pompadour, de Mlle du Tron à son amant le R. P. de La Chaise, confesseur de Louis XIV. Voici donc aujourd'hui les *Lettres du pape Ganganelli*[3]. Elles sont en français, quoiqu'il n'ait jamais écrit en cette langue. Il faut que Ganganelli ait eu incognito le don des langues dans le cours de sa vie. Ces lettres sont entièrement dans le goût français. Les expressions, les tours, les pensées, les mots à la mode, tout est français. Elles ont été imprimées en France; l'éditeur est un Français né auprès de Tours, qui a pris un nom en *i*, et qui a déjà publié des ouvrages français sous des noms supposés.

Si cet éditeur avait traduit de véritables lettres du pape Clément XIV en français, il aurait déposé les originaux dans quelque bibliothèque publique. On est en droit de lui dire ce qu'on dit autrefois à l'abbé Nodot: « Montrez-nous votre manuscrit de Pétrone trouvé à Belgrade, ou

---

1. Les lettres de Voltaire à Mlle Dunoyer. (ÉD.)
2. *Britannicus*, acte I, scène II. (ÉD.)
3. Composées en français par Louis-Antoine de Caraccioli, né à Paris en 1721, mort en 1803. (ÉD.)

consentez à n'être cru de personne. Il est aussi faux que vous ayez entre les mains la véritable satire de Pétrone, qu'il est faux que cette ancienne satire fût l'ouvrage d'un consul et le tableau de la conduite de Néron. Cessez de vouloir tromper les savants; on ne trompe que le peuple. »

Quand on donna la comédie de l'*Écossaise*, sous le nom de Guillaume Vadé et de Jérôme Carré, le public sentit tout d'un coup la plaisanterie, et n'exigea pas des preuves juridiques; mais quand on compromet le nom d'un pape dont la cendre est encore chaude, il faut se mettre au-dessus de tout soupçon; il faut montrer à tout le sacré collège des lettres signées *Ganganelli*; il faut les déposer dans la bibliothèque du Vatican, avec les attestations de tous ceux qui auront reconnu l'écriture; sans quoi on est reconnu par toute l'Europe pour un homme qui a osé prendre le nom d'un pape, afin de vendre un livre : *reus est quia filium Dei se fecit*[1].

Pour moi, j'avoue que, quand on me montrerait ces mêmes lettres munies d'attestations, je ne les croirais pas plus de Ganganelli que je ne crois les *Lettres de Pilate à Tibère* écrites en effet par Pilate.

Et pourquoi suis-je si incrédule sur ces lettres? c'est que je les ai lues, c'est que j'ai reconnu la supposition à chaque page. J'ai été assez intimement lié avec le Vénitien Algarotti, pour savoir qu'il n'eut jamais la moindre correspondance ni avec le cordelier Ganganelli, ni avec le consulteur Ganganelli, ni avec le cardinal Ganganelli, ni avec le pape Ganganelli. Les petits conseils donnés amicalement à cet Algarotti et à moi n'ont jamais été donnés par ce bon moine, devenu bon pape.

Il est impossible que Ganganelli ait écrit à M. Stuart, Écossais : « Mon cher monsieur, je suis sincèrement attaché à la nation anglaise. J'ai une passion décidée pour vos grands poètes. »

Que dites-vous d'un Italien qui avoue à un homme d'Écosse « qu'il a une passion décidée pour les vers anglais, » et qui ne sait pas un mot d'anglais?

L'éditeur va plus loin; il fait dire à son savant Ganganelli : « Je fais quelquefois des visites nocturnes à Newton; dans ce temps où toute la nature est endormie, je veille pour le lire et pour l'admirer. Personne ne réunit comme lui la science et la simplicité; c'est le caractère du génie, qui ne connaît ni la bouffissure ni l'ostentation. »

Vous voyez comment l'éditeur se met à la place de son pape, et quelle étrange louange il donne à Newton. Il feint de l'avoir lu, et il en parle comme d'un savant bénédictin, profond dans l'histoire, et qui cependant est modeste. Voilà un plaisant éloge du plus grand mathématicien qui ait jamais été, et de celui qui a disséqué la lumière.

Dans cette même lettre il prend Berkeley, évêque de Cloyne, pour un de ceux qui ont écrit contre la religion chrétienne; il le met dans le rang de Spinosa et de Bayle. Il ne sait pas que Berkeley a été un

---

1. Jean, XIX, 7. (ÉD.)

des plus profonds écrivains qui aient défendu le christianisme. Il ne sait pas que Spinosa n'en a jamais parlé, et que Bayle n'a fait aucun ouvrage nommément sur un sujet si respectable.

L'éditeur, dans une lettre à un abbé Lamy, fait dire à son prête-nom Ganganelli, « que l'âme est la plus grande merveille de l'univers, selon les paroles du Dante. » Un pape ou un cordelier pourrait à toute force citer le Dante, afin de paraître homme de lettres; mais il n'y a pas un vers de cet étrange poëte, le Dante, qui dise ce qu'on lui attribue ici.

Dans une autre lettre à une dame vénitienne, Ganganelli s'amuse à réfuter Locke, c'est-à-dire que M. l'éditeur, très-supérieur à Locke, se donne le plaisir de le censurer sous le nom d'un pape.

Dans une lettre au cardinal Quirini, M. l'éditeur s'exprime ainsi : « Votre Éminence, qui aime beaucoup les Français, leur aura sûrement pardonné leurs gentillesses, quoique ce soit au détriment de la dignité. Il n'y a pas de mal que, dans tous les siècles pris collectivement, il y ait des étincelles, des flammes, des lis, des bluets, des pluies, des rosées, des fleuves, des ruisseaux. Cela peint parfaitement la nature; et, pour bien juger de l'univers et des temps, il faut réunir les différents points de vue, et n'en faire qu'un seul optique. »

De bonne foi, croyez-vous que le pape ait écrit ce fatras en français contre les Français?

N'est-il pas plaisant que, dans la lettre cent onzième, Ganganelli, devenu récemment cardinal, dise : « Nous ne sommes pas cardinaux pour en imposer par notre faste, mais pour être colonnes du saint-siége. Tout, jusqu'à notre habit rouge, nous rappelle que, jusqu'à l'effusion de notre sang, nous devons tout employer pour venir au secours de la religion. Quand je vois le cardinal de Tournon voler aux extrémités du monde pour y faire prêcher la vérité sans aucune altération, ce magnifique exemple m'enflamme, et je suis prêt à tout entreprendre. »

Ne semble-t-il point, par ce passage, qu'un cardinal de Tournon quitta les délices de Rome, en 1706, pour aller prêcher l'empereur de la Chine, et pour être martyrisé? Le fait est qu'un prêtre savoyard, nommé Maillard, élevé à Rome dans le collége de la Propagande, fut envoyé à la Chine, en 1706, par le pape Clément XI, pour rendre compte à la congrégation de cette Propagande de la dispute des jacobins et des jésuites sur deux mots de la langue chinoise. Maillard prit le nom de Tournon. Il eut bientôt des lettres de vicaire apostolique en Chine. Dès qu'il fut vicaire-apôtre, il crut savoir mieux le chinois que l'empereur Kang-hi. Il manda au pape Clément XI que l'empereur et les jésuites étaient des hérétiques. L'empereur se contenta de le faire conduire en prison à Macao. On a écrit que les jésuites l'empoisonnèrent. Mais, avant que le poison eût opéré, il eut, dit-on, le crédit d'obtenir une barette du pape. Les Chinois ne savent guère ce que c'est qu'une barette. Maillard mourut dès que sa barette fut arrivée. Voilà l'histoire fidèle de cette facétie. L'éditeur suppose que Ganganelli était assez ignorant pour n'en rien savoir.

VOLTAIRE. — XLV.

Enfin, celui qui emprunte le nom du pape Ganganelli pousse son zèle jusqu'à dire, dans sa lettre cinquante-huitième, à un bailli de la république de Saint-Martin : « Je ne vous enverrai plus le livre que vous vouliez avoir. C'est une production tout à fait informe, mal traduite du français, et qui pullule d'erreurs contre la morale et contre le dogme. On n'y parle que d'humanité; car c'est aujourd'hui le beau mot qu'on a finement substitué à celui de charité, parce que l'humanité n'est qu'une vertu païenne. La philosophie moderne ne veut plus de ce qui tient à la religion chrétienne. »

Vous remarquerez soigneusement que si notre pape craint le mot d'humanité, le roi très-chrétien s'en sert hardiment dans son édit du 12 avril 1776, par lequel il fait distribuer gratis des remèdes à tous les malades de son royaume; l'édit commence ainsi : « Sa Majesté voulant désormais, pour le besoin de l'humanité, etc. »

M. l'éditeur peut être inhumain sur le papier tant qu'il voudra; mais il permettra que nos rois et nos ministres soient humains. Il est clair qu'il s'est étrangement mépris; et c'est ce qui arrive à tous ces messieurs qui donnent ainsi leurs productions sous des noms respectables. C'est l'écueil où ont échoué tous les faiseurs de testaments. C'est surtout à quoi on reconnut Boisguilbert, qui osa imprimer sa *Dîme royale* sous le nom du maréchal de Vauban. Tels furent les auteurs des *Mémoires* de Verdac, de Montbrun, de Pontis, et de tant d'autres.

Je crois le faux Ganganelli démasqué. Il s'est fait pape; je l'ai déposé. S'il veut m'excommunier, il est bien le maître.

MMMMMMMCXLI. — A M. TURGOT.

À Ferney, 3 mai.

M. de Trudaine, votre digne ami, monseigneur, m'a fait voir un édit sur les vins, qui vaut bien celui du 14 septembre sur les blés [1]. Ces deux pièces, véritablement éloquentes, puisque la raison et le bien public y parlent à chaque ligne, n'ont qu'à se joindre à l'édit de la caisse de Poissy, et la France est sûre de faire bonne chère. Les aloyaux, que les Anglais appellent *rost beef*, valent bien la poule au pot. Je crois bien que le parlement de Bordeaux sera un peu fâché, mais le parlement de Toulouse sera fort aise.

M. de Trudaine est témoin des transports de joie que vous avez causés dans tous les pays qui nous environnent. Nous voyons naître le siècle d'or; mais il est bien ridicule qu'il y ait tant de gens du siècle de fer dans Paris. On m'assure, pour ma consolation, que vous pouvez compter sur la fermeté de Sésostris [2]; c'était là mon plus grand souci.

Je n'ose vous supplier de me confirmer cette heureuse anecdote, dont dépend la destinée de toute une nation; mais je vous avoue que

---

1. C'est-à-dire celui du 13 septembre 1774, à l'occasion duquel Voltaire publia un *Petit écrit*. (ÉD.)
2. Louis XVI. (ÉD.)

je voudrais bien, avant de mourir, être sûr de mon fait, et pouvoir vous excepter du nombre des grands hommes dont Horace a dit[1] :

Diram qui contudit hydram,
. . . .
Comperit invidiam supremo fine domari.

Quant à notre sel, monseigneur, je ne vous en importunerai plus, puisque je vois que vous n'oubliez rien.

Quant à la dame Lobreau[2], il est clair que son argent est tout aussi bon que celui des épiciers, qui veulent donner la comédie sans avoir d'acteurs.

Quisque suam exerceat artem[3].

Pour votre art, il est

Quum tot sustineas et tanta negotia solus[4].

Vous voyez que je passe ma vie entre vos ouvrages et ceux d'Horace; je ne peux mieux finir ma carrière.

Mme Denis est pénétrée de l'honneur de votre souvenir, et nous le sommes tous de vos extrêmes bontés.

MMMMMMMCXLII. — A M. LE BARON DE FAUGÈRES, OFFICIER DE MARINE.

3 mai.

Vous proposez, monsieur, qu'autour de la statue élevée à Montpellier, à *Louis XIV après sa mort*, on dresse des monuments aux grands hommes qui ont illustré son siècle en tout genre. Ce projet est d'autant plus beau que, depuis quelques années, il semble qu'on ait formé parmi nous une cabale pour rabaisser tout ce qui a fait la gloire de ces temps mémorables. On s'est lassé des chefs-d'œuvre du siècle passé. On s'efforce de rendre Louis XIV petit, et on lui reproche surtout d'avoir voulu être grand. La nation, en général, donne la préférence à Henri IV, et l'exclusion à tous les autres rois. Je n'examine pas si c'est justice ou inconstance; si notre raison perfectionnée connaît mieux le vrai mérite aujourd'hui qu'autrefois : je remarque seulement que, du temps de Henri IV, elle ne connaissait point du tout le mérite, elle ne le sentait point.

« On ne me connaît pas, disait ce bon prince au duc de Sulli, on me regrettera. » En effet, monsieur, ne dissimulons rien : il était haï et peu respecté. Le fanatisme, qui le persécuta dès son berceau, conspira cent fois contre sa vie, et la lui arracha enfin, au milieu de ses grands officiers, par la main d'un ancien moine feuillant, devenu fou, enragé de la rage de la Ligue. Nous lui faisons aujourd'hui amende honorable;

---

1. Livre II, épître I, vers 10 et 12. (ÉD.)
2. Directrice du théâtre de Lyon. (ÉD.)
3. Horace, livre I, épître XIV, vers dernier. (ÉD.)
4. *Id.*, livre II, épître I, vers 1. (ÉD.)

nous le préférâms à tous les rois, quoique nous conservions encore, et pour longtemps, une grande partie des préjugés qui ont concouru à l'assassinat de ce héros.

Mais si Henri IV fut grand, son siècle ne le fut en aucun genre. Je ne parlerai pas ici de cette foule de crimes et d'infamies dont la superstition et la discorde souillèrent la France. Je m'arrête aux arts dont vous voulez éterniser la gloire. Ils étaient ou ignorés ou très-mal exercés, à commencer par celui de la guerre. On la faisait depuis quarante ans, et il n'y eut pas un seul homme qui laissa la réputation d'un général habile, pas un que la postérité ait mis à côté d'un prince de Parme, d'un prince d'Orange. Pour la marine, monsieur, vous qui vous y êtes distingué, vous savez qu'elle n'existait pas alors. Les arts de la paix, qui font le charme de la société, qui embellissent les villes, qui éclairent l'esprit, qui adoucissent les mœurs, tout cela nous fut étranger, tout cela n'est né que dans l'âge qui vit naître et mourir Louis XIV.

J'ai peine à concevoir l'acharnement avec lequel on poursuit aujourd'hui la mémoire du grand Colbert, qui contribua tant à faire fleurir tous ces arts, et surtout la marine, qui est un des principaux objets de votre grand dessein. Vous savez, monsieur, qu'il créa cette marine si longtemps formidable. La France, deux ans avant sa mort, avait cent quatre-vingts vaisseaux de guerre et trente galères. Les manufactures, le commerce, les compagnies de négoce, dans l'Orient et dans l'Occident, tout fut son ouvrage. On peut lui être supérieur, mais on ne pourra jamais l'éclipser.

Il en sera de même dans les arts de l'esprit, comme en éloquence, en poésie, en philosophie, et dans les arts où l'esprit conduit la main, comme en architecture, en peinture, en sculpture, en mécanique. Les hommes qui embellirent le siècle de Louis XIV par tous ces talents ne seront jamais oubliés, quel que soit le mérite de leurs successeurs. Les premiers qui marchent dans une carrière restent toujours à la tête des autres dans la postérité. Il n'y a de gloire que pour les inventeurs, a dit Newton dans sa querelle avec Leibnitz; et il avait raison. Il faut regarder comme inventeur un Pascal, qui forma en effet un genre d'éloquence nouveau; un Pélisson, qui défendit Fouquet du même style dont Cicéron avait défendu le roi Déjotarus devant César; un Corneille, qui fut parmi nous le créateur de la tragédie, même en copiant *le Cid* espagnol; un Molière, qui inventa réellement et perfectionna la comédie; et si Descartes ne s'était pas écarté, dans ses inventions, de son guide, la géométrie; si Malebranche avait su s'arrêter dans son vol, quels hommes ils auraient été!

Tout le monde convient que ce grand siècle passé fut celui du génie; mais, après les hommes qu'on regarde comme inventeurs, viennent souvent, je ne dis pas des disciples formés dans l'école de leurs maîtres, ce qui serait louable, mais des singes qui s'efforcent de gâter l'ouvrage de ces maîtres inimitables. Ainsi, après que Newton a découvert la nature de la lumière, arrive un Castel, qui veut enchérir, et qui propose un clavecin oculaire.

A peine a-t-on découvert, avec le microscope, un nouveau monde en petit, que voilà un Needham qui imagine avoir fait une république d'anguilles, lesquelles accouchent sur-le-champ d'autres anguilles, le tout dans une goutte de bouillon ou dans une goutte d'eau qui a bouilli avec du blé ergoté. Les animaux, les végétaux, sont produits sans germe, et pour comble de ridicule, cela est appelé le sublime de l'histoire naturelle.

Sitôt que de vrais philosophes eurent calculé l'action du soleil et de la lune sur le flux et le reflux des mers, des romanciers, au-dessous de Cyrano de Bergerac, écrivent l'histoire des temps où ces mers couvraient les Alpes et le Caucase, et où l'univers n'était habité que par des poissons. Ils nous découvrent ensuite la grande époque dans laquelle les marsouins, nos aïeux, devinrent hommes, et comment leur queue fourchue se changea en cuisses et en jambes. C'est là le grand service que Telliamed a rendu depuis peu au genre humain. Ainsi, monsieur, dans tous les arts, dans toutes les professions, les charlatans succèdent aux bons maîtres; et fasse le ciel que nous n'ayons jamais de charlatans plus funestes!

Puisse votre projet être exécuté! puissent tous les génies qui ont décoré le siècle de Louis XIV reparaître dans la place de Montpellier, autour de la statue de ce roi, et inspirer aux siècles à venir une émulation éternelle! etc.

MMMMMMMCXLIII. — A M. DE VAINES.
3 mai.

Puisque vous daignez, monsieur, admettre dans votre bibliothèque des facéties chinoises, indiennes, et tartares, j'ai l'honneur de vous en envoyer un exemplaire; mais je viens de lire une brochure qui me dégoûte de toutes les autres. C'est un édit sur la liberté du commerce des vins. Il fait un beau pendant avec l'édit du 14 de septembre en faveur des blés.

Je conçois qu'il y ait des gens tout étonnés de voir des traités de politique et de morale avec la formule *Car tel est notre bon plaisir*, mais je ne conçois pas que des gens qui ont de la barbe au menton s'effarouchent des vérités qu'on leur démontre. Il me semble que je vois les médecins du temps de Molière soutenir des thèses contre la circulation du sang. Il est impossible que le parti de ceux qui ferment les yeux à la lumière se soutienne longtemps. Toutes les nouvelles vérités sont d'abord mal reçues chez nous. On est fâché d'être obligé de retourner à l'école, quand on se croit docteur,

*Et quæ
Imberbes didicere, senes perdenda fateri*[1].

Enfin, monsieur, ces vins me paraissent avoir une sève et une force toute nouvelle. Je conseille à *Messieurs* d'en boire largement, au lieu d'en dire du mal. Ces bons vins de M. Turgot sont capables de me ranimer. Mon malheur est de n'avoir pas longtemps à en boire.

1. Horace, livre II, épître I. vers 84-85. (ÉD.)

MMMMMMCXLIV. — A M. LAUS DE BOISSY, SUR SA RÉCEPTION
A L'ACADÉMIE DES ARCADES DE ROME.

A Ferney, 6 mai.

Si j'ai l'honneur, monsieur, d'être votre confrère à Rome, je ne serais pas moins flatté de l'être à Paris : j'ambitionne encore un titre plus flatteur, celui de votre ami; vos lettres m'en ont inspiré le désir autant que vos ouvrages ont de droit à mon estime ; il est vrai que mon âge, mes maladies, et ma retraite, ne me permettent guère de cultiver une liaison si flatteuse; mais souffrez que je cherche, dans l'expression de mes sentiments pour vous, une consolation qui m'est nécessaire. Je crois apercevoir dans tout ce que vous écrivez quel est le charme de votre société. J'ai reçu un peu tard le présent charmant dont vous m'honorez ; il n'y aurait qu'un Anacréon qui pût mériter une telle galanterie : il aurait chanté vos couplets, je puis à peine les lire, et je n'ai d'Anacréon que la vieillesse.

J'ai l'honneur d'être, monsieur, avec tous les sentiments que je vous dois, votre, etc.

MMMMMMCXLV. — A M. LE COMTE D'ARGENTAL.

A Ferney, 11 mai.

Mon cher ange, je reçois votre lettre du 2 mai ; elle est bien consolante; tout ce qui part de vous porte ce caractère ; mais je suis bien ébaubi que vous n'ayez pas reçu un paquet qui vous a certainement été envoyé par M. de Sartines. Je ne sais que répondre à M. de Thibouville, qui m'a demandé un paquet semblable. Vous ne sauriez croire à combien de difficultés tout cela est sujet. Il y a quelque génie malin qui persécute les absents, et qui intercepte leur correspondance. Je suis bien fâché d'apprendre que M. d'Ogny, le protecteur de notre colonie, soit le proche parent de M. de Juvigny, que je n'ai jamais vu, et qui s'acharne contre moi d'une manière si bizarre. M. de La Harpe m'avait averti en dernier lieu de l'imposture dont vous avez la bonté de me parler. Je lui ai envoyé un billet signé de ma main, dans lequel j'atteste le roi de Prusse lui-même sur la fausseté de cette imputation. J'ignore si M. de La Harpe aura pu faire insérer cette protestation dans les papiers publics; car il me semble que, depuis quelque temps, il est permis de calomnier dans les gazettes, et qu'il n'est pas permis de se justifier. Je vois surtout que les absents ont tort, et que les battus payent toujours l'amende.

Après les tentatives discrètes, mais assez fortes, auprès du roi de Prusse en faveur de Lekain, il n'y a pas moyen de faire de nouveaux efforts. Il ne m'a rien répondu sur cet article; il se fâche quand on lui propose, pour la seconde fois, des choses qui ne sont pas de son goût. Il faut prendre les rois comme ils sont. Ce qu'il y a de pis pour Lekain, c'est qu'il prétend avoir sujet de se plaindre de ses camarades encore plus que des rois.

On dit que Mlle Dumesnil s'est enfin retirée; mais qui pourra la remplacer? *Se vo, chi sta? Se sto, chi va?*

Il faut, mon cher ange, que je vous parle d'autre chose. On me mande que le roi a rayé lui-même le chevalier de Boufflers du nombre des colonels; je ne puis le croire. Quel fondement y aurait-il à cette historiette? On fait mille contes dans Paris, et je ne crois que ce que vous me dites.

Le gros abbé[1] et sa sœur[2] sont infiniment sensibles à votre souvenir; et moi, je me mets plus que jamais à l'ombre de vos ailes. Je suis désespéré d'en être si loin.

MMMMMMCXLVI. — A MADAME LA COMTESSE DE VIDAMPIERRE.

15 mai.

Madame, j'ai peur d'avoir perdu votre adresse, mais je ne perdrai jamais le souvenir des bontés dont vous m'honorez, et des nobles sentiments que j'ai admirés dans votre lettre.

Je ne suis point inquiet de l'affaire de M. Delisle, puisque vous le protégez. Vous êtes d'un sang à qui les belles-lettres et la philosophie auront une obligation éternelle. J'ai un neveu, d'Hornoy, conseiller au parlement, qui prend le parti de M. Delisle comme moi-même, et qui sera à vos ordres. Il paraît que le temps des Anytus est passé. Vous contribuerez plus que personne, madame, à faire régner la raison; car on me dit que vous l'ornez de toutes les grâces qui assurent son triomphe. Les hommes ne sont gouvernés que par l'opinion, et cette opinion dépend du petit nombre de personnes qui vous ressemblent. C'est par leurs charmes et par la force de leur esprit que le public est dirigé, sans même qu'il s'en aperçoive. Je maintiens qu'il suffit de trois ou quatre dames comme vous, pour rendre une nation meilleure et plus aimable. Je sens combien votre lettre aurait de pouvoir sur moi, si on pouvait se réformer à mon âge.

Je suis, avec un profond respect, etc.

MMMMMMCXLVII. — A MADAME DE SAINT-JULIEN.

15 mai.

Voici, madame, une aventure toute faite pour ceux qui croiraient aux présages. L'hôtel la Tour-du-Pin est tombé tout entier à Ferney. Racle s'était avisé de faire une cave en sous-œuvre, prétendant soutenir la maison avec des étais : il s'est trompé; la maison s'est écroulée en un moment; il a démoli le peu qui restait, et il n'y a pas actuellement le moindre vestige de maison. Si j'étais superstitieux, je prendrais cet accident pour un avertissement du ciel. Ce serait un signe évident que vous avez abandonné entièrement le vieillard de Ferney comme ses masures : ce malheur ne me serait pas arrivé, si vous aviez daigné continuer à m'écrire. La maison est tombée comme moi dans votre disgrâce. Je suis malheureux de toutes les façons; tout est en décadence chez moi. L'horreur d'une vieillesse accablée de maladies est bien pire que la chute d'une maison; mais tout cela, joint au profond

---

1. Mignot. (ÉD.) — 2. Mme Denis. (ÉD.)

oubli dont vous m'honorez, constitue l'état le plus misérable où un pauvre homme puisse se trouver.

Je n'ai rien su de la perte de cette maison, qui est très-considérable, qu'après le départ de M. de Trudaine. Il a passé à Ferney quelques jours avec Mme de Trudaine et Mme d'Invau. Il ne sait pas encore que cette grande maison est tombée, et que le reste est dédaigné par vous. Je ne lui en dirai rien dans mes lettres; il semblerait que je demanderais du secours au ministère, et assurément je suis bien loin de faire une telle indiscrétion.

Au reste, cet accident n'est pas le seul qui me soit arrivé; il avait été précédé, il y a quelques mois, de la chute d'une maisonnette voisine. Me voilà au milieu des débris de toute espèce. J'y comprends les miens de quatre-vingt-deux ans et demi. Voilà par où il faut que tout finisse. Je souhaite au héros de Chanteloup [1] plus de bonheur dans ses palais. Son âme sera toujours plus inébranlable qu'eux. Je cours à *bride abattue* au dernier moment de ma vie. Je mourrai dans la rage de penser qu'il m'a cru capable d'oublier ses bontés. Cette idée désespérante me poursuit jour et nuit. Je voudrais qu'il sût qu'il n'y a personne en France plus tendrement attaché que moi à sa personne. Je l'ai toujours révéré, et j'ose dire aimé autant que j'ai détesté la vénalité des charges en tout genre.

J'ignore plus que jamais ce qu'on fait et ce qu'on dit à Paris; j'ignore surtout quelles sont vos marches; si vous allez en Bourgogne voir monsieur votre frère cette année, si vous daignerez vous souvenir de Ferney, si vous viendrez pleurer ou rire avec moi sur les ruines du château de la Tour-du-Pin. Tout ce que je sais bien, c'est que je me regarderai comme un de vos sujets, et que je vous serai toujours fidèle, soit que vous me continuiez vos bontés, soit que vous m'accabliez de votre disgrâce. Soyez papillon, soyez aigle, je serai toujours l'admirateur de vos ailes brillantes.

LE TRISTE HIBOU DE FERNEY.

MMMMMMCXLVIII. — A M. DE VAINES.

15 mai.

Ah! mon Dieu, monsieur, quelle funeste nouvelle j'apprends [2]! La France aurait été trop heureuse. Que deviendrons-nous? restez-vous en place? auriez-vous le temps de me rassurer par un mot? puis-je m'adresser à vous pour faire passer ce billet? Je suis atterré et désespéré.

MMMMMMCXLIX. — A FRÉDÉRIC, LANDGRAVE DE HESSE-CASSEL.

18 mai.

Monseigneur, je vous avoue que je suis bien étonné. J'avais cru jusqu'ici que Votre Altesse Sérénissime se bornait à estimer, à protéger ceux qui donnent d'utiles conseils aux princes. Je viens de lire un petit écrit [3] dans lequel un prince souverain les instruit de leurs devoirs

---

1. Le duc de Choiseul. (ÉD.)
2. La retraite de M. Turgot du ministère, le 11 mai 1776. (ÉD.)
3. *Pensées diverses sur les princes*, par le landgrave de Hesse-Cassel. (ÉD.)

avec autant de noblesse d'âme qu'il les remplit. Celui qui disait¹ autrefois que pour former un bon gouvernement il fallait que les philosophes fussent souverains, ou que les souverains fussent philosophes, avait bien raison. Vous voilà philosophe, et si je n'étais pas si vieux, je viendrais me mettre aux pieds de votre philosophie sérénissime. Les seigneurs Cattes vos prédécesseurs, ceux qui battirent Varus, ceux qui bravèrent si longtemps Charlemagne, n'auraient jamais écrit ce que je viens de lire. Le siècle où nous sommes sera célèbre par ce progrès des connaissances morales qui ont parlé aux hommes du haut des trônes, et qui ont inspiré des ministres.

Votre Altesse Sérénissime sait peut-être déjà que la France vient de perdre les secours de deux ministres philosophes qui pratiquaient toutes les leçons qu'on trouve dans ce petit écrit qui m'a tant surpris. L'un est M. Turgot, qui, en moins de deux ans, avait gagné les suffrages de toute l'Europe; l'autre est M. de Lamoignon, digne héritier d'un nom cher à la France. Ils se sont démis du ministère le même jour, et on pleure leur retraite.

Je ne sais point encore dans mes déserts quel philosophe prendra leur place, et aura la charité de nous gouverner. La sagesse d'aujourd'hui apprend non-seulement à faire du bien, mais à voir d'un œil égal les places où l'on peut faire ce bien, et le repos dans lequel on ne cultive la vertu qu'avec ses amis.

Je ne doute pas, monseigneur, que vous n'adoucissiez le poids du gouvernement par les douceurs de l'amitié. Heureux les peuples qui vous sont soumis! heureux les hommes privilégiés qui vous approchent!

Je suis avec un profond respect, monseigneur, de Votre Altesse Sérénissime, etc.

MMMMMMMCL. — A Frédéric II, roi de Prusse

A Ferney, 21 mai.

Sire, vous allez être étonné en jetant les yeux sur la petite brochure² que j'envoie à Votre Majesté : devineriez-vous qu'elle est de M. le landgrave de Hesse? Son génie s'est déployé depuis qu'il est devenu votre neveu, et qu'il a lu vos ouvrages. Je ne sais pas positivement s'il avoue ce petit livre, mais je sais certainement qu'il est de lui; c'est un tableau qu'on reconnaîtra aisément pour être d'un peintre de votre école. Vous avez fait naître un nouveau siècle, vous avez formé des hommes et des princes. Dans combien de genres votre nom n'étonnera-t-il pas la postérité!

Nous avons grand besoin que Votre Majesté philosophique règne longtemps; nous avions chez les Welches deux ministres philosophes³; les voilà tous deux à la fois exclus du ministère; et qui sait si les scènes des La Barre et des d'Étallonde ne se renouvelleront pas dans notre malheureux pays? La Raison commence à se faire un parti si nombreux.

1. Platon. (ÉD.) — 2. *Pensées diverses sur les Princes.* (ÉD.)
3. Turgot et Malesherbes. (ÉD.)

que ses ennemis se mettent sous les armes, et on sait combien ces armes sont dangereuses. Il faudra que cette malheureuse Raison vienne se réfugier dans vos États avec ses disciples, comme les protestants vinrent chercher un asile chez le roi votre grand-père. Depuis que je suis au monde, je n'ai vu cette Raison que persécutée; je la laisserai sans doute dans le même état; mais je me consolerai en me flattant qu'elle a un appui inébranlable dans le héros qui a dit :

Mais, quoique admirateur d'Alexandre et d'Alcide,
J'eusse aimé mieux pourtant les vertus d'Aristide[1]

Je me mets aux pieds de l'Alcide et de l'Aristide de nos jours

MMMMMMMCLI. — A M. DE LA HARPE.

22 mai.

Mon cher ami, il n'y avait que votre promotion au fauteuil qui pût me consoler de la perte que tous les vrais philosophes et tous les bons citoyens viennent de faire.

Vous avez, mon cher confrère, une place que vous rendrez plus considérable qu'elle ne l'est par elle-même : tant vaut l'homme, tant vaut l'académie. Les deux bras de votre fauteuil seront ornés de *Menzicof* et des *Barmécides*. Vous avez enterré Fréron, vous étoufferez les autres insectes dans leur naissance. C'est à présent qu'il y a plaisir à être des quarante. Votre prose est aussi bonne que vos vers. Je fais un petit recueil de toutes les feuilles que vous avez daigné insérer dans le *Mercure*, et je jette tout le reste au feu. C'est ainsi que je traite tous les journaux; sans cela on aurait une bibliothèque immense de livres inutiles.

Je crois qu'on fait actuellement à Lausanne un recueil de tout ce qu'on a pu rassembler de vos ouvrages. Ce sera un livre qui me sera cher, et que je lirai bien souvent.

Je n'ai point eu encore le courage de faire venir le fatras de ce Gilles nommé Piron : on ne peut à mon âge souffrir les plaisanteries de la Foire. Je vous sais bon gré de n'être jamais descendu à la plaisanterie bouffonne. Vous avez toujours été fait pour le noble et pour l'élégant; c'est votre caractère. La bouffonnerie l'aurait dégradé.

Nous avions besoin d'un homme tel que vous. Votre nomination fera taire la racaille des petits auteurs; ils doivent être confondus et rentrer dans le néant.

Si vous voyez M. de Vaines, je vous supplie, mon cher confrère, de lui dire combien je m'intéresse à lui, et à quel point je suis affligé. Que dit M. Dalembert? où est M. de Condorcet? aurez-vous le temps de répondre à ces questions? Vous allez travailler à votre discours de réception, et vous vous doutez bien que je l'attends avec quelque impatience.

Je vous embrasse bien tendrement, mon très-cher confrère, et ce

---

1. Vers du roi de Prusse dans son *Épître à mon esprit*. (ÉD.)

n'est pas pour longtemps, car je n'en peux plus. Je crois qu'à la fin je me meurs :

Supremum.... *quod te alloquor hoc est.*
Virg., *Æneid.*, lib. VI, v. 466

MMMMMMCLII. — A M. LE COMTE D'ARGENTAL.
27 mai.

Mon cher ange, je suis pénétré de la bonté que vous avez eue de m'écrire dans les tristes circonstances où je me trouve. Je ne serai jamais bien consolé; mais votre amitié me rend ma douleur plus supportable.

Il m'est impossible de songer actuellement à ces petits changements que vous me proposez : cela demande une tête libre, et la mienne est bien loin de l'être. Je suis menacé de voir détruire tout ce que j'avais créé; et, pour comble, en perdant le fruit de toutes mes peines, j'ai encore le ridicule d'avoir paru jouir d'un triomphe passager. Deux beaux colosses, à l'ombre desquels je me croyais en sûreté, tombent, et m'écrasent par leur chute. Tous mes chagrins sont augmentés par l'impossibilité où je suis de vous ouvrir mon cœur de si loin. Je peux seulement vous dire que je ne suis pas tout à fait à plaindre, puisque vous m'aimez toujours.

Mon gros neveu et sa sœur ne voient qu'une très-petite partie de mes tribulations, et ils goûtent en paix la consolation d'être dans votre souvenir.

J'ai mandé à M. de Thibouville que je n'avais pas pu trouver dans toute la Suisse un seul de ces chiffons qu'il voulait avoir. Il y en avait fort peu, et ce peu est tout dissipé. Je ne savais point qu'il eût une sœur. Il faut que je sois bien provincial ou bien étranger, et malheureusement l'un et l'autre à la fois. Si vous avez la bonté de m'écrire, mettez-moi au fait. Il m'appartient d'écrire aux cœurs affligés. Je me trouve avec eux dans mon élément.

Mais, mon cher ange, je crains de vous excéder par ma douloureuse lettre. J'apprends que La Harpe est encore plus maltraité que moi par l'éditeur de Piron. J'ai reçu une lettre bien singulière d'un homme qui signe *le marquis de Morsans*, et qui éclate en menaces contre La Harpe. J'ai tout lieu de soupçonner que cette lettre est de ce M de Juvigny. Le moindre mal que l'on puisse faire, quand on reçoit de telles lettres, est de n'en faire aucun usage. Il semble que les épines que j'ai trouvées toujours dans ma carrière piquent à présent La Harpe: c'est le sort de quiconque a des talents. Pardon, mon cher ange, de vous entretenir de tant de misères ; une autre fois je vous parlerai d'un joli théâtre qu'on bâtit dans ma colonie, et où Lekain ne jouera pas devant le roi de Prusse. On me fait espérer que Mlle Sainval sera de la troupe.

Conservez-moi votre amitié, mon cher ange : c'est la seule chose que j'attende de Paris.

MMMMMMMCLIII. — A MADAME DE SAINT-JULIEN.
29 mai.

J'ose me servir de ma faible main pour remercier enfin mon charmant papillon de s'être ressouvenu de son hibou. Vous êtes vraiment, madame, papillon-philosophe. Je vous rends votre titre, que vous méritez si bien. Ce n'est pas que je me flatte de vous voir voltiger dans nos déserts, et reposer vos belles ailes dans un pays dont vous avez été la protectrice et l'ornement.

Votre hibou sera toujours bien respectueusement, bien tendrement, bien tristement attaché à son brillant papillon; mais je péris dans mon corps et dans mon âme. La retraite des deux aigles qui me protégeaient est un coup qui m'accable.

C'est pour rire apparemment que vous parlez de donner de l'argent à Racle. Je crois vous avoir mandé que la maison était tombée, parce que Racle avait oublié de la soutenir par des étais, lorsqu'il y creusait une cave en sous-œuvre. Il rebâtit à présent cette maison pour un négociant. Elle n'est plus faite pour loger les grâces et l'esprit. De plus, elle était offusquée par deux bâtiments voisins qu'on vient de construire. Pourquoi imaginiez-vous de loger là, quand vous viendriez honorer nos chaumières de votre présence? pourquoi fuir notre château, tout chétif qu'il est? Songez-vous bien qu'il aurait fallu attendre deux ans avant que votre maison fût meublée, et qu'elle aurait coûté plus de quatre-vingt mille francs avant que vous eussiez pu y coucher?

Ne pouvant écrire longtemps de ma main, je donne la plume à l'ami Wagnière; car ma faiblesse devient de jour en jour, et d'heure en heure, si insupportable, que je ne puis rien faire de tout ce que les autres hommes font. Le désastre qui nous est arrivé, en nous ôtant les deux appuis sur lesquels nous nous reposions[1], nous a frappés au milieu des plaisirs, comme un coup de tonnerre dans les beaux jours. Saint-Géran[2] bâtissait une salle de théâtre et ses appartenances tout auprès de la place que vous aviez choisie; M. de Trudaine venait de prendre des arrangements pour qu'on pavât notre hameau, devenu ville; Mme d'Invau et M. de Trudaine ne songeaient qu'à se réjouir; M. Delille nous récitait de beaux morceaux de sa traduction de *l'Énéide*, lorsque tout à coup nous apprîmes que notre beau rêve était fini. C'est ainsi que les espérances sont toujours trompées d'un bout du monde à l'autre.

J'avais toujours cru que M. de Fargès était intendant du commerce. J'en croyais l'*Almanach royal*, le seul livre, dit-on, qui contienne des vérités; mais si l'*Almanach royal* m'a trompé, à qui faudra-t-il jamais croire? Au reste, je ne pense pas que je doive prendre ce moment pour fatiguer ni les intendants du commerce, ni les intendants des finances, de mes requêtes en faveur de la colonie. J'ai toujours remarqué que les prières des Rogations n'étaient bonnes à rien, quand l'année était mauvaise. Le meilleur parti est de souffrir sans se plaindre. A quoi ser-

---

1. Turgot et Malesherbes. (ÉD.)
2. Directeur d'une troupe de comédiens. (ÉD.)

virait-il d'avoir vécu quatre-vingt-deux ans, comme j'ai fait, si je n'avais pas appris à me résigner? C'est ce que je souhaite à un de vos amis, jeune homme de quatre-vingts ans, qui n'a, je crois, de bon parti à prendre que d'être véritablement philosophe. Cette philosophie, dont on a dit tant de mal, est pourtant l'unique consolation, pour les esprits bien faits, dans les malheurs de cette vie. Il n'y a que votre absence, papillon respectable et aimable, dont la philosophie ne peut consoler.

MMMMMMMCLIV. — A M. CHRISTIN.
30 mai.

Vous jugez bien, mon cher ami, de la désolation où nous sommes. Vous êtes dans un faubourg de l'enfer, et moi dans l'autre. J'avais déjà parlé à M. de Trudaine de cette mainmorte gothe, visigothe, et vandale. Il pensait absolument comme nous, et il répondait de deux ministres aussi philosophes que lui, et amoureux comme lui du bien public. Il avait fait un petit voyage à Lyon pour y consommer l'affaire des jurandes et des corvées, et pour établir la liberté dans toutes les provinces voisines; lorsque tout d'un coup un courrier extraordinaire lui apporta la fatale nouvelle [1]. Il revint sur-le-champ à la petite maison où il avait laissé madame sa femme, entre Genève et Ferney. Il repartit au bout de deux jours pour Paris, et nous laissa dans le désespoir. Le reste de ma vie, mon cher ami, ne sera plus que de l'amertume; et, s'il est pour moi quelque consolation, elle ne peut être que dans votre amitié.

MMMMMMMCLV. — DE FRÉDÉRIC, LANDGRAVE DE HESSE-CASSEL.
Wabern, le 1er juin.

Monsieur, vous flattez singulièrement mon amour-propre par l'approbation obligeante que vous voulez bien donner aux *Pensées diverses sur les princes*. Je la dois, cette approbation, à votre amitié pour moi, qui m'est si chère, et non au mérite de l'ouvrage. Je n'ai fait qu'y tracer les sentiments de mon cœur, joints à un peu d'expérience. Que ne suis-je à portée, mon cher ami, de vous voir souvent, pour puiser dans votre conversation les principes difficiles de l'art de conduire les hommes, et de leur faire envisager que tout ce que l'on fait est pour leur propre bien!

Plus je connais M. de Luchet, et plus je l'estime. Quel charme dans la conversation! quelles idées nettes! il s'exprime avec la plus grande facilité et précision. Je l'ai fait directeur de mes spectacles, et l'on dirait qu'il est fait exprès pour cette place.

La France perd beaucoup dans les deux ministres qui ont donné leur démission. Ils étaient philosophes, et cela est rare. Il me semble que l'on fait mal, à moins d'une nécessité absolue, de changer souvent de ministres. L'on perd trop à l'apprentissage. Les regards des politiques sont tournés vers l'Amérique. J'y ai aussi envoyé douze mille hommes,

---

1. La retraite de Turgot. (ÉD.)

qui contribueront, à ce que j'espère, à faire rentrer les rebelles dans leur devoir. Le pays est beau, mais le trajet par mer est fort long.

Conservez-moi toujours votre amitié, étant pour le reste de ma vie, avec l'estime la plus sincère, monsieur, votre, etc. FRÉDÉRIC.

MMMMMMMCLVI. — A M. L'ABBÉ SPALLANZANI.

A Ferney, 6 juin.

Votre lettre, du 31 de mai, ranime mes anciens goûts et mes anciennes espérances. J'avais renoncé à l'honneur de rendre des têtes à des colimaçons. J'avais la modestie de croire que je n'étais point du tout propre à faire des miracles. Je me souvenais pourtant très-bien d'avoir vu revenir des têtes aux limaces incoques que j'avais décapitées; mais de bons naturalistes avaient bien rabattu ma vanité, en me persuadant que je n'étais qu'un maladroit, et que je n'avais coupé que des visages, dont la peau revient aisément. Mais puisque vous m'assurez que vous avez coupé de vraies têtes, et qu'elles sont revenues, *io ripiglio la mia confidenza*, et je recommence à croire la nature capable de tout.

Ce que vous m'apprenez d'animaux morts depuis longtemps, ressuscités par vous, est assurément un plus grand miracle. Vous passez pour le meilleur observateur de l'Europe. Toutes vos expériences ont été faites avec la plus grande sagacité. Quand un homme tel que vous nous annonce qu'il a ressuscité des morts, il faut l'en croire.

Je ne sais ce que c'est que le *rotifero* et le *tardigrado*, ni comment nos naturalistes nomment ces petits animaux aquatiques; vous les faites réellement mourir en les mettant à sec, et vous les faites revivre longtemps après, en les replongeant dans leur élément.

Après avoir fait, monsieur, des expériences si prodigieuses, vous descendez jusqu'à me demander mon sentiment sur les âmes du *rotifero* et du *tardigrado*: que devient leur âme? est-elle immatérielle? renaît-elle? en reprennent-ils une autre?

Je suis en peine, monsieur, de toute âme et de la mienne; mais il y a longtemps que je suis persuadé de la puissance immense et inconnue de l'auteur de la nature. J'ai toujours cru qu'il pouvait donner la faculté d'avoir du sentiment, des idées, de la mémoire, à tel être qu'il daignera choisir; qu'il peut ôter ces facultés et les faire renaître, et que nous avons souvent pris pour une substance ce qui est en effet une faculté de cette substance. L'attraction, la gravitation est une qualité, une faculté. Il y a dans le genre animal et dans le végétal mille ressorts pareils, dont l'énergie est sensible, et dont la cause sera ignorée à jamais.

Si le *rotifero* et le *tardigrado*, morts et pourris, reviennent en vie, reprennent leur mouvement, leurs sensations, engendrent, mangent, et digèrent, on ne saura pas plus comment la nature leur a rendu tout cela, qu'on ne saura comment la nature le leur avait donné; et l'un n'est pas plus incompréhensible que l'autre. J'avoue que je serais curieux de savoir pourquoi le grand Être, l'auteur de tout, qui nous fait vivre et mourir, n'accorde la faculté de ressusciter qu'au *rotifero* et au *tardigrado*. Les baleines doivent être bien jalouses de ces petits poissons d'eau douce.

Si quelqu'un a droit, monsieur, d'expliquer ce mystère, c'est vous. Il est bon aussi de savoir si ces petits animaux, qui ressuscitent plusieurs fois, ne meurent pas enfin tout de bon, et sur combien de résurrections ils peuvent compter.

C'est apparemment d'eux que les Grecs apprirent autrefois la résurrection d'Atalide, de Pélops, d'Hippolyte, d'Alceste, de Pirithoüs. C'est dommage que le secret en soit perdu. Je crois que c'est M. Bonnet, grand observateur, qui a prétendu que nous ressusciterions avec notre devant, mais sans derrière. C'est là le fin du fin, etc.

MMMMMMMCLVII. — A MADAME LA COMTESSE DE TURPIN [1].

A Ferney, 6 juin.

Madame, vous et moi avons perdu un ami : je le suivrai bientôt; l'état où je suis m'en avertit à chaque moment. Vous rendez un grand service à sa mémoire, et en même temps au public, en faisant connaître ses ouvrages, et en joignant votre esprit au sien. Pour moi, accablé d'années, de maladies cruelles, et d'ennemis plus cruels encore, j'aurais voulu, du fond de ma retraite et du bord de mon tombeau, épargner à jamais au public tous mes écrits aussi malheureux que moi, et toutes les correspondances des personnes qui valaient mieux que moi, en tous genres. La véritable gloire appartient au petit nombre d'hommes qui ont ressemblé à monsieur votre père; ceux qui ne ressemblent qu'à moi doivent être ignorés.

Parmi ceux qui se sont dévoués aux lettres, votre ami s'était distingué par un mérite personnel, qui le mettait à l'abri de toutes les horreurs dont j'ai été la victime. Je me suis cru obligé, dans ma dernière maladie, de brûler la plus grande partie de toutes mes correspondances, et d'arracher au moins quelque pâture à la haine et à la malignité. Si j'ai été assez heureux pour conserver quelques-uns de ces légers écrits de M. l'abbé de Voisenon, qui faisaient le charme de la société, je ne manquerai pas de vous les restituer, madame; tout ce qui est du domaine des grâces vous appartient; c'est une grande consolation pour moi de pouvoir obéir à quelques-uns de vos ordres.

J'ai l'honneur d'être avec respect, etc.

MMMMMMMCLVIII. — A MADEMOISELLE ADÉLAIDE DE NAR....

Au château de Ferney, 7 juin.

Un vieillard, accablé d'années et de maladies, a reçu deux lettres signées d'une demoiselle de dix-huit ans, accompagnées d'une pièce de vers qui ferait beaucoup d'honneur à un homme de lettres dans la maturité de son âge et de son talent. Ce vieillard n'a pu, jusqu'à présent, marquer son étonnement et sa respectueuse reconnaissance. Il prof...

---

1. Mme de Turpin, fille du maréchal de Lovendhal, s'occupait de l'édition des *Œuvres complètes de M. l'abbé de Voisenon*. (ÉD.)

d'un moment de relâche que ses douleurs lui laissent, pour féliciter les parents de cette jeune demoiselle d'avoir une fille si au-dessus de son âge. Il lui présente son respect et sa juste douleur de ne pouvoir lui faire une réponse digne d'elle.

MMMMMMMCLIX. — A M. D'ALEMBERT.

10 juin.

C'est pour le coup, mon cher ami, que la philosophie vous a été bien nécessaire. Je n'ai appris que tard, et par d'autres que par vous, la perte que vous avez faite[1]. Voilà toute votre vie changée. Il sera bien difficile que vous vous accoutumiez à une telle privation. On dit que le logement que vous habitez peut-être déjà est triste. Je crains pour votre santé. Le courage sert à combattre, mais il ne sert pas toujours à rendre heureux.

Je ne vous parle point, dans votre perte particulière, de la perte générale que nous avons faite d'un ministre[2] digne de vous aimer, et qui n'était pas assez connu chez les Welches de Paris. Ce sont à la fois deux grands malheurs, auxquels j'espère que vous résisterez.

Je n'ai point de nouvelles de M. de Condorcet. On le dit non-seulement affligé, mais en colère. Lorsque vous aurez arrangé toutes vos affaires et fini votre déménagement; lorsque vous aurez un moment de loisir, mandez-moi, je vous prie, s'il y a quelque chose à craindre pour cette malheureuse philosophie, qui est toujours menacée. Ah! que nous avons à souffrir de la nature, de la fortune, des méchants, et des sots! Je quitterai bientôt ce malheureux monde, et ce sera avec le regret de n'avoir pu vivre avec vous. Ménagez votre existence le plus longtemps que vous pourrez. Vous êtes aimé et considéré; c'est la plus grande des ressources. Il est vrai qu'elle ne tient pas lieu d'une amie intime; mais elle est au-dessus de tout le reste.

Adieu, mon vrai philosophe; souvenez-vous quelquefois d'un pauvre vieillard mourant qui vous est aussi tendrement dévoué qu'aucun de vos amis de Paris.

MMMMMMMCLX. — A M. DE LA HARPE.

10 juin

Mon très-cher confrère, quand les préparatifs de votre réception pourront vous donner un peu plus de loisir, je vous prierai de m'apprendre si, dans la victoire que vous avez remportée, M. Gaillard a été pour vous. Je vous prierai surtout de me dire où est l'intrépide philosophe M. de Condorcet. Est-il à Paris? n'est-il pas occupé à consoler M. D'Alembert? Ni eux ni moi ne nous consolerons jamais d'avoir vu naître et périr l'âge d'or que M. Turgot nous préparait.

J'ignore encore ce que va devenir mon pauvre petit pays de Gex, et ce Ferney dont j'avais fait un séjour charmant. Je ne vois plus que la mort devant moi, depuis que M. Turgot est hors de place. Je ne conçois

---

1. Mlle de L'Espinasse était morte le 23 mai 1776. (ÉD.)
2. Turgot, renvoyé le 11 mai. (ÉD.)

pas comment on a pu le renvoyer. Ce coup de foudre m'est tombé sur la cervelle et sur le cœur.

Oui vraiment, M. de Trudaine nous faisait l'honneur d'être à Ferney, et daignait se proposer de l'embellir, lorsqu'un courrier lui apporta la fatale nouvelle. Mme de Trudaine et Mme d'Invau avaient amené notre Virgile¹; et je ne dirai pas

*Virgilium vidi tantum*²,

car je l'ai entendu, et avec très-grand plaisir. Ses vers ressemblent aux vôtres. Voilà l'Académie qui se fortifie. Il faut que M. de Condorcet y entre, et vous serez bien plus forts. Il faudra que les Clément aillent se cacher.

Est-il vrai que l'abbé de La Porte est tuteur des enfants de Fréron? Pour ce qui concerne la charge de folliculaire, on dit que cette dignité passe de droit au fils aîné de maître Aliboron. Je m'intéresse un peu plus à la justice qu'on rend à M. de Vaines, en lui conservant sa place. Il passe pour un homme d'un grand mérite, et il sent le mérite des autres. Il vous aime véritablement. Je le crois très-lié avec M. de Condorcet. *Dis-moi qui tu hantes, je te dirai qui tu es.* Mais, puisque l'on conserve l'homme qui était le conseil de M. Turgot, on approuve donc les conseils qu'il a donnés. C'est encore là une des énigmes dont je ne puis deviner le mot. Je ne conçois rien à toute cette aventure.

Jouissez en paix de votre gloire, mon cher ami, vous et votre *Menzicof*, et vos *Barmécides*. Soutenez l'honneur des lettres, et faites trembler les sots pervers qui osent être jaloux de vous.

Je suppose que notre cher secrétaire perpétuel³ est actuellement transplanté au Louvre. Je vais lui écrire. Je vous embrasse, je vous serre entre mes deux faibles bras.

V.

MMMMMMMCLXI. — A M. LAUJON.

A Ferney, 11 juin.

Un vieillard de quatre-vingt-trois ans, monsieur, reçut ces jours passés, presque en même temps, un amusement charmant⁴ dont il est fort indigne, et des reproches de M. le comte de La Touraille, d'avoir tardé trop longtemps à vous remercier. Je suis obligé de vous dire que le ballot dans lequel ce joli présent était enfermé n'arriva dans ma retraite qu'avant-hier. C'est un malheur qui arrive souvent aux pauvres gens qui vivent loin de la capitale. Mon malheur est d'autant plus grand, que je suis éloigné de vous pour jamais; et c'est ce qui redouble les obligations que je vous ai d'avoir bien voulu songer à moi, au milieu des plaisirs et de tous les agréments dont vous jouissez. Quoique je sois plus près des *De profundis* que de l'*allegro*, je sens cependant tout le prix de la grâce que vous me faites. Je suis aussi sensible à de jolies chansons que si je pouvais les chanter. Dans quelque genre que vous exerciez, mon-

---

1. L'abbé Delille. (ÉD.) — 2. Ovide, *Tristes*, liv IV, élégie x, vers 51. (ÉD.)
3. Dalembert. (ÉD.)
4. *Les A-propos de société*, ou *chansons de M. L**** (Laujon). (ÉD.)

sieur, vos talents aimables, vous êtes toujours sûr de plaire. Je suis très-fâché du retardement qui m'a privé si longtemps de vos bontés et qui m'a empêché de vous en remercier.

J'ai l'honneur d'être, avec tous les sentiments, toute l'estime, et la reconnaissance que je vous dois, monsieur, votre, etc.

Le vieux malade de Ferney

MMMMMMMCLXII. — A M. LE COMTE D'ARGENTAL.

12 juin.

Mon cher ange, vous avez en moi un correspondant bien peu digne de vous. Vous êtes sage et tranquille, et je ne puis parvenir à l'être. J'ai eu beau chercher la retraite, je me trouve, à l'âge de quatre-vingt-deux ans, secoué par des dissipations qui sont de véritables fatigues, et qui me forcent à vous importuner vous-même. Il n'est pas juste que vous pâtissiez des frivolités de ma jeunesse; cependant il faut que je vous propose de daigner partager un peu mes faiblesses.

Un directeur de troupe, nommé Saint-Géran, fort protégé par Mme de Saint-Julien et par M. le marquis de Gouvernet, son frère, achève actuellement, dans ma colonie, le plus joli théâtre de province. Il demande Lekain pour consacrer cette église immédiatement après le jubilé. Il se flatte que Lekain viendra passer chez nous tout le mois de juillet, si M. le maréchal de Duras lui en donne la permission. C'est une grâce, mon cher ange, qui ne peut être obtenue que par vous. Voyez si vous pouvez vous en charger.

On m'assure que le plaisir d'entendre Lekain pourra diminuer les souffrances dont mes maladies continuelles m'accablent. Je vous devrai, non pas ma santé, car je ne puis espérer à mon âge ce que je n'ai jamais eu de ma vie, mais du moins quelques heures plus tolérables; et il me sera bien doux de vous en avoir l'obligation. Mes colons disent qu'il suffit d'eux pour remplir le spectacle; mais ils se trompent : il me faut Genève, et il n'y a que Lekain qui puisse l'attirer. Il gagnera plus auprès d'une république qu'auprès du roi de Prusse. J'arrangerai volontiers avec Lekain ce que vous m'avez proposé pour *Sémiramis* et pour *Tancrède*.

Ce que je vous ai mandé des *Lettres chinoises* est très-vrai. On ne sait, au bout de quinze jours, ce que deviennent toutes ces petites brochures; cela s'en va dans les provinces et en Allemagne, et on n'en entend plus parler. Je vous avoue que je voudrais souvent qu'on n'eût jamais parlé de moi, et que j'eusse pu prendre pour ma devise : *Qui bene latuit, bene vixit*[1]; mais on ne peut se soustraire à sa destinée.

Je suis toujours inquiet de cette énorme collection dont Panckoucke a eu l'imprudence de se charger. Toute ma ressource est dans l'espérance qu'il n'en vendra pas un seul exemplaire. S'il arrivait un malheur, je sentirais vivement la perte de deux ministres qui pensaient comme vous, et qui ont quitté leur place bien mal à propos pour les pauvres philosophes. Mon âme n'est point en paix. Je voudrais bien sa-

---

1. Ovide, *Tristes*, liv. III, élégie IV, vers 25. (Éd.)

voir dans quel état est celle de M. le maréchal de Richelieu : elle doit être ulcérée et bouleversée. Il m'avait mandé qu'il comptait publier un résumé de toute son affaire; mais si ce résumé est fait par le même avocat qu'il avait choisi, il vaudrait mieux, à mon avis, ne rien écrire. Le public ne pardonne l'ennui en aucun genre.

Je ne puis finir ma lettre sans vous dire un mot de l'idée qui était venue à M. de Thibouville de faire jouer *Olympie*. Peut être que les deux demoiselles Sainval pourraient représenter la mère et la fille; et je fais réflexion qu'en ce cas je devrais demander que cette pièce ne fût reprise qu'au temps de Fontainebleau, supposé qu'il y ait un Fontainebleau, car je ne voudrais pas perdre mon Lekain pour le mois de juillet. Il n'y a que vous au monde, mon cher ange, à qui j'ose parler de toutes ces futilités. Vous me les pardonnez; vous êtes ma consolation dans tous les temps et dans toutes mes rêveries. Tous mes chagrins semblent presque s'évanouir, quand je songe que vous daignez m'aimer.

MMMMMMMCLXIII. — A MADAME DE SAINT-JULIEN.
12 juin.

Notre bienfaitrice, ce n'est pas moi assurément qui suis le patron du village; c'est bien vous qui êtes la vraie patronne de la colonie. Vous comblez notre architecte de vos bienfaits. Je présume qu'il vous aura mise au fait de l'état brillant et un peu équivoque de notre fondation. Il vous aura dit, sans doute, que votre autre protégé Saint-Géran est devenu un de nos citoyens, et que tous deux achèvent de bâtir et d'embellir un très-joli théâtre sur lequel on donnera des spectacles dans quinze jours. Saint-Géran même se flattait de faire venir Lekain et Mlle Sainval. Il comptait demander votre protection et celle de M. d'Argental, pour faire venir de Paris ces deux personnes, qui auraient donné tant de gloire à notre pays; mais j'ai bien peur que de si grandes espérances ne s'évanouissent.

Pendant que nous bâtissons un cirque comme les anciens Romains, nous relevons le palais Dauphin, qui était tombé, comme vous savez; et il appartient à deux de vos vassaux qui sont sous les ordres de M. le marquis de Gouvernet, votre frère; ce sont de gros négociants de Mâcon.

Tout cela est un peu romanesque. Il y avait à Lausanne une voyageuse qui passait, chez les gens qui aiment les grandes aventures, pour être la veuve du czarovitz assassiné par son père Pierre Ier, héros du Nord, et parricide. Cette dame, quelque temps après, n'avait été que comtesse, au lieu d'être impératrice; ensuite on l'a intitulée présidente. A la fin, elle est venue chez nous simple conseillère : elle est veuve d'un conseiller de Rouen, nommé Fauvelles d'Hacqueville, et l'ami Racle lui bâtit une maison presque à côté du château. A peine a-t-elle conclu son marché, qu'elle est partie pour l'Angleterre ou pour la Russie; après nous avoir donné parole de revenir dès que la maison serait prête. Nous avons actuellement dix-huit bâtiments commencés. Cela ressemble aux *Mille et une nuits;* et ce qui pourrait paraître encore plus fabuleux, c'est que le vieillard, qui s'est épuisé dans toutes ces facéties, n'a pas demandé le moindre secours au gouvernement pour l'établissement d'une colonie qui fait un commerce de cinq ou six cent mille francs par an, et qui fait entrer de l'argent dans le royaume. Il a imploré seulement les bontés de M. de Trudaine, pour faire paver dans Ferney deux grandes routes dont la colonie est traversée. M. de Trudaine nous a déjà accordé une partie de cette grâce, et a donné ses ordres pour le reste. Vous savez qu'il était à Ferney lorsque la fatale nouvelle arriva.

Il y a eu de grands changements dans ce monde depuis que je suis retiré entre le mont Jura et les Alpes. Je porte toujours dans mon cœur le ver rongeur qui me déchire depuis l'aventure du grand Barmécide[1]. Je ne me console point de l'injustice que ce grand homme m'a faite en me croyant ingrat. C'est un crime affreux dont je suis incapable. J'ai toujours pensé que les places de l'aréopage ne devaient pas être vénales : je l'ai dit cent fois, et je le redis encore plus que jamais. Cela n'a rien de commun avec la générosité de Barmécide. Je ne pouvais certainement deviner dans mes cavernes que le nouveau chef[2] d'un aréopage de passage avait le malheur d'être brouillé avec le plus magnanime de tous les hommes[3]. En un mot, je n'ai jamais discontinué de brûler mon encens au temple de Barmécide le bienfaisant. Vous savez quelle a été ma douleur lorsque j'ai su qu'il me soupçonnait de l'avoir oublié. J'ai écrit quelquefois à Mme Barmécide pour me justifier ; et, si j'étais près de mourir, j'écrirais encore.

Je vous avertis, notre chère protectrice, que je ne cesserai jamais de me plaindre à vous. Je vous demanderai toujours en grâce de bien faire voir quelle est mon innocence. Je vous importune souvent sur cet objet ; mais les passions malheureuses sont plaintives ; et je vous conjure de dire à cet homme sublime qu'il a fait un infortuné. J'aurais encore quatre pages à écrire, mais je me tais.

MMMMMMMCLXIV. — A M. LE GENTIL[4].

À Ferney, 14 juin.

Je ne puis trop vous remercier, monsieur. Le mémoire que vous avez eu la bonté de m'envoyer est si instructif, que je vous prie de m'instruire encore. Vous avez deviné la grande énigme des brachmanes : elle ressemble à la période julienne de Scaliger, qu'on aurait prise au pied de la lettre, et dont un philosophe découvrirait la composition.

Ou je me trompe, ou les brames attribuent six cent mille années à leurs quatre jogues. Peut-être qu'en se servant de votre méthode, on pourrait découvrir le mystère de ces siècles. La période serait curieuse. Elle servirait à faire soupçonner du moins pourquoi les Chaldéens, imitateurs des Indiens, prétendirent autrefois avoir des observations de plus de quatre mille siècles.

Il est certain que les Indiens furent les premiers de tous les hommes qui connurent la précession des équinoxes. Ils ne se trompèrent que de

---

1. Le duc de Choiseul. (ÉD.) — 2. Turgot. (ÉD.) — 3. Le duc de Choiseul. (ÉD.)
4. Le Gentil de La Galaisière, membre de l'Académie des sciences, alla, en 1760, à Pondichéry pour observer le passage de Vénus sous le disque du soleil. (ÉD.)

deux secondes par année. Ne se pourrait-il pas qu'ils eussent calculé une période de six cent mille ans sur la révolution résultante de leur cycle de vingt-quatre mille ans, fondée sur cette précession des équinoxes?

M. Holwell et M. Dow prétendent qu'on ne peut tirer aujourd'hui ces secrets que du petit nombre de brames qui fouillent à Bénarès dans les ténèbres de leurs antiquités; mais vous avouez, monsieur, qu'ils sont peu communicatifs, et vous avez la bonne foi de nous faire entendre qu'ils ne méritent guère qu'on aille sur le Gange pour les interroger. Pour moi, monsieur, c'est à vous seul que je prends la liberté de faire des questions. Trouvez bon que je vous demande si les noms des signes de leur zodiaque ont toujours été les mêmes; et s'il serait vrai que les Grecs, qui voyagèrent autrefois dans l'Inde, y eussent établi peu à peu les noms et les signes que nous avons reçus d'eux. C'est un savant jésuite, nommé Pons, qui le dit dans sa lettre au P. du Halde, tome XXVI° des *Lettres curieuses* [1].

Je ne conçois guère comment les brachmanes, qui étaient si jaloux de leur science, auraient reçu de quelques Grecs un zodiaque étranger qui n'était nullement convenable à leur climat; car, s'il est vrai que les Grecs eussent désigné leur première dodécatémorie par le bélier, parce que les agneaux naissaient d'ordinaire en Grèce au mois de mars; si leur second signe avait été un taureau, parce qu'on commençait les labours au mois d'avril; si une fille tenant en ses mains des épis de blé avait été le symbole du sixième mois, comment des Indiens, qui ne connaissaient pas le blé, auraient-ils pu adopter ces signes?

Mais, supposé que les Indiens, regardés par les Grecs comme les précepteurs du genre humain, et chez qui ces Grecs mêmes n'avaient d'abord voyagé que pour s'instruire, eussent pourtant tenu d'eux leur zodiaque, pourquoi les brachmanes auraient-ils substitué la constellation du chien à la constellation grecque du bélier? Je vous demanderais encore s'il n'est pas vrai que la mythologie indienne soit l'origine de toutes les mythologies de notre hémisphère, et si on ne doit pas être convaincu après avoir lu M. Holwell et M. Dow? Le gouverneur de la compagnie des Indes d'Angleterre, que je vis à Ferney l'année passée, m'assura que tout ce que ces deux Anglais avaient écrit était très-vrai. Je vous demande pardon, monsieur, de vous faire des questions si frivoles; mais votre bonté m'a encouragé.

J'ai l'honneur d'être avec l'estime la plus respectueuse, monsieur, votre, etc.

MMMMMMMCLXV — A M. DUPONT, AVOCAT A COLMAR.

Ferney, 15 juin.

Mon cher ami, le bon M. Roset arriva hier avec ses mille louis, qui disparaissent aujourd'hui. Il en faudrait encore quatre mille pour payer es folies utiles que j'ai entreprises. Il n'appartenait pas à un pauvre homme de lettres de fonder une jolie ville, dans laquelle on fait déjà

---

1. *Lettres édifiantes et curieuses écrites des Missions étrangères.* (ÉD.)

pour environ cinq cent mille francs de commerce par an. Mon insolence me fait voir du moins quel bien les seigneurs pourraient faire dans leurs provinces, s'ils savaient demeurer chez eux. Ils aiment mieux dépenser cent mille écus à la cour, pour obtenir une pension de deux mille. Leur folie ne vaut pas la mienne. Je m'y suis pris trop tard, mon cher ami, pour faire ce petit bien. M. Turgot, le père du peuple, m'encourageait. Il avait délivré mon petit pays des alguazils de la ferme générale et de la tyrannie des gabelles. La destitution de de ce grand homme m'écrase, et je vais mourir en le regrettant. Soyez sûr que je regrette aussi mon ami de Colmar[1], qui pense comme M. Turgot ; mais je ne regretterai guère la vie. Je vous embrasse tendrement.

Le vieux malade VOLTAIRE.

MMMMMMCLXVI. — DE FRÉDÉRIC II, ROI DE PRUSSE.

A Potsdam, le 18 juin.

Je reviens après avoir visité mes demi-sauvages de la Prusse ; et, pour me corroborer, j'ai trouvé ici la lettre que vous avez bien voulu m'écrire.

Je vous remercie du *Catéchisme des souverains*, production que je n'attendais pas de la plume de M. le landgrave de Hesse. Vous me faites trop d'honneur de m'attribuer son éducation. S'il était sorti de mon école, il ne se serait point fait catholique, et il n'aurait pas vendu ses sujets aux Anglais, comme on vend du bétail pour le faire égorger. Ce dernier trait ne s'assimile point avec le caractère d'un prince qui s'érige en précepteur des souverains. La passion d'un intérêt sordide est l'unique cause de cette indigne démarche. Je plains ces pauvres Hessois, qui termineront aussi malheureusement qu'inutilement leur carrière en Amérique.

Nous avons appris également ici le déplacement de quelques ministres français. Je ne m'en étonne point. Je me représente Louis XVI comme une jeune brebis entourée de vieux loups ; il sera bien heureux s'il leur échappe. Un homme qui a toute la routine du gouvernement trouverait de la besogne en France ; épié, séduit par des détours fallacieux, on lui ferait faire des faux pas : il est donc tout simple qu'un jeune monarque sans expérience se soit laissé entraîner par le torrent des intrigues et des cabales. Mais je ne croirai jamais que la patrie de Voltaire redevienne de nos jours l'asile ou le dernier retranchement de la superstition. Il y a trop de connaissances et trop d'esprit en France pour que la barbarie superstitieuse du clergé puisse commettre désormais des atrocités dont les temps passés fourmillent d'exemples. Si Hercule a dompté le lion de Némée, un fort athlète, nommé Voltaire, a écrasé sous ses pieds l'hydre du fanatisme.

La raison se développe journellement dans notre Europe ; les pays les plus stupides en ressentent les secousses. Je n'en excepte que la Pologne. Les autres États rougissent des bêtises où l'erreur a entraîné

---

1. Dupont lui-même. (ÉD.)

leurs pères : l'Autriche, la Westphalie, tous, jusqu'à la Bavière, tâchent d'attirer sur eux quelques rayons de lumière. C'est vous, ce sont vos ouvrages qui ont produit cette révolution dans les esprits. L'hélépole de la bonne plaisanterie a ruiné les remparts de la superstition, que la bonne dialectique de Bayle n'a pu abattre.

Jouissez de votre triomphe ; que votre raison domine longues années sur les esprits que vous avez éclairés; et que le patriarche de Ferney, le coryphée de la vérité, n'oublie pas le vieux solitaire de Sans-Souci. *Vale.* FÉDÉRIC.

MMMMMMMCLXVII. — A MADAME DE SAINT-JULIEN.
A Ferney, 24 juin.

Eh bien! madame, tandis que vous nous abandonnez, voilà Saint-Géran qui nous donne dans Ferney le bal et la comédie. Il a fait bâtir une salle de spectacle très-ornée, très-bien entendue, et très-commode. Deux choses me privent de ces plaisirs : ma déplorable vieillesse et votre absence. Je me console un peu en vous écrivant de cette main qui est bien faible, et qui fait un effort en étant conduite par mon cœur. J'ai une grâce à vous demander, et voici ce que c'est.

Vous vous souvenez du procès de M. de Morangiés. Il y avait dans cette affaire un cocher fort célèbre, nommé Gilbert, qui déposa effrontément contre le comte de Morangiés, et qui le fit condamner au bailliage du Palais par un polisson nommé Pigeon, et par quelques gens de cette espèce. La cabale mettait le cocher Gilbert au rang des grands hommes qui se sont immortalisés par la seule vertu.

On me mande aujourd'hui que ce Caton-Gilbert a été pris volant dans la poche, qu'il est convaincu d'être plus faussaire que Mme de Saint-Vincent n'est accusée de l'être, qu'il est dans les cachots du Châtelet, et qu'il va être pendu. Comme je me suis un peu mêlé de l'affaire de M. de Morangiés, je m'intéresse à celle du cocher Gilbert, et je vous supplie instamment, madame, de me mander ce que vous en aurez pu apprendre. Il est très-utile de connaître les gens qui se sont fait un grand parti dans la canaille.

Je ne vous parle point de la cour et du ministère. Je ne sais si M. Turgot est à la campagne chez Mme la duchesse d'Enville. J'attendrai tristement, mais patiemment, ce qu'on décidera de Ferney. Vous serez toujours la divinité de nos cantons, soit qu'on nous favorise, soit qu'on nous opprime. Nos dragons rouges, nos dragons verts, notre artillerie, et nos cœurs, seront toujours à vos pieds.

MMMMMMMCLVIII. — A M. LE COMTE D'ARGENTAL.
24 juin.

Mon cher ange, ce n'est pas de mon joli théâtre, ce n'est pas de Lekain que je veux parler, c'est d'un cocher. Hélas ! ce n'est pas d'un cocher pour me mener à Paris à l'ombre de vos ailes, c'est d'un cocher nommé Gilbert, dont vous ne vous doutez pas. Ce Gilbert est le même qui déposa contre M. de Morangiés, qui le fit condamner, par le nommé Pigeon et consorts, à payer cent mille écus, à garder prison, à être admonesté, etc. La cabale avocassière, convulsionnaire, usurière, prônait dans tout Paris ce Gilbert comme un Caton : c'était le cocher qui conduisait le monde dans le chemin de la vertu. Ce Caton, Dieu merci, vient d'être pris volant dans la poche et faisant de faux billets : il est dans les prisons du Châtelet. Je vous demande en grâce de vous en informer. Il est bien doux et bien utile de connaître à fond les gens qui ont séduit la canaille, comme les faux Messies et M. Gilbert : cela est important. Envoyez un valet de chambre demander des nouvelles de ce brave Gilbert.

Ne serez-vous pas charmé de voir tous ces impudents braillards du barreau humiliés ? N'est-ce pas une grande consolation de confondre ceux qui avaient vu du Jonquay porter à pied cent mille écus, et faire vingt-six voyages, l'espace de six lieues, en trois heures ? N'est-il pas plaisant de confondre un peu ces témoins de miracles, et de pouvoir faire rougir tout Paris, si on ne peut le corriger ? Ayez pitié de ma curiosité : c'est une grande passion.

On disait hier que Mlle Raucourt était à Genève; mais je n'en crois rien. On prétend qu'elle va en Russie, et que depuis longtemps elle avait fait son marché.

Je vous conjure d'être aussi curieux que moi sur le cocher Gilbert.

MMMMMMMCLXIX. — DE M. DALEMBERT.

Ce 24 juin.

Je ne vous ai point appris mon malheur, mon très-cher et très-digne maître; d'abord parce que je n'avais pas la force d'écrire, et ensuite parce que je n'ai pas douté que nos amis communs ne vous en instruisissent. Je ne m'apercevrai du secours de la philosophie que lorsqu'elle aura pu réussir à me rendre le sommeil et l'appétit, que j'ai perdus. Ma vie et mon âme sont dans le vide, et l'abîme de douleur où je suis me paraît sans fond. J'essaye de me secouer et de me distraire, mais jusqu'à présent sans succès. Je n'ai pu m'occuper, depuis un mois que j'ai essuyé cet affreux malheur, qu'à un éloge[1] que j'ai lu à la réception de La Harpe, et dans lequel il y avait plusieurs choses relatives à ma situation, que le public a bien voulu sentir et partager. Ce succès n'a fait qu'augmenter mon affliction, puisqu'il sera ignoré pour jamais de la malheureuse amie qu'il aurait intéressée.

Adieu, mon cher maître; quand ma pauvre âme sera plus calme et moins flétrie, je vous parlerai des autres chagrins que je partage avec vous, mais qui, en ce moment, sont étouffés par une douleur plus vive et plus pénétrante. Conservez-vous, et aimez toujours *tuum ex animo*.

MMMMMMMCLXX. — DE CATHERINE II.

A Czarskozélo, 14-25 juin.

Monsieur, plus on vit dans ce monde, et plus on s'accoutume à voir alternativement les événements heureux céder la place aux plus tristes

---

1. *Éloge de M. de Sacy.* (ÉD.)

spectacles, et ceux-ci à leur tour suivis de scènes étonnantes. Les pertes dont vous me parlez, monsieur, m'ont touchée sensiblement en leur temps par toutes les circonstances malheureuses qui les ont accompagnées, aucun secours humain n'ayant pu ni les prévoir, ni les prévenir, ni réussir à sauver tous les deux, ou au moins l'un des deux. La part que vous y prenez, monsieur, m'est une nouvelle preuve des sentiments que vous m'avez toujours témoignés, et pour lesquels je vous ai mille obligations. Nous sommes présentement très-occupés à réparer nos pertes. Les règlements que vous me demandez ne sont encore traduits et imprimés qu'en allemand; rien n'est plus difficile que d'avoir une bonne traduction française de quoi que ce soit écrit en russe; cette dernière langue est si riche, si énergique, et souffre tant d'inversions et de compositions de termes, qu'on la manie comme l'on veut : la vôtre est si sage et si pauvre, qu'il faut être vous pour en avoir tiré le parti et l'usage que vous en avez su faire.

Dès que j'aurai une traduction passable, je vous l'enverrai; mais je vous avertis d'avance que cet ouvrage est très-sec et très-ennuyeux, et que qui y cherchera autre chose que de l'ordre et du sens commun sera trompé. Il n'y a certainement dans tout ce fatras ni esprit ni génie, mais seulement beaucoup d'utilité.

Adieu, monsieur; portez-vous bien, et soyez assuré que rien au monde ne peut changer ma façon de penser à votre égard. CATERINE.

MMMMMMMCLXXI. — A M. ***.

Vers juin.

Il vous souvient, monsieur, de ce fameux procès de M. le comte de Morangiés, maréchal de camp, lequel vous donna tant d'occupation, et de cette cabale abjecte et terrible qui se déchaînait contre lui. Il vous souvient d'un fiacre nommé Gilbert qui était à la tête de la troupe, avec un ancien clerc de procureur nommé Aubriot, lequel était alors dans les grands remèdes. Ils ameutaient le peuple, ils séduisaient tous les esprits. Le cocher Gilbert avait vu maître Liégard du Jonquay, son intime ami, ne sachant ni lire, ni écrire, reçu docteur ès lois. demeurant dans un grenier sans meubles, et prêt à acheter une charge de conseiller au parlement; il l'avait vu, dis-je, comptant cent mille écus, en or, dans son grenier; il avait aidé le docteur ès lois à ranger cette somme et à la mettre dans des sacs. Il avait vu ce jeune magistrat porter à pied cent mille écus en treize voyages à M. de Morangiés, et courir chargé d'or l'espace de six lieues en trois heures.

Le clerc de procureur, tout couvert de mercure, d'ulcères, et d'onguents, depuis les pieds jusqu'à la tête, s'était échappé de son chirurgien, au risque de sa vie, pour voir avec Gilbert cette course digne des jeux olympiques.

Toute la halle, toute la basoche, jointes à des restes de convulsionnaires, attestaient Dieu en faveur de du Jonquay. Ils attestaient, après Dieu, le cocher et le clerc de procureur vérolé. Ces deux témoins, comme on dit, ne pouvaient être ni trompés ni trompeurs. Ils avaient vu, et ils déposaient en conscience. La cause du magistrat du Jonquay était si juste, son droit si évident, qu'un usurier, nommé Aucour, acheta le procès et le poursuivit en son nom, comme un fripier achète un habit de gala pour le revendre.

En vain M. de Sartine, alors lieutenant général de la police, secondé du lieutenant criminel, avait commencé par réprimer sagement l'insolence et l'intrigue aussi absurde que coupable de du Jonquay et de ses complices. Le peuple cria que les Pilates opprimaient les justes. Les convulsionnaires écrivirent que les commandements de Dieu étaient impossibles aux maréchaux de camp, que tout homme de qualité était nécessairement un fripon, et qu'il n'y avait de vertu que dans les greniers, chez les fiacres, et chez les clercs de procureur attaqués de la maladie que dom Calmet attribue au saint homme Job. La voix du peuple est la voix de Dieu : cette voix fut si éclatante et si forte, que le procès ayant été d'abord envoyé par le parlement au bailliage du Palais pour être jugé en première instance, cette petite juridiction fit mettre le comte de Morangiés en prison, le condamna à rendre cent mille écus qu'il n'avait jamais pu recevoir, et adjugea trois mille six cents livres au généreux cocher pour récompenser sa vertu.

Le parlement eut bien de la peine à réparer l'horreur et le ridicule de cette sentence. La cabale accusa le parlement d'être cabale lui-même. Des avocats continuent à écrire que le maréchal de camp avait corrompu le parlement, le Châtelet et la police. Un des défenseurs du cocher Gilbert dit dans son mémoire que la présence de ce vertueux cocher fit trembler le juge qui l'interrogeait. C'était Caton que les satellites d'un tyran traînaient en prison.

Enfin, monsieur, on me mande de Paris que ce Gilbert, ce Caton des fiacres, après avoir souvent esquivé la corde, vient d'être surpris en flagrant délit, et convaincu d'être voleur et faussaire. Je ne sais pas si la cabale le sauvera d'un châtiment capital; mais je sais que, dès qu'un gueux est parvenu à se faire un parti dans la populace, ce parti n'est pas toujours anéanti à la mort du chef. Un seul enthousiaste suffit pour en ranimer la cendre. Si la justice faisait pendre le cocher Gilbert, le fanatisme ferait son panégyrique au pied de la potence. On invoquerait Gilbert comme le martyr du peuple immolé à la cour; et qui sait où cette passion pourrait aller?

On conte qu'un prêtre irlandais,

Qui vivait à Paris d'arguments et de messes,

mit un jour, par mégarde, dans sa poche un calice d'or appartenant à une chapelle royale. Comme on allait l'exécuter, un de ses camarades cria au peuple : « Voyez comme on traite ici les bons catholiques! » Ce seul mot excita une sédition. Je ne garantis pas cette histoire, car de mille je puis à peine en croire une.

Si vous me demandez comment, dans un siècle aussi éclairé que le nôtre, une grande partie du public a été assez maligne et assez sotte pour soutenir la misérable cause des gredins qui ont accusé le comte de Morangiés, je vous répondrai que du moins on ne voit plus dans nos jours de ces procès criminels qui ressemblent à des champs de carnage, tels que celui des templiers, condamnés à mourir dans les flammes comme des apostats, après avoir combattu soixante ans pour la foi; tels que celui d'un prince d'Armagnac, dont le sang fut versé goutte à goutte sur la tête de ses enfants par les bourreaux de Louis XI; ou celui d'un comte de Montecuccoli, écartelé sous François 1er, parce que le Dauphin avait bu imprudemment à la glace; ou d'un conseiller du Bourg, pendu pour avoir recommandé la vertu de la tolérance; ou d'un Ramus, dont le cadavre sanglant fut traîné aux portes de tous les colléges pour faire amende honorable aux quiddités et aux eccéités d'Aristote; ou d'un maréchal de Marillac, mené à la Grève dans un tombereau, parce que son frère déplaisait à un ministre, etc., etc.

Nous avons eu, à la vérité, il y a quelques années, deux exemples atroces, absurdes, exécrables, mais plus rarement qu'autrefois. La France et l'Europe en ont témoigné leur horreur. Nos pères regardèrent pendant douze siècles avec des yeux indifférents une suite non interrompue d'abominations publiques. Aujourd'hui la voix des sages semble en arrêter un peu le cours, etc. Mais qui sait si la voix des sages et des justes (c'est la même chose) l'emportera toujours sur le rugissement des pervers fanatiques?

MMMMMMMCLXXII. — A M. DE LA HARPE.

A Ferney, 4 juillet.

Le jour de votre réception, mon très-cher ami, a été un vrai jour de triomphe; car il était précédé de batailles et de victoires. Ceux qui mettent dans la même balance la vie indolente et presque obscure avec la vie active et glorieuse ne songent pas qu'il ne faut point comparer Atticus avec César.

Il me semble que je me serais borné à célébrer vos succès, sans vous donner tant de conseils sur la manière d'en jouir; mais, après tout, ce n'est qu'une nouvelle mode d'ajuster des lauriers sur la tête des triomphateurs. Votre gloire est entière, mon plaisir aussi, ma reconnaissance aussi. Que ne dois-je point à votre amitié courageuse, qui partage publiquement avec moi les fleurons de sa couronne, et qui me fait asseoir sur son char, à la face de nos ennemis! C'est là ce qui est noble, c'est ce qui est véritablement généreux, c'est ce qui déploie toute la fermeté d'un cœur inébranlable.

Je crois qu'en abrégeant beaucoup *la Pharsale*, vous en tirerez un très-bon parti. Vous vous souvenez de la devise qu'on avait faite pour Philippe III: *Plus on lui ôte, plus il est grand*[1].

On m'a dit que vous aviez encore embelli *Menzicof* et *les Barmécides*. Abondance de bien ne peut nuire. Une partie de vos succès vient de la Russie. Je n'aurais pas deviné autrefois que, du fond de la mer Baltique, on enverrait un jour de belles médailles[2] à mon ami, et des flottes qui brûleraient la flotte ottomane à la vue de Smyrne.

1. L'inscription s'appliquait à un fossé. (ÉD.)
2. Voyez ci-après la lettre à M. Domaschnieff, du 6 juillet 1776. (ÉD.)

MMMMMMMCLXXIII. — A M. DE POMARET.

4 juillet.

J'avais de justes sujets d'espérance, monsieur; je voyais deux vrais philosophes dans le ministère. La tolérance était le premier de leurs principes; tous deux se sont retirés le même jour, après avoir fait tout le bien qui avait dépendu d'eux en si peu de temps :

Nimium vobis, o Galla propago,
Visa potens, superi, propria hæc si dona fuissent[1]*!*

M. Turgot surtout avait délivré mon petit pays de tous les commis des fermes générales. Ce qui vous surprendra, monsieur, c'est que M. Turgot avait été bachelier de Sorbonne, et M. de Saint-Germain a été six ans jésuite. Vous voyez qu'il y a d'honnêtes gens partout.

Je ne suis point étonné que vous ayez eu affaire en dernier lieu à un docteur de Sorbonne qui ne pense pas en tout comme un philosophe des Cévennes[2]. *Quot capita, tot sensus.* Moi-même, monsieur, qui suis si d'accord avec vous dans la morale, j'ai le malheur d'être très-éloigné des sentiments que vous êtes obligé de professer[3]; mais ce n'est pour moi qu'une raison de plus de vous être attaché, et d'être de tout mon cœur, monsieur, votre, etc.

MMMMMMMCLXXIV. — A M. DOMASCHNIEFF[4].

Ferney, le 6 de juillet.

Monsieur, il est bien doux pour moi de recevoir de vous les médailles de vos victoires et de votre paix; je crois voir sur cette médaille votre flotte, qui brûla celle des Turcs; et je n'oublierai jamais que j'eus l'honneur de vous recevoir chez moi au milieu de vos triomphes. Si j'en croyais mon zèle, je viendrais vous en féliciter encore à Saint-Pétersbourg, et me mettre aux pieds de Sa Majesté Impériale, victorieuse, pacificatrice, et législatrice; mais, à mon âge de quatre-vingt-trois ans, accablé de maladies, je ne puis vous applaudir que du bord de mon tombeau.

J'ai l'honneur d'être avec une respectueuse reconnaissance, etc.

VOLTAIRE.

MMMMMMMCLXXV. — A M. DE TRUDAINE.

Ferney, 9 juillet.

Permettez-vous que j'aie l'honneur de vous présenter un de mes colons, qui fait le plus fleurir le petit coin terre que vous voulez bien protéger? C'est le sieur Valentin, négociant et artiste très-intelligent.

---

1. *Æn.*, VI, 870-71. (ÉD.)
2. Pomaret était ministre du saint Évangile à Ganges. (ÉD.)
3. La croyance à Jésus-Christ. (ÉD.)
4. M. Domaschnieff, gentilhomme de la chambre de l'impératrice des Russies, et directeur de l'Académie des sciences de Saint-Pétersbourg, envoya, au nom de cette souveraine, à plusieurs membres, des médailles en or, frappées à l'occasion de la glorieuse paix de la Russie avec les Turcs. (ÉD.)

Je crois qu'il a quelques grâces à vous demander, et j'ose vous assurer qu'il est digne de les obtenir.

J'ai l'honneur d'être, avec autant de respect que de reconnaissance, monsieur, votre très-humble et très-obéissant serviteur. VOLTAIRE.

MMMMMMMCLXXVI. — A M. DE VAINES.

Ferney, 11 juillet.

Souffrez, monsieur, que je vous détourne un moment de vos occupations pour faire encore mon compliment au ministre qui vous a conservé une place[1] dans laquelle vous pouvez faire du bien. C'est une de mes consolations, dans ma triste vieillesse, accablé de maladies, que vous m'ayez mis à portée de vous écrire quelquefois, et de vous dérober quelques instants.

Je m'imagine que mes amis, qui sont les vôtres, ont le bonheur de vous voir comme auparavant.

Je me persuade surtout que M. le marquis de Condorcet est celui qui a conservé avec vous la liaison la plus suivie. Trouvez bon que je vous adresse cette lettre pour lui, et surtout que je vous renouvelle le sincère attachement que vous m'avez inspiré.

Conservez un peu d'amitié pour le vieux malade.

MMMMMMMCLXXVII. — A M. LE COMTE D'ARGENTAL.

19 juillet.

Mon cher ange, j'apprends que Mme de Saint-Julien arrive dans mon désert avec Lekain. Si la chose est vraie, j'en suis tout étonné et tout joyeux; mais il faut que je vous dise combien je suis fâché, pour l'honneur du *tripot*, contre un nommé Tourneur, qu'on dit secrétaire de la librairie, et qui ne me paraît pas le secrétaire du bon goût. Auriez-vous lu deux volumes de ce misérable, dans lesquels il veut nous faire regarder Shakspeare comme le seul modèle de la véritable tragédie? il l'appelle le *dieu du théâtre*. Il sacrifie tous les Français, sans exception, à son idole, comme on sacrifiait autrefois des cochons à Cérès. Il ne daigne pas même nommer Corneille et Racine; ces deux grands hommes sont seulement enveloppés dans la proscription générale, sans que leurs noms soient prononcés. Il y a déjà deux tomes imprimés de ce Shakspeare[2] qu'on prendrait pour des pièces de la Foire, faites il y a deux cents ans.

Ce barbouilleur a trouvé le secret de faire engager le roi, la reine, et toute la famille royale, à souscrire à son ouvrage.

Avez-vous lu son abominable grimoire, dont il y aura encore cinq volumes[3]? avez-vous une haine assez vigoureuse contre cet impudent imbécile? souffrirez-vous l'affront qu'il fait à la France? Vous et M. de Thibouville, vous êtes trop doux. Il n'y a point en France assez de

---

1. De premier commis des finances. (ÉD.)
2. Par Le Tourneur, Catuelan et Fontaine-Malherbe. (ÉD.)
3. Il y en eut dix-huit autres. (ÉD.)

camouflets, assez de bonnets d'âne, assez de piloris pour un pareil faquin. Le sang pétille dans mes vieilles veines, en vous parlant de lui. S'il ne vous a pas mis en colère, je vous tiens pour un homme impassible. Ce qu'il y a d'affreux, c'est que le monstre a un parti en France; et, pour comble de calamité et d'horreur, c'est moi qui autrefois parlai le premier de ce Shakspeare ; c'est moi qui le premier montrai aux Français quelques perles que j'avais trouvées dans son énorme fumier. Je ne m'attendais pas que je servirais un jour à fouler aux pieds les couronnes de Racine et de Corneille, pour en orner le front d'un histrion barbare.

Tâchez, je vous prie, d'être aussi en colère que moi; sans quoi, je me sens capable de faire un mauvais coup.

Je reviens à Lekain. On dit qu'il jouera six pièces pour les Génevois ou pour moi. J'aimerais mieux qu'il eût joué *Olympie* à Paris; mais il n'aime point à figurer dans un rôle, lorsqu'il n'écrase pas tous les autres.

Je ne sais si M. de Richelieu fait paraître le précis de son procès, qui sera son dernier mot. Il m'avait promis de me l'envoyer. Je ne lui ai point assez dit combien il est important pour lui de ne point ennuyer son monde. Il avait choisi un avocat qu'il croyait fort grave, et qui n'était que pesant. Il y a beaucoup de ces messieurs qui font de grands factums, mais il n'y en a point qui sache écrire.

Quant à mon ami, M. le cocher Gilbert, je souhaite qu'il aille au carcan *à bride abattue*.

Si vous voulez, mon cher ange, me guérir de ma mauvaise humeur, daignez m'écrire un petit mot.

MMMMMMMCLXXVIII. — A M. DE MEUNIER [1].
24 juillet.

Pardonnez, monsieur, si quatre-vingt-deux ans, et presque autant de maladies, ne m'ont pas permis de vous remercier plus tôt du très-agréable présent que M. Panckoucke m'a fait de votre part [2]. Je suis bien étonné qu'étant si jeune, vous ayez eu le temps et la patience de parcourir le monde entier, et de mettre en ordre toutes ses fantaisies et tous ses ridicules. Rien n'est plus amusant que ce tableau mouvant; il a dû vous en coûter beaucoup de peine pour nous donner tant de plaisir.

Cet immense tableau du monde moral vaut bien les prodigieux recueils du monde physique; il est bien plus intéressant ; car on ne vit point avec les animaux grands ou petits dont les Pline anciens et modernes ont tant parlé, mais on est continuellement exposé à vivre et à traiter avec les hommes de tous les pays. Personne ne sent plus cette vérité que moi, qui me trouve placé depuis vingt-cinq ans dans un coin de terre, entre quatre dominations différentes, sur le grand chemin de tous les voyageurs de l'Europe.

Agréez, monsieur, mes remercîments, etc.

1. Membre de l'Assemblée constituante en 1789. (ÉD.)
2. *L'Esprit des Usages et Coutumes des différents peuples*. (ÉD.)

ANNÉE 1776.

MMMMMMMCLXXIX. — A M. DALEMBERT.

A Ferney, 26 juillet.

Secrétaire du bon goût plus que de l'Académie, mon cher philosophe, mon cher ami, à mon secours. Lisez mon factum contre notre ennemi M. Le Tourneur [1]; faites-le lire à M. Marmontel et à M. de La Harpe, qui y sont intéressés. Voyez si vous pourrez et si vous oserez m'écrire une lettre ostensible, un mot de votre secrétairerie, en réponse de ma requête.

Je suis un peu indigné contre ce Le Tourneur; mais il faut retenir sa colère quand on plaide devant ses juges. On veut nous faire trop Anglais, et je plaide pour la France. J'ai dit exactement la vérité, c'est ce qui fait que je m'adresse à vous.

Je vous crois actuellement très-occupé des prix, mais je vous demande un quart d'heure d'audience. Je suis bien malheureux de vous la demander de cent lieues loin. Conservez-moi un peu d'amitié; elle est la consolation des derniers jours de ma vie. Je ne sais si la vôtre est heureuse; la mienne serait moins déplorable si je pouvais vous embrasser.

MMMMMMMCLXXX. — A M. L'ABBÉ PEZZANA.

A Ferney, le 30 juillet.

Ecco il dotto Pezzana...
            ...Che gran speme
    Mi da che ancor del mio nativo nido
    Udir farà da Calpe agli Indi il grido.

C'est à peu près, monsieur, ce que dit *questo divino Ariosto nel canto XLVI, stanza* 18. Vous me comblez d'honneurs et de plaisirs en me promettant un *Arioste* entier commenté par vous. *L'Orphelin de la Chine*[2] ne méritait pas vos bontés; mais l'*Arioste* mérite tous vos soins. Il a certainement besoin de vos commentaires en France, et vous rendez un très-grand service à la littérature. Vous ferez connaître tous les personnages de la maison d'Este dont il parle, et tous les grands hommes de son temps qui ne sont que désignés au commencement du dernier chant. Ce dernier chant surtout est peu connu à Florence même, à ce que m'ont dit des gens de lettres toscans, qui en gémissaient.

Je n'ose vous remercier dans votre belle langue, et je n'ai point d'expressions dans la mienne pour vous exprimer l'estime infinie avec laquelle j'ai l'honneur d'être, etc.

MMMMMMMCLXXXI. — A M. LE COMTE D'ARGENTAL.

30 juillet.

Mon cher ange, l'abomination de la désolation est dans le temple du Seigneur. Lekain, aussi en colère que vous l'êtes dans votre lettre du 24, me dit que presque toute la jeunesse de Paris est pour Le Tourneur;

---

1. *Lettre à l'Académie française.* (ÉD.)
2. L'abbé Pezzana avait traduit en italien *l'Orphelin de la Chine.* (ÉD.)

que les échafauds et les b....ls anglais l'emportent sur le théâtre de Racine et sur les belles scènes de Corneille, qu'il n'y a plus rien de grand et de décent à Paris que les Gilles de Londres, et qu'enfin on va donner une tragédie en prose où il y a une assemblée de bouchers qui fera un merveilleux effet. J'ai vu finir le règne de la raison et du goût. Je vais mourir en laissant la France barbare: mais heureusement vous vivez, et je me flatte que la reine ne laissera pas sa nouvelle patrie, dont elle fait le charme, en proie à des sauvages et à des monstres. Je me flatte que M. le maréchal de Duras ne nous aura pas fait l'honneur d'être de l'Académie pour nous voir mangés par des Hottentots. Je me suis quelquefois plaint des Welches; mais j'ai voulu venger les Français avant de mourir. J'ai envoyé à l'Académie un petit écrit[1] dans lequel j'ai essayé d'étouffer ma juste douleur, pour ne laisser parler que ma raison. Ce mémoire est entre les mains de M. D'alembert; mais il me semble que je ne dois le faire imprimer qu'en cas que l'Académie y donne une approbation un peu authentique. Elle n'est pas malheureusement dans cet usage. Voilà pourtant le cas où elle devrait donner des arrêts contre la barbarie. Je vais tâcher de rassembler les feuilles éparses de ma minute, pour vous en faire tenir une copie au net. Je sais que je vais me faire de cruels ennemis; mais peut-être un jour la nation me saura gré de m'être sacrifié pour elle.

Secondez ma faiblesse, mon cher ange, et mettez-moi à l'ombre de vos ailes.

MMMMMMMCLXXXII. — A MADAME LA PRINCESSE D'HÉNIN.

Madame, Mme de Saint-Julien m'a fait l'honneur de me mander que, si je disputais Lekain à la reine, je devais demander votre protection. J'ai couru sur-le-champ au temple des Grâces, pour me jeter à vos pieds. Une de vos compagnes m'a dit:

> Imite-nous, tu feras bien.
> A cette reine si chérie
> Nous ne disputons jamais rien,
> Et nous l'avons toujours servie.

Madame, me voilà justement comme les Grâces, je ne dispute rien à Sa Majesté; mais malheureusement je ne puis rien faire dans mon métier qui soit digne de ses regards ni des vôtres. Je vous prie seulement de pardonner à un vieillard de quatre-vingt-trois ans, qui vous importune, pour vous dire que, s'il avait la force de venir crier : « Vive la reine! » de vous faire sa cour, de vous voir, et de vous entendre avant de mourir, il mourrait heureux.

Je suis en attendant, avec un profond respect, madame, votre, etc.

---

1. *Lettre à l'Académie française.* (ÉD.)

MMMMMMCLXXXIII. — DE M. DALEMBERT.

A Paris, ce 4 auguste.

J'ai lu hier à l'Académie, mon cher et illustre confrère, l'excellent ouvrage que vous m'avez adressé pour elle. Elle l'a écouté avec le plaisir que lui fait toujours ce qui vient de vous. Vos réflexions sur Shakspeare nous ont paru si intéressantes pour la littérature en général, et pour la littérature française en particulier, si utiles surtout au maintien du bon goût, que nous sommes persuadés que le public en entendrait la lecture avec la plus grande satisfaction, dans la séance du 25 de ce mois, où les prix doivent être distribués. Mais, comme nous ne pouvons disposer ainsi de votre ouvrage sans votre agrément, la compagnie m'a chargé de vous le demander, et je m'acquitte avec empressement d'une commission qui m'est si agréable. Vous sentez cependant, mon cher et illustre confrère, que cet écrit, dans l'état où il est, aurait besoin de quelques légers changements, sinon pour être imprimé, au moins pour être lu dans une assemblée publique. Il est indispensable de taire le nom du traducteur, que vous attaquez, et de mettre seulement à la place le nom général de traducteurs; car ils sont en effet au nombre de trois. Il serait convenable encore, même en ne nommant point ces traducteurs, de supprimer tout ce qui pourrait avoir l'air de personnalité offensante. Il serait nécessaire enfin de retrancher dans les citations de Shakspeare quelques traits un peu trop libres pour être hasardés dans une pareille lecture. L'Académie désire donc, mon cher et illustre confrère, ou que vous nous autorisiez à faire ces corrections, dans lesquelles nous mettrons à la fois toute la sobriété et toute la prudence possibles, ou, ce qui serait mieux encore, que vous fissiez vous-même ces légers changements, l'ouvrage ne pouvant que gagner de toute manière à être revu et corrigé par vous. J'attends incessamment votre réponse à ce sujet, et vous renouvelle, du fond de mon cœur, les assurances bien vives du tendre et respectueux attachement avec lequel je suis, depuis tant d'années, mon cher et illustre confrère, votre très-humble et très-obéissant serviteur,

DALEMBERT, *secrétaire perpétuel de l'Académie française, au Louvre.*

P. S. Après vous avoir parlé au nom de l'Académie, permettez-moi, mon cher maître, de vous parler pour mon compte, et seulement entre vous et moi. Votre ouvrage, excellent en lui-même, me paraît plus excellent encore pour être lu dans une assemblée publique de l'Académie, comme une réclamation, au moins indirecte, de cette compagnie, contre le mauvais goût qu'une certaine classe de littérateurs s'efforce d'accréditer. Je m'attends bien que vous donnerez votre consentement à cette lecture, et que vous m'écrirez une lettre honnête pour l'Académie. Vous pourriez, au lieu des grossièretés (inlisibles publiquement) que vous citez de Shakspeare, y substituer quelques autres passages ridicules et lisibles qui ne vous manqueront pas. Vous pourriez même ajouter à votre diatribe tout ce qui peut contribuer à la rendre piquante, quoiqu'elle le soit déjà beaucoup. Par malheur le temps nous presse un peu; car notre assemblée publique est d'aujourd'hui en trois semaines, et il serait bon que votre diatribe corrigée me parvînt avant le lundi 19 de ce mois. Pour abréger le temps, envoyez-moi, si vous voulez, vos additions, en cas que vous en ayez à faire, et je me chargerai des retranchements, qui ne sont pas difficiles, et qui ne feront rien perdre à l'ouvrage. Au reste, si vous consentez à la lecture publique, comme je l'espère, il sera bon que l'ouvrage ne soit pas imprimé avant le 25, qui sera le jour de cette lecture.

Réponse, mon cher maître, sur tous ces points, et la plus prompte qu'il sera possible. Je vous embrasse tendrement.

MMMMMMMCLXXXIV. — A M. LE COMTE D'ARGENTAL.

A Ferney, 5 auguste.

Mon cher ange, vous avez veillé sur le printemps de ma vie, et vous veillez sur la fin. Il faut que je vous découvre toute ma misère : on ne doit rien cacher à son ange gardien. Vous aurez cru, en jetant les yeux sur ma lettre à Mme la princesse d'Hénin, et sur mes petits versiculets à la reine, que j'étais un vieux fou qui ne respirait que le plaisir. Le fait est qu'au fond, si j'étais gai, j'étais encore plus triste; car je volais un moment à mes douleurs pour tâcher d'être plaisant dans ce moment-là.

Vous savez peut-être qu'un troubadour ambulant, nommé Saint-Géran, protégé par Mme de Saint-Julien, s'étant aperçu que, dans ma drôle de ville à peine bâtie, il y avait un grand magasin dont on pouvait faire une salle de comédie à laquelle il ferait venir tout Genève et toute la Suisse, a vite établi son théâtre (à mes dépens), et a fait son marché avec Lekain pour venir enchanter les treize cantons. Pendant qu'il négociait avec Lekain, et que Mme Denis regardait cette opération comme la plus belle du royaume, je vous demandai si vous pouviez obtenir un congé pour Lekain; mais je me gardai bien de le demander en mon nom : cette témérité m'aurait paru trop forte. Tout a réussi beaucoup plus que je n'aurais osé l'espérer. Lekain est venu, et a rendu Ferney célèbre. Il a joué supérieurement, tantôt à Ferney, tantôt à deux lieues de là, sur un autre théâtre appartenant encore au troubadour Saint-Géran. Les treize cantons ont accouru, et ont été ravis. Pour moi, misérable, à peine ai-je été témoin une fois de ces fêtes. J'étais et je suis non-seulement dans une crise d'affaires et de chagrins, mais dans l'accablement des maladies qui assiégent ma fin. J'ai manqué Lekain deux fois, par conséquent je suis mort, pendant qu'on me croit un folâtre, qui a disputé Lekain à la reine. Vous vous imaginerez peut-être que je ne suis pas mort, parce que je vous écris de ma faible main; mais je suis réellement mort depuis qu'on m'a enlevé M. Turgot. Je vois mon pauvre pays désolé, mes *Te Deum* tournés en *De profundis*, mes nouveaux habitants dispersés, cent maisons que j'ai bâties, et qui vont être désertes; tout cela tourne la cervelle et tue son homme, surtout quand l'homme a quatre-vingt-deux ans. Ce n'est pourtant pas d'être mort que je me plains, c'est de ce qu'*Olympie* ne ressuscite pas. J'aimais cette *Olympie ;* mais à présent qui puis-je aimer? aucune de ces guenons-là.

Je vous lègue *Olympie*, mon cher ange, et à M. de Thibouville. **Je me mets** sub umbra alarum tuarum.   Le vieux malade.

MMMMMMMCLXXXV. — A M. D'ALEMBERT.
10 auguste.

Mon très-cher grand homme, premièrement je vous supplie de présenter mes remercîments et mes profonds respects à l'Académie.

Souffrez à présent que je vous dise que vous ne pouvez trop vous dissiper, et que ma guerre contre l'Angleterre vous amusera. Ceci devient sérieux. Le Tourneur seul a fait toute la préface, dans laquelle il nous insulte avec toute l'insolence d'un pédant qui régente des écoliers. Voyez, mon cher ami, le ton de Le Tourneur, qui est aussi ennuyeux que l'auteur de l'*Année sainte*[1], et qui est beaucoup plus impertinent. J'ai été inondé de lettres de Paris ; tous les honnêtes gens sont irrités contre cet homme; plusieurs ont retiré leurs souscriptions. Il faudrait mettre au pilori du Parnasse un faquin qui nous donne, d'un ton de maître, des Gilles anglais pour mettre à la place des Corneille et des Racine, et qui nous traite comme tout le monde doit le traiter.

Ayez donc la bonté de ne point prononcer son vilain nom. A l'égard des turpitudes qu'il est nécessaire de faire connaître au public, et de ces gros mots de la canaille anglaise qu'on ne doit pas faire entendre au Louvre, serait-il mal de s'arrêter à ces petits défilés, de passer le mot en lisant, et de faire désirer au public qu'on le prononçât, afin de laisser voir le divin Shakspeare dans toute son horreur, et dans son incroyable bassesse? Si c'est vous qui daignez lire, vous saurez bien vous tirer de cet embarras, qui, après tout, est assez piquant. *Fils de p.....* est dans *Molière*[2]. Quand vous le trouverez dans les additions que je vous envoie, il ne vous en coûtera pas beaucoup de le supprimer; mais conservez, je vous en supplie, l'endroit où je demande justice à la reine ; je combats pour la nation. Je ressemble à M. Roux, de Marseille, qui fit la guerre aux Anglais, en 1756, en son propre et privé nom. Donnez-moi permission d'aller en course; cela s'appelle, je crois, des lettres de marque.

J'ignore si la séance commencera ou finira par cette bagatelle. Je souhaiterais qu'elle fût lue au début, et qu'on pelotât en attendant partie.

Adieu ; je me console de ma triste existence en vous fournissant un moment pour vous amuser. Je me recommande à tous mes confrères qui voudront bien se ressouvenir de moi, et soutenir un Français contre quelques Welches.

---

1. Voltaire a voulu parler de l'*Année chrétienne*, dont l'auteur est Nicolas Letourneux et non Le Tourneur. (Éd.)
2. Dans *Monsieur de Pourceaugnac*, acte II, scène x ; et dans *Amphitryon*, acte III, scène vii. (Éd.)

MMMMMMMCLXXXVI. — AU MÊME.

13 auguste.

Je sens bien, mon cher ami, que je n'ai pas assez travaillé ma déclaration de guerre à l'Angleterre; elle ne peut réussir que par votre art, très-peu connu, de faire valoir le médiocre, et d'escamoter le mauvais par un mot heureusement substitué à un autre, par une phrase heureusement accourcie, par une expression sous-entendue, enfin par tous les secrets que vous avez.

Tout le plaisant de l'affaire consiste assurément dans le contraste des morceaux admirables de Corneille et de Racine avec les termes du b....l et de la halle que le divin Shakspeare met continuellement dans la bouche de ses héros et de ses héroïnes. Je suis toujours persuadé que, quand vous avertirez l'Académie qu'on ne peut pas prononcer au Louvre ce que Shakspeare prononçait si familièrement devant la reine Élisabeth, l'auditeur, qui vous saura bon gré de votre retenue, laissera aller son imagination beaucoup au delà des infamies anglaises, qui resteront sur le bout de votre langue.

Le grand point, mon cher philosophe, est d'inspirer à la nation le dégoût et l'horreur qu'elle doit avoir pour Gilles Le Tourneur, préconiseur de Gilles Shakspeare, de retirer nos jeunes gens de l'abominable bourbier où ils se précipitent, de conserver un peu notre honneur, s'il nous en reste. Je remets tout entre vos mains. Soyez aujourd'hui mon Raton; coupez, taillez, rognez, surtout effacez. Mais je vous conjure de laisser subsister mon invocation à la reine et à nos princesses. Il faut les engager à prendre notre parti. Je dois surtout prendre la reine pour ma protectrice, puisqu'elle a daigné renoncer à Lekain pendant un mois en ma faveur. Elle aime le théâtre tragique; elle distingue le bon du mauvais, comme si elle mangeait du beurre et du miel[1]; elle sera le soutien du bon goût.

Je vous prierai de me renvoyer la diatribe, quand vous aurez daigné la lire et l'embellir. J'y retravaillerai encore, j'ai des matériaux, et je vous la renverrai par M. de Vaines. Je crois que c'est au libraire de l'Académie d'imprimer ce petit morceau. Il augmentera le nombre de mes ennemis; mais je dois mourir en combattant, quand vous êtes mon général.

MMMMMMMCLXXXVII. — A M. DIDEROT.

A Ferney, 14 auguste.

N'ayant pas été assez heureux, monsieur, pour vous voir et pour vous entendre, à votre retour de Pétersbourg, rien ne pouvait mieux m'en consoler que l'apparition de votre ami M. de Limon. Il est vrai que ma détestable vieillesse, accablée de maladies continuelles, ne m'a pas permis de jouir de sa société autant qu'il m'en a inspiré la passion. Je n'ai fait qu'entrevoir son extrême mérite, et j'ai souhaité qu'il se trouvât beaucoup de Platons semblables auprès des Denys. La saine philosophie gagne du terrain depuis Archangel jusqu'à Cadix; mais nos

1. Isaïe, chap. VII, verset 15. (ÉD.)

ennemis ont toujours pour eux la rosée du ciel, la graisse de la terre, la mitre, le coffre-fort, le glaive, et la canaille. Tout ce que nous avons pu faire s'est borné à faire dire dans toute l'Europe aux honnêtes gens que nous avons raison, et peut-être à rendre les mœurs un peu plus douces et plus honnêtes. Cependant le sang du chevalier de La Barre fume encore. Le roi de Prusse a donné, il est vrai, une place d'ingénieur et de capitaine au malheureux ami du chevalier de La Barre[1], compris dans l'exécrable arrêt rendu par des cannibales; mais l'arrêt subsiste, et les juges sont en vie. Ce qu'il y a d'affreux, c'est que les philosophes ne sont point unis, et que les persécuteurs le seront toujours. Il y avait deux sages à la cour, on a trouvé le secret de nous les ôter ; ils n'étaient pas dans leur élément. Le nôtre est la retraite ; il y a vingt-cinq ans que je suis dans cet abri. J'apprends que vous ne vous communiquez dans Paris qu'à des esprits dignes de vous connaître : c'est le seul moyen d'échapper à la rage des fanatiques et des fripons. Vivez longtemps, monsieur, et puissiez-vous porter des coups mortels au monstre dont je n'ai mordu que les oreilles ! Si jamais vous retournez en Russie, daignez donc passer par mon tombeau,

MMMMMMMCLXXXVIII. — A M. DE VAINES.
14 auguste.

Le 25 du mois, monsieur, je combats en champ clos, sous les étendards de M. Dalembert, contre Gilles Le Tourneur, écuyer de Gilles Shakspeare. Je vous réitère ma prière d'assister à ce beau fait d'armes, et je vous prends pour juge du camp. A l'égard de l'édit des jurandes, j'ai toujours une grande curiosité de voir comment on s'y sera pris pour les conserver et pour les réprimer.

Je tremble pour mon petit pays dans les conjonctures où nous sommes.

MMMMMMMCLXXXIX. — A M. DE LA HARPE.
15 auguste.

Courage, courage, mon cher ami, mon cher confrère; vous allez de victoire en victoire : *Pone inimicos tuos scabellum pedum tuorum*[2]. Le *Journal littéraire*[3], dont Panckoucke a le privilége, vous donnera gloire et profit; car je suis bien aise de vous dire que personne n'écrit mieux que vous en prose.

M. Dalembert et vos autres amis font, ce me semble, une œuvre bien patriotique et bien méritoire d'oser défendre, en pleine Académie, Sophocle, Corneille, Euripide, et Racine, contre Gilles Shakspeare et Pierrot Le Tourneur. Il faudra se laver les mains après cette bataille, car vous aurez combattu contre des gadouards.

Je ne m'attendais pas que la France tomberait un jour dans l'abîme d'ordures où on l'a plongée : voilà l'abomination de la désolation[4] dans le lieu saint.

---

1. Morival d'Étallonde. (ÉD.) — 2. Psaume CIX, verset 1. (ÉD.)
3. *Journal de politique et de littérature*. (ÉD.)
4. Daniel, chap. IX, verset 27. (ÉD.)

Je n'ai pas eu le temps, mon très-cher confrère, de donner à mon discours patriotique[1] la rondeur et la force dont il a besoin. Vous avez peut-être entendu dire que je suis maçon, et tout le contraire de Sedaine; il a quitté la truelle pour la lyre, et moi, la lyre pour la truelle. C'est en bâtissant à la fois plus de maisons que n'en a le soleil, c'est au milieu de deux cents ouvriers, c'est avec une santé déplorable, que j'ai broché ma petite diatribe.

Ma principale intention et le vrai but de mon travail sont que le public soit bien instruit de tout l'excès de la turpitude infâme qu'on ose opposer à la majesté de notre théâtre. Il est clair qu'on ne peut faire connaître cette infamie qu'en traduisant littéralement les gros mots du délicat Shakspeare. Il est vrai qu'il ne faut pas prononcer à haute voix, dans le Louvre, ce qu'on prononce tous les jours si hardiment à Londres. M. D'alembert ne s'abaissera pas jusqu'à faire sonner, devant les dames, *la bête à deux dos*, *fils de putain*, *pisser*, *dépuceler*, etc.; mais M. D'alembert peut s'arrêter à ces mots sacramentaux; il peut, en supprimant le mot propre, avertir le public qu'il n'ose pas traduire ce décent Shakspeare dans toute son énergie. Je pense que cette réticence et cette modestie plairont à l'assemblée, qui entendra beaucoup plus de malice qu'on ne lui en dira.

C'est à peu près ce que j'ai mandé à M. D'alembert; et je vous prie d'obtenir de lui la grâce que je lui demande; après quoi je pourrai, à tête reposée, faire un examen plus étendu du Théâtre-Français et de la foire de Londres. Je sais bien que Corneille a de grands défauts; je ne l'ai que trop dit : mais ce sont les défauts d'un grand homme, et Rymer a eu bien raison de dire que Shakspeare n'était qu'un vilain singe.

Adieu, mon cher ami; je finis, car je suis trop en colère.

MMMMMMCXC. — A M. ***, SUR DES QUESTIONS MÉTAPHYSIQUES.

Le solitaire à qui vous avez écrit, monsieur, reçoit souvent des lettres de littérateurs ou d'amateurs qu'il n'a pas l'honneur de connaître. Rarement ces lettres valent la peine qu'on y réponde. La vôtre n'est pas assurément de ce genre; votre écrit respire la plus saine métaphysique; et si vous n'avez rien puisé dans les livres, cela prouve que vous êtes capable d'en faire un très-bon; ce qui est extrêmement rare, surtout dans cette matière.

La liberté, telle que plusieurs scolastiques l'entendent, est en effet une chimère absurde. Pour peu qu'on écoute la raison, et qu'on ne veuille point se payer de mots, il est clair que tout ce qui existe et tout ce qui se fait est nécessaire; car s'il n'était pas nécessaire, il serait inutile. La respectable secte des stoïciens pensait ainsi; et ce qu'il y a de singulier, c'est que cette vérité se trouve en cent endroits dans Homère, qui soumet Jupiter au Destin.

Il existe quelque chose, donc il est un Être éternel; cela est démon-

---

1. La *Lettre à l'Académie française*. (ÉD.)

tré, sans quoi il y aurait un effet sans cause : aussi tous les anciens, sans en excepter un seul, ont cru la matière immortelle.

Il n'en est pas de même de l'immensité ni de la toute-puissance. Je ne vois pas pourquoi il est nécessaire que tout l'espace soit rempli ; et je n'entends nullement ce raisonnement de Clarke : « Ce qui existe nécessairement en un lieu doit exister nécessairement en tout lieu. » On lui a fait sur cela, ce me semble, de très-bonnes objections, auxquelles il n'a fait que de très-faibles réponses. Pourquoi serait-il impossible qu'il y eût seulement une certaine quantité d'êtres? Je conçois bien mieux la nature bornée que je ne conçois la nature infinie.

Je ne puis sur cet article avoir que des probabilités, et je ne puis que me rendre aux probabilités les plus fortes. Tout se correspondant dans ce que je connais de la nature, j'y aperçois un dessein; ce dessein me fait connaître un moteur; ce moteur est sans doute très-puissant, mais la simple philosophie ne m'apprend point que ce grand artisan soit infiniment puissant. Une maison de quarante pieds de haut me prouve un architecte, mais ma seule raison ne peut m'enseigner que cet architecte ait pu bâtir une maison de dix mille lieues de hauteur. Il était peut-être dans sa nature de n'en bâtir une que de quarante pieds. Ma seule raison ne me dit point encore qu'il n'y ait que cet architecte dans l'espace; et si un homme me soutenait qu'il y a un grand nombre d'architectes semblables, je ne vois pas comment je pourrais le convaincre du contraire.

La métaphysique est le champ des doutes et le roman de l'âme. Nous savons bien que plus d'un docteur nous a dit des sottises; mais nous n'avons guère de vérités à substituer à leurs innombrables erreurs. Nous nageons dans l'incertitude; nous avons très-peu d'idées claires, et cela doit être, puisque nous ne sommes que des animaux hauts d'environ cinq pieds et demi, avec un cerveau d'environ quatre pouces cubes. Mon cerveau, monsieur, est le très-humble serviteur du vôtre.

MMMMMMMCXCI. — A M. DE VAINES.

16 auguste.

On dit, monsieur, que vous êtes l'un des soixante[1]. Je vous crois plus fait pour être l'un des quarante. Je crois que je viendrais à Paris exprès pour vous donner mon suffrage. En attendant, je vous supplie de vouloir bien m'envoyer la nouvelle pièce d'éloquence sur les jurandes et maîtrises.

On dit qu'on va faire un recueil des édits de M. Turgot. Cela restera à la postérité.

MMMMMMMCXCII. — A M. DE BURE, PÈRE [2].

A Ferney, 19 auguste.

A mon âge, monsieur, on n'est pas bon juge. Le ressort de l'âme est un peu faible à quatre-vingt-deux ans. Je crois pourtant avoir senti

---

1. C'est-à-dire au nombre des fermiers généraux. (ÉD.)
2. De Bure, libraire à Paris, auteur de la *Bibliographie instructive*, avait envoyé à Voltaire un volume ayant pour titre *Observations sur un ouvrage*

le mérite de votre ouvrage. Celui que vous combattez m'a paru plein de déclamations rebattues, et de lieux communs d'athéisme : mais à présent tout est lieu commun. La plupart des auteurs modernes ne sont que les fripiers des siècles passés. Tout l'athéisme est dans *Lucrèce*, et tout ce qu'on peut dire sur la Divinité est dans *Cicéron*, qui n'était que le disciple de Platon.

Quant à la lettre du feu lord Bolyngbroke[1], qui dit qu'il n'y avait que lui, Pouilly, et Pope, qui fussent dignes de régner, je ne crois pas qu'il ait jamais dit une telle folie; et, s'il l'a dite, il ne faut pas l'imprimer.

J'aime mieux ce que disait à ses compagnes la plus fameuse catin de Londres : « Mes sœurs, Bolyngbroke est déclaré aujourd'hui secrétaire d'État ; sept mille guinées de rente, mes sœurs, et tout pour nous ! »

J'ai l'honneur d'être, avec toute l'estime que vous méritez, etc.

LE VIEUX MALADE.

MMMMMMCXCIII. — DE M. DALEMBERT.

A Paris, ce 20 auguste.

Vos ordres seront exécutés, mon cher et illustre maître; je vous lirai à l'assemblée de dimanche prochain, et je vous lirai de mon mieux, quoique vos ouvrages n'aient pas besoin d'être aidés par le lecteur. Je regarde ce jour comme un jour de bataille, où il faut tâcher de n'être pas vaincus comme à Crécy et à Poitiers, et où le sous-lieutenant Bertrand secondera de ses faibles pattes les griffes du feld-maréchal Raton. Bertrand est seulement bien fâché qu'on ait été obligé de couper quelques-unes de ces griffes, par révérence pour les dames; mais l'imprimeur les rétablira, et Raton est prié de les aiguiser encore. Au reste, Bertrand ne pense pas qu'en laissant, comme de raison, subsister ces griffes, la grave Académie puisse s'en charger, même à l'impression. Il vaudrait mieux imprimer l'ouvrage sans retranchements, en se contentant d'avertir qu'on en a retranché à la lecture publique, par respect pour l'assemblée et pour le Louvre, ce que le *divin Shakspeare* prononçait si familièrement devant la reine Élisabeth. Enfin, mon cher maître, voilà la bataille engagée, et le signal donné. Il faut que Shakspeare ou Racine demeure sur la place. Il faut faire voir à ces tristes et insolents Anglais que nos gens de lettres savent mieux se battre contre eux que nos soldats et nos généraux. Malheureureusement il y a parmi ces gens de lettres bien des déserteurs et des faux frères; mais les déserteurs seront pris et pendus. Ce qui me fâche, c'est que la graisse de ces pendus ne sera bonne à rien, car ils sont bien secs et bien maigres. Adieu, mon cher et illustre ami; je crierai dimanche en allant à la charge : « Vive Saint-Denis-Voltaire, et meure George-Shakspeare ! »

---

intitulé LE SYSTÈME DE LA NATURE, divisées en deux parties, par M. de B.... Voltaire crut, d'après les initiales, que le libraire était l'auteur du livre. L'auteur du livre était Nouel de Buzonière. (ÉD.)

1. Dans la *Théorie des sentiments agréables*, par Lévesque de Pouilly. (ÉD.)

MMMMMMCXCIV. — DU MÊME.

A Paris, ce 27 auguste.

M. le marquis de Villevieille a dû, mon cher et illustre maître, partir pour Ferney hier de grand matin. Il se proposait de crever quelques chevaux de poste, pour avoir le plaisir de vous rendre compte le premier de votre succès. Il a été tel que vous pouviez le désirer. Vos réflexions ont fait très-grand plaisir, et ont été fort applaudies. Les citations de Shakspeare, la *Chronique de Metz*, le roi *Gorboduc*, etc., ont fort diverti l'assemblée. On m'en a fait répéter plusieurs endroits, et les gens de goût ont surtout écouté la fin avec beaucoup d'intérêt. Je n'ai pas besoin de vous dire que les Anglais qui étaient là sont sortis mécontents, et même quelques Français, qui ne se contentent pas d'être battus par eux sur terre et sur mer, et qui voudraient encore que nous le fussions sur le théâtre. Ils ressemblent à la femme du *Médecin malgré lui* : « Je veux qu'il me batte, moi[1] ; » mais heureusement tous vos auditeurs n'étaient pas comme cette femme et comme eux. Je vous ai lu avec tout l'intérêt de l'amitié et tout le zèle que donne la bonne cause, j'ajoute même avec l'intérêt de ma petite vanité; car j'avais fort à cœur de ne pas voir rater ce canon, lorsque je m'étais chargé d'y mettre le feu. J'ai eu bien regret aux petits retranchements qu'il a fallu faire, pour ne pas trop scandaliser les dévots et les dames; mais ce que j'avais pu conserver a beaucoup fait rire, et a fort contribué, comme je l'espérais, au gain complet de la bataille. Je vais faire mettre au net l'ouvrage tel que je l'ai lu, afin de vous le renvoyer comme vous le désirez. Vous y ferez les additions que vous jugerez à propos; mais je vous préviens qu'il sera nécessaire de retrancher les ordures de Shakspeare, si vous voulez que l'Académie fasse imprimer l'ouvrage par son libraire; et peut-être l'ouvrage y perdra-t-il quelque chose. Au reste, donnez-moi là-dessus vos ordres; et, quoique l'Académie doive entrer en vacance le 1er de septembre, je prendrai mes mesures auparavant pour que cette impression puisse se faire de son aveu. Adieu, mon cher maître; je suis très-flatté que vous m'ayez choisi pour sonner la charge sous vos ordres, et, en vérité, assez content de la manière dont je m'en suis acquitté. Je vous embrasse aussi tendrement que je vous aime.

MMMMMMCXCV. — A M. LE COMTE D'ARGENTAL.

A Ferney, 27 auguste.

Que vous dirai-je, mon cher ange, sur votre lettre indulgente et aimable du 19 auguste? je vous dirai que, si j'étais un peu ingambe, si je n'avais pas tout à fait quatre-vingt-deux ans, je ferais le voyage de Paris pour la reine et pour vous. Je vous avoue que j'ai une furieuse passion de l'avoir pour ma protectrice. J'avais presque espéré qu'*Olympie* paraîtrait devant elle. Je regardais cette protection déclarée, dont je me flattais, comme une égide nécessaire qui me défendrait contre

1. Acte I, scène II. (ÉD.)

des ennemis acharnés, et à l'ombre de laquelle j'achèverais paisiblement ma carrière. Ce petit agrément de faire reparaître *Olympie* m'a été refusé. Il faut avouer que Lekain n'aime pas les rôles dans lesquels il n'écrase pas tous les autres. Il nous a donné d'un chevalier Bayard à Ferney, dans lequel il n'a eu d'autre succès que celui de paraître sur son lit un demi-quart d'heure. Je ne lui ai point vu jouer ce détestable ouvrage. Je ne puis supporter les mauvais vers et les tragédies de collège, qui n'ont que la rareté, la curiosité, pour tout mérite. Lekain, pour m'achever, jouera *Scévola*¹ à Fontainebleau. Je suis persuadé qu'une jeune reine qui a du goût ne sera pas trop contente de ce *Scévola*, qui n'est qu'une vieille déclamation digne du temps de Hardy.

Lekain ne m'a point rendu compte, comme vous le croyez, des raisons qui lui ont donner la préférence à cette antiquaille; il ne m'a rendu compte de rien : aussi ne lui ai-je demandé aucun compte. Il avait fait son marché avec deux entrepreneurs, pour venir gagner de l'argent auprès de Genève et à Besançon. Il joue actuellement à Besançon; je l'ai reçu de mon mieux quand il a été chez moi; je n'en sais pas davantage.

Je ne sais pas comment mon petit procès avec le sieur Le Tourneur aura été jugé le jour de la Saint-Louis. Je n'ai pas eu le temps d'envoyer mon factum tel que je l'ai fait en dernier lieu. Je vais en faire tirer quelques exemplaires pour vous le soumettre. On dit, à la honte de notre nation, qu'il y a un grand parti composé de faiseurs de drames et de tragédies en prose, secondé par des Welches qui croient être du parlement d'Angleterre. Tous ces messieurs, dit-on, abjurent Racine, et m'immolent à leur divinité étrangère. Il n'y a point d'exemple d'un pareil renversement d'esprit, et d'une pareille turpitude. Les Gilles et les Pierrots de la foire Saint-Germain, il y a cinquante ans, étaient des Cinna et des Polyeucte en comparaison des personnages de cet ivrogne de Shakspeare, que M. Le Tourneur appelle le *dieu du théâtre*. Je suis si en colère de tout cela, que je ne vous parle point de la décadence affreuse où va retomber mon petit pays. Nous payons bien cher le moment de triomphe que nous avons eu sous M. Turgot. Me voilà complétement honni en vers et en prose. Il me faut abandonner toutes les parties que je jouais. Il faut savoir souffrir; c'est un métier que je fais depuis longtemps. J'ai aujourd'hui ma maîtrise.

Je voudrais bien savoir comment M. de Thibouville prend la barbarie dans laquelle nous tombons. Il me paraît qu'il n'est pas assez fâché. Pour vous, mon cher ange, j'ai été fort édifié de votre noble colère contre M. Le Tourneur.

Je crois que vous aurez bientôt Mme Denis, qui entreprend un voyage bien pénible pour aller consulter M. Tronchin; et ce qu'il y a de pis, c'est qu'elle va le consulter pour une maladie qu'elle n'a pas. Dieu veuille que ce voyage ne lui en donne pas une véritable! Le gros abbé Mignot la conduira. Un gentilhomme notre voisin, qui est du voyage, la ra-

---

1. Tragédie de du Ryer, jouée pour la première fois en 1647. (ÉD.)

mènera[1]. Pourquoi ne vais-je point avec elle? c'est que j'ai quatre-vingt-deux ans, quatre-vingts maisons à finir, et quatre-vingts sottises à faire; c'est qu'au fond je suis bien plus malade qu'elle, et même trop malade pour parler à des médecins.

Mon cher ange, tout enseveli que je suis sur la frontière de Suisse, cependant je sens encore que je vis pour vous.

MMMMMMMCXCVI. — A M. DALEMBERT.
3 septembre.

Mon général, mes troupes ne peuvent actuellement recevoir leurs ordres immédiatement de vous. J'ai changé un peu mon ordre de bataille, et on imprime actuellement la campagne que j'ai faite sous vous. Je suis toujours émerveillé qu'une nation qui a produit des génies pleins de goût et même de délicatesse, aussi bien que des philosophes dignes de vous, veuille encore tirer vanité de cet abominable Shakspeare, qui n'est, en vérité, qu'un Gilles de village, et qui n'a pas écrit deux lignes honnêtes. Il y a, dans cet acharnement de mauvais goût, une fureur nationale dont il est difficile de rendre raison.

Je vois que M. de La Harpe fait la guerre de son côté, avec beaucoup de succès, contre messieurs les faiseurs de drames en prose. Il rend en cela un très-grand service à la saine littérature, et je l'exhorte à ne jamais mettre les armes bas. Mais quel sera le brave chevalier qui nous délivrera des monstres chimériques dont on[2] accable la physique? Je vois des folies pires que celles de la matière subtile et de la matière rameuse, pires que les imaginations de Cyrano de Bergerac et de M. Oufle, se débiter avec le plus grand succès, et marcher le front levé. Je vois les auteurs de ces extravagances aller à la fortune et à la gloire, comme s'ils avaient raison. Chaque genre a donc son Shakspeare; et on n'aura pas même la liberté de siffler ce qui est sifflable. Prions Dieu pour la résurrection du sens commun. Raton se met tant qu'il peut sous la patte de son cher et digne Bertrand. Raton n'en peut plus, il est bien malade; il fera place bientôt à un nouveau quarantième.

MMMMMMMCXCVII. — A M. DE VAINES.
4 septembre.

Je ne sais, monsieur, si, après avoir déclaré la guerre à l'Angleterre, je pourrai faire ma paix avec elle. Je n'ai point de Canada à lui donner, ni de compagnie des Indes à lui sacrifier; mais je ne lui demanderai pas pardon d'avoir soutenu les beautés de Corneille et de Racine contre Gilles et Pierrot, et je ne crois pas que l'ambassadeur d'Angleterre demande au roi de France la suppression de ma déclaration de guerre.

Je n'ai pu encore trouver à Genève le petit *Commentaire historique* dont vous me parlez. Il a été imprimé à Lausanne, et je crois que c'est Panckoucke qui en a toute l'édition. Je crois pourtant que j'en pourrai trouver incessamment.

1. Mme Denis ne partit point. (ÉD.) — 2. Mesmer. (ÉD.)

Je suis actuellement bien malade, et je ne sors pas de mon lit. Permettez-moi de mettre sous votre enveloppe un petit mot pour M. Dalembert.

Je vous supplie aussi de vouloir bien faire parvenir ce paquet au sieur Moureau, libraire, quai de Gèvres.

MMMMMMMCXCVIII. — A M. FABRY.

4 septembre.

M. de Trudaine me mande aujourd'hui, monsieur, que l'affaire de votre sel est réglée et consommée avec la ferme générale, et que M. de Fourqueux doit avoir la bonté de me faire part de cette nouvelle. Je vous supplie de vouloir m'instruire de ce que vous en savez; vos nouvelles seront plus sûres que les miennes, puisqu'elles vous seront probablement parvenues par M. l'intendant.

J'ai l'honneur d'être, etc.

VOLTAIRE.

MMMMMMMCXCIX. — A M. DE VAINES.

7 septembre.

Je ne suis, monsieur, qu'un vieux housard, mais j'ai combattu tout seul contre une armée entière de pandoures. Je me flatte qu'à la fin il se trouvera de braves Français qui se joindront à moi, s'il y a des Welches qui m'abandonnent. M. de La Harpe répondra mieux que moi à M. Le Tourneur[2], en donnant son *Menzicof* et ses *Barmécides*.

Je suis très-content de son journal[1]; il écrit aussi bien en prose qu'en vers, et assurément les gens de bon goût ne regretteront pas son prédécesseur.

Je suis persuadé que vous avez été indigné contre l'insolente mauvaise foi d'un secrétaire de notre librairie, qui a la bassesse d'immoler la France à l'Angleterre, pour obtenir quelques souscriptions des Anglais qui viennent à Paris. Il est impossible qu'un homme qui n'est pas absolument fou ait pu, de sang-froid, préférer un Gilles tel que Shakspeare à Corneille et à Racine. Cette infamie ne peut avoir été commise que par une sordide avarice qui courait après des guinées.

Je sais que Garrick a pu faire illusion par son jeu, qui est, dit-on, très-pittoresque; il aura pu représenter très-naturellement les passions que Shakspeare a défigurées en les outrant d'une manière ridicule; et quelques Anglais se seront imaginé que Shakspeare vaut mieux que Corneille, parce que Garrick est supérieur à Molé.

Voilà peut-être l'origine de la bizarre erreur des Anglais. Je les abandonne à leur sens réprouvé, et je ne me rétracterai pas pour leur plaire.

Je me rétracterai encore moins, monsieur, sur un grand homme qui, sans doute, est toujours aimé de vous, et à qui je vous supplie, quand vous le verrez, de présenter ma respectueuse et inaltérable admiration.

---

1. *Journal de politique et de littérature*, précédemment rédigé par Linguet. (ÉD.)
2. C'était le titre de Le Tourneur. (ÉD.)

MMMMMMMCC. — DE FRÉDÉRIC II, ROI DE PRUSSE.

À Potsdam, le 7 septembre.

On me fait bien de l'honneur de parler de moi en Suisse, et les gazetiers doivent prodigieusement manquer de matière, puisqu'ils emploient mon nom pour remplir leurs feuilles.

J'ai été malade, il est vrai, l'hiver passé ; mais depuis ma convalescence je me porte à peu près comme auparavant. Il y a peut-être des gens au monde au gré desquels je vis trop longtemps, et qui calomnient ma santé dans l'espérance qu'à force d'en parler, je pourrais peut-être faire le saut périlleux aussi vite qu'ils le désirent. Louis XIV et Louis XV lassèrent la patience des Français : il y a trente-six ans que je suis en place ; peut-être qu'à leur exemple j'abuse du privilége de vivre, et que je ne suis pas assez complaisant pour décamper quand on se lasse de moi.

Quant à ma méthode de ne me point ménager, elle est toujours la même. Plus on se soigne, et plus le corps devient délicat et faible. Mon métier veut du travail et de l'action, il faut que mon corps et mon esprit se plient à leur devoir. Il n'est pas nécessaire que je vive, mais bien que j'agisse. Je m'en suis toujours bien trouvé. Cependant je ne prescris cette méthode à personne, et me contente de la suivre.

Enfin j'ai pu assister à toutes les fêtes qu'on a données au grand-duc[1]. Ce jeune prince est le digne fils de son auguste mère. On a fait ce qu'on a pu pour adoucir la fatigue et l'ennui d'un long voyage, et pour lui rendre ce séjour agréable. Il a paru content ; nous le savons de retour à Pétersbourg, en parfaite santé. Sa promise y sera le 12 de ce mois ; et après quelques simagrées en l'honneur de saint Nicolas, les noces se célébreront.

Grimm a passé ici pendant le séjour du grand-duc : il vous a vu malade, cela m'a inquiété. Ensuite, après avoir supputé le temps, j'ai conclu que vous étiez entièrement remis. Nous avons de mauvaises gazettes à Berlin, comme vous en avez à Ferney : elles assurent que notre vieux patriarche s'était fait moine de Cluny[2]. En tout cas, vous ne garderez pas longtemps votre abbé. Mais je m'intéresse peu à ce dernier, et beaucoup au sort du prétendu moine.

Me voici de retour de la Silésie, où j'ai fait l'économe comme vous à Ferney. J'ai bâti des villages, défriché des marais, établi des manufactures, et rebâti quelques villes brûlées. Il s'est présenté à Breslau un M. de Ferrière, ingénieur du cabinet ; il prétend vous connaître : il sait sans doute que cela vaut une recommandation auprès de moi. Il a été employé en Alsace, il a servi en Corse ; actuellement il est à la suite de M. de Breteuil, à Vienne. Vous l'aurez vu, et peut-être oublié ; car, parmi ce peuple innombrable qui se présente à votre cour, des passe-volants doivent vous échapper. Des imbéciles faisaient autrefois

---

1. Qui a été empereur de Russie sous le nom de Paul Ier. (ÉD.)
2. On racontait que, lors de la nomination de M. de Clugny à la place de contrôleur général, Voltaire, jouant sur le mot, avait dit : « Je me fais moins de Cluny. » (ÉD.)

des pèlerinages à Jérusalem ou à Lorette ; à présent quiconque se croit de l'esprit va à Ferney, pour dire, en revenant chez soi : *Je l'ai vu.*

Jouissez longtemps de votre gloire, marquis de Ferney, moine de Cluny, ou intendant du pays de Gex, sous quel titre il vous plaira ; mais n'oubliez pas qu'au fond de l'Allemagne il est un vieillard qui vous a possédé autrefois, et qui vous regrettera toujours. *Vale.* FRÉDÉRIC.

MMMMMMCCI. — A M. LE MARÉCHAL DUC DE RICHELIEU.

A Ferney, 11 septembre.

Je suppose, monseigneur, que, dans ce temps de vacances, votre procès ne prend pas tous vos moments, et que vous aurez peut-être assez de loisir pour jeter les yeux sur cette brochure qui fut lue à l'Académie le jour de la Saint-Louis. Je suis persuadé que notre fondateur, qui n'aimait pas les Anglais, aurait protégé ce petit ouvrage ; et j'ose croire que notre doyen, qui les a fait passer sous les fourches Caudines, ne prendra pas le parti de Shakspeare contre Corneille et Racine.

J'ignore si vous honorâtes l'Académie de votre présence le jour qu'on y lut ce petit ouvrage. On peut pardonner à des Anglais de vanter leurs Gilles et leurs Polichinelles ; mais est-il permis à des gens de lettres français d'oser préférer des parades si basses, si dégoûtantes, et si absurdes, aux chefs-d'œuvre de *Cinna* et d'*Athalie?* Il me paraît que tous les honnêtes gens de Paris (car il y en a encore) sont indignés de cette méprisable insolence. Le sieur Le Tourneur a osé mettre le nom du roi et de la reine à la tête de son édition, qui doit déshonorer la France dans toute l'Europe. C'est assurément au petit-neveu de notre fondateur à protéger la nation dans cette guerre ; mais il faut que vous commenciez par vous faire rendre justice avant de nous la rendre. Votre procès est aussi extraordinaire que l'insolence du sieur Le Tourneur, et doit vous occuper bien davantage ; je dois même vous demander pardon de vous parler d'autre chose que de ce qui vous intéresse de si près.

Mme de Saint-Julien m'a quitté pour aller aux eaux de Plombières, et j'ai bien peur qu'elle ne tombe sérieusement malade en chemin. Pour moi, je suis à peine en vie ; mais je ne le serai pas encore longtemps. Je mourrai au moins comme j'ai vécu, en vous étant bien tendrement attaché.

MMMMMMCCII. — A M. DE CROMOT[1].

Ferney, 20 septembre.

Monsieur, en me donnant la plus agréable commission dont on pût jamais m'honorer, vous avez oublié une petite bagatelle ; c'est que j'ai quatre-vingt-deux ans passés. Vous êtes comme le dieu des jansénistes, qui donnait des commandements impossibles à exécuter ; et, pour mieux ressembler à ce dieu là, vous ne manquez pas de m'avertir qu'on

1. Cromot du Bourg avait demandé à Voltaire un petit divertissement pour une fête que Monsieur (Louis XVIII) donna à la reine à Brunoy, le 7 octobre 1776. (ÉD.)

n'aura que quinze jours pour se préparer; de sorte qu'il arrivera que la reine aura soupé avant que je puisse recevoir votre réponse à ma lettre.

Malgré le temps qui presse, il faut, monsieur, que je vous consulte sur l'idée qui me vient.

Il y a une fête fort célèbre à Vienne, qui est celle de *l'Hôte et de l'Hôtesse* : l'empereur est l'hôte, et l'impératrice est l'hôtesse : ils reçoivent tous les voyageurs qui viennent souper et coucher chez eux, et donnent un bon repas à table d'hôte. Tous les voyageurs sont habillés à l'ancienne mode de leur pays; chacun fait de son mieux pour cajoler respectueusement l'hôtesse : après quoi tous dansent ensemble. Il y a juste soixante ans que cette fête n'a pas été célébrée à Vienne : Monsieur voudrait-il la donner à Brunoy?

Les voyageurs pourraient rencontrer des aventures : les uns feraient des vers pour la reine, les autres chanteraient quelques airs italiens; il y aurait des querelles, des rendez-vous manqués, des plaisanteries de toute espèce.

Un pareil divertissement est, ce me semble, d'autant plus commode, que chaque acteur peut inventer lui-même son rôle, et l'accourcir ou l'allonger comme il voudra.

Je vous répète, monsieur, qu'il me paraît impossible de préparer un ouvrage en forme pour le peu de temps que vous me donnez; mais voici ce que j'imagine : je vais faire une petite esquisse du ballet de l'*Hôte et de l'Hôtesse*; je vous enverrai des vers aussi mauvais que j'en faisais autrefois; vous me paraissez avoir beaucoup de goût, vous les corrigerez, vous les placerez, vous verrez *quid deceat, quid non*[1].

Je ferai partir, dans trois ou quatre jours, cette détestable esquisse, dont vous ferez très-aisément un joli tableau. Quand un homme d'esprit donne une fête, c'est à lui à mettre tout en place.

Vous pourriez, à tout hasard, monsieur, m'envoyer vos idées et vos ordres; mais je vous avertis qu'il y a cent vingt lieues de Brunoy à Ferney. Je vous demande le plus profond secret, parce qu'il n'est pas bien sûr que dans quatre jours je ne demande l'extrême-onction, au lieu de travailler à un ballet.

J'ai l'honneur d'être avec respect, et une envie, probablement inutile, de vous plaire, etc.

MMMMMMMCCIII. — A M. PASQUIER[2].

A Ferney, 20 septembre.

Monsieur, je reçois la lettre dont vous m'honorez. Mes yeux de quatre-vingts ans la lisent avec beaucoup de difficulté; mon cœur en est

---

1. Horace, livre I, épître VI, vers 62; et *Art poét.*, vers 308. (ÉD.)
2. Cette lettre a été publiée pour la première fois dans le *Journal des Débats* du 25 thermidor an IX (16 auguste 1801), par M. Pasquier, aujourd'hui président de la chambre des pairs, à l'occasion de la reproduction, dans le *Journal des Débats* du 25 thermidor, du passage de la *Correspondance littéraire*, etc., de La Harpe, où, en parlant de la mort de Voltaire, La Harpe raconte que Voltaire agonisant fit attacher à sa tapisserie un papier sur lequel se trouvait

très-touché, et ma vieille raison me fait comprendre que j'aurais dû ne jamais écrire.

Je vois évidemment que l'avarice de quelques libraires m'a imputé plusieurs ouvrages qui ne sont pas de moi, et a falsifié ceux dont j'ai eu le malheur d'être l'auteur. J'ai vu quatre éditions du même écrit dont vous voulez bien me parler[1], et ces quatre éditions sont absolument différentes. Si je pouvais raisonnablement espérer ou craindre de vivre encore quelques années, je ferais moi-même une édition correcte que j'avouerais, et assurément vous n'en seriez pas mécontent.

Ma famille, monsieur, qui a eu l'honneur de jouir souvent de votre société, m'a appris ce qu'on doit à votre mérite personnel, à votre éloquence, et à la bonté réelle de votre caractère. J'ai tant de confiance en cette bonté, que je vous avouerai ingénuement la manière dont les choses dont vous me parlez se sont faites.

C'est le fils du brave, du malheureux, de l'indiscret officier dont vous me parlez, qui, dans le désespoir le plus juste ou du moins le plus pardonnable, a écrit les mémoires dont on a fait usage; et vous excuserez sans doute un fils qui veut justifier son père.

Puisque vous m'enhardissez, monsieur, à vous faire des aveux, dont je suis très-sûr qu'un homme de votre rang et de votre âge n'abusera pas, je vous dirai encore que le très-vertueux ami d'un jeune infortuné qui serait devenu un des meilleurs officiers de France ayant échappé à la catastrophe épouvantable de ce jeune ami, aussi imprudent que vertueux, a passé deux années entières chez moi, entre la Suisse et Genève. Ce jeune homme, traité aussi durement que son ami, est devenu un des meilleurs ingénieurs de l'Europe. J'ai eu le bonheur de le placer auprès d'un grand roi, qui connaît et qui récompense son mérite.

Je vous demande en grâce de lui pardonner aussi. En vérité, c'est tout ce que nous devons faire à l'âge où nous sommes vous et moi, monsieur, que de passer nos derniers jours à pardonner. Quand on regarde du bord de son tombeau tout ce qu'on a vu pendant sa vie, on frissonne de tant d'horribles désastres. Heureux ceux à qui on peut dire avec Horace[2] :

Lenior ac melior fis accedente senecta!

Je vous souhaite, monsieur, une santé plus forte que la mienne, une longue jouissance de l'extrême considération où vous êtes, du repos après le travail, et toute l'indulgence si nécessaire pour les hommes, dont vous connaissez les faiblesses et les misères.

J'ai l'honneur d'être avec beaucoup de respect, de véritable estime et de vénération, monsieur, votre très-humble et très-obéissant serviteur,
                                                                VOLTAIRE.

une phrase où était mêlé le nom de Pasquier. Cette lettre n'avait encore été recueillie par aucun éditeur. (*Note de M. Beuchot.*)
1. *Fragments historiques sur l'Inde et sur le général Lally.* (ÉD.)
2. Livre II, épître II, vers 211. (ÉD.)

MMMMMMMCCIV. — A M. LE BARON DE TOTT.

À Ferney, 22 septembre.

La maladie de ma nièce et la mienne, monsieur, jointes à mes quatre-vingt-trois ans, ont retardé la réponse que je devais à vos bontés. Je ne me flattais pas que, du Bosphore au pont des Tuileries, vous daignassiez vous souvenir de moi. Je fus votre voisin il y a quelques années ; ce n'était pas chez des Turcs que vous étiez alors. Vous avez, depuis ce temps, fait la guerre à mon autocratrice pour des sultans qui ne la valaient pas, et vous avez donné des leçons à des disciples qui ne passent pas pour être capables d'en profiter.

Vous avez à Ferney un autre disciple plus docile et plus digne de vos instructions ; c'est mon neveu l'abbé Mignot, qui vous remercie de toutes les obligations qu'il vous a. Je vous ai celle d'un beau plan de la cacade russe du Pruth. J'ai vu plusieurs officiers de mon autocratrice qui ont combattu contre vos musulmans plus heureusement que ceux de Pierre Ier ; mais je n'en ai point vu qui pussent m'instruire comme vous.

Je suis très-fâché que Ferney ne se soit pas trouvé sur la route de Constantinople à Versailles ; c'eût été une grande consolation pour moi de vous entendre. C'est un bonheur que je ne puis espérer actuellement à mon âge.

Vous serez, monsieur, au nombre fort petit des hommes que je regretterai, en mourant, de n'avoir pu voir.

J'ai l'honneur d'être, etc.

MMMMMMMCCV. — A M. DE CROMOT.

Ferney, 22 septembre.

Si vous approuvez, monsieur, l'idée du divertissement que je vous propose, il vous sera très-aisé d'y mettre tous les agréments et toutes les convenances dont il est susceptible ; vous verrez que le canevas peut être étendu ou resserré à volonté.

Je ne crois pas que cette fête exige de grandes dépenses, et qu'elle soit d'une difficile exécution. Je sens bien, monsieur, que je vous ai mal servi ; mais j'ai déjà eu l'honneur de vous dire qu'il y a bien des années que je suis au monde ; et je n'ai pas mis vingt-quatre heures à vous obéir. Si je n'ai pas rencontré votre goût, je vous prie de me pardonner : je ne crois pas qu'il y ait de cuisinier en France qui puisse faire un bon souper à cent vingt lieues des convives. Je suis d'ailleurs un cuisinier qui n'a plus ni sel ni sauce ; je n'avais que l'envie extrême de mériter la confiance dont vous m'honoriez : or cela ne suffit pas pour que Monsieur fasse bonne chère. Permettez-moi seulement de vous demander le secret, de peur que mon *menu* ne soit décrié dans la bonne compagnie.

J'ai l'honneur d'être, etc.

258   CORRESPONDANCE.

MMMMMMMCCVI. — A M. LE CARDINAL DE BERNIS.

À Ferney, 27 septembre.

Monseigneur, Votre Éminence croit peut-être que je suis mort : en ce cas, elle ne se trompe guère ; mais, pour le peu de vie qui me reste, j'ai la hardiesse de vous présenter un jeune huguenot mon ami qui n'a nulle envie de se convertir, mais qui en a beaucoup de vous faire sa cour dans un des moments où vous daignez accueillir les étrangers. Il se nomme Labat ; il est capable de sentir votre mérite, et il cherche à augmenter le sien, en voyant la *bella Italia* et la *virtuosa e valente Eminenza : e bacio il sacro lembo de sua porpora*.

LE VIEUX MALADE DE FERNEY.

MMMMMMMCCVII. — DE M. D'ALEMBERT.

À Paris, ce 1ᵉʳ octobre.

Si vous désirez, mon cher maître, des nouvelles littéraires, j'en ai d'intéressantes à vous apprendre. Moureau, à qui j'ai donné votre lettre à l'Académie, comme vous m'en aviez chargé, l'a imprimée sur-le-champ, ne doutant point qu'on ne lui accordât la permission de la vendre. M. le garde des sceaux[1] a refusé cette permission ; *quod erat primum*.

Nous avions demandé au roi, notre protecteur, quinze cents livres par an pour augmenter nos prix, et exciter l'émulation des jeunes gens. Le roi nous a refusé cette somme ; *quod erat secundum*. On dit que les dévots de Versailles lui ont persuadé que votre morceau sur Shakspeare était injurieux à la religion, quoiqu'on ait retranché soigneusement à la lecture publique tous les passages indécents du tragique anglais ; *quod erat tertium*. Et, sur ce, je vous embrasse tendrement, en gémissant avec vous du crédit des hypocrites calomniateurs ; *quod erat quartum*. Et je suis fâché qu'ils nous empêchent d'apprendre aux gens de lettres que le roi désire de les encourager ; *quod erat quintum*.

MMMMMMMCCVIII. — A M. DE VAINES.

2 octobre.

Je vous ai envoyé, monsieur, des exemplaires d'une certaine lettre à l'Académie. J'en ai envoyé à plusieurs de vos amis, sous votre enveloppe, comme à M. de Condorcet, à M. d'Argental, à M. de La Harpe. Il faut que quelque espion des Anglais ait arrêté mes paquets en chemin, ou qu'il y ait en France quelque homme considérable qui préfère Shakspeare à Corneille et à Racine, et qui prenne parti contre moi. Mes lettres ne sont point parvenues. Cependant je reçois le *Camoëns*[2] de M. de La Harpe, contre-signé *Cluny*[3]. La poste est plus favorable aux Portugais qu'aux Anglais. Je crois que c'est à vos bontés que je

---

1. Miromesnil. (ÉD.)
2. *La Lusiade*, poëme héroïque, *traduit du portugais de Louis Camoëns*, par d'Hermilly et La Harpe. (ÉD.)
3. Ou plutôt *Clugny*, qui était le nom du contrôleur général. (ÉD.)

dois ce *Camoëns*, et je vous en remercie, quoique je ne le croie pas tout à fait digne d'avoir été traduit par M. de La Harpe.

Permettez-moi de vous adresser une lettre pour cet homme de génie, qui me paraît plus fait pour être traduit que pour traduire. Je me flatte que ma lettre, vous étant adressée, sera plus heureuse que les autres.

Conservez vos bontés pour le vieux malade de Ferney, qui vous aime comme s'il avait eu l'honneur de vivre longtemps avec vous. Je ne sais rien des affaires de ce monde : aussi je ne vous en parle pas.

FIN DU QUARANTE-CINQUIÈME VOLUME.

Coulommiers. — Typ. PAUL BRODARD.

RAPPORT

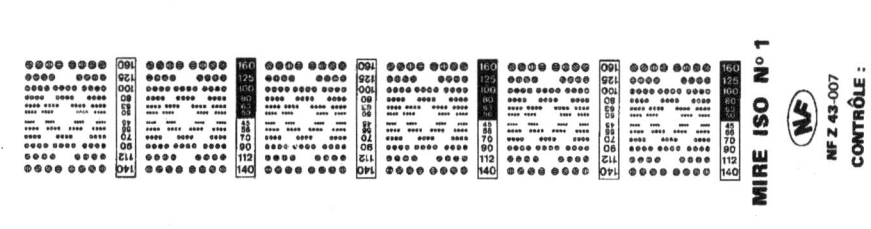

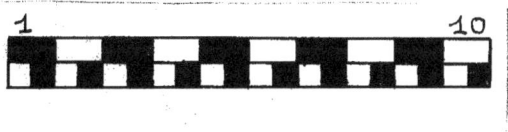

BIBLIOTHEQUE
NATIONALE

CHÂTEAU
de
SABLÉ
1981

www.ingramcontent.com/pod-product-compliance
Lightning Source LLC
Chambersburg PA
CBHW062234180426
43200CB00035B/1732